高职高专财务会计类专业规划教材

纳税实务

主　编　　甘　泉
副主编　　赖丽娜　宣国萍
参　编　　金　强　张　亮

机械工业出版社

本书依据最新“营改增”及《增值税会计处理规定》等财税新规编写而成，反映了消费税政策调整、资源税改革、出口退税政策变化等最新内容，在介绍我国税收制度的基础上，侧重企业涉税账务处理和纳税申报业务处理的介绍。本书以任务驱动为指引，采用项目式结构编排，同时，运用二维码技术拓展线上学习辅助资源。本书可作为高职高专财经类专业企业纳税、税务会计、税法等课程教材，也可作为应用型本科相关专业教材，还可供在职人员进行税务实务学习、培训参考使用。

为方便教学，本书配备电子课件、二维码线上资源、丰富的练习题及答案等教学资源。凡选用本书作为教材的教师均可索取，咨询电话：010－88379375，QQ：945379158。

图书在版编目（CIP）数据

纳税实务／甘泉主编．—北京：机械工业出版社，2017.7

高职高专财务会计类专业规划教材

ISBN 978－7－111－57266－4

Ⅰ.①纳…　Ⅱ.①甘…　Ⅲ.①纳税-税收管理-中国-高等职业教育-教材　Ⅳ.①F812.423

中国版本图书馆CIP数据核字（2017）第148581号

机械工业出版社（北京市百万庄大街22号　邮政编码100037）

策划编辑：孔文梅　责任编辑：孔文梅　乔　晨

责任校对：朱继文　封面设计：鞠　扬

责任印制：孙　炜

北京玥实印刷有限公司印刷

2017年8月第1版·第1次印刷

184mm×260mm·25.25印张·672千字

0 001－3 000册

标准书号：ISBN 978－7－111－57266－4

定价：59.50元

凡购本书，如有缺页、倒页、脱页，由本社发行部调换

电话服务

服务咨询热线：010－88379833

读者购书热线：010－88379649

网络服务

机 工 官 网：www.cmpbook.com

机 工 官 博：weibo.com/cmp1952

教育服务网：www.cmpedu.com

金 书 网：www.golden-book.com

前　言

高等职业教育主要为社会培养具有一定理论基础、较强动手能力的应用技术型人才。为服务于高等职业教育财经类人才的培养目标，本书主要针对当前税收政策改革情况以及职业教育人才培养要求，从我国当前税收政策出发，重点介绍了日常纳税工作中所涉及重点税费的计算知识和涉税账务处理、纳税申报等基本技能。在本书的编写过程中也十分强调“依法纳税意识”的培养，强调纳税实务工作依法办事的理念，每个项目均附有相关税收法律法规文件目录。

本书以最新税收法律制度为依据，基于税务实际工作流程构建教材内容体系，结合企业常见涉税业务工作实际，为读者全面系统地展现了企业税务处理工作情况。本书的编写主要有以下特点：

1. 项目教学、突出实务

主要依据我国税制结构中不同税种的处理设置教学项目，便于相对完整、系统地认知每一个税种。在每个项目的组成上，主要以“认识税种—计算税额—账务处理—纳税申报”的思路展开，逐步引导读者学习、掌握企业常见税种的处理技能。每个项目前面均依据企业工作实际设计了“导引案例”，并且采用仿真票据等材料的形式展现，增强了任务的实务性和仿真性。

2. 内容新颖、学考融合

本书依据我国最新税收法律法规进行编写，反映了当前“营改增”、资源税、消费税等改革成果。内容结构上依据一般学习规律组织编排内容，全面展现税务职业过程，兼顾财经相关职业考证需要，读者可以利用本书进行自我学习。在每个项目后面均附有“知识地图”“税法导读”“拓展知识”等，有助于读者高效理解相关项目内容，也有助于读者进一步深入学习我国税收法规知识。

3. 理实一体、突出技能

本书在详细介绍我国税种制度有关规定的基础上，配以大量的实务案例，帮助读者在实践中学习、理解纳税实务技能。整个体系也是沿着“税务工作问题—

税务知识学习储备—税务业务处理”的思路展开的，以提高读者处理实际税务工作的水平。

4. 形式活泼、内容丰富

书中相关名词概念及相关知识点采用区别显示的方式展现，便于读者学习，也有助于拓展学习者知识面。本书层次分明，内容丰富，可满足不同层次读者需要。

本书可作为高职高专会计、审计、税务、财务管理及其他财经类各专业教材，也可作为应用型本科相关专业教材，还可供会计、税务等在职人员参考学习。

本书由具有多年高等职业教育经验的“双师型”人员编写，甘泉（副教授、税务师、经济师）担任主编，赖丽娜（讲师、会计师）和宣国萍（教授、高级会计师、分院院长）担任副主编，金强（讲师、税务师、经济师）和张亮（讲师、会计师）参编。本书由甘泉负责拟定编写提纲和撰写要求，并负责全书的审定工作。本书项目一由宣国萍编写；项目二由甘泉编写；项目三、项目四由金强编写；项目五由张亮和甘泉编写；项目六和项目七由赖丽娜编写；项目八由张亮编写。

鉴于编者能力和水平的局限，以及税收政策不断调整等因素，书中不足或错漏之处在所难免，敬请广大读者批评指正。

编　者

目 录

Contents

前 言

Contents

项目一　纳税实务基础

知识目标

1. 理解税制基本要素。
2. 理解税务会计岗位设置及工作内容。
3. 熟悉商事登记制度。
4. 理解纳税申报、减免税申报。
5. 理解税务检查工作。

学习导航

本项目 PPT

技能目标

1. 能根据经济业务判断税收的产生。
2. 能简单阐述我国税制基本情况。
3. 能够区别税务会计与财务会计。
4. 能区别税务会计工作内容。
5. 能理解纳税申报和减免税申报。
6. 能配合税务部门进行税务检查工作。

导引案例

禾兑是在读大二的学生，为了增强对企业税务管理工作的认识，她利用假期到浙江巨能纺织印染有限公司实习，在实习过程中她接触到一些企业资料，(如图 1－1～图 1－5 所示)。

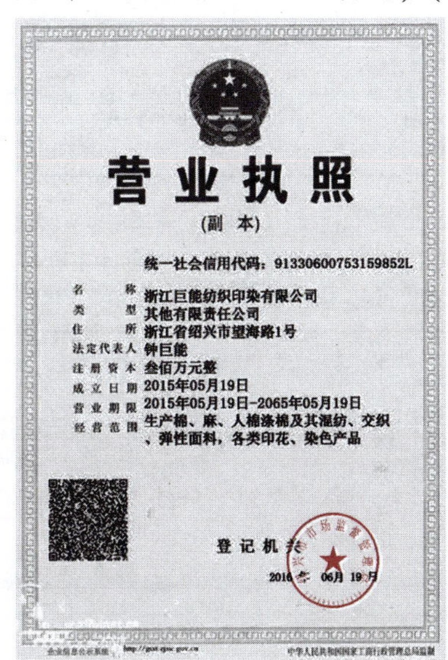

营业执照

(副 本)

统一社会信用代码：91330600753159852L

名　　称　浙江巨能纺织印染有限公司
类　　型　其他有限责任公司
住　　所　浙江省绍兴市望海路1号
法定代表人　钟巨能
注册资本　叁佰万元整
成立日期　2015年05月19日
营业期限　2015年05月19日-2065年05月19日
经营范围　生产棉、麻、人棉涤棉及其混纺、交织、弹性面料，各类印花、染色产品

登记机关

2016年 06月 19日

中华人民共和国国家工商行政管理总局监制

图 1－1　工商营业执照

开户许可证

核准号：J6010016661089 编号：3010-03290008

经审核，浙江巨能纺织印染有限公司符合开户条件，准予开立基本存款账户。

法定代表人（单位负责人）钟巨能 开户银行 中国银行绍兴分行

账 号 3300234567000008666

发证机关（盖章）
2015年05月25日

图1-2 银行开户许可证

职务	姓名	联系方式	身份证号	备 注
法人代表	钟巨能	80008123	330611196801020001	出资200万元
股东	倪昊	80008124	330111197001024501	出资100万元
财务经理	诸葛静	80008125	330111197509087624	
财务主管	东方苏	80008126	330100198012121213	
税务专员	郭帝水	80008127	330600198203024234	

图1-3 企业相关人员信息

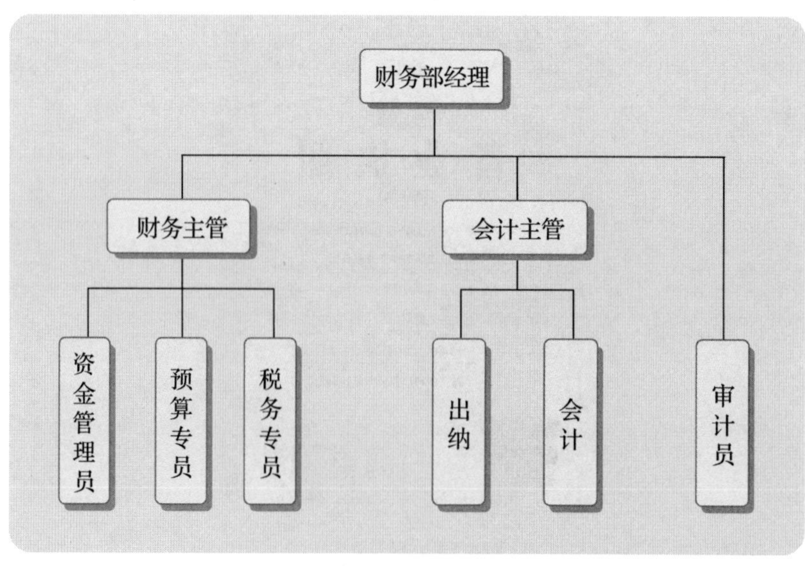

图1-4 企业财务部组织结构图

财务会计制度及核算软件备案报告书

纳税人名称	浙江巨能纺织印染有限公司	纳税人识别号	91330600753159852L
资　料	名　称		备　注
1. 财务、会计制度	小企业会计准则		
2. 低值易耗品摊销方法	一次摊销法		
3. 折旧方法	直线折旧法（平均年限法）		
4. 成本核算方法	实际成本计价		
5. 会计核算软件	无		
6. 会计报表	资产负债表、利润表、现金流量表及各种附表		

纳税人：	税务机关：
经办人：郭	经办人：
负责人： 纳税人（签章）	负责人： 税务机关（签章）
浙江巨能纺织印染有限公司	浙江省绍兴市国家税务局 涉税事项业务章
报告日期：2016 年 06 月 20 日	受理日期：2016 年 06 月 20 日

注：从事生产、经营的纳税人应当自领取税务登记证件之日起 15 日内，将本表报送税务机关备案。

图 1－5　财务会计制度及核算软件备案报告书

任务一　认识中国税制

任务要求

（1）请通过文献检索的方式了解税收的概念及特征。
（2）试着向你的亲戚朋友介绍一下我国的税收制度。
（3）根据导引案例资料谈谈你对税收的认识。

知识准备

一、税收基本内涵

> 世界上只有两件事是不可避免的，那就是税收和死亡。
> ——本杰明·富兰克林

（一）税收的概念

税收是国家为满足社会公共需要，凭借公共权力，按照法律所规定的标准和程序，参与国民收入分配，强制、无偿地取得财政收入的一种方式。19 世纪美国人霍尔姆斯说："税收是我们为文明社会付出的代价。"税收是国家参与收入再分配的一种特殊形式，是政府财政收入的主要来源，是经济社会发展的历史产物。税收可以从以下几方面来理解：①国家征税的目的在于满足社会对公共产品的需要；②税收是国家凭借公共权力参与收入分配的一种特殊形式；③税收是一个国家财政收入的主要来源，是保证国家机器正常运转的物质基础；④税收必须借助法律的形式进行。

（二）税收的特征

作为政府财政收入的一种重要形式，税收区别于其他财政收入形式，具有强制性、无偿性和固定性，即税收"三性"。

税收的强制性是指国家凭借其公共权力以法律、法令形式对税收征纳双方的权利与义务进行规范，依据法律进行征税。我国宪法明确规定我国公民有依照法律纳税的义务。纳税人必须依法纳税，否则就要受到法律的制裁。税收的强制性主要体现在征税过程中。

税收的无偿性是指国家征税后，不直接向具体纳税人返还或支付报酬。税收的无偿性是从个体纳税人角度而言的，其享有的公共利益与其缴纳的税款并非一一对等。但就纳税人的整体而言则是对等的，政府使用税款的目的是向社会全体成员包括具体纳税人提供社会公共产品和公共服务。因此，税收的无偿性表现为个体的无偿性、整体的有偿性。

税收的固定性是指国家征税之前预先规定了统一的征税标准，包括纳税人、课税对象、税率、纳税期限、纳税地点等。这些标准一经确定，在一定时间内是相对稳定的。税收的固定性包括两层含义：第一，税收征收总量的有限性。由于预先规定了征税的标准，政府在一定时期内的征税数量就要以此为限，从而保证税收在国民经济总量中的适当比例。第二，税收征收具体操作的确定性，即税法确定了课税对象及征收比例或数额，具有相对稳定、连续的特点。既要求纳税人必须按税法规定的标准缴纳税额，也要求税务机关只能按税法规定的标准对纳税人征税，不能任意降低或提高。

当然，税收的固定性是相对于某一个时期而言的。国家可以根据经济和社会发展需要适时地修订税法，但这与税收整体的相对固定性并不矛盾。

> 税收是喂养政府的奶娘。
>
> ——马克思

税收的三个特征是统一的整体，相互联系，缺一不可。无偿性是税收这种特殊分配手段本质的体现，强制性是实现税收无偿征收的保证，固定性是无偿性和强制性的必然要求。三者相互配合，保证了政府财政收入的稳定。

（三）税收职能

税收职能是指税收所具有的内在功能，税收作用则是税收职能在一定条件下的具体体现。税收的职能作用主要表现在以下几个方面：

税收是财政收入的主要来源。组织财政收入是税收的基本职能。税收具有强制性、无偿性、固定性的特点，筹集财政收入稳定可靠。税收的这种特点，使其成为世界各国政府组织财政收入的基本形式。目前，我国税收收入占国家财政收入的 90% 以上。

税收是调节经济运行的重要手段。税收作为经济杠杆，通过增税与减免税等手段来影响社会成员的经济利益，引导企业、个人的经济行为，对资源配置和社会经济发展产生影响，从而达到调控经济运行的目的。政府运用税收手段，既可以调节宏观经济总量，也可以调节经济结构。

税收是调节收入分配的重要工具。税收能够规范政府、企业和个人之间的分配关系。如个人所得税实行超额累进税率，具有高收入者适用高税率、低收入者适用低税率或不征税的特点，有助于调节个人收入分配，促进社会公平。消费税对特定的消费品征税，能达到调节收入分配和引导消费的目的。

目前，我国共有增值税、消费税、营业税（停征）、企业所得税、个人所得税、资源税、城镇土地使用税、房产税、城市维护建设税、耕地占用税、土地增值税、车辆购置税、车船税、印花税、契税、烟叶税、关税、船舶吨税、环境保护税（2018 年开征）等 19 个税种。其中，17 个税种由税务部门负责征收；关税和船舶吨税由海关部门征收，另外，进口货物的增值税、消费税也由海关部门代征。

税收还具有监测经济活动的作用。税收涉及社会生产、流通、分配、消费各个领域，能够综合反映国家经济运行的质量和效率。既可以通过税收收入的增减及税源的变化，及时掌握宏观经济的发展变化趋势，也可以在税收征管活动中了解微观经济状况，发现并纠正纳税人在生产经营及财务管理中存在的问题，从而促进国民经济持续健康发展。

（四）税收的分类

1. 按征税对象分类

按征税对象的不同可将税收划分为流转税类、所得税类、财产税类、资源税类和行为税类。①流转税类是以流转额为征税对象的税种，如我国现行的增值税、消费税、营业税（目前我国已停征）、关税等。②所得税类是以法定所得为征税对象的税种，如我国现行的企业所得税和个人所得税。③财产税类是以纳税人所拥有或支配的特定财产为征税对象的税，如我国的房产税、车船税等。④资源税类是以自然资源和某些社会资源为征税对象的税种，如我国的资源税、土地增值税、城镇土地使用税等。⑤行为税类是以特定行为目的为征税对象的税种，如我国现行的印花税、城市维护建设税等。

2. 按税收征收权限和收入分配权限分类

按税收征收权限和收入分配权限的不同可将税收分为中央税、地方税和中央地方共享税。中央税是指由中央政府所有并支配使用的一类税；地方税是指由地方政府征收和管理的税种。共享税是指由国家税务局系统负责征收管理，收入由中央与地方共同分享的税种。

3. 按计税标准不同分类

按计税标准的不同可将税收分为从价税、从量税和复合税。从价税是指以课税对象的价值或价格为计税依据的税种；从量税是以课税对象的数量为计税依据，按固定税额计税的税种；复合税是指既按价值或价格计税又按数量计税的税种。

4. 其他分类

以税收收入的实体形态为标准，税收可分为实物税和货币税；根据税收和价格的组成关系，税收可分为价内税和价外税；根据征税是否构成独立税种，税收可分为正税和附加税；依据税收负担的最终归宿，税收可分为直接税和间接税。

二、税法及其构成要素

（一）税法及其分类

税法是国家权力机关和行政机关制定的用以调整国家与纳税人之间税收征纳方面的权利与义务关系的法律规范总称。按照税法功能作用可以将税法划分为税收实体法和税收程序法，前者是规定税收法律关系主体的实体权利、义务的法律总称；后者是以国家税收活动中所发生的程序关系为调整对象的税法，是税务管理方面的法律总称。按照税收法律级次不同可将税法分为税收法律、税收行政法规、税收规章和税收规范性文件。

> 税收实体法具体规定了各种税种的征税对象、征税范围、税目和税率、纳税期限和纳税地点等，是税收法律法规的核心。

我国税收法律有哪些？

（二）税法的构成要素

税法的构成要素是指各种单行税法应当具备的基本因素的总称。税法的构成要素既包括实体性的，也包括程序性的。税法的构成要素一般包括征税人、纳税义务人、征税对象、税目、税率、计税依据、纳税环节、纳税期限、纳税地点、减税免税、法律责任等。其中，纳税义务人、征税对象、税率是构成税法的三个基本要素。

1. 征税人

征税人是指代表国家行使税收征管职权的各级税务机关和其他征收机关。因税种的不同，可能有不同的征税人。如增值税的征税人是税务机关，关税的征税人是海关。

2. 纳税义务人

纳税义务人（纳税主体，简称纳税人）是指税法规定的直接负有纳税义务的单位和个人。纳税人是纳税的主体，每一种税的税法都必须规定纳税人，包括自然人和法人。

> 自然人是指公民个人，根据《中华人民共和国民法通则》的规定，公民自出生起至死亡止，具有民事能力，依法享有民事权利，承担民事义务。
>
> 法人是指按照法律程序设立，具备必要的生产经营条件，实行独立经济核算并能独立承担经济责任和行使经济权利的社会组织。

法人和法人代表及自然人如何区分？如何区分纳税人和负税人？

在税收的实体法和相关理论中，还涉及与纳税人有关的两个概念：扣缴义务人和负税人。扣缴义务人是指税法规定的、在其经营活动中负有代扣税款并向国库缴纳义务的企业或单位，也称代扣代缴义务人。负税人是指最终负担国家征收税款的单位和个人。

3. 征税对象

征税对象（纳税客体）是指税收法律关系中征纳双方权利义务所指向的物或者行为，即对什么征税的问题。

征税对象是不同税种相互区别的主要标志。

4. 税目

税目是指征税对象的具体项目，反映具体的征税范围。

5. 税率

税率是指应纳税额与征税对象之间的比例，是计算应纳税额的尺度，它体现征税的深度。

我国现行税率大致可分为下列四种：

① 比例税率，对同一征税对象不论数额大小，都按同一比例征税。如我国的增值税、企业所得税，都采用比例税率。

② 定额税率是按照征税对象的计量单位直接规定一个固定税额，一般适用于从量计征的税种。如我国的城镇土地使用税、车船税等，都采用定额税率。

③ 超额累进税率是按征税对象数额的大小，划分若干等级，每个等级由低到高规定相应的税率，征税对象数额越大税率越高，数额越小税率越低的一种税率。目前个人所得税中工资薪金所得等采用这种税率。

④ 超率累进税率是以征税对象数额的相对率划分若干等级，分别规定相应的差别税率，相对率每超过一个级距的，对超过的部分就按高一级的税率计算征税的一种税率。我国目前采用这种税率的是土地增值税。

6. 计税依据

计税依据也称计税标准，是指计算应纳税额的依据或标准，即根据什么来计算纳税人应缴纳的税额。

计税依据可以分为从价计征、从量计征、复合计征三种类型。

征税对象规定对什么征税，计税依据则在确定征税对象之后解决如何计量的问题。

7. 纳税环节

纳税环节是指税法规定的征税对象在从生产到消费的流转过程中应当缴纳税款的环节。如流转税在商品的生产和流通环节纳税，所得税在分配环节纳税。

8. 纳税期限

纳税期限是指负有纳税义务的纳税人向国家缴纳税款的最后时间限制。它是税收强制性、固定性在时间上的体现。比如，企业所得税在月份或者季度终了后 15 日内预缴，年度终了后 5 个月内汇算清缴，多退少补。纳税人的具体纳税期限，由主管税务机关根据纳税人应纳税额的大小分别核定；不能按照固定期限纳税的，可以按次纳税。

9. 纳税地点

纳税地点是指纳税人具体缴纳税款的地点。通常，在税法上规定的纳税地点主要是机构所在地、经济活动发生地、财产所在地、报关地等。

10．减税免税

减税免税是指税法规定的对某些特殊情况给予减轻或免除税收负担的一种税收优惠措施或特殊调节手段。减税是对应征税款减少征收一部分；免税是全部免除税收负担。

11．法律责任

法律责任是指对有违反税法行为的纳税人采取的惩罚措施，包括加收滞纳金、处以罚款、追究刑事责任等。罚则是税收强制性在税收制度中的体现，纳税人必须按期足额缴纳税款，凡有拖欠税款、逾期不缴税、偷税抗税等违反税法行为的，都应受到制裁（包括刑事制裁和行政处罚制裁等）。

任务处理

（1）税收是国家为满足社会公共需要，凭借公共权力，按照法律所规定的标准和程序，参与国民收入分配，强制、无偿地取得财政收入的一种方式。税收具有强制性、无偿性和固定性。

（2）（略）

（3）浙江巨能纺织印染有限公司作为主营生产棉、麻、人棉等产品和从事加工印染的企业，其生产经营活动过程中会发生不同的应税行为，作为单位纳税人按照国家税法相应规定需要办理税务登记等事项。

任务二　初识企业纳税

任务要求

（1）请根据所学内容，解释税务会计是什么。

（2）结合导引案例谈谈你觉得企业税务会计工作主要有哪些内容。

知识准备

一、税务会计的概念及其特点

（一）税务会计的概念

与社会主义市场经济发展相适应的会计体系应该是由财务会计、税务会计和管理会计等组成，其中财务会计是核心，而税务会计和管理会计是现代企业会计体系的重要组成部分。

关于税务会计的定义还未形成统一的认识。日本税务会计专家武田昌辅认为，税务会计是为计算法人中的应税所得而设立的会计，它不是制度会计，是以企业会计为依据，按税法的要求对既定的盈利进行加工、修正的会计。我国税务会计专家盖地认为，税务会计是以现行税收法规为准绳，运用会计学的理论、方法和程序，对企业涉税会计事项进行确认、计量、记录和申报（报告），以实现企业最大化税收利益的一门专业会计。它以财务会计为基础，对财务会计中按会计准则、会计制度进行的会计处理与现行税收法规相冲突的事项，或出于纳税筹划目的，进行纳税调整等操作。

可以看出，税务会计核算的依据是以税收法规为主，以会计准则和会计制度为辅。税务会计的原则是既保证国家及时足额地取得税金，从而保证国家财政收入稳定地增长；又使企业在不违反国家税法的前提下，经济、合理地缴纳税金，提高企业的经济效益。税务会计的核算内容是企业的税务活动所引起的资金运动的全过程，即企业应纳税款的形成、计算和缴纳的全过程。

（二）税务会计的特点

（1）法定性。税务会计要严格依据国家税收法律法规进行核算，这是它区别于其他专业会计最典型的特点。在其他专业会计的核算中，企业可以根据自身生产、经营的实际情况和需要来自主选择适合的会计政策，特别是新会计准则更加强调会计的职业判断。而税务会计则必须严格遵循国家现行税收法律法规，当会计准则、财务会计制度的规定与现行税法的计税方法、计税范围等不一致时，税务会计必须以现行税收法规为准，做适当调整、修改或补充，以满足纳税的要求。由此可见，税务会计必须以现行的税收法律法规为依据，接受税收法律法规的规范和制约，这是税务会计区别于其他专业会计的突出特点。

（2）广泛性。我国宪法规定公民具有依法纳税的义务，税收法规具体规定了具有纳税义务的单位和个人。这就是说，只要发生符合法律规定要件的行为，无论是自然人还是法人都可能成为纳税义务人。而法定纳税人的广泛性，决定了税务会计的广泛性。

（3）统一性。税法本身具有统一性、普遍适用性的特点。也就是说，同一种税对于不同纳税人而言，其规定具有统一性、规范性。在税法构成要素上，诸如征税对象、税目、税率、征纳办法等方面，均适用统一的税法规定。这种税法的一致性决定了税务会计在对纳税行为进行核算和监督时的一致性。

（4）独立性。因为国家税收法律法规与会计准则、财务会计制度所遵循的原则不同，规范的对象不同，二者有可能存在一定的差异，在核算方法上，税务会计要求完全按照税法规定进行调整处理，由此反映了税务会计核算方法的相对独立性；在核算内容上，税务会计只对纳税人在税务活动过程中所表现的有关经济业务这部分内容进行全面、系统的核算和监督，由此反映了税务会计核算内容的相对独立性。

（5）可筹划性。税务会计可以在精准把握税收法规及国家相关政策的基础上，进行预先的经营安排，可以使纳税人实现税负的最小化，从而减轻税收负担。因此税收筹划也是税务会计重要工作之一。

二、税务会计与财务会计

税务会计是社会经济发展的产物，它是从财务会计中分离出来的，税务会计与财务会计同属于会计学科范畴，二者既有联系，又有区别。

（一）税务会计与财务会计的联系

税务会计作为适应社会主义经济发展而兴起的一门会计学科，与企业财务会计有着十分密切的关系。二者相互补充、相互配合，共同对纳税人的生产经营活动进行核算与监督。

税务会计作为一项实质性工作，并不是独立存在的，它是企业会计的一个特殊领域，是以财务会计为基础的。税务会计并不要求纳税人在财务会计的凭证、账簿、报表之外再设一套会计账表。税务会计资料来源于财务会计，它对财务会计处理中与现行税法不符合的会计事项，或出于税务筹划目的需要调整的事项，按税务会计方法计算、调整，并做调整分录，再融于财务会计账簿或报告之中。从企业的会计机构的设置看，也可以不专门设置税务会计机构或专职人员。可以说，税法必须借助于会计技术才能得以实施和发展。另一方面，税法对会计也产生重要影响。税法使会计实务的处理更加规范化，它直接影响会计对某些会计方法的选择。同时也使会计人员的业务范围不断扩大。税务与会计相互联系、相互影响、相互制约、相互促进，决定了财务会计与税务会计之间密不可分的内在关系。

（二）税务会计与财务会计的区别

（1）核算目的不同。财务会计的核算目的在于真实、完整地反映企业的财务状况、经营业绩、现金流量以及财务状况变动的全貌，并通过会计报表向投资者、债权人、企业管理者以及其他会计报表使用者提供有用的财务信息，以利于不同信息使用者进行合理、有效的决策，其核算目的是复杂的、多元的。税务会计则提供税款的形成、计算、缴纳的核算和监督的信息，其目的一是要保证国家及时足额地取得税金，从而保证国家财政收入稳定地增长；二是正确引导纳税人在不违反国家税法的前提下，经济、合理地缴纳税金，以真正提高企业的经济效益。使企业按照现行税法规定，正确计算应纳税款，履行纳税义务，其核算目的相对单一。

（2）核算范围不同。财务会计的核算范围涵盖企业生产经营活动中能够用货币计量的各个方面，以全面反映企业的财务状况、经营成果和现金流量。对企业可以用货币计量的经济活动，无论是否涉及纳税事宜，均需通过财务会计进行核算与监督，以满足不同会计信息使用者的需要，其核算范围具有广泛性。税务会计核算的范围仅限于企业生产经营活动中的涉税业务，以全面反映企业各项税款的应缴、已缴、欠缴等情况，而对纳税人与税收无关的业务不予核算，其核算范围具有特定性。

（3）核算依据不同。财务会计必须遵循会计准则和财务会计制度，规范企业的会计行为，处理经济业务，当对某些业务的处理出现税法的规定与会计准则的规定不一致时，可以不必考虑税法的规定，而只依据会计准则进行核算，其核算依据具有单一性。税务会计既要依据国家税收法律法规，又要依据会计准则和企业会计制度，来规范企业的会计行为，严格按照税法规定处理经济业务，当会计准则、会计制度与国家税法对某些业务处理的规定不一致时，必须按税法的规定进行调整，以保证应纳税款的准确性，其核算依据具有双重性。

（4）会计计量属性不同。税务会计坚持历史成本原则，不考虑货币时间价值以及币值的变动情况，它坚持按纳税人实际取得或购建时发生的实际成本进行核算，较客观、及时地反映税务资金的运动。而财务会计却可以有所不同，在对会计计量采用历史成本计价原则的同时，允许在市场价值波动的情况下，可局部或全面地采用成本市价孰低法进行物价变动会计计量。在进行财务管理时，则可充分考虑货币的时间价值。

财务会计与税务会计的差异是客观存在的，两者的差异不可能消失。我们应该辩证地理解和分析，应该遵循其各自的内在规律，在理论上不断发展完善。纳税人要适应纳税的需要，税务会计必将显得越来越重要。

三、税务会计基本内涵

（一）税务会计对象

从总体上讲，税务会计核算的对象是指纳税人因纳税而引起的能以货币表现的税务活动，即税款的形成、计算和缴纳活动。

具体地讲，税务会计核算的对象包括经营收入、生产经营成本费用、收益分配，以及税款的申报、缴纳和减免。

经营收入是指纳税人在生产经营活动中，销售商品、提供劳务等所取得的收入。经营收入不仅是流转税的计税依据，也是计算所得税的前提。经营收入核算是否全面、完整、真实，关系到应纳税款的准确性，从而直接影响到国家的财政收入。

生产经营成本费用是纳税人在生产经营活动中所耗费的全部资金支出，包括生产经营过程中的生产费用和流通过程中的流通费用。生产经营成本费用的核算是否依据税收法规，也直接关系到应纳税所得额的大小，从而关系到所得税税款的大小。

收益分配是对纳税人在一定时期内实现利润总额所进行的分配。随着投资主体的多元化、经营方式的多样化，收益分配也越来越复杂化，从而导致对收益分配的核算也日趋复杂。收益分配关系到国家、企业、投资者等多方面的利益，对收益的计算是否正确以及分配是否符合有关法规，直接影响到国家税收和企业留利。因此，收益分配是税务会计核算的重要内容之一。

税款的申报、缴纳和减免是指纳税人依法对纳税人形成的各种税进行科学合理的上报和缴纳。减免税是对某些纳税人和课税对象给予鼓励或照顾的一种特殊规定，是解决一些特殊情况下的特殊需要，从而更好地体现我国的税收政策。由于各种税的计税依据和征税方法不同，所以各种税款的缴纳方法也不完全一致。因此，税务会计就必须编制好纳税申报表，经税务机关审核无误后及时缴纳税款。

（二）税务会计基本假设

1. 纳税主体

税法规定直接负有纳税义务的单位和个人即为纳税人，准确界定纳税主体是开展税务会计工作的基础。通常情况下会计主体即为纳税主体，纳税主体即为会计主体，但是在特殊情形下，二者又可能不一致。在个人所得税中，取得不同所得的个人为纳税主体，但是代扣代缴个人所得税的单位则为会计主体。

2. 持续经营

在充足时间段内，我们认为纳税人将持续存在，这也是递延所得税核算的前提。

3. 资金时间价值

货币资金在运行过程中将可具有一定的增值能力。相关税收立法也明确规定纳税义务发生时间的界定方法、纳税期限、缴税期限等。

4. 纳税会计期间

纳税会计期间是纳税人按照相关税收法规确定的纳税年度期限。纳税会计期间不等同于纳税期限。

（三）税务会计要素

1. 计税依据

计税依据是税法规定的计算不同税种应纳税额的根据。不同税种的计税依据不同，计税依据有可能是销售（营业）额、销售数量、所得额等。

2. 应税收入

应税收入是指税法所认定的企业销售货物、提供劳务等应税行为所取得的收入。应税收入不同于会计收入，但是其确认计量一般按照财务会计原则和标准。

3. 扣除项目

扣除项目是指企业为取得相应收入而必须支付的相关成本、费用、税金、损失等，也是税法所规定的计税时允许扣除的项目金额。

4. 应纳税所得额

应纳税所得额是应税收入扣除税法允许扣除的项目后的余额，企业所得税应纳税所得额并不等同于财务会计核算的利润。

5. 应纳税额

应纳税额等于计税依据乘以适用税率。

6. 税务会计恒等式

应税收入 − 允许扣除项目 = 应纳税所得额（在企业所得税会计处理中适用）

计税依据 × 适用税率 = 应纳税额

想一想

试结合财务会计所学知识，将财务会计基本内涵与税务会计基本内涵进行比较，看看有何不同。

四、税务会计工作内容

税务会计作为一般企业财务部门涉税事务处理的专门或兼职的人员，其主要工作内容可以说是基本固定的，特别是作为已经相对稳定发展的企业的税务会计，其工作内容可从不同时间阶段来划分如下：

1. 月初应处理的工作内容

总体上讲，月初应处理的工作内容就是缴纳税款。① 进行网上申报。按不同税种分别填写纳税申报表，进行国税和地税的网上申报，并打印出报表。② 根据“应交税费”科目的贷方余额划转税款，进入纳税账户。③ 到税务机构进行税款缴纳，取回完税凭证，报送相关报表。④ 根据完税凭证编制税

> 完税凭证是指各种完税证、缴款书、印花税票、扣（收）税凭证以及其他完税证明。

款缴纳的记账凭证，完成上月的税务处理工作。

2. 月中应处理的工作内容

（1）每天根据所发生的涉税业务的原始凭证编制记账凭证，并在“应交税费”明细账上登记。

（2）做好发票的购买、领用、开具、检收、保管工作。及时去税务机构购买发票，并报送发票使用明细表。做好每张发票的领用、开具的登记工作，并将作废发票登记在备查簿中。对购入发票做好验收工作，确保发票的真实、正确，防止假发票的流入。切实做好发票的管理工作，防止发票流失。

（3）做好退税和减免税办理工作。认真及时地办理好各种手续，顺利取得退税和减免税。

（4）积极配合税务机关征管员做好对本企业的税收征管工作。主动做好情况介绍、资料提供、纳税情况汇报等工作。

（5）学习相关税收新政策，及时解答企业内的各种涉税事务的疑难问题。

（6）做好纳税筹划工作。结合本企业情况，及时根据相关税法，提供税务筹划方案，并检查原有的筹划方案的实施情况，及时调整和处理不当之处。

（7）做好税法的宣传、解释工作。

（8）做好其他特殊工作，如税务变更登记、税务大检查等。

3. 月末应处理的工作内容

（1）做好“应交税费”账户的总分类账登记工作，并与明细账进行核对，进行月度结转，将各相关账户结出余额。

（2）将开出的各种发票进行汇总，编制发票使用汇总表。

（3）将收到的各种发票重新进行检查，编制发票取得汇总表，并进行发票认证。

（4）编制发票领、用、存月报表，检查空白发票的库存数。

（5）按照税务机关的规定，办理预缴税款的业务。

（6）对检查出来需要调整的账项，按会计制度、会计准则和税法的要求进行调整。

4. 年末应处理的工作内容

（1）汇算清缴，对全年的涉税业务进行汇算清缴，需要调整的账项按税法进行调整，该补交的税款及时补交。

（2）编制并上报各种税务年报，并进行网上申报。

（3）协助税务机关做好税务年检工作。

五、税务会计的科目设置

目前，在我国税务会计尚未建立完整、独立的会计核算制度，企业税务会计核算是与财务会计核算融合为一体的，并从属于财务会计核算。税务会计核算相关规定只是散见于相关具体税收法规文件中，并无单行税务会计法规。在实务工作中，企业一般按照《企业会计准则》或《小企业会计准则》等规定，主要通过“应交税费”科目进行税务核算。

根据企业会计准则规定，“应交税费”科目核算企业按税法规定应缴纳的各种税费，包括增值税、消费税、企业所得税、资源税、土地增值税、城市维护建设税、房产税、城镇土地使用税、车船税、个人所得税、教育费附加、排污费等。企业不需要预计缴纳的税金，如印花税、耕地占用税和车辆购置税等，不在本科目核算。该科目为负债类科目，专门反映企业应缴、未缴和已缴税金的情况。其借方反映企业应缴纳的各种税金、出口应退税金以及缴纳增值税的企业当月销项税额小于进项税额留待下月继续抵扣的进项税额的数额。余额一般在贷方，表示企业期末已经计提的应缴而未缴的税额，如为借方余额，则表示企业多缴或尚未抵扣的税金。“应交税费”总账采用三栏式账页。

“应交税费”科目可按应缴的税费项目进行明细核算。应当设置以下明细科目：

（1）应交增值税。企业应在“应交增值税”明细账内，设置“进项税额”“销项税额抵减”“已交税金”“转出未交增值税”“减免税款”“出口抵减内销产品应纳税额”“销项税额”“出口退税”“进项税额转出”“转出多交增值税”等专栏。

（2）未交增值税，预交增值税，待抵扣进项税额，待认证进项税额，待转销项税额，增值税留抵税额，简易计税，转让金融商品应交增值税，代扣代交增值税。

（3）应交消费税。

（4）应交资源税。

（5）应交所得税。

（6）应交土地增值税。

（7）应交城市维护建设税。

（8）应交房产税。

（9）应交城镇土地使用税。

（10）应交车船税。

（11）应交个人所得税。

（12）应交教育费附加。

在实际税务核算中，应区分下列情况分别进行相应的账务处理：

（1）企业按规定计算应缴的消费税、资源税、城市维护建设税、教育费附加及房产税、土地使用税、车船税、印花税等相关税费，借记“税金及附加”科目，贷记本科目。实际缴纳时，借记本科目，贷记“银行存款”“库存现金”科目。

（2）企业转让土地使用权应交的土地增值税，土地使用权与地上建筑物及其附着物一并在“固定资产”等科目核算的，借记“固定资产清理”等科目，贷记本科目（应交土地增值税）。土地使用权在“无形资产”科目核算的，按实际收到的金额，借记“银行存款”科目，按应纳土地增值税，贷记本科目，同时冲销土地使用权的账面价值，贷记“无形资产”科目，按其差额，借记“营业外支出”科目或贷记“营业外收入”科目。实际缴纳土地增值税时，借记本科目，贷记“银行存款”等科目。

（3）企业按规定计算应缴的所得税时，借记“所得税费用”等科目，贷记本科目。

（4）企业按规定应缴的增值税，有关处理详见项目二。

《企业会计准则》规定“税金及附加”科目核算企业经营活动发生的消费税、城市维护建设税、资源税和教育费附加等相关税费。房产税、车船税、土地使用税、印花税在“管理费用”科目核算，但与投资性房地产相关的房产税、土地使用税在“应交税费”科目核算。

《小企业会计准则》则规定，税金及附加是指小企业开展日常生产经营活动应负担的消费税、城市维护建设税、资源税、土地增值税、城镇土地使用税、房产税、车船税、印花税和教育费附加、排污费等。

《增值税会计处理规定》（财会〔2016〕22 号）则明确规定，全面试行营业税改征增值税后，“营业税金及附加”科目名称调整为“税金及附加”科目，该科目核算企业经营活动发生的消费税、城市维护建设税、资源税、教育费附加及房产税、土地使用税、车船税、印花税等相关税费；利润表中的“营业税金及附加”项目调整为“税金及附加”项目。

任务处理

（1）税务会计核算的依据是以税收法规为主，以会计准则和会计制度为辅。税务会计的原则是既保证国家及时足额地取得税金，从而保证国家财政收入稳定地增长；又使企业在不违反国家税法的前提下，经济、合理地缴纳税金，提高企业的经济效益。税务会计的核算内容是企业的税务活动所引起的资金运动的全过程，即企业应纳税款的形成、计算和缴纳的全过程。

（2）企业税务会计工作内容包括：发票的领购，税款计算和涉税会计处理，建立涉税账簿，进行纳税申报和减免税申报等。

任务三　办理涉税业务

任务要求

公司接到工商部门通知，要求 2016 年 6 月底前完成工商登记证换证。禾兑跟随财务经理一起去工商部门办理换证手续，他们要准备哪些资料呢？怎样才能换证呢？

知识准备

一、“五证合一、一照一码”简介

自 2015 年 10 月 1 日起，浙江省原实行的由工商（市场监管）、质监、税务、人力社保、统计五个部门分别核发不同证照，改为由工商（市场监管）部门核发加载法人和其他组织统一社会信用代码的营业执照，组织机构代码证、税务登记证、社会保险登记证、统计登记证不再发放。

> 统一社会信用代码用 18 位的阿拉伯数字或大写英文字母表示，由登记管理部门代码（1 位）、机构类别代码（1 位）、登记管理机关行政区划码（6 位）、主体标识码（组织机构代码）（9 位）和校验码（1 位）5 个部分组成。

2016 年 10 月 1 日起，全国范围内正式实施“五证合一、一照一码”。

此外，国家工商总局等 4 部门联合发布文件，确定黑龙江省、上海市、福建省、湖北省 4 个试点地区自 2016 年 10 月 1 日起实施个体工商户营业执照和税务登记证“两证整合”，工商行政管理部门向新开业个体工商户发放加载统一社会信用代码的营业执照。其他 27 个省（自治区、直辖市）及 5 个计划单列市自 2016 年 12 月 1 日起实施个体工商户“两证整合”。

二、“五证合一、一照一码”的办理范围

企业及其分支机构、外国（地区）企业在中国境内从事生产经营活动和外国（地区）企业常驻代表机构、农民专业合作社（以下统称企业）。

三、换领“五证合一，一照一码”营业执照材料规范

（1）指定代表或者共同委托代理人授权委托书，如图1－6所示。

指定代表或者共同委托代理人授权委托书

申　请　人：________________________________

指定代表或者委托代理人：____________________________

委托事项及权限：

1. 办理____________（企业名称）的
   □名称预先核准　□设立　□变更　□注销　□备案　□撤销变更登记
   □股权出质　（□设立　□变更　□注销　□撤销）□其他____________手续。
2. 同意□不同意□核对登记材料中的复印件并签署核对意见。
3. 同意□不同意□修改企业自备文件的错误。
4. 同意□不同意□修改有关表格的填写错误。
5. 同意□不同意□领取营业执照和有关文书。

指定或者委托的有效期限：自　　年　月　日至　　年　月　日

指定代表或委托代理人或者经办人信息	签　　字：
	固定电话：
	移动电话：
（指定代表或委托代理人、具体经办人身份证明复印件粘贴处）	

（申请人签字或盖章）
年　月　日

图1－6　指定代表或者共同委托代理人授权委托书

（2）联络员信息，如图1－7所示。

联络员信息

姓　　名		固定电话	
移动电话		电子邮箱	
身份证件类型		身份证件号码	
（身份证件复印件粘贴处）			

图 1-7　联络员信息

（3）财务负责人信息，如图 1-8 所示。

财务负责人信息

姓　　名		固定电话	
移动电话		电子邮箱	
身份证件类型		身份证件号码	
（身份证件复印件粘贴处）			

图 1-8　财务负责人信息

（4）营业执照副本，组织机构代码证正、副本，税务登记证正、副本，社会保险登记证正、副本，统计登记证正、副本。

（5）第（4）项中有证书尚未办理的，出具尚未办理的声明书（如图 1-9 所示）。若证书遗失，则提供刊登遗失公告的报纸；若营业执照副本遗失，则在提供报纸的基础上，出具由公司盖章、法定代表人签字的遗失证明。

声 明 书

________________________（企业名称）尚未办理

组织机构代码证　　□正本、□副本；

税务登记证　　□正本、□副本；

社会保险登记证　　□正本、□副本；

统计登记证　　□正本、□副本，

特此声明。

盖　章：

法定代表人签字：

年　月　日

注：

1. 请在“□”打“√”。

2. 落款处加盖本企业公章，分支机构加盖法人单位的公章。

图 1－9　声明书

四、“五证合一、一照一码”工作流程图

“五证合一、一照一码”的办理主要由工商行政管理部门负责，其基本工作流程如图1－10所示。

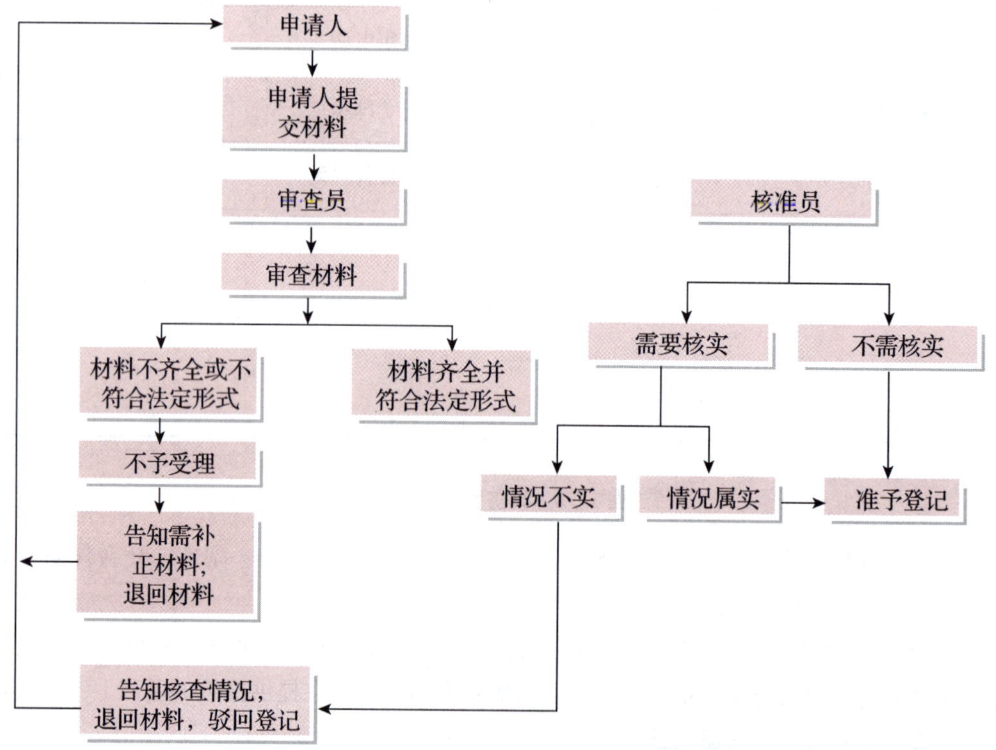

图 1－10　“五证合一，一照一码”工作流程图

五、新设企业“五证合一，一照一码”办理材料规范

新设企业直接向工商行政管理部门办理“五证合一，一照一码”的营业执照，其所需材料包括：

（1）公司登记（备案）申请书，如图1－11所示。

公司登记（备案）申请书

□基本信息				
名　称				
名称预先核准文号/注册号/统一社会信用代码				
住　所	________省（市/自治区）________市（地区/盟/自治州）________县（自治县/旗/自治旗/市/区）__________乡（民族乡/镇/街道）______________村（路/社区）_______________号			
生产经营地	________省（市/自治区）________市（地区/盟/自治州）________县（自治县/旗/自治旗/市/区）__________乡（民族乡/镇/街道）______________村（路/社区）_______________号			
联系电话		邮政编码		
□设立				
法定代表人姓　名		职　务	□董事长 □执行董事 □经理	
注册资本	_______________万元	公司类型		
设立方式（股份公司填写）	□发起设立	□募集设立		
经营范围				
经营期限	□ _______年　□ 长期	申请执照副本数量	____个	
□变更				
变更项目	原登记内容	申请变更登记内容		
□备案				
分公司 □增设□注销	名　称		注册号/统一社会信用代码	
	登记机关		登记日期	
清算组	成　员			
	负 责 人		联系电话	
其　他	□董事 □监事 □经理 □章程 □章程修正案 □财务负责人 □联络员			
□申请人声明				
本公司依照《公司法》、《公司登记管理条例》相关规定申请登记、备案，提交材料真实有效。通过联络员登录企业信用信息公示系统向登记机关报送、向社会公示的企业信息为本企业提供、发布的信息，信息真实、有效。 法定代表人签字：　公司盖章 （清算组负责人）签字：　年　月　日				

图1－11　公司登记（备案）申请书

（2）法定代表人信息，如图 1－12 所示。

法定代表人信息

姓　　名		联系电话	
身份证件类型		身份证件号码	
（身份证件复印件粘贴处）			
法定代表人签字： 年　月　日			

图 1－12　法定代表人信息

（3）董事、监事、经理信息和股东出资情况，如图 1－13、图 1－14 所示。

董事、监事、经理信息

董事、监事、经理信息
姓名________职务________身份证件类型________身份证件号码________________ （身份证件复印件粘贴处）
姓名________职务________身份证件类型________身份证件号码________________ （身份证件复印件粘贴处）
姓名________职务________身份证件类型________身份证件号码________________ （身份证件复印件粘贴处）

图 1－13　董事、监事、经理信息

股东（发起人）出资情况

股东（发起人）名称或姓名	证件类型	证件号码	出资时间	出资方式	认缴出资额（万元）	出资比例

图 1－14　股东（发起人）出资情况

（4）财务负责人信息，如图 1－15 所示。

财务负责人信息

姓　　名		固定电话	
移动电话		电子邮箱	
身份证件类型		身份证件号码	
（身份证件复印件粘贴处）			

图 1－15　财务负责人信息

（5）经营场地证明，若为自有房证，需提供房产证明（如图 1－16 所示）；若为租赁，则提供经营用房租赁协议（如图 1－17 所示），若无偿使用，则提供无偿提供使用证明（如图1－18所示）。

房产证明

兹证明位于____________________的房屋产权属于____________________所有，属于合法建筑。尚未取得房产证明，可以提供给______________________________

（筹）作为营业场所使用。

特此证明。

图 1－16　房产证明

经营用房租赁协议

出租方：

承租方：

经双方协商一致，订立如下租房协议：

1、出租方将位于______________________的营业（生产）用房_____间，面积约_____________平方米，出租给承租方作生产经营之用，租期为______年，自_______年_______月_______日起至_____年_______月______日止。

2、租金共_______元，已在本协议签订之日一次性交清。

3、租赁期间，房屋大修由出租方负责，一般维修和保养双方共同承担。

4、本协议自签订之日起生效，未尽事宜双方协商解决。

图 1－17　经营用房租赁协议

无偿提供使用证明

本人×××，自愿将位于绍兴市柯桥区×××的房屋无偿提供给×××有限公司（筹）作为营业场所使用，使用年限×年，特此声明。

承诺人签名：

图 1－18　无偿提供使用证明

（6）股东大会决议，如图 1－19 所示。

×××××有限公司股东会决议

会议时间：

会议地点：

召集人：　　　　主持人：

应到股东×方，实到股东×方，代表 100%股权，全体股东一致通过如下决议：

1. 公司不设董事会，选举×××为执行董事，并担任法定代表人。

2. 公司不设监事会，选举×××为公司监事。

3. 聘任×××为公司经理。

全体股东：×××（签字或盖章）

×××（签字或盖章）

年　　月

图 1－19　股东大会决议

（7）有限公司章程，如图1－20所示。

××××××有限公司章程

第一章 总 则

第一条 为规范公司的组织和行为，维护公司、股东和债权人的合法权益，根据《中华人民共和国公司法》（以下简称《公司法》）和有关法律、法规规定，结合公司的实际情况，特制定本章程。

第二条 公司名称：××××××有限公司。

第三条 公司住所：××××××

第四条 公司经营期限为×年，自公司成立之日起至 ×年×月×日。

第五条 公司为有限责任公司。实行独立核算、自主经营、自负盈亏。股东以其认缴的出资额为限对公司承担责任，公司以其全部资产对公司的债务承担责任。

第六条 公司坚决遵守国家法律、法规及本章程规定，维护国家利益和社会公共利益，接受政府有关部门监督。

第七条 本公司章程对公司、股东、执行董事、监事、高级管理人员均具有约束力。

图1－20 有限公司章程

（8）指定代表或者共同委托代理人授权委托书，如图1－6所示。

六、新设企业涉税事项

新设立企业领取“一照一码”营业执照后，登记信息由企业登记机关发送给税务机关，纳税人无须再次进行税务登记，不再领取税务登记证，在第一次办理税务事项时将涉税相关信息在税务部门进行补充登记。

后续涉税事项办理事项如下：

（一）一般纳税人资格登记

增值税一般纳税人资格实行登记制，登记事项由增值税纳税人向其主管税务机关办理。小规模纳税人以及新开业的纳税人，可以向主管机关申请增值税一般纳税人登记。

所需资料：增值税一般纳税人资格登记表，如图1－21所示。

增值税一般纳税人资格登记表

纳税人名称			纳税人识别号		
法定代表人（负责人、业主）		证件名称及号码		联系电话	
财务负责人		证件名称及号码		联系电话	
办税人员		证件名称及号码		联系电话	
税务登记日期					
生产经营地址					
注册地址					
纳税人类别：企业□ 非企业性单位□ 个体工商户□ 其他□					
主营业务类别：工业 □ 商业 □ 服务业 □ 其他□					
会计核算健全：是□					
一般纳税人资格生效之日：当月 1 日 □ 次月 1 日 □					
纳税人（代理人）承诺： 上述各项内容真实、可靠、完整。如有虚假，愿意承担相关法律责任。 经办人： 法定代表人： 代理人： （签章） 年 月 日					
以下由税务机关填写					
主管税务机关受理情况	受理人： 主管税务机关（章） 年 月 日				

填表说明： 1. 本表由纳税人如实填写。

2. 表中“证件名称及号码”相关栏次，根据纳税人的法定代表人、财务负责人、办税人员的居民身份证、护照等有效身份证件及号码填写。

3. 表中“一般纳税人资格生效之日”由纳税人自行勾选。

4. 主管税务机关（章）指各办税服务厅业务专用章。

5. 本表一式二份，主管税务机关和纳税人各留存一份。

图 1－21 增值税一般纳税人资格登记表

（二）发票领用

首次领用发票，应持“纳税人领用发票票种核定表”（加盖公章）、经办人身份证明、发票专用印模、营业执照，向主管税务机关申请领用。若申请防伪税控发票，须提交最高开票限额申请（行政许可）。

七、纳税申报

纳税人可以到办税服务厅申报，也可以选择网上申报等方式。

办理国税网上申报，请携带营业执照等资料前往电信运营商（电信、移动、联通）营业厅开通 VPDN 网上申报服务。

以浙江省为例，办理地税网上申报，需携带营业执照到办税服务厅领取注册码，在“浙江地税因特网办税服务系统”网页进行新用户注册，办理纳税申报。

需要开通电子缴库手续的，请纳税人携带公章到主管税务机关签订委托扣税（费）协议书（地税）或委托支付税款协议书（国税）。

八、变更企业涉税事项

“一照一码”企业办理变更登记，除生产经营地、财务负责人、核算方式变更由企业向税务机关提出变更申请以外，其他变更信息由企业登记机关统一采集。

企业向税务机关提出变更所需资料：

（1）“变更税务登记表”一式 2 份（加盖单位公章）。

（2）纳税人信息变更的有关证明文件原件及复印件。

纳税人办理股东股权变更登记手续时，请向企业登记机关提供所得税完税凭证或者不征税证明；对不能提供的，企业登记机关暂缓办理变更登记，并将情况通报同级地税主管税务机关。

九、注销企业涉税事项

“一照一码”企业办理注销登记，可向国、地税任何一方主管税务机关提出清税申报，填报“清税申报表”。税务机关在企业结清应纳税款、多退（免）税款、滞纳金和罚款，缴销发票和税控设备后，由受理方税务机关向纳税人出具“清税证明”，具体流程如图 1－22 所示。

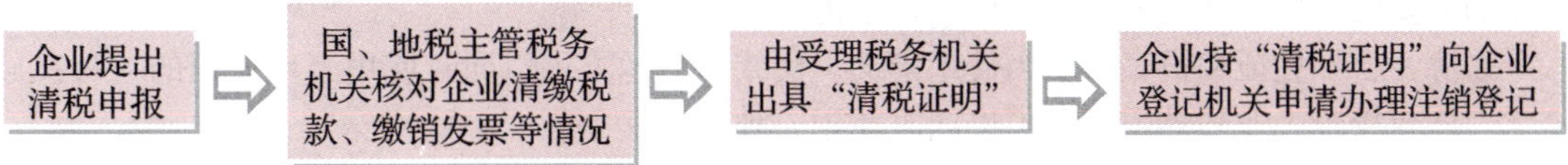

图 1－22 注销税务登记流程

任务处理

禾兑协助财务经理携带了营业执照副本，组织机构代码证正、副本，税务登记证正、副本，社会保险登记证正、副本，统计登记证正、副本等资料前往工商管理部门换领五证合一的营业执照，并填写提交了指定代表或者共同委托代理人授权委托书、联络员信息表、财务负责人信息表、尚未办理证书的申明书等表格资料，经工商行政管理部门工作人员审核后，发放了新的五证合一的营业执照。

任务四 设置与管理涉税账簿

任务要求

能够设置涉税账簿。

知识准备

一、账簿、凭证管理

从事生产、经营的纳税人应当自领取营业执照或者发生纳税义务之日起15日内，按照国家有关规定设置账簿。

账簿是指总账、明细账、日记账以及其他辅助性账簿。总账、日记账应当采用订本式。

生产、经营规模小又确无建账能力的纳税人，可以聘请经批准从事会计代理记账业务的专业机构或者经税务机关认可的财会人员代为建账和办理账务；聘请上述机构或者人员有实际困难的，经县以上税务机关批准，可以按照税务机关的规定，建立收支凭证粘贴簿、进货销货登记簿或者使用税控装置。

从事生产、经营的纳税人应当自领取税务登记证件之日起15日内，将其财务、会计制度或者财务、会计处理办法报送主管税务机关备案。纳税人使用计算机记账的，应当在使用前将会计电算化系统的会计核算软件、使用说明书及有关资料报送主管税务机关备案。纳税人建立的会计电算化系统应当符合国家有关规定，并能正确、完整地核算其收入或者所得。

扣缴义务人应当自税收法律、行政法规规定的扣缴义务发生之日起10日内，按照所代扣、代收的税种，分别设置代扣代缴、代收代缴税款账簿。纳税人、扣缴义务人会计制度健全，能够通过计算机正确、完整地计算其收入和所得或者代扣代缴、代收代缴税款情况的，其计算机输出的完整的书面会计记录，可视同会计账簿。

账簿、会计凭证和报表，应当使用中文。民族自治地方可以同时使用当地通用的一种民族文字。外商投资企业和外国企业可以同时使用一种外国文字。

纳税人应当按照税务机关的要求安装、使用税控装置，并按照税务机关的规定报送有关数据和资料。

二、编制涉税业务会计凭证

涉税业务会计凭证是记载有关涉税业务发生情况，明确经济责任，具有法律效力，并据以登记账簿的书面证明文件。

涉税业务会计凭证按其填制程序和用途分为原始凭证和记账凭证两种。各项涉税业务的会计处理，都必须有原始凭证，并据审核无误的原始凭证填制记账凭证。在日常经济业务发生后，税务会计人员首先要分类审核相关的涉税业务的原始凭证，确保原始凭证内容的真实性和完整性、原始凭证取得的时效性和合法性，然后，根据企业涉税业务的原始凭证编制相应的记账凭证。

三、登记涉税业务账簿

根据审核无误的记账凭证登记明细账、总账，月末结账、对账，做到账证相符、账账相符、账实相符。

纳税人、扣缴义务人必须根据合法、有效凭证进行记账核算。随着信息化发展步伐加快，纳税人、扣缴义务人使用征纳双方认可的电子凭证，可以作为记账核算、计算应纳税额的依据。

纳税人、扣缴义务人应当按照报送主管国家税务机关备案的财务、会计制度或财务、会计处理办法，真实、序时、逐笔记账核算；纳税人所使用的财务、会计制度和具体的财务、会计处理办法与有关税收方面的规定抵触时，纳税人可以继续使用原有的财务、会计制度和具体的财务、会计处理办法，进行会计核算，但在计算应纳税额时，必须按照国务院或者国务院财政、税务主管部门有关税收的规定计算应纳税款、代扣代缴和代收代缴税款。

四、编制税务报表

税务报表是总括反映纳税人在一定纳税期间涉税事项的书面报告，包括各税种纳税申报表主表及附表等相关资料。纳税人、扣缴义务人应当依法自行计算应纳税额和扣缴税款，依照法律、行政法规规定或者税务机关依照法律、行政法规的规定确定的申报期限、申报内容如实办理纳税申报，报送纳税申报表、财务会计报告或者代扣代缴、代收代缴税款报告表以及税务机关根据实际需要要求纳税人报送的其他纳税资料。纳税人、扣缴义务人对纳税申报、扣缴税款申报的真实性和合法性承担责任。

纳税人月末根据凭证、账簿、财务报表的相关数据编制纳税申报表。如增值税一般纳税人，国税税务报表方面每月主要报送：增值税纳税申报表及其附列资料。地税税务报表方面每月主要报送：地方税纳税申报表、社会保险费申报表等。

五、保管涉税资料

涉税会计人员在年度结束后，应将各种账簿、凭证和有关资料按顺序装订成册，统一编号、归档保管。

从事生产、经营的纳税人、扣缴义务人必须按照国务院财政、税务主管部门规定的保管期限保管账簿、记账凭证、完税凭证及其他有关资料。

账簿、记账凭证、报表、完税凭证、发票、出口凭证以及其他有关涉税资料应当合法、真实、完整。

账簿、记账凭证、完税凭证及其他有关资料不得伪造、变造或者擅自损毁。

账簿、记账凭证、报表、完税凭证、发票、出口凭证以及其他有关涉税资料应当合法、真实、完整。有关涉税资料应当保存 10 年；但是，法律、行政法规另有规定的除外。保存期满需要销毁时，应编制销毁清册，经主管国家税务机关批准后方可销毁。

任务处理

禾兑通过实习了解到浙江巨能纺织印染有限公司设置有“应交税费”等涉税账簿，其中“应交税费——应交增值税”使用多栏明细账，账页如图 1－23 所示；其他账户使用三栏明细账，账页如图 1－24 所示。

应交税费（增值税）明细账

月	日	凭证编号	摘要	借方						贷方					借或贷	余额
				合计	进项税额	已交税金	减免税款	出口抵减内销产品应纳税额	转出未交增值税	合计	销项税额	出口退税	进项税额转出	转出多交增值税		

图1-23 应交税费——应交增值税明细账

应交税费（　　　　）明细账

科目________

年		记账凭证号数	摘要	借方										贷方										借或贷	余额									
月	日			千	百	十	万	千	百	十	元	角	分	千	百	十	万	千	百	十	元	角	分		千	百	十	万	千	百	十	元	角	分

图1-24 应交税费明细账

任务五 申报纳税

任务要求

能够熟知纳税申报操作基本要领。

知识准备

纳税申报是指纳税人、扣缴义务人按照税法规定定期就计算缴纳税款的有关事项向税务机关提出的书面报告，是纳税人依法履行纳税义务的一项法定手续，同样也是税务机关办理征收税款业务的法定程序。纳税人无论有无经营收入，是否亏损，是否正享受减税和免税，都应该按规定程序在纳税申报期内办理纳税申报。

纳税人、扣缴义务人应当依法自行计算应纳税额和扣缴税款，依照法律、行政法规规定或者依照税务机关依照法律、行政法规的规定确定的申报期限、申报内容如实办理纳税申报，报送纳税申报表、财务会计报告或者代扣代缴、代收代缴税款报告表以及税务机关根据实际需要要求纳税人报送的其他纳税资料。

纳税人、扣缴义务人对纳税申报、扣缴税款申报的真实性和合法性承担责任。

一、纳税申报对象

纳税义务人和扣缴义务人为纳税申报的对象，二者均应在纳税申报期内进行纳税申报，无论其是否有收入，是否享受减免税优惠政策均应需要纳税申报。

二、纳税申报的内容

纳税申报的内容主要在各税种的纳税申报表和代扣代缴、代收代缴报告表中体现，同时也包含随附的财务报表。纳税人、扣缴义务人的纳税申报或者代扣代缴、代收代缴税款报告表的主要内容包括税种，税目，应纳税项目或者应代扣代缴、代收代缴税款项目，计税依据，扣除项目及标准，适用税率或者单位税额，应退税项目及税额，应减免税项目及税额，应纳税额或者应代扣代缴、代收代缴税额，税款所属期限，延期缴纳税款，欠税，滞纳金等。

《税收征收管理法实施细则》规定：纳税人办理纳税申报时，应当如实填写纳税申报表，并根据不同的情况相应报送下列有关证件、资料：

（1）财务会计报表及其说明材料。

（2）与纳税有关的合同、协议书及凭证。

（3）税控装置的电子报税资料。

（4）外出经营活动税收管理证明和异地完税凭证。

（5）境内或者境外公证机构出具的有关证明文件。

（6）税务机关规定应当报送的其他有关证件、资料。

扣缴义务人办理代扣代缴、代收代缴税款报告时，应当如实填写代扣代缴、代收代缴税款报告表，并报送代扣代缴、代收代缴税款的合法凭证以及税务机关规定的其他有关证件、资料。

三、纳税申报的方式

纳税申报的方式是指纳税人和扣缴义务人在发生纳税义务和代扣代缴、代收代缴义务后，在其申报期限内，依照税收法律、行政法规的规定到指定税务机关进行申报纳税的形式。《税收征收管理法实施细则》规定，经税务机关批准，纳税人、扣缴义务人可以采取邮寄、数据电文方式办理纳税申报或者报送代扣代缴、代收代缴税款报告表。

1. 直接申报

直接申报即上门申报，是纳税人、扣缴义务人在法定的申报期内，根据规定如实填写纳税申报表，自行计算应缴税款，并附带有关纳税资料直接到税务机关服务大厅办理纳税申报，税务机关当场开具相应税票予以征收。根据申报的地点不同，直接申报又可分为到办税服务厅申报、到巡回征收点申报和到代征点申报三种。

2. 邮寄申报

邮寄申报是指经税务机关批准，纳税人、扣缴义务人在法定的纳税申报期内，按税务机关规定的要求填写各类申报表和纳税资料后，通过使用统一规定的特快专递专用信封，到指定的邮政部门办理邮寄，或者根据约定时间由邮递员上门收寄等方式，向税务机关传送纳税资料的纳税申报方式。纳税人采取邮寄方式办理纳税申报的，应当使用统一的纳税申报专用信封，并以邮政部门收据作为申报凭据。邮寄申报以寄出的邮戳日期为实际申报日期。凡查账征收的纳税人，经主管税务机关批准，可以采用邮寄纳税申报的办法。

3. 数据电文方式

纳税人采取电子方式办理纳税申报的，应当按照税务机关规定的期限和要求保存有关资料，并定期书面报送主管税务机关。

> 数据电文方式是指税务机关确定的电话语音、电子数据交换和网络传输等电子方式。

4. 简易申报

税务机关可以对定期定额缴纳税款的纳税人实行简易申报、简并征期。

> 简易申报是指实行定期定额征税的纳税人在法律、法规规定的期限内或税务机关依法规定确定的期限内缴纳税款的方式，税务机关可以视同申报。

四、纳税申报期限

纳税申报期限是指纳税人发生纳税义务后，纳税人、扣缴义务人按照法律、行政法规规定或税务机关依据法律、行政法规规定确定的应纳或应缴税款的期限。为了保证国家税收收入的及时入库，各税种都根据情况和特点规定了纳税期限。

纳税期限的长短受多种因素的影响，如税款数额大小、缴纳条件等、我国现行税收实体法中规定的纳税期限，大体可分为三种情况：

1. 按期纳税

按期纳税的期限一般有 1 日、3 日、5 日、10 日、15 日、1 个月和 1 个季度。以 1 日、3 日、5 日、10 日和 15 日为一个纳税间隔期的，自期满之日起 5 日内预缴税款，于次月 1 日起

15 日内申报并结算上月应纳税款；以 1 个月和 1 季度为一个纳税期的，须在期满之日起 15 日内申报并结算应纳税款。纳税申报期最后一日，如遇公休、节假日的，可以顺延。

2. 按次纳税

按次纳税的期限一般在应税行为发生后的 7 日内申报并将应纳税款缴纳入库。

3. 按期预缴，年终汇算清缴

如果以 1 年为一个纳税期的，应该在年度内按期预缴，终了后 5 个月内汇算清缴，多退少补。

纳税人、扣缴义务人按照规定的期限办理纳税申报或者报送代扣代缴、代收代缴税款报告表确有困难，需要延期的，应当在规定的期限内向税务机关提出书面延期申请，经税务机关核准，在核准的期限内办理。

> 纳税人、扣缴义务人因不可抗力，不能按期办理纳税申报或者报送代扣代缴、代收代缴税款报告表的，可以延期办理。但是，应当在不可抗力情形消除后立即向税务机关报告。

经核准延期办理纳税申报或者报送代扣代缴、代收代缴税款报告表的，应当在纳税期内按照上期实际缴纳的税额或者税务机关核定的税额预缴税款，并在核准的延期内办理税款结算。

五、未按规定纳税申报的处罚

（1）纳税人未按照规定的期限办理纳税申报和报送纳税资料的，或者扣缴义务人未按照规定的期限向税务机关报送代扣代缴、代收代缴税款报告表和有关资料的，由税务机关责令限期改正，可以处 2 000 元以下的罚款；情节严重的，可以处 2 000 元以上 10 000 元以下的罚款。

（2）纳税人不进行纳税申报，不缴或者少缴应纳税款的，由税务机关追缴其不缴或者少缴的税款、滞纳金，并处不缴或者少缴的税款 50% 以上 5 倍以下的罚款。

（3）纳税人、扣缴义务人在规定期限内不缴或者少缴应纳或者应解缴的税款，经税务机关责令限期缴纳，逾期仍未缴纳的，税务机关除依法规定采取强制执行措施追缴其不缴或者少缴的税款外，可以处不缴或者少缴的税款 50% 以上 5 倍以下的罚款。

（4）纳税人伪造、变造、隐匿、擅自销毁账簿、记账凭证，或者在账簿上多列支出或者不列、少列收入，或者经税务机关通知申报而拒不申报或者进行虚假的纳税申报，不缴或者少缴应纳税款的，属于偷税行为。对纳税人偷税的，由税务机关追缴其不缴或者少缴的税款、滞纳金，并处不缴或者少缴的税款 50% 以上 5 倍以下的罚款；构成犯罪的，依法追究刑事责任。

任务处理

禾兑通过实习了解到企业纳税时，不同的税种纳税期限规定不尽相同。流转税一般应按月进行纳税申报，申报期为次月 1 日起至 15 日止，遇最后一日为法定节假日的，顺延 1 日；在每月 1 日至 15 日内有连续 3 日以上法定休假日的，按休假日天数顺延。如某年 4 月，该企业增值税纳税申报截止期从 4 月 15 日顺延为 4 月 20 日。因为 4 月 15 日至 17 日为清明节，因放假而顺延 3 天，而 4 月 18 日、19 日为周末，是国家法定假日，继续顺延 3 天，纳税截止日期为 20 日。同时企业减免税也是需要纳税申报的。

任务六　税款缴纳

任务要求

熟悉企业缴纳税款的主要方式。

税款征收方式

知识准备

纳税人、扣缴义务人在纳税申报后，要依照法定的方式、期限将税款缴纳入库，履行纳税义务。

一、税款缴纳的方式

（1）现金缴税是指纳税人、扣缴义务人用现金缴纳税款的方式。

（2）转账缴税是指纳税人、扣缴义务人根据税务机关填制的缴款书通过其开户银行转账缴纳税款的方式。

（3）支票缴纳。在法定的申报期内，纳税人持纳税申报表和有关资料以及应付税款等额支票，报送税务机关；税务机关审查支票的有效性后，开具“税收转账专用完税证”交纳税人作为完税凭证，然后集中报缴数字、支票清单，统一交由国库办理清算。该方式需在税务机关、银行、国库三家计算机实现联网后方能实施。

（4）银行卡缴税是指纳税人、扣缴义务人用银行卡缴纳税款的方式。

（5）税银一体化缴税又称财税库银横向联网缴税，是指纳税人、扣缴义务人在银行开立基本存款账户或是其他存款账，按期提前存入当期应纳税款，并在规定的期限内由税务机关通知银行直接划解税款，或使用网上申报纳税系统自行通过银行划转税款的方式。按实施方式不同，可分为一般缴税专户缴税、网上实时缴税和批量扣税。

（6）委托代征缴税是指委托代征单位按照税务机关规定的代征范围和要求，以税务机关名义向纳税人征收零散税款的方式。

纳税人可根据自己的实际情况，申请选择适合的税款缴纳方式。

二、纳税期限

纳税期限是指纳税人按期进行了纳税申报后，向国家缴纳税款的期限。

1. 流转税

以1个月为一期纳税的，于期满后15日内申报，以1日、3日、5日、10日、15日为一期纳税的，自期满之日起5日内预缴税款，于次月1日起15日内申报并结算上月应纳税款。

2. 企业所得税

企业应当自月份或者季度终了之日起15日内，向税务机关报送预缴企业所得税纳税申报表，预缴税款。企业应当自年度终了之日起5个月内，向税务机关报送年度企业所得税纳税申报表，并汇算清缴，结清应缴应退税款。

3. 其他税种

税法已明确规定纳税申报期限的，按税法规定的期限申报。税法未明确规定纳税申报期限的，按主管税务机关根据具体情况确定的期限申报。

纳税人办理纳税申报期限的最后一日，如遇公休、节假日的，可以顺延。

纳税人未按照规定期限缴纳税款，税务机关除责令限期改正外，从滞纳税款之日起，按日加收滞纳税款万分之五的滞纳金。

例1-1 某企业原本应于7月15日前缴纳增值税100 000元，但是该企业一直到7月25日才缴纳这笔税款，需缴纳滞纳金多少？

该企业需缴纳滞纳金 100 000 × 0.5‰ × 10 = 500（元）

三、延期缴纳税款

纳税人、扣缴义务人应按照法律、行政法规规定或者税务机关依照法律、行政法规的规定确定的期限，缴纳或者解缴税款。

纳税人因有特殊困难，不能按期缴纳税款的，经省、自治区、直辖市国家税务局、地方税务局批准，可以延期缴纳税款，但是最长不得超过3个月。计划单列市国家税务局、地方税务局可以审批纳税人延期缴纳税款。

《税收征收管理法实施细则》指出特殊困难具体指：

（1）因不可抗力，导致纳税人发生较大损失，正常生产经营活动受到较大影响的。

（2）当期货币资金在扣除应付职工工资、社会保险费后，不足以缴纳税款的。

不可抗力具体指的是什么情形呢？

纳税人需要延期缴纳税款的，应当在缴纳税款期限届满前提出申请，并报送下列材料：申请延期缴纳税款报告，当期货币资金余额情况及所有银行存款账户的对账单，资产负债表，应付职工工资和社会保险费等税务机关要求提供的支出预算。

税务机关应当自收到申请延期缴纳税款报告之日起20日内做出批准或者不予批准的决定；不予批准的，从缴纳税款期限届满之日起加收滞纳金。

四、税款的追征与退还

税款的退征与退还

纳税人未按照规定期限缴纳税款，扣缴义务人未按照规定期限解缴税款的，税务机关除责令限期缴纳外，从滞纳税款之日起，按日加收滞纳税款万分之五的滞纳金。

1. 税款追征

因纳税人、扣缴义务人计算错误等失误，未缴或者少缴税款的，税务机关在3年内可以追征税款、滞纳金；有特殊困难的，追征期可以延长到5年。

因税务机关的责任，致使纳税人、扣缴义务人未缴或者少缴税款的，税务机关在3年内可以要求纳税人、扣缴义务人补缴税款，但是不得加收滞纳金。追征和补缴税款的期限，自纳税人、扣缴义务人应缴未缴或者少缴税款之日起计算。

纳税人、扣缴义务人和其他当事人因抗税、偷税未缴或者少缴税款或者骗取退税款的，税务机关可以无限期追征。

违反税收法律、行政法规应当给予行政处罚的行为，在5年内未被发现的，不再给予行政处罚。

2. 税款退还

纳税人超过应纳税额缴纳的税款，税务机关发现后应当立即退还；纳税人自结算缴纳税款之日起3年内发现的，可以向税务机关要求退还多缴的税款并加算银行同期存款利息，税务机关及时查实后应当立即退还；涉及从国库退还的，依照法律、行政法规有关国库管理的规定退还。

五、税收保全措施和税收强制执行措施

（一）税收保全措施

税务机关有根据认为从事生产、经营的纳税人有逃避纳税义务行为的，可以在规定的纳税期之前，责令限期缴纳应纳税款；在限期内发现纳税人有明显的转移、隐匿其应纳税的商品、货物以及其他财产或者应纳税的收入的迹象的，税务机关可以责成纳税人提供纳税担保。如果纳税人不能提供纳税担保，经县以上税务局（分局）局长批准，税务机关可以采取下列税收保全措施：

个人及其所扶养家属维持生活必需的住房和用品，不在税收保全措施的范围之内。

（1）书面通知纳税人开户银行或者其他金融机构冻结纳税人的金额相当于应纳税款的存款。

（2）扣押、查封纳税人的价值相当于应纳税款的商品、货物或者其他财产。

税务机关采取强制执行措施时，对纳税人、扣缴义务人、纳税担保人未缴纳的滞纳金同时强制执行。

个人及其所扶养家属维持生活必需的住房和用品，不在强制执行措施的范围之内。

纳税人在税法规定的限期内缴纳税款的，税务机关必须立即解除税收保全措施；限期期满仍未缴纳税款的，经县以上税务局（分局）局长批准，税务机关可以书面通知纳税人开户银行或者其他金融机构从其冻结的存款中扣缴税款，或者依法拍卖或者变卖所扣押、查封的商品、货物或者其他财产，以拍卖或者变卖所得抵缴税款。

（二）税收强制执行措施

从事生产、经营的纳税人、扣缴义务人未按照规定的期限缴纳或者解缴税款，纳税担保人未按照规定的期限缴纳所担保的税款，由税务机关责令限期缴纳，逾期仍未缴纳的，经县以上税务局（分局）局长批准，税务机关可以采取下列强制执行措施：

（1）书面通知其开户银行或者其他金融机构从其存款中扣缴税款。

（2）扣押、查封、依法拍卖或者变卖其价值相当于应纳税款的商品、货物或者其他财产，以拍卖或者变卖所得抵缴税款。

税收保全措施与税收强制执行措施

任务处理

禾兑通过在浙江巨能纺织印染有限公司的实习了解到该企业目前税款主要通过银行电子转

账的方式完成纳税的。她还通过向其师傅了解得知，如果企业不能按时缴纳税款的话是需要从滞纳税款之日起，按日加收滞纳税款万分之五的滞纳金，企业在会计处理时应将滞纳金计入“营业外支出”账户。

任务七　减免税申报

任务要求

能够认识并识别减免税优惠政策，了解我国减免税相关政策。

知识准备

一、减免税的概念

减税，即依据税法规定减除纳税义务人一部分应纳税款。它是对某些纳税人进行扶持或照顾，以减轻其税收负担的一种特殊规定。免税，即对某些特殊纳税人免征某种（或某几种）税收的全部税款。

减免税的具体形式有：

1. 税基式减免

这是指通过缩小计税依据来实现减免税的一种形式，具体包括起征点、免征额、项目扣除和跨期结转等具体形式。

（1）起征点是指对征税对象达到一定数额才开始征税的界限。征税对象的数额没有达到规定数额的不征税，征税对象的数额达到规定数额的，就其全部数额征税。如《增值税暂行条例》规定，按期纳税的起征点为月销售额 5 000 元至 20 000 元，按次纳税的起征点为每次（日）销售额 300～500 元。

（2）免征额是指对征税对象总额中免予征税的数额。即将纳税对象中的一部分给予减免，只就减除后的剩余部分计征税额。如《个人所得税法》规定了免征额制度，对工资、薪金所得，以每月收入额减除费用 3 500 元后的余额为应纳税所得额。

2. 税率式减免

这是指通过降低税率来实现减免税的一种形式，具体包括重新确定新税率、归入低税率和规定零税率等。

3. 税额式减免

这是指通过减少一部分税额或免除全部税额来实现减免税的一种形式，具体包括全部免征、减半征收、核定减征率、核定减征额等。

二、减免税的种类

1. 法定减免

法定减免是指在税收法律和行政法规中明确规定的减税、免税。通常在各税种的基本法规中都列有减税、免税条款。这些减税、免税条款所规定的原则和范围具有普遍性和稳定性。有关税种的法规中所规定的起征点、免征额也属于法定减免的范围。

2. 特定减免

特定减免是指根据社会经济的发展变化和发挥税收调控作用的需要，用特别的、专门的法规文件规定的减税、免税。

3. 临时减免

临时减免又称困难减免，是指为照顾纳税人的生产、生活以及其他特殊困难而临时批准给予的减税、免税。它通常是定期的减免税，或者是一次性的减免税。

三、减免税办理规程

1. 减免税的申请

凡依据税收法律、法规以及国务院有关规定给予减征、免征应缴税款的属于减免税申请范围，超过法定减免、政策减免和困难减免范围的一律不得申请报批减免。

纳税人申请减免税要向主管税务机关提交书面报告，填写有关减税免税申请表并附送有关资料，说明要求减免的项目政策依据、减免期限和税额等。

2. 减免税的审批

主管税务机关收到纳税人申请后，必须对申请内容逐项核实，提出具体的初审意见和报告，并按审批权限逐级上报。

上级税务机关接到下级税务机关的减免税报告后，要按照审批权限规定进行下批或呈报，为防止以税谋私和专权渎职的问题发生，减免税一般实行集体审批的制度。

3. 减免税的批复执行

税务机关对符合减免范围、资料齐备的减免税申请，经审核后均要以书面形式批复，向申请单位发出减免税批复通知书。减免税批复后的具体执行可分为事前减免与事后减免两种：事前减免是指在纳税人缴税之前申请减免税并得到批准；事后减免是指纳税人缴税之后才办理减免税手续或得到税务机关的批复文书。

4. 减免税的监督检查

经批准减免税的纳税人，在享受减免税期间，也要按规定办理纳税申报手续，当原申报减免税的条件发生变化时，应向税务机关报告重新认定。

主管税务机关对减免税进行追踪管理，对减免税的执行、减免税金的使用、减免税期满恢复征税等进行定期检查。对于已经不符合政策的减免税，或者使用不当的减免税金，税务机关有权纠正，或者收回所批复的减免，恢复征税。对于纳税人擅自减免或以欺骗、隐瞒手段骗取减免税的行为，要依法追究法律责任。

任务处理

禾兑意识到减免税直接牵涉到企业的经济利益，因此需要及时关注我国减免税政策，在学习后续各税处理时需要关注各税种的减免税优惠政策。

任务八 配合税务检查

任务要求

熟知税务稽查过程中的企业权利与义务，了解税务稽查的基本流程。

知识准备

一、税务检查的概念

税务检查又称纳税检查，是指税务机关根据税收法律、法规的规定，对纳税人、扣缴义务人履行纳税义务和扣缴义务的情况进行的审查监督活动。纳税人、扣缴义务人应积极配合税务机关的检查活动，应该对税务检查的机构、检查的范围及应承担的义务有所了解。

二、税务检查的机构

根据《税收征收管理法》的规定，有权进行税务检查的机构是税务机关。

三、税务检查的范围

（1）检查纳税人的账簿、会计凭证、报表和有关资料，检查扣缴义务人代扣代缴、代收代缴税款相关账簿、会计凭证和有关资料。

（2）到纳税人的生产、经营场所和货物存放地检查纳税人应纳税的商品、货物或者其他财产，检查扣缴义务人与代扣代缴、代收代缴税款有关的经营情况。

（3）责成纳税人、扣缴义务人提供与纳税或者代扣代缴、代收代缴税款有关的文件、证明材料和有关资料。

（4）询问纳税人、扣缴义务人以及其他涉税当事人与纳税或者代扣代缴、代收代缴税款有关的问题和情况。

（5）到车站、码头、机场、邮政企业及其分支机构检查纳税人托运、邮寄应纳税商品、货物或者其他财产。

（6）经县以上税务局（分局）局长批准，凭全国统一格式的检查存款、汇款账户许可证明，查询纳税人、扣缴义务人在银行或者其他金融机构的存款、汇款及证券交易结算资金账户。税务机关在调查税收违法案件时，经设区的市、自治州以上税务局（分局）局长批准，可以查询案件涉嫌人员的存款、汇款及证券交易结算资金账户。税务机关查询所获得的资料，不得用于税收以外的用途。

（7）到网络交易平台提供机构检查网络交易情况，到网络交易支付服务机构检查网络交易支付情况。

（8）到纳税人、扣缴义务人和纳税担保人的财物受托人处检查财物委托情况。

（9）检查涉嫌取得虚假发票的非纳税单位和个人的发票使用情况。

（10）检查未登记为生产、经营场所却用于生产、经营的场所。

（11）到相关部门查询、复制纳税人财产登记情况及身份信息。

四、税务检查的要求

（1）纳税人、扣缴义务人必须接受税务机关依法进行的税务检查，如实反映情况，提供有关资料，不得拒绝、隐瞒。

（2）税务机关依法进行税务检查时，有关部门和单位应当支持、协助，向税务机关如实反映纳税人、扣缴义务人和其他当事人与纳税或代扣代缴、代收代缴税款有关的情况，提供有关资料与证明材料。

（3）税务机关调查税务违法案件时，对于案件有关的情况和资料，可以记录、录音、录像、照相和复制。

（4）税务机关和税务人员必须依照《税收征收管理法》及其实施细则的规定行使税务检查权。税务人员进行税务检查时，必须出示税务检查证；无税务检查证的，纳税人、扣缴义务人及其他当事人有权拒绝检查。检查人员有责任为被检查人员保守秘密。

（5）税务机关对从事生产、经营的纳税人以前纳税期的纳税情况依法进行税务检查时，发现纳税人有逃避纳税义务行为，并有明显的转移、隐匿其应纳税的商品、货物以及其他财产或者应纳税的收入的迹象的，可以按照《税收征收管理法》规定的批准权限采取税收保全措施或者强制执行措施。

检查纳税人的账簿、会计凭证、报表和有关资料，检查扣缴义务人代扣代缴、代收代缴税款相关账簿、会计凭证和有关资料，税务机关可以在纳税人、扣缴义务人的业务场所进行；必要时，经县以上税务局（分局）局长批准，可以将纳税人、扣缴义务人以前会计年度的账簿、记账凭证、报表和其他有关资料调回税务机关检查，但是税务机关必须向纳税人、扣缴义务人开付清单，并在 3 个月内完整退还；有特殊情况的，经设区的市、自治州以上税务局局长批准，税务机关可以将纳税人、扣缴义务人当年的账簿、记账凭证、报表和其他有关资料调回检查，但是税务机关必须在 30 日内退还。

五、配合税务检查

（一）规范企业税务管理

企业应该做好会计凭证、会计账簿、会计报表、申报纳税资料的整理、装订、标识、保管等基础工作，因为这些也是税务检查人员的主要检查内容。企业应重视提高财务人员对税收业务的处理能力，并定期进行自查，也可聘请税务师事务所等专业性中介组织进行独立检查，以促使本企业税务管理工作的规范化，从而降低涉税风险。

（二）熟悉税务检查工作

税务检查的范围和内容，必须经税法特别的列举规定。税务人员实施税务稽查，其行为超过规定的权限范围，即属于违法的行政行为，不具有法律约束力，不受法律保护，纳税人有权拒绝接受稽查。

（三）清楚纳税人的权利

纳税人有法律规定接受税务检查的义务，同时对违法的税务稽查也有拒绝的权利——拒绝检查权。此外还有要求回避权、拒绝查封权、陈述申辩权、要求听证权、委托代理权、申请税务行政复议、提起行政诉讼权、申请赔偿权等。

任务处理

禾兑在实习过程中通过对企业财务人员的请教，认识到加强企业自身财务管理水平是应对税务检查的最重要的手段，她也通过实习了解了作为纳税人在税务检查中具有的基本权利和义务。

知识地图

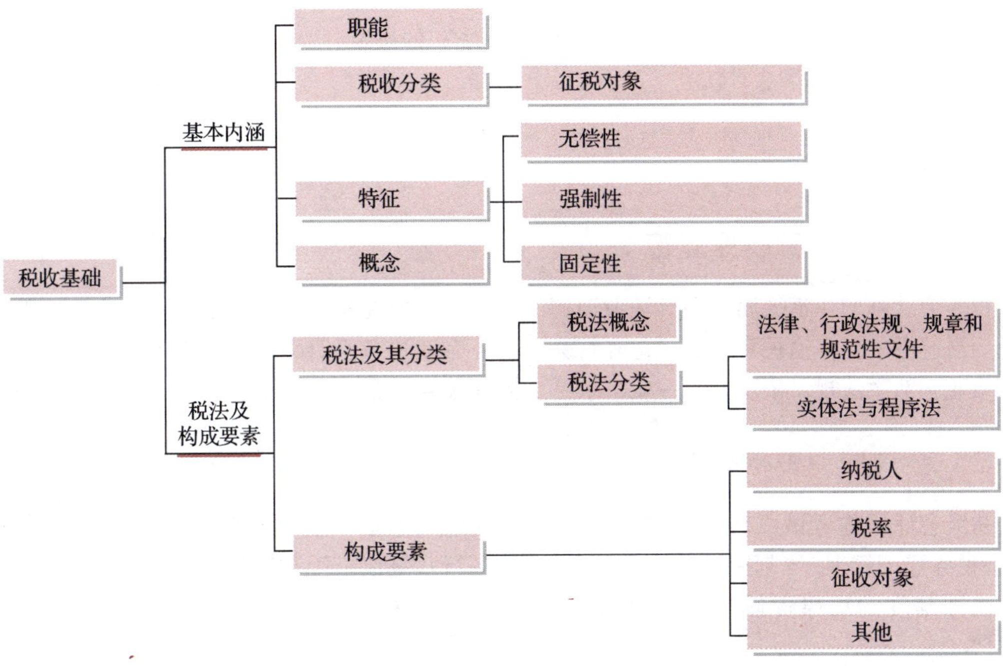

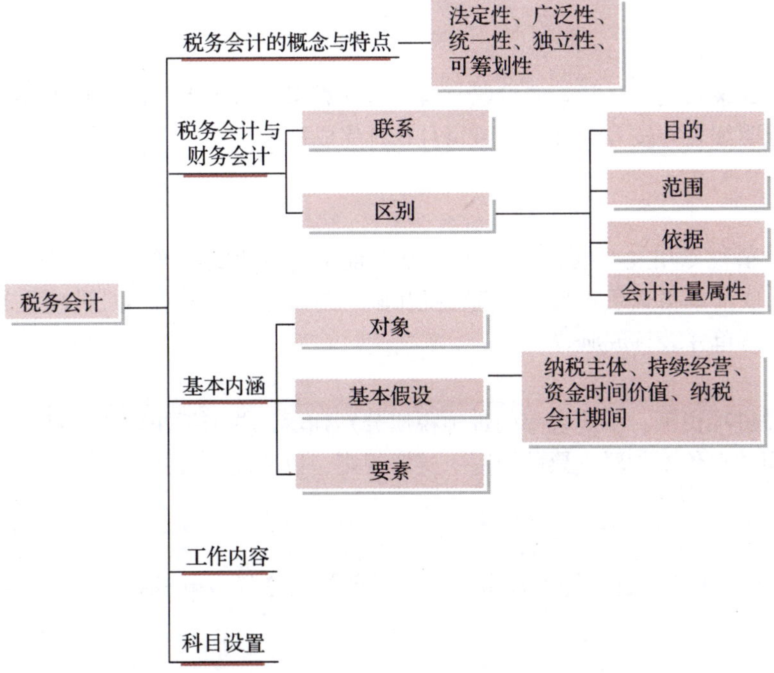

税法导读

1. 中华人民共和国税收征收管理法
2. 中华人民共和国税收征收管理法实施细则
3. 中华人民共和国刑法（第二篇第三章第六节“危害税收征管罪”）
4. 企业财务会计报告条例
5. 国家税务总局关于修改《税务登记管理办法》的决定
6. 中华人民共和国会计法

知识拓展

一、税务会计师职业道德

税务会计师职业道德属于会计职业道德的一部分，是税务会计师在办理涉税业务过程中树立和应当遵循的基本道德意识、规范和行为。税务企业税务会计师职业道德包含以下几方面：爱岗敬业、熟悉法规、依法办事、实事求是、搞好服务、保守秘密等。

二、会计职业资格等考试要求

初级会计职称考试《经济法基础》考试大纲之第七章“税收征收管理法律制度”要求“掌握税务登记管理”“掌握税款征收”“掌握税务行政复议范围和管辖”“掌握征纳双方违反税收法律制度的法律责任”“熟悉账簿、凭证管理和发票管理”“了解纳税申报和税务检查”等。

附：某企业税务会计岗位说明书

（一）抄税

按发票使用明细表格式录入当月已开具的发票→与销售核算岗核对收入金额→整理并装订发票存根→打印发票使用明细表并按月装订成册→每月 6 日完成抄税。

（二）抵扣

收受会计岗传来的增值税专用发票抵扣联→每月 30 日前将当月收到的增值税票抵扣联进行网上认证→按发票抵扣联清单格式录入当月增值税抵扣联→与财务系统核对当月进项税额→装订抵扣联→打印抵扣联清单并装订成册。

注：

（1）计算本期抵扣联进项税额，不同税率的进项税应分别列示，并与抵扣联清单对应。

（2）及时向各会计岗位宣传抵扣联发票的填写、签章规则，以便能及时抵扣。

（三）申报税款

每月 10 日前填写各类税款申报表→传主管岗审核→财务部长签章→申报→登记税票→申报表归类保存。

注：

（1）增值税、所得税、城建税及其他附加税、公积金按月申报，房产税分别于1月、7月分两次申报，车船税、土地使用税于每季度第1个月申报，印花税年底一次申报。

（2）填写申报表时，应查询并扣除提前开具税票的税款金额，如出口缴税、预缴的其他税款应在“已交税金”栏中反映 。

（3）各类税款申报金额以相关税法为依据。

（4）领到申报开具的各类税票后，分税种在税票登记本中登记。

（5）全年申报表应按税种分类装订成册。

（四）税款缴纳

（1）申报月度资金计划：

月末根据当月开票及抵扣情况、税款缴纳计划等预计下月税款所需资金→填写月度资金计划表→财务部长审核。

（2）税款缴纳：

填写付款审批单→财务部长审批→填写进账单，连同税票和付款审批单交出纳办理银行结算手续→登记资金计划表→签收出纳传来的银行进账回执→在税票登记本中注销相应的税票→编制凭证。

（五）发票的领购及使用

根据发票和收据需求量及时填写票据领购凭证→财务部长盖章→去税务局购买→登记所购票据→存保险柜→登记发放情况→领用人签名→编制当月票据领用情况表。

（六）管理性工作

（1）随时与地税国税征管员保持联系。

（2）及时向其他会计岗位宣传税法知识，规范涉及税务方面凭证审核及账务处理。

（3）熟练掌握公司各项税款的缴纳情况。

（4）积极清理以前年度欠税情况。

（5）协助开票岗完成相关工作。

（七）工作要求

（1）熟悉公司各类财务管理制度，熟悉现行各种税法。

（2）了解财务部各岗位工作内容，做好与各岗位的衔接工作。

（3）工作目标明确，责任心强，树立良好的部门形象。

三、会计档案保管期限

会计档案保管期限见表1－1。

表 1-1　企业和其他组织会计档案保管期限表

序　号	档案名称	保管期限	备　注
一	**会计凭证**		
1	原始凭证	30 年	
2	记账凭证	30 年	
二	**会计账簿**		
1	总账	30 年	
2	明细账	30 年	
3	日记账	30 年	
4	固定资产卡片		固定资产报废清理后保管 5 年
5	其他辅助性账簿	30 年	
三	**财务会计报告**		
1	月度、季度、半年度财务会计报告	10 年	
2	年度财务会计报告	永久	
四	**其他会计资料**		
1	银行存款余额调节表	10 年	
2	银行对账单	10 年	
3	纳税申报表	10 年	
4	会计档案移交清册	30 年	
5	会计档案保管清册	永久	
6	会计档案销毁清册	永久	
7	会计档案鉴定意见书	永久	

项目二　增值税纳税实务

知识目标

1. 理解增值税基本内涵。
2. 掌握增值税征税范围及适用税率（征收率）。
3. 掌握增值税纳税义务人的划分依据。
4. 熟悉发票管理与使用规定，掌握不同发票的领购流程与开具要求。
5. 掌握增值税应纳税额计算方法。
6. 掌握增值税的会计处理方法。
7. 掌握增值税纳税申报表的填写技巧。
8. 掌握增值税纳税申报知识。

技能目标

1. 能根据经济业务进行增值税识别。
2. 能够根据不同情形计算增值税应纳税额。
3. 能够针对企业发生的不同经济业务进行增值税会计处理。
4. 能够根据企业业务填写增值税纳税申报表。
5. 能够进行增值税纳税申报。
6. 能根据企业需要领购发票、开具发票、审核发票等。

学习导航

本项目 PPT

导引案例

企业基本信息如下：

（1）企业类型：制造业，增值税一般纳税人。企业电话：0575－88990001。

（2）该企业执行《企业会计准则》，企业相关证照如图2－1、图2－2所示。

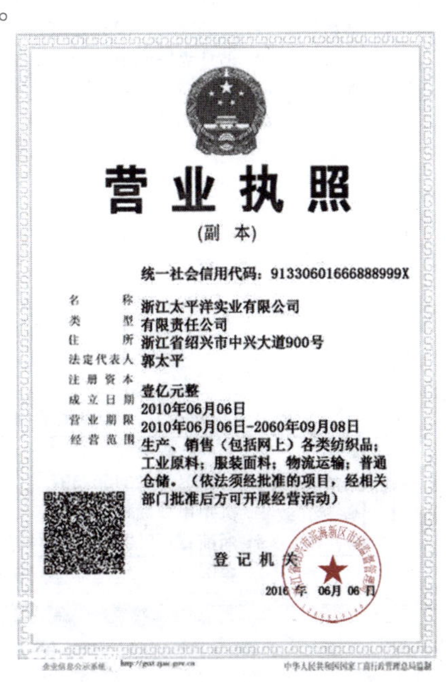

营业执照

（副本）

统一社会信用代码：91330601666888999X

名　　称　浙江太平洋实业有限公司
类　　型　有限责任公司
住　　所　浙江省绍兴市中兴大道900号
法定代表人　郭太平
注册资本　壹亿元整
成立日期　2010年06月06日
营业期限　2010年06月06日-2060年09月08日
经营范围　生产、销售（包括网上）各类纺织品；工业原料；服装面料；物流运输；普通仓储。（依法须经批准的项目，经相关部门批准后方可开展经营活动）

登记机关

2016年　06月　06日

图2－1　工商营业执照（副本）

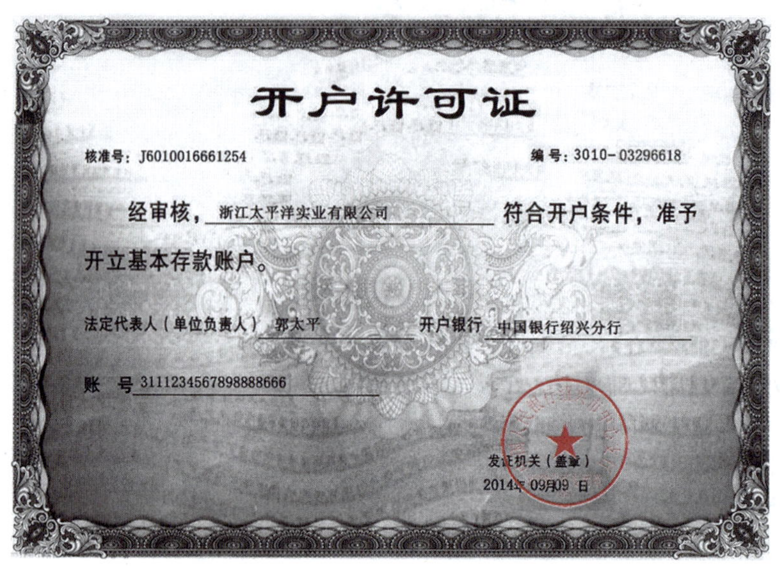

开户许可证

核准号：J6010016661254　　编号：3010-03296618

经审核，浙江太平洋实业有限公司 符合开户条件，准予开立基本存款账户。

法定代表人（单位负责人）郭太平　　开户银行 中国银行绍兴分行

账　号 3111234567898888666

发证机关（盖章）
2014年09月09日

图 2-2　银行开户许可证

(3) 该企业 2016 年 12 月份业务相关原始凭证如图 2-3～图 2-24 所示。

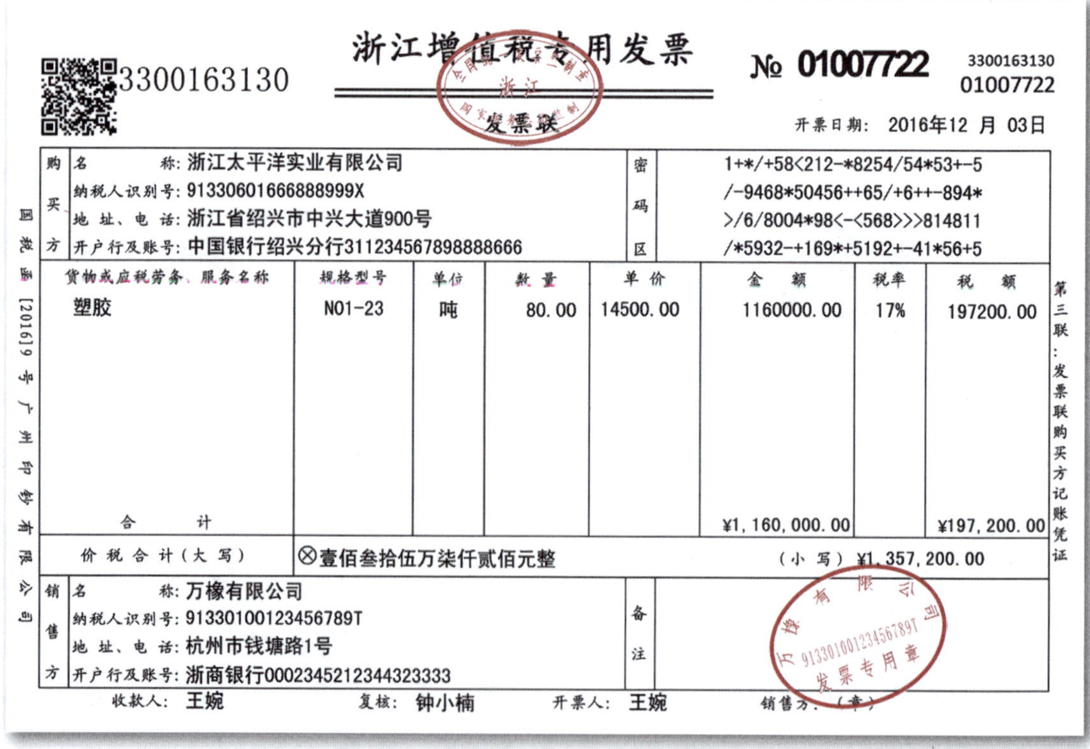

3300163130　　浙江增值税专用发票　　№ 01007722　　3300163130 01007722

发票联

开票日期：2016年12月03日

购买方	名称：浙江太平洋实业有限公司 纳税人识别号：91330601666888999X 地址、电话：浙江省绍兴市中兴大道900号 开户行及账号：中国银行绍兴分行3111234567898888666				密码区	1+*/+58<212-*8254/54*53+-5 /-9468*50456++65/+6++-894* >/6/8004*98<-<568>>>814811 /*5932-+169*+5192+-41*56+5		
货物或应税劳务、服务名称	规格型号	单位	数量	单价	金额	税率	税额	
塑胶	N01-23	吨	80.00	14500.00	1160000.00	17%	197200.00	
合　计					¥1,160,000.00		¥197,200.00	
价税合计（大写）	⊗壹佰叁拾伍万柒仟贰佰元整				（小写）¥1,357,200.00			
销售方	名称：万橡有限公司 纳税人识别号：91330100123456789T 地址、电话：杭州市钱塘路1号 开户行及账号：浙商银行0002345212344323333				备注			

收款人：王婉　　复核：钟小楠　　开票人：王婉　　销售方：（章）

国税函[2016]9号广州印钞有限公司

第三联：发票联　购买方记账凭证

图 2-3　增值税专用发票（发票联）

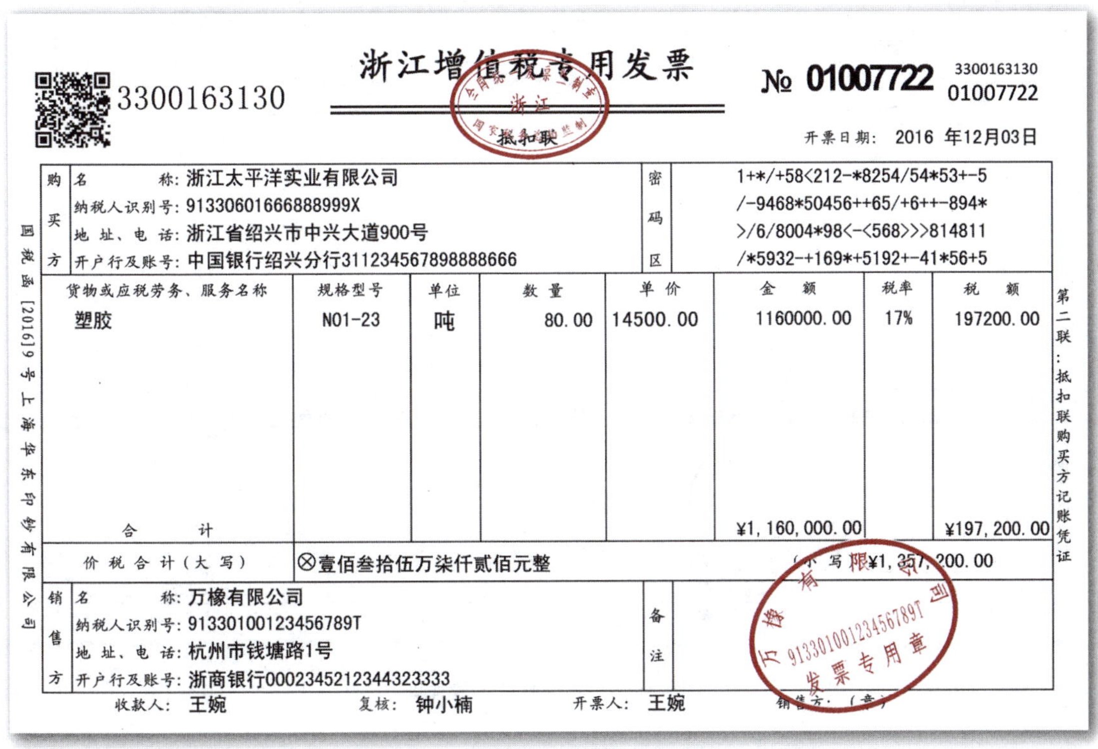

浙江增值税专用发票

3300163130　　№ 01007722　3300163130 01007722

抵扣联　　开票日期：2016 年12月03日

购买方	名　　称：浙江太平洋实业有限公司 纳税人识别号：91330601666888999X 地址、电话：浙江省绍兴市中兴大道900号 开户行及账号：中国银行绍兴分行311234567898888666	密码区	1+*/+58<212-*8254/54*53+-5 /-9468*50456++65/+6++-894* >/6/8004*98<-<568>>>814811 /*5932-+169*+5192+-41*56+5

货物或应税劳务、服务名称	规格型号	单位	数量	单价	金额	税率	税额
塑胶	N01-23	吨	80.00	14500.00	1160000.00	17%	197200.00
合　计					¥1,160,000.00		¥197,200.00
价税合计（大写）	⊗壹佰叁拾伍万柒仟贰佰元整				（小写）¥1,357,200.00		

销售方	名　　称：万橡有限公司 纳税人识别号：91330100123456789T 地址、电话：杭州市钱塘路1号 开户行及账号：浙商银行0002345212344323333	备注	

收款人：王婉　　复核：钟小楠　　开票人：王婉　　销售方：（章）

国税函[2016]9号上海华东印钞有限公司

第二联：抵扣联　购买方记账凭证

图 2-4　增值税专用发票（抵扣联）

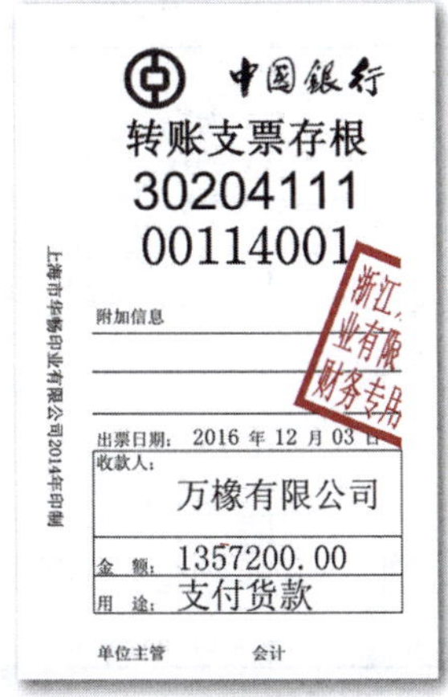

中国银行

转账支票存根

30204111

00114001

附加信息

出票日期：2016 年 12 月 03 日

收款人：万橡有限公司

金　额：1357200.00

用　途：支付货款

单位主管　　会计

上海市华畅印业有限公司2014年印制

图 2-5　银行转账支票存根

收　料　单

材料科目：材料　　编号：00102001

材料类别：原料及主要材料　　收料仓库：1号仓库

供应单位：万橡有限公司　　2016年12月03日　　发票号码：01007722

材料编号	材料名称	规格	计量单位	数量		实际价格（元）	
				应收	实收	单价	金额
001	塑胶	N 01-23	吨	80	80		1160000.00
备注		购入原料					

采购员：李爽　　检验员：郭玮　　记账员：巫午　　保管员：李木子

图 2-6　收料单

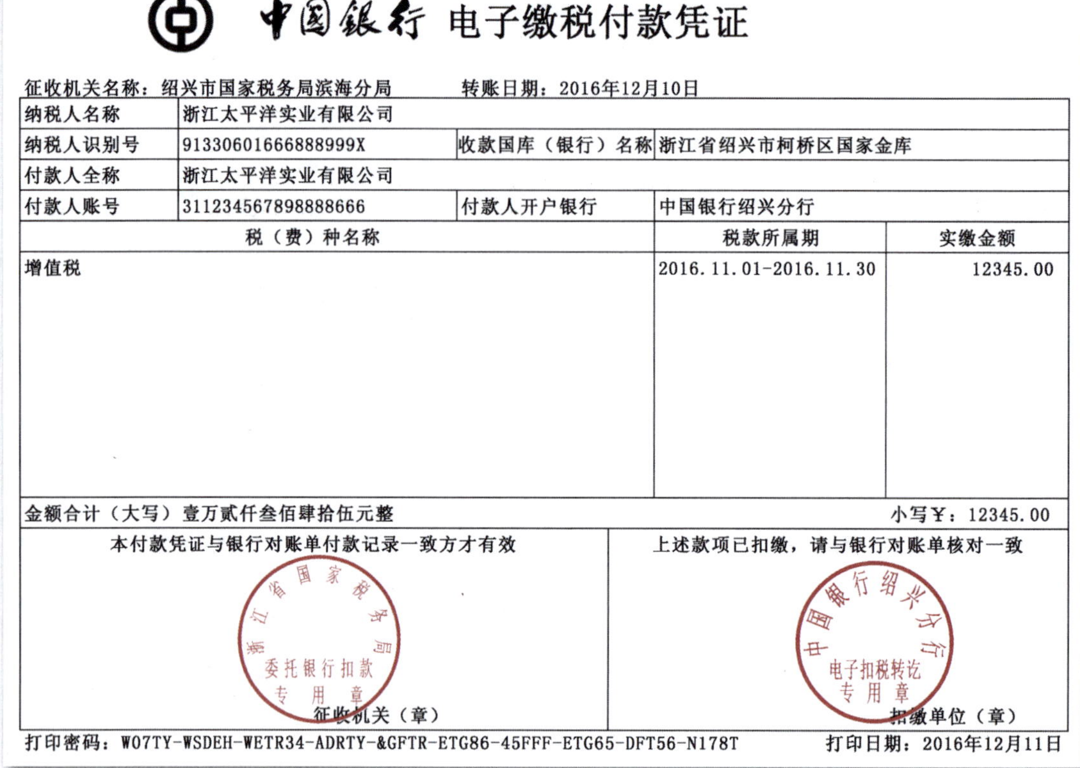

中国银行 电子缴税付款凭证

征收机关名称：绍兴市国家税务局滨海分局　　转账日期：2016年12月10日

纳税人名称	浙江太平洋实业有限公司		
纳税人识别号	91330601666888999X	收款国库（银行）名称	浙江省绍兴市柯桥区国家金库
付款人全称	浙江太平洋实业有限公司		
付款人账号	311234567898888666	付款人开户银行	中国银行绍兴分行

税（费）种名称	税款所属期	实缴金额
增值税	2016.11.01-2016.11.30	12345.00
金额合计（大写）壹万贰仟叁佰肆拾伍元整		小写¥：12345.00

本付款凭证与银行对账单付款记录一致方才有效	上述款项已扣缴，请与银行对账单核对一致
浙江省国家税务局 委托银行扣款专用章 征收机关（章）	中国银行绍兴分行 电子扣税转讫专用章 扣缴单位（章）

打印密码：W07TY-WSDEH-WETR34-ADRTY-&GFTR-ETG86-45FFF-ETG65-DFT56-N178T　　打印日期：2016年12月11日

图2-7　电子缴税付款凭证

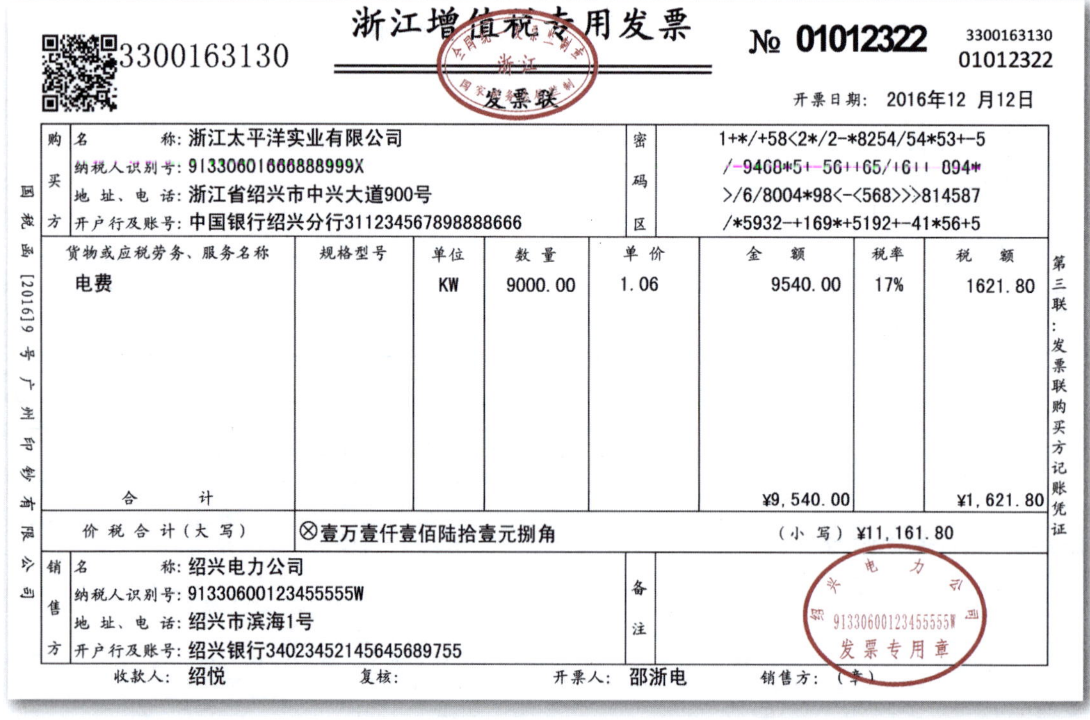

浙江增值税专用发票

3300163130　　发票联　　№ 01012322　　3300163130 01012322

开票日期：2016年12 月12日

购买方	名　　称：浙江太平洋实业有限公司 纳税人识别号：91330601666888999X 地址、电话：浙江省绍兴市中兴大道900号 开户行及账号：中国银行绍兴分行311234567898888666	密码区	1+*/+58<2*/2-*8254/54*53+-5 /-9460*5+-56++65/+6++-094* >/6/8004*98<-<568>>>814587 /*5932-+169*+5192+-41*56+5

货物或应税劳务、服务名称	规格型号	单位	数量	单价	金额	税率	税额
电费		KW	9000.00	1.06	9540.00	17%	1621.80
合　　计					¥9,540.00		¥1,621.80
价税合计（大写）	⊗壹万壹仟壹佰陆拾壹元捌角				（小写）¥11,161.80		

销售方	名　　称：绍兴电力公司 纳税人识别号：91330600123455555W 地址、电话：绍兴市滨海1号 开户行及账号：绍兴银行34023452145645689755	备注	绍兴电力公司 91330600123455555W 发票专用章

收款人：绍悦　　复核：　　开票人：邵浙电　　销售方：（章）

国税函[2016]9号广州印钞有限公司

第三联：发票联 购买方记账凭证

图2-8　增值税专用发票（发票联）

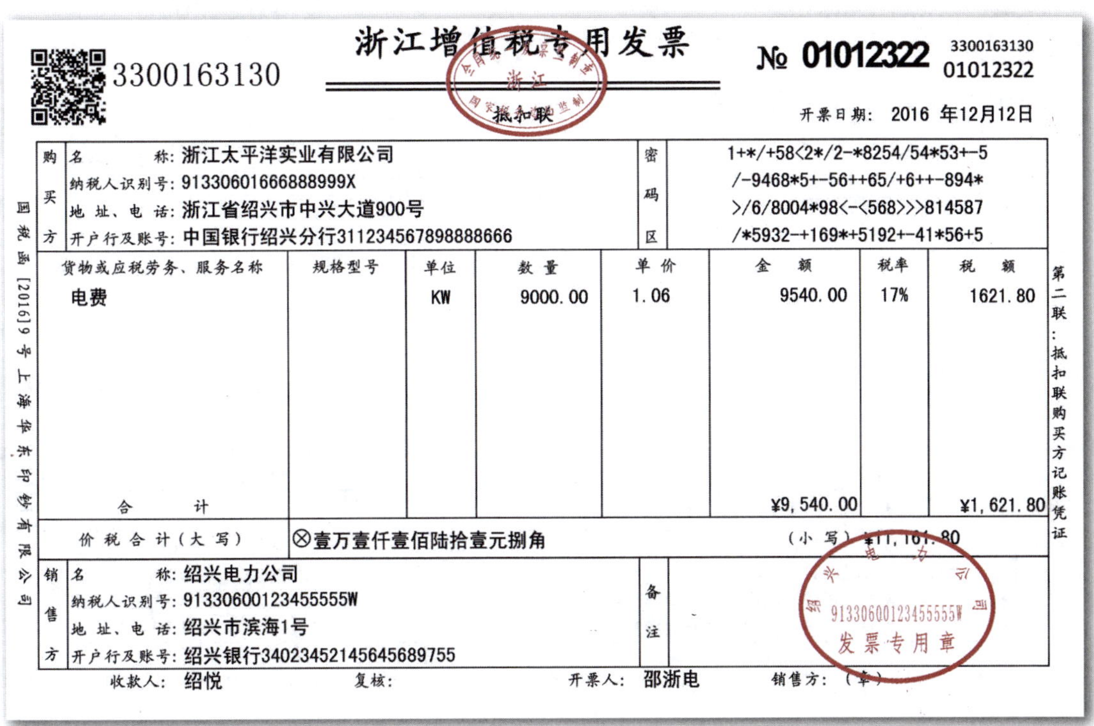

3300163130

浙江增值税专用发票

抵扣联

№ 01012322 3300163130 01012322

开票日期：2016 年12月12日

购买方	名称：浙江太平洋实业有限公司 纳税人识别号：91330601666888999X 地址、电话：浙江省绍兴市中兴大道900号 开户行及账号：中国银行绍兴分行311234567898888666	密码区	1+*/+58<2*/2-*8254/54*53+-5 /-9468*5+-56++65/+6++-894* >/6/8004*98<-<568>>>814587 /*5932-+169*+5192+-41*56+5

货物或应税劳务、服务名称	规格型号	单位	数量	单价	金额	税率	税额
电费		KW	9000.00	1.06	9540.00	17%	1621.80
合计					¥9,540.00		¥1,621.80
价税合计（大写）	⊗壹万壹仟壹佰陆拾壹元捌角				（小写）¥11,161.80		

销售方	名称：绍兴电力公司 纳税人识别号：91330600123455555W 地址、电话：绍兴市滨海1号 开户行及账号：绍兴银行340234521456456689755	备注	

收款人：绍悦 复核： 开票人：邵浙电 销售方：（章）

国税函[2016]9号上海华东印钞有限公司

第二联：抵扣联 购买方记账凭证

图 2－9 增值税专用发票（抵扣联）

中国银行网上银行电子回单

币别：	人民币	日期：	2016-12-12	凭证号：	0004-5874	交易流水号：	21682473
付款人	全 称	浙江太平洋实业有限公司		收款人	全 称	绍兴电力公司	
	账 号	3111234567898888666			账 号	340234521456456000000	
	开户行	中国银行绍兴分行			开户行	绍兴银行	
大写金额	人民币壹万壹仟壹佰陆拾壹元捌角			小写金额	¥11161.80		
用 途	电费						
钞汇标志							
重要提示：电子回单可重复打印，如您已通过银行柜台取得相应纸质回单，请注意核对，勿重复记账。							
					验证码：a0ttTz+dZyNouyhk3pkrGqTqepM=		

图 2－10 网上银行电子回单

2300143320

黑龙江增值税普通发票

发票联

№ 01236766

开票日期：2016年 12月16日

检验码：44095 02879 21345 88988

购买方	名称：浙江太平洋实业有限公司 纳税人识别号：91330601666888999X 地址、电话：浙江省绍兴市中兴大道900号 开户行及账号：中国银行绍兴分行 3111234567898888666	密码区	58<289-*8434/54*53+-5+/-59 38/*/-9468*54897++65/+6+8* 789>/6/8114*98<-<568>>>884+ 5/*12<>158*/+5487+29516482	加密版本01 2300143320 01236766

货物或应税劳务、服务名称	规格型号	单位	数量	单价	金额	税率	税额
棉花	一等	吨	30.00	14500.00	435000.00	*	0.00
合计					¥435,000.00		¥0.00
价税合计（大写）	⊗肆拾叁万伍仟元整				（小写）¥435,000.00		

销售方	名称：金土地合作社 纳税人识别号：91232126111116543N 地址、电话：黑龙江黑河市康庄乡正大街999号 开户行及账号：中国银行黑河支行3222345212344321789	备注	金土地合作社 91232126111116543N 发票专用章

收款人：金艳　复核：　开票人：金艳　销售方：（章）

国税函［2016］999号东北印钞有限公司

第二联：发票联 购买方记账凭证

图 2-11　增值税普通发票（发票联）

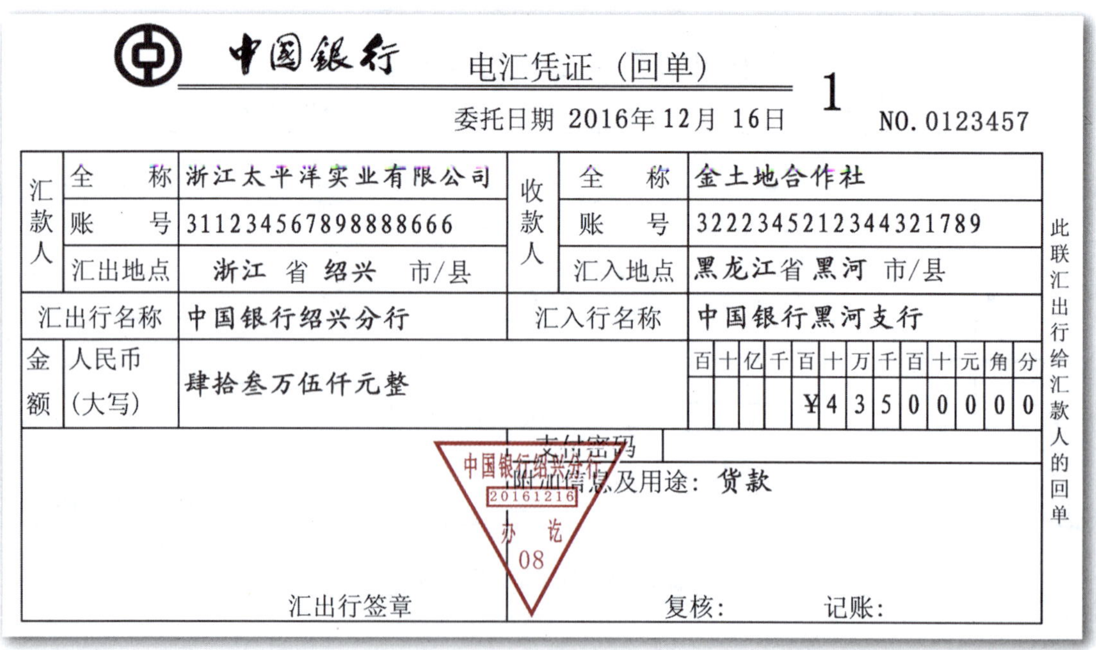

中国银行　电汇凭证（回单）　1

委托日期 2016年12月 16日　NO. 0123457

汇款人	全称	浙江太平洋实业有限公司	收款人	全称	金土地合作社
	账号	3111234567898888666		账号	3222345212344321789
	汇出地点	浙江 省 绍兴 市/县		汇入地点	黑龙江省 黑河 市/县
汇出行名称		中国银行绍兴分行	汇入行名称		中国银行黑河支行
金额	人民币（大写）	肆拾叁万伍仟元整		百 十 亿 千 百 十 万 千 百 十 元 角 分	¥ 4 3 5 0 0 0 0 0

支付密码

附加信息及用途：货款

中国银行绍兴分行 20161216 办讫 08

汇出行签章　复核：　记账：

此联汇出行给汇款人的回单

图 2-12　电汇凭证

浙江增值税专用发票

3300163130

发票联

№ 01008802

3300163130
01008802

开票日期： 2016年12月16日

购买方	名称：浙江太平洋实业有限公司 纳税人识别号：91330601666888999X 地址、电话：浙江省绍兴市中兴大道900号 开户行及账号：中国银行绍兴分行311234567898888666	密码区	14<289-*8*/4/54*53+-5+/-59 01->-9-*81208>4*53+68+/342 889>/6/8114*98<-<568>008+4+ 58<289-*8434/54*00+-5+/-59

货物或应税劳务、服务名称	规格型号	单位	数量	单价	金额	税率	税额
运费				15000.00	15000.00	11%	1650.00
合计					¥15,000.00		¥1,650.00
价税合计（大写）	⊗壹万陆仟陆佰伍拾元整				（小写）¥16,650.00		

销售方	名称：北南运输公司 纳税人识别号：91330112345670002A 地址、电话：杭州市萧区北山路A号 开户行及账号：杭州银行2202340002866666787	备注	

收款人：华飞 复核：王飞 开票人：华飞 销售方：（章）

国税函[2016]9号上海华东印钞有限公司

第三联：发票联 购买方记账凭证

（印章：91330112345670002A 发票专用章）

图2－13 增值税专用发票（发票联）

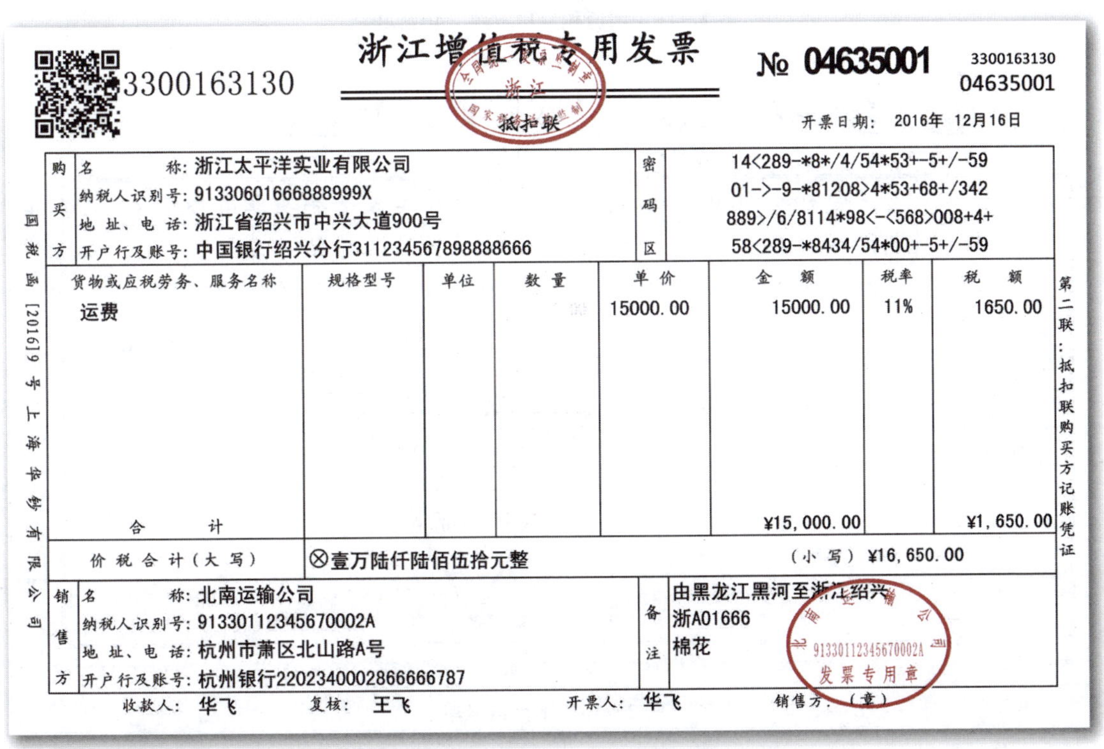

浙江增值税专用发票

3300163130

抵扣联

№ 04635001

3300163130
04635001

开票日期： 2016年 12月16日

购买方	名称：浙江太平洋实业有限公司 纳税人识别号：91330601666888999X 地址、电话：浙江省绍兴市中兴大道900号 开户行及账号：中国银行绍兴分行311234567898888666	密码区	14<289-*8*/4/54*53+-5+/-59 01->-9-*81208>4*53+68+/342 889>/6/8114*98<-<568>008+4+ 58<289-*8434/54*00+-5+/-59

货物或应税劳务、服务名称	规格型号	单位	数量	单价	金额	税率	税额
运费				15000.00	15000.00	11%	1650.00
合计					¥15,000.00		¥1,650.00
价税合计（大写）	⊗壹万陆仟陆佰伍拾元整				（小写）¥16,650.00		

销售方	名称：北南运输公司 纳税人识别号：91330112345670002A 地址、电话：杭州市萧区北山路A号 开户行及账号：杭州银行2202340002866666787	备注	由黑龙江黑河至浙江绍兴 浙A01666 棉花

收款人：华飞 复核：王飞 开票人：华飞 销售方：（章）

国税函[2016]9号上海华钞有限公司

第二联：抵扣联 购买方记账凭证

（印章：91330112345670002A 发票专用章）

图2－14 增值税专用发票（抵扣联）

3300163130

浙江增值税专用发票

№ 00086601　　3300163130　00086601

此联不作报销、抵扣凭证使用　　开票日期：2016年 12月18日

购买方		密码区
名称：	绍兴金柯有限公司	11<212-12-/4/54*53+-5+/-59
纳税人识别号：	913306221211211217	38/*/-9468*12397++65/+6+8*
地址、电话：	浙江省绍兴市柯桥区柯桥路1号	789>/6/2-*/*98<-<568>>>112+
开户行及账号：	工商银行柯桥支行 22001888045653546801	5/*12<>/*8*/+5487+2123/*82

货物或应税劳务、服务名称	规格型号	单位	数量	单价	金额	税率	税额
白坯布	YH001	米	5000	125.00	625000.00	17%	106250.00
折扣			5000	-25.00	-125000.00	17%	-21250.00
合计					¥500,000.00		¥85,000.00
价税合计（大写）	⊗伍拾捌万伍仟元整				（小写）¥585,000.00		

销售方		备注
名称：	浙江太平洋实业有限公司	
纳税人识别号：	91330601666888999X	
地址、电话：	浙江省绍兴市中兴大道10000号	
开户行及账号：	中国银行绍兴分行 3111234567898888666	

收款人：褚巧巧　　复核：钱靖镜　　开票人：褚巧巧　　销售方：（章）

国税函［2016］9号上海华东印钞有限公司

第一联：记账联 销售方记账凭证

图 2-15　增值税专用发票（记账联）

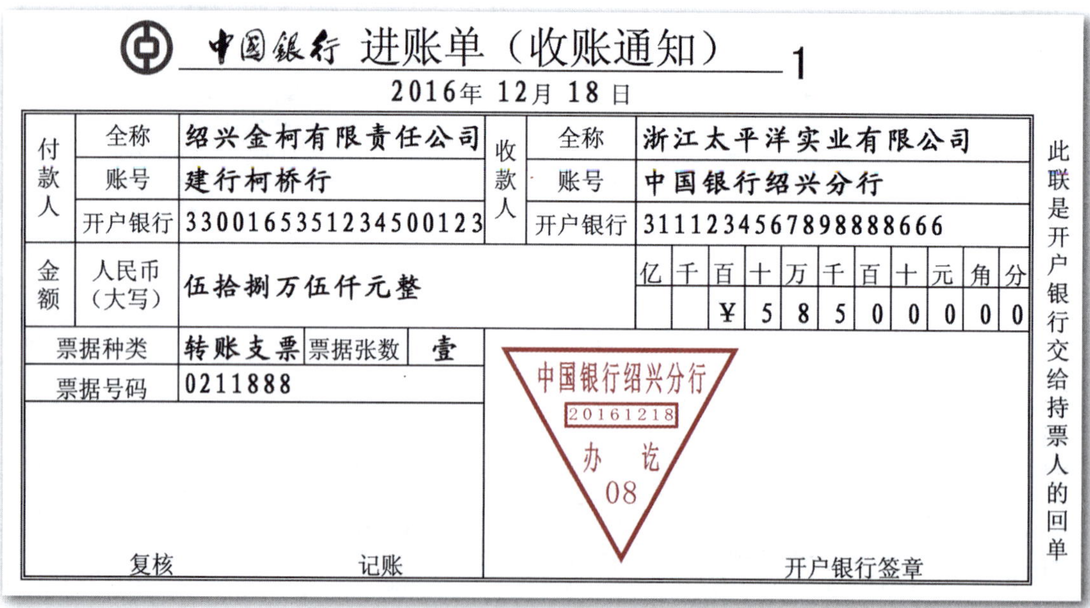

中国银行 进账单（收账通知） 1

2016年 12月 18日

付款人		收款人	
全称	绍兴金柯有限责任公司	全称	浙江太平洋实业有限公司
账号	建行柯桥行	账号	中国银行绍兴分行
开户银行	3300165351234500123	开户银行	3111234567898888666
金额 人民币（大写）	伍拾捌万伍仟元整	亿千百十万千百十元角分	¥58500000
票据种类	转账支票	票据张数	壹
票据号码	0211888		
复核　记账		开户银行签章	

此联是开户银行交给持票人的回单

图 2-16　银行进账单

浙江增值税普通发票

3300163320　№ 00512789　3306163320　00512789

开票日期：2016年12月25日

校验码 51002 94780 27843 21058

购买方	名称：再创贸易有限公司 纳税人识别号：91330602470024356V 地址、电话：浙江省绍兴市镜湖新区思创路151号 开户行及账号：工行绍兴镜湖支行 3300165354405555588	密码区	14<212-*8479/54*53+-5+/-59 38/*/-9>>8*51007++65/+6+8* */9>/6/8094*98<-</+2>>>004+ 5/*12<>158*/+4607+295+-/82

货物或应税劳务、服务名称	规格型号	单位	数量	单价	金额	税率	税额
机器		台	1.00	48543.69	48543.69	3%	1456.31
合计					¥48,543.69		¥1,456.31
价税合计（大写）	⊗伍万元整				（小写）¥50,000.00		

销售方	名称：浙江太平洋实业有限公司 纳税人识别号：91330601666888999X 地址、电话：浙江省绍兴市中兴大道900号 开户行及账号：中国银行绍兴分行 31112345678988886666	备注	网络发票号码为：330633551234 查验比对：您可以提供WWW.zjtax.gov.cn货纳税服务平台查验比对发票内容与税务局申报内容是否一致，以免不一致造成的后果

收款人：褚巧巧　复核：钱靖镜　开票人：褚巧巧　销售方：（章）

国税函[2016]9号上海华东印钞有限公司

第一联：记账联 销售方记账凭证

图 2－17　增值税普通发票（记账联）

浙江太平洋实业有限公司固定资产处置审批表

编号 20161201

资产使用部门：二车间　　单位：元

资产名称	机器		
规格型号	NSY10008	数　量	1 台
卡片编号	2008120902001	购置日期	2008 年 12 月 9 日
账面原值	350 000.00	累计折旧	280 000.00
账面净值	70 000.00	出售价格	50 000.00
处置情况说明	设备更新		
资产使用部门	意见：同意 负责人：王文　2016 年 12 月 25 日		
财务部门处理意见	意见：同意 负责人：[illegible]　2016 年 12 月 25 日		
领导审批意见	意见：同意 负责人：[illegible]　2016 年 12 月 25 日		

图 2－18　固定资产处置审批表

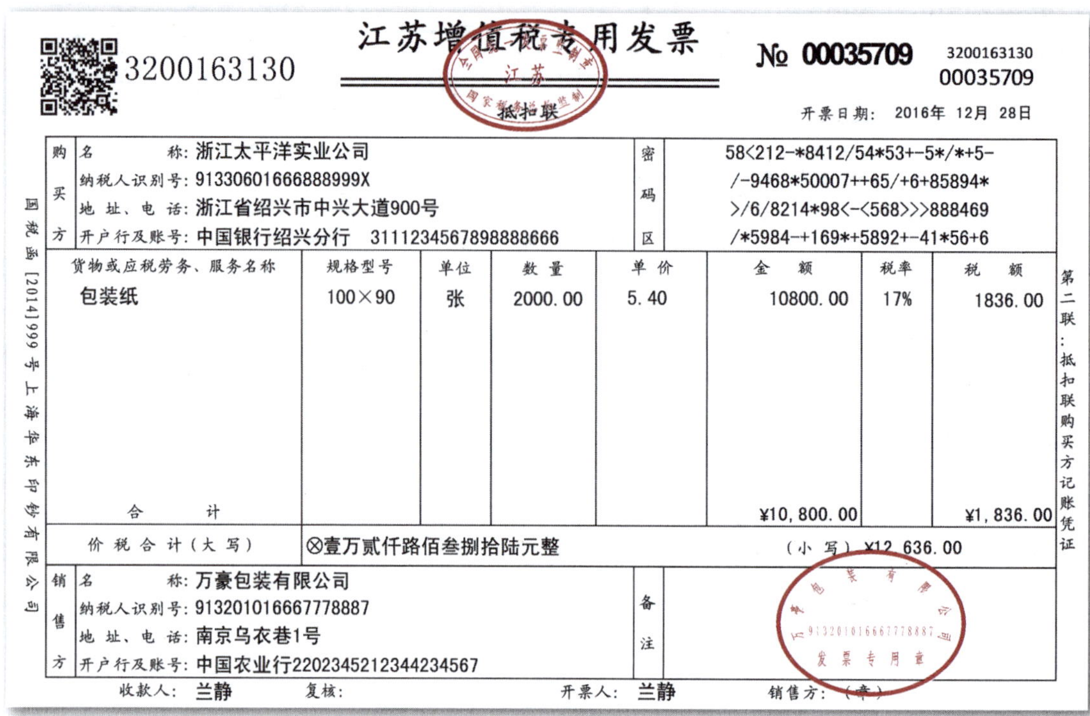

江苏增值税专用发票

3200163130

No 00035709　3200163130　00035709

抵扣联

开票日期：2016年 12月 28日

购买方	名　称：浙江太平洋实业公司 纳税人识别号：91330601666888999X 地址、电话：浙江省绍兴市中兴大道900号 开户行及账号：中国银行绍兴分行　3111234567898888666	密码区	58<212-*8412/54*53+-5*/*+5- /-9468*50007++65/+6+85894* >/6/8214*98<-<568>>>888469 /*5984-+169*+5892+-41*56+6

货物或应税劳务、服务名称	规格型号	单位	数量	单价	金额	税率	税额
包装纸	100×90	张	2000.00	5.40	10800.00	17%	1836.00
合　计					¥10,800.00		¥1,836.00
价税合计（大写）	⊗壹万贰仟路佰叁捌拾陆元整				（小写）¥12,636.00		

销售方	名　称：万豪包装有限公司 纳税人识别号：913201016667778887 地址、电话：南京乌衣巷1号 开户行及账号：中国农业行2202345212344234567	备注	

收款人：兰静　复核：　开票人：兰静　销售方：（章）

第二联：抵扣联　购买方记账凭证

国税函[2014]999号上海华东印钞有限公司

图 2-19　增值税专用发票（抵扣联）

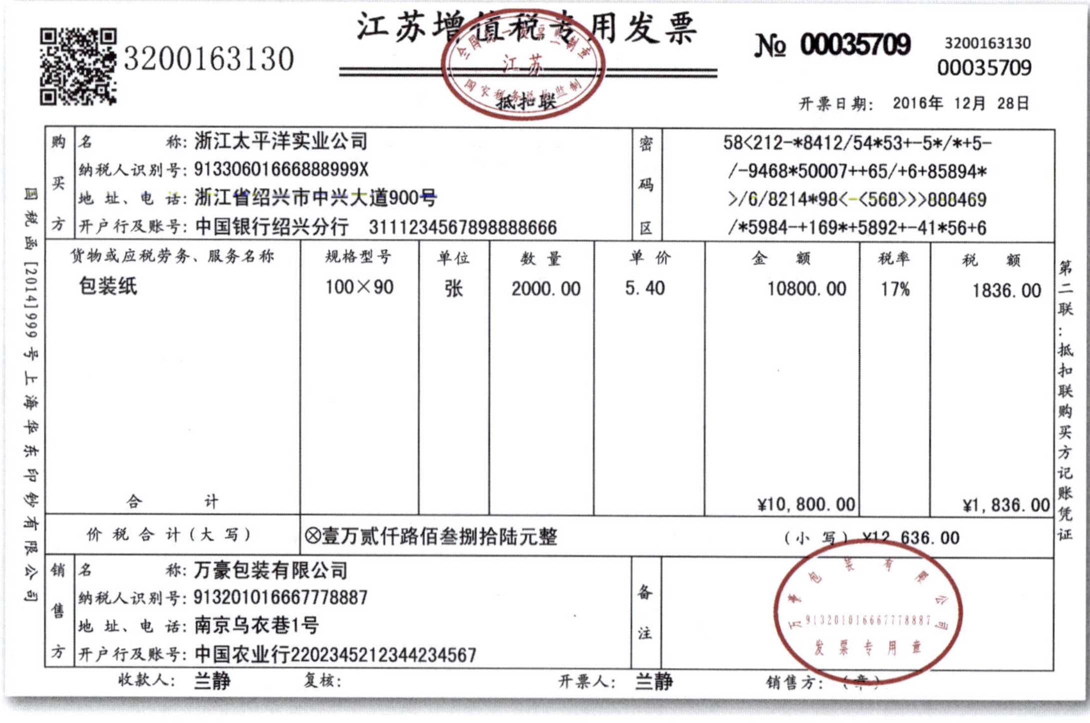

江苏增值税专用发票

3200163130

No 00035709　3200163130　00035709

抵扣联

开票日期：2016年 12月 28日

购买方	名　称：浙江太平洋实业公司 纳税人识别号：91330601666888999X 地址、电话：浙江省绍兴市中兴大道900号 开户行及账号：中国银行绍兴分行　3111234567898888666	密码区	58<212-*8412/54*53+-5*/*+5- /-9468*50007++65/+6+85894* >/6/8214*98<-<568>>>888469 /*5984-+169*+5892+-41*56+6

货物或应税劳务、服务名称	规格型号	单位	数量	单价	金额	税率	税额
包装纸	100×90	张	2000.00	5.40	10800.00	17%	1836.00
合　计					¥10,800.00		¥1,836.00
价税合计（大写）	⊗壹万贰仟路佰叁捌拾陆元整				（小写）¥12,636.00		

销售方	名　称：万豪包装有限公司 纳税人识别号：913201016667778887 地址、电话：南京乌衣巷1号 开户行及账号：中国农业行2202345212344234567	备注	

收款人：兰静　复核：　开票人：兰静　销售方：（章）

第二联：抵扣联　购买方记账凭证

国税函[2014]999号上海华东印钞有限公司

图 2-20　增值税专用发票（发票联）

中国银行
转账支票存根
30204111
00114002

上海市华畅印业有限公司2014年印制

附加信息

出票日期：2016 年 12 月 28 日

收款人：万豪包装有限公司

金　额：12636.00

用　途：支付货款

单位主管　　会计

图 2－21　银行转账支票存根

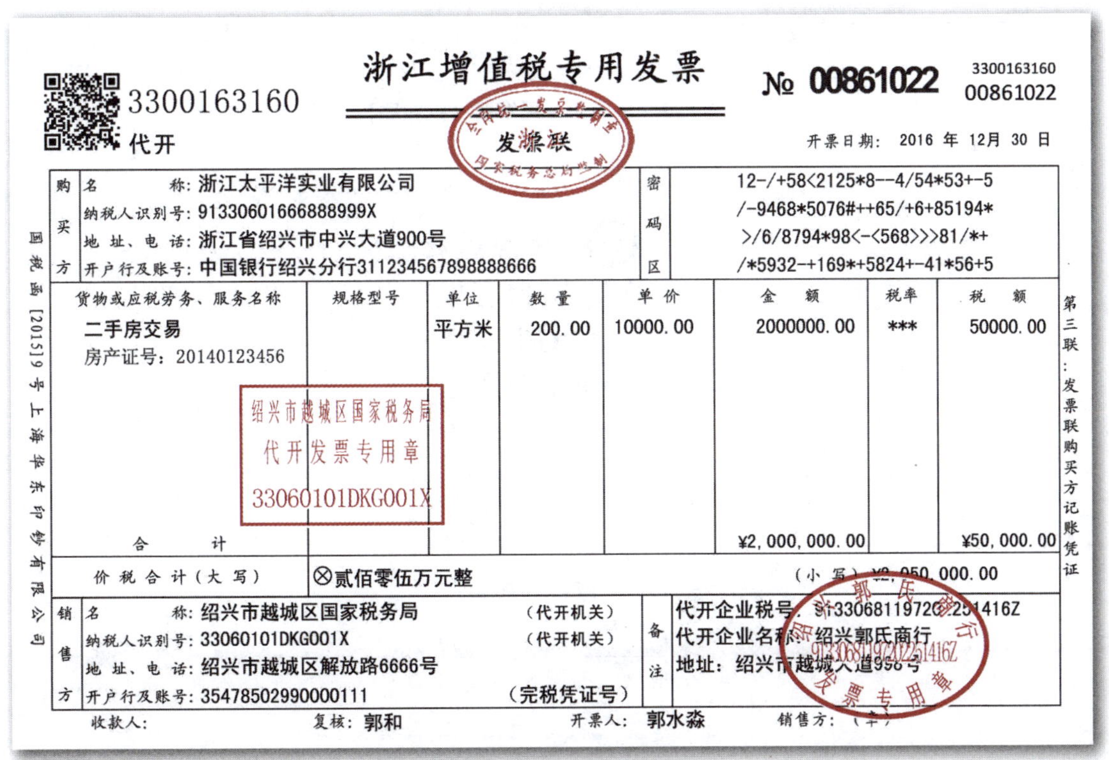

3300163160
代开

浙江增值税专用发票

发票联

№ 00861022　3300163160 00861022

开票日期：2016 年 12月 30 日

购买方	名　称：浙江太平洋实业有限公司 纳税人识别号：91330601666888999X 地址、电话：浙江省绍兴市中兴大道900号 开户行及账号：中国银行绍兴分行311234567898888666	密码区	12-/+58<2125*8--4/54*53+-5 /-9468*5076#++65/+6+85194* >/6/8794*98<-<568>>81/*+ /*5932-+169*+5824+-41*56+5

货物或应税劳务、服务名称	规格型号	单位	数量	单价	金额	税率	税额
二手房交易 房产证号：20140123456		平方米	200.00	10000.00	2000000.00	***	50000.00
合　计					¥2,000,000.00		¥50,000.00
价税合计（大写）	⊗贰佰零伍万元整				（小写）¥2,050,000.00		

销售方	名　称：绍兴市越城区国家税务局（代开机关） 纳税人识别号：33060101DKG001X（代开机关） 地址、电话：绍兴市越城区解放路6666号 开户行及账号：35478502990000111（完税凭证号）	备注	代开企业税号：91330681197202251416Z 代开企业名称：绍兴郭氏商行 地址：绍兴市越城大道958号

收款人：　　复核：郭和　　开票人：郭水淼　　销售方：（章）

绍兴市越城区国家税务局 代开发票专用章 33060101DKG001X

国税函[2015]9号上海华东印钞有限公司

第三联：发票联 购买方记账凭证

图 2－22　增值税专用发票（发票联）

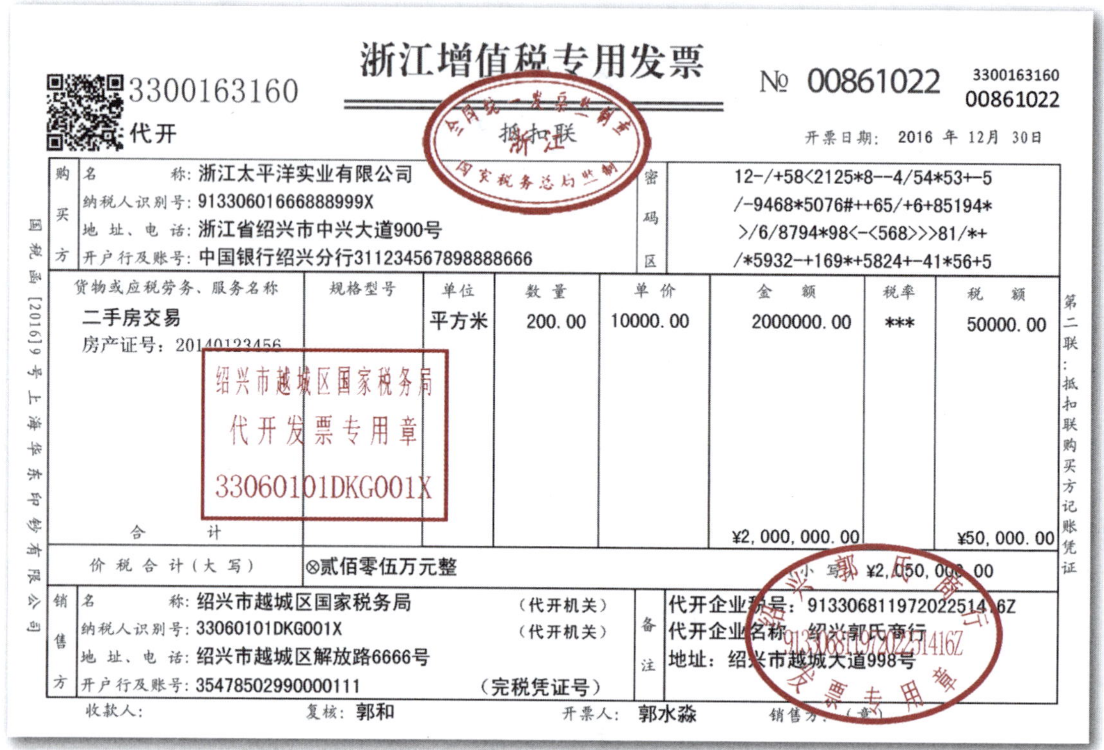

浙江增值税专用发票

3300163160 代开

№ 00861022　3300163160 00861022

抵扣联

开票日期：2016 年 12月 30日

购买方	名称：浙江太平洋实业有限公司 纳税人识别号：91330601666888999X 地址、电话：浙江省绍兴市中兴大道900号 开户行及账号：中国银行绍兴分行311234567898888666	密码区	12-/+58<2125*8--4/54*53+-5 /-9468*5076#++65/+6+85194* >/6/8794*98<-<568>>>81/*+ /*5932-+169*+5824+-41*56+5

货物或应税劳务、服务名称	规格型号	单位	数量	单价	金额	税率	税额
二手房交易 房产证号：20140123456		平方米	200.00	10000.00	2000000.00	***	50000.00
合计					¥2,000,000.00		¥50,000.00
价税合计（大写）	⊗贰佰零伍万元整				（小写）¥2,050,000.00		

销售方	名称：绍兴市越城区国家税务局（代开机关） 纳税人识别号：33060101DKG001X（代开机关） 地址、电话：绍兴市越城区解放路6666号 开户行及账号：35478502990000111（完税凭证号）	备注	代开企业税号：91330681197202251416Z 代开企业名称：绍兴郭氏商行 地址：绍兴市越城大道998号

收款人：　　复核：郭和　　开票人：郭水淼　　销售方：（章）

第二联：抵扣联　购买方记账凭证

国税函[2016]9号上海华东印钞有限公司

图 2－23　增值税专用发票（抵扣联）

中国银行

转账支票存根

33204101
00001024

附加信息

出票日期：2016 年12月30日

收款人：绍兴郭氏商行

金额：￥2050000.00

用途：支付房款

单位主管　　会计

上海市华畅印业有限公司2015年印制

图 2－24　银行转账支票存根

任务一 认识增值税

任务要求

（1）想想如何利用你所掌握的资源找到税法导读部分的税收法律和部门规章，并学习、了解我国的增值税制度。

（2）根据导引案例所给资料分析浙江太平洋实业有限公司2016年12月的经济业务，并进行增值税判断与分析。

知识准备

一、增值额与增值税

增值税是对从事销售货物或提供劳务活动，以及进口货物的单位和个人取得的增值额为计税以及征收的一种流转税。

流转税是指以纳税人商品生产、流通环节的流转额或者数量以及非商品交易的营业额为征税对象的一类税收。

想一想

以一台价值8 000元的无人机为例，以其在制造、批发和零售环节的不同情况来认识增值额的概念，见表2-1。

表2-1 增值额的产生 （单位：元）

项目环节	制造环节	批发环节	零售环节	合计
销售额	2 000	6 000	8 000	
增值额	2 000	4 000	2 000	8 000

增值税就是对增值额征税，价值8 000元的无人机被创造出来，我们可以简单地理解为创造增值8 000元，如果政府按17%的税率征税的话，也就是要征收1 360元的税。那么这些税如何在各流通环节中反映出来呢？

具体内容见表2-2。

表2-2 各环节增值税额 （单位：元）

项目环节	制造环节	批发环节	零售环节	合计
销售额	2 000	6 000	8 000	
增值额	2 000	4 000	2 000	8 000
增值税	340	680	340	1 360

按对外购固定资产处理方式的不同，增值税可分为生产型、收入型和消费型三类。

（1）生产型增值税是指计算增值税时，不允许扣除任何外购固定资产的价款，作为课税基数的法定增值额除包括纳税人新创造价值外，还包括当期计入成本的外购固定资产价款部分。

（2）收入型增值税是指计算增值税时对外购固定资产价款只允许扣除当期计入产品价值的折旧费部分，作为课税基数的法定增值额相当于当期工资、利息、租金和利润等各增值项目之和。

（3）消费型增值税是指计算增值税时，允许将当期购入的固定资产价款一次全部扣除，作为课税基数的法定增值额相当于纳税人当期的全部销售额扣除外购的全部生产资料价款后的余额。

目前我国增值税属于消费型。

二、增值税纳税人和扣缴义务人

（一）增值税纳税人

根据《中华人民共和国增值税暂行条例》规定“在中华人民共和国境内销售货物或者提供加工、修理修配劳务（简称应税劳务）以及进口货物的单位和个人，为增值税的纳税人”。《营业税改征增值税试点实施办法》（简称《试点实施办法》）规定，在境内销售服务、无形资产或者不动产（以下称应税行为）的单位和个人，为增值税纳税人。单位是指企业、行政单位、事业单位、军事单位、社会团体及其他单位。个人是指个体工商户和其他个人。单位以承包、承租、挂靠方式经营的，承包人、承租人、挂靠人（统称承包人）以发包人、出租人、被挂靠人（统称发包人）名义对外经营并由发包人承担相关法律责任的，以该发包人为纳税人。否则，以承包人为纳税人。

小曾去超市买了一支水笔，那么小曾是增值税的纳税人吗？小水寒暑假都是乘坐高铁往返学校的，那么小水是负担铁路运输增值税的纳税人吗？

在境内销售货物或者提供加工、修理修配劳务、销售服务、无形资产或者不动产，具体是指：

（1）销售货物的起运地或者所在地在境内。

（2）提供的应税劳务发生在境内。

（3）服务（租赁不动产除外）或者无形资产（自然资源使用权除外）的销售方或者购买方在境内。

（4）所销售或者租赁的不动产在境内。

（5）所销售自然资源使用权的自然资源在境内。

（6）财政部和国家税务总局规定的其他情形。

境外单位或者个人向境内单位或者个人销售完全在境外发生的服务、销售完全在境外使用的无形资产、出租完全在境外使用的有形动产等情形，不属于在境内销售服务或者无形资产。

境外单位或者个人发生的下列行为不属于在境内销售服务或者无形资产：

（1）为出境的函件、包裹在境外提供的邮政服务、收派服务。

（2）向境内单位或者个人提供的工程施工地点在境外的建筑服务、工程监理服务。

（3）向境内单位或者个人提供的工程、矿产资源在境外的工程勘察勘探服务。

（4）向境内单位或者个人提供的会议展览地点在境外的会议展览服务。

为便于管理，增值税纳税人具体又分为一般纳税人和小规模纳税人。

1. 小规模纳税人

《中华人民共和国增值税暂行条例实施细则》中规定，从事货物生产或者提供应税劳务的纳税人，以及以从事货物生产或者提供应税劳务为主，并兼营货物批发或者零售的纳税人，年应征增值税销售额（以下简称应税销售额）在50万元以下（含本数，下同）的；营改增试点纳税人应税行为的年应征增值税销售额未超过500万元的；其他纳税人，年应税销售额在80万元以下的，为小规模纳税人。对于年应税销售额超过小规模纳税人标准的其他个人按小规模纳税人纳税；非企业性单位、不经常发生应税行为的企业可选择按小规模纳税人纳税。对于营改增试点纳税人中对于年应税销售额超过规定标准但不经常发生应税行为的单位和个体工商户可选择按照小规模纳税人纳税。

> 从事货物生产或者提供应税劳务为主，是指纳税人的年货物生产或者提供应税劳务的销售额占年应税销售额的比重在50%以上。

2. 增值税一般纳税人

小规模纳税人以外的纳税人为一般纳税人，目前年应税销售额超过财政部、国家税务总局规定的小规模纳税人标准的，应当向主管税务机关申请一般纳税人资格登记。纳税人年应税销售额超过规定标准的，在申报期结束后20个工作日内按照规定办理相关手续；未按规定时限办理的，主管税务机关应当在规定期限结束后10个工作日内制作“税务事项通知书”，告知纳税人应当在10个工作日内向主管税务机关办理相关手续。除国家税务总局另有规定外，一经认定为一般纳税人后，不得转为小规模纳税人。

> 年应税销售额是指纳税人在连续不超过12个月的经营期内累计应征增值税销售额，包括纳税申报销售额、稽查查补销售额、纳税评估调整销售额、税务机关代开发票销售额和免税销售额。

纳税人向主管税务机关填报“增值税一般纳税人资格登记表”，并提供税务登记证件；纳税人填报内容与税务登记信息一致的，主管税务机关当场登记。

> 兼有销售货物、提供加工修理修配劳务以及应税服务的纳税人，应税货物及劳务的销售额与应税服务销售额分别计算，分别适用增值税一般纳税人资格登记标准。

纳税人年应税销售额超过财政部、国家税务总局规定标准，且符合有关政策规定，选择按小规模纳税人纳税的，应当向主管税务机关提交书面说明（填写《选择按小规模纳税人纳税的情况说明》）。个体工商户以外的其他个人（是指自然人）年应税销售额超过规定标准的，不需要向主管税务机关提交书面说明。

对于年应税销售额未超过小规模纳税人标准以及新开业的纳税人，只要同时满足有固定的生产经营场所和能够按照国家统一的会计制度规定设置账簿，根据合法、有效凭证核算，能够提供准确税务资料的，可以向主管税务机关申请一般纳税人资格登记。

> 小型商贸批发企业是指注册资金在80万元（含80万元）以下、职工人数在10人（含10人）以下的批发企业。只从事出口贸易，不需要使用增值税专用发票的企业除外。

主管税务机关对于新登记为一般纳税人的小型商

贸批发企业以及国家税务总局规定的其他一般纳税人实行纳税辅导期制度。其他一般纳税人，具体是指有下列情形之一的一般纳税人：增值税偷税数额占应纳税额的10%以上并且偷税数额在10万元以上的；骗取出口退税的；虚开增值税抵扣凭证的；国家税务总局规定的其他情形。

新认定为一般纳税人的小型商贸批发企业实行纳税辅导期管理的期限为3个月；其他一般纳税人实行纳税辅导期管理的期限为6个月。

下列纳税人不办理一般纳税人资格登记：

（1）个体工商户以外的其他个人。

（2）选择按照小规模纳税人纳税的非企业性单位。

（3）选择按照小规模纳税人纳税的不经常发生应税行为的企业。

（二）增值税扣缴义务人

中华人民共和国境外的单位或者个人在境内提供应税劳务或发生应税行为，在境内未设有经营机构的，以其境内代理人为扣缴义务人；在境内没有代理人的，以购买方为扣缴义务人。财政部和国家税务总局另有规定的除外。

三、征税范围

增值税征税范围涵盖了货物的生产、批发、零售和进口四个环节，此外还有加工和修理修配劳务，随着“营改增”试点工作的全面推进，目前增值税征收范围已拓展至销售服务、无形资产、不动产等项目。

《试点实施办法》规定的销售服务、无形资产或者不动产，是指有偿提供服务、有偿转让无形资产或者不动产，但属于下列非经营活动的情形除外：

（1）行政单位收取的同时满足以下条件的政府性基金或者行政事业性收费。

1）由国务院或者财政部批准设立的政府性基金，由国务院或者省级人民政府及其财政、价格主管部门批准设立的行政事业性收费。

2）收取时开具省级以上（含省级）财政部门监（印）制的财政票据。

3）所收款项全额上缴财政。

（2）单位或者个体工商户聘用的员工为本单位或者雇主提供取得工资的服务。

（3）单位或者个体工商户为聘用的员工提供服务。

（4）财政部和国家税务总局规定的其他情形。

（一）销售货物和进口货物

这里的货物是指有形动产，包括电力、热力、气体在内。销售货物是指有偿转让货物的所有权。

有偿是指从购买方取得货币、货物或者其他经济利益。

某跨国连锁超市出售一批文具收入300元；某书店出售一本畅销书30元；某地供电公司销售居民用电；某电脑生产企业用一批电脑与某家电企业换取空调一台。以上各项是否属于销售货物呢？

（二）提供的加工、修理修配劳务

加工是指受托加工货物，即委托方提供原料及主要材料，受托方按照委托方的要求，制造货物并收取加工费的业务。修理修配是指受托对损伤和丧失功能的货物进行修复，使其恢复原状和功能的业务。提供应税劳务是指有偿提供加工、修理修配劳务。单位或者个体工商户聘用的员工为本单位或者雇主提供加工、修理修配劳务，不包括在内。

修缮房屋属于修理修配劳务吗？

（三）销售服务

销售服务具体包括提供交通运输服务、邮政服务、电信服务、建筑服务、金融服务、现代服务、生活服务。

1. 交通运输服务

交通运输服务是指利用运输工具将货物或者旅客送达目的地，使其空间位置得到转移的业务活动。具体征税项目见表2－3。

表2－3　交通运输服务

服务项目	征税范围
陆路运输 （含地上或地下运输）	包括铁路运输和其他陆路运输（包括公路运输、缆车运输、索道运输、地铁运输、城市轻轨运输等） 出租车公司向使用本公司自有出租车的出租车司机收取的管理费用，按陆路运输服务征收增值税
水路运输	远洋运输的程租、期租业务，属于水路运输服务 ① 程租业务是指远洋运输企业为租船人完成某一特定航次的运输任务并收取租赁费的业务 ② 期租业务是指远洋运输企业将配备有操作人员的船舶承租给他人使用一定期限，承租期内听候承租方调遣，不论是否经营，均按天向承租方收取租赁费，发生的固定费用均由船东负担的业务
航空运输	通过空中航线运送货物或者旅客的运输业务活动 航空运输的湿租业务，属于航空运输服务 湿租业务是指航空运输企业将配备有机组人员的飞机承租给他人使用　一定期限，承租期内听候承租方调遣，不论是否经营，均按一定标准向承租方收取租赁费，发生的固定费用均由承租方承担的业务
	航天运输服务（利用火箭等载体将卫星、空间探测器等空间飞行器发射到空间轨道的业务活动），按照航空运输服务征收增值税
管道运输	通过管道设施输送气体、液体、固体物质的运输业务活动

经营者以承运人身份与托运人签订运输服务合同，收取运费并承担承运人责任，然后委托实际承运人完成运输服务的经营活动为无运输工具承运业务，也按照交通运输服务缴纳增值税。

2. 邮政服务

邮政服务是指中国邮政集团公司及其所属邮政企业提供邮件寄递、邮政汇兑、机要通信和邮政代理等邮政基本服务的业务活动。具体征税项目见表2－4。

表2－4 邮政服务

服务项目	征税范围
邮政普遍服务	函件、包裹等邮件寄递，以及邮票发行、报刊发行和邮政汇兑等业务活动 ① 函件是指信函、印刷品、邮资封片卡、无名址函件和邮政小包等 ② 包裹是指按照封装上的名址递送给特定个人或者单位的独立封装的物品，其重量不超过50千克，任何一边的尺寸不超过150厘米，长、宽、高合计不超过300厘米
邮政特殊服务	义务兵平常信函、机要通信、盲人读物和革命烈士遗物的寄递等业务活动
其他邮政服务	邮册等邮品销售、邮政代理等业务活动

3. 电信服务

电信服务是指利用有线、无线的电磁系统或者光电系统等各种通信网络资源，提供语音通话服务，传送、发射、接收或者应用图像、短信等电子数据和信息的业务活动。具体征税项目见表2－5。

表2－5 电信服务

服务类型	征税范围
基础电信服务	利用固网、移动网、卫星、互联网，提供语音通话服务的业务活动，以及出租或者出售带宽、波长等网络元素的业务活动
增值电信服务	利用固网、移动网、卫星、互联网、有线电视网络，提供短信和彩信服务、电子数据和信息的传输及应用服务、互联网接入服务等业务活动 卫星电视信号落地转接服务，按照增值电信服务计算缴纳增值税

4. 建筑服务

建筑服务是指各类建筑物、构筑物及其附属设施的建造、修缮、装饰，线路、管道、设备、设施等的安装以及其他工程作业的业务活动。具体征税项目见表2－6。

表2－6 建筑服务

服务项目	征税范围
工程服务	新建、改建各种建筑物、构筑物的工程作业，包括与建筑物相连的各种设备或者支柱、操作平台的安装或者装设工程作业，以及各种窑炉和金属结构工程作业

（续）

服务项目	征税范围
安装服务	生产设备、动力设备、起重设备、运输设备、传动设备、医疗实验设备以及其他各种设备、设施的装配、安置工程作业，包括与被安装设备相连的工作台、梯子、栏杆的装设工程作业，以及被安装设备的绝缘、防腐、保温、油漆等工程作业
	固定电话、有线电视、宽带、水、电、燃气、暖气等经营者向用户收取的安装费、初装费、开户费、扩容费以及类似收费，按照安装服务缴纳增值税
修缮服务	对建筑物、构筑物进行修补、加固、养护、改善，使之恢复原来的使用价值或者延长其使用期限的工程作业
装饰服务	对建筑物、构筑物进行修饰装修，使之美观或者具有特定用途的工程作业
其他建筑服务	上列工程作业之外的各种工程作业服务，如钻井（打井）、拆除建筑物或者构筑物、平整土地、园林绿化、疏浚（不包括航道疏浚）、建筑物平移、搭脚手架、爆破、矿山穿孔、表面附着物（包括岩层、土层、沙层等）剥离和清理等工程作业

5．金融服务

金融服务是指经营金融保险的业务活动，包括贷款服务、直接收费金融服务、保险服务和金融商品转让。具体征税项目见表2－7。

表2－7　金融服务

服务项目	征税范围
贷款服务	将资金贷与他人使用而取得利息收入的业务活动
	各种占用、拆借资金取得的收入，包括金融商品持有期间（含到期）利息（保本收益、报酬、资金占用费、补偿金等）收入、信用卡透支利息收入、买入返售金融商品利息收入、融资融券收取的利息收入，以及融资性售后回租、押汇、罚息、票据贴现、转贷等业务取得的利息及利息性质的收入，按照贷款服务缴纳增值税
	以货币资金投资收取的固定利润或者保底利润，按照贷款服务缴纳增值税
直接收费金融服务	为货币资金融通及其他金融业务提供相关服务并且收取费用的业务活动 包括提供货币兑换、账户管理、电子银行、信用卡、信用证、财务担保、资产管理、信托管理、基金管理、金融交易场所（平台）管理、资金结算、资金清算、金融支付等服务
保险服务	投保人根据合同约定，向保险人支付保险费，保险人对于合同约定的可能发生的事故因其发生所造成的财产损失承担赔偿保险金责任，或者当被保险人死亡、伤残、疾病或者达到合同约定的年龄、期限等条件时承担给付保险金责任的商业保险行为 包括人身保险服务和财产保险服务
金融商品转让	转让外汇、有价证券、非货物期货和其他金融商品所有权的业务活动 其他金融商品转让包括基金、信托、理财产品等各类资产管理产品和各种金融衍生品的转让

6. 现代服务

现代服务是指围绕制造业、文化产业、现代物流产业等提供技术性、知识性服务的业务活动，包括研发和技术服务、信息技术服务、文化创意服务、物流辅助服务、租赁服务、鉴证咨询服务、广播影视服务、商务辅助服务和其他现代服务。具体征税项目见表2－8。

表2－8 现代服务

服务项目	征税范围	
研发和技术服务	研发服务	也称技术开发服务，是指就新技术、新产品、新工艺或者新材料及其系统进行研究与试验开发的业务活动
	合同能源管理服务	节能服务公司与用能单位以契约形式约定节能目标，节能服务公司提供必要的服务，用能单位以节能效果支付节能服务公司投入及其合理报酬的业务活动
	工程勘察勘探服务	在采矿、工程施工前后，对地形、地质构造、地下资源蕴藏情况进行实地调查的业务活动
	专业技术服务	气象服务、地震服务、海洋服务、测绘服务、城市规划、环境与生态监测服务等专项技术服务
信息技术服务	软件服务	提供软件开发服务、软件维护服务、软件测试服务的业务活动
	电路设计及测试服务	提供集成电路和电子电路产品设计、测试及相关技术支持服务的业务活动
	信息系统服务	提供信息系统集成、网络管理、网站内容维护、桌面管理与维护、信息系统应用、基础信息技术管理平台整合、信息技术基础设施管理、数据中心、托管中心、信息安全服务、在线杀毒、虚拟主机等业务活动 包括网站对非自有的网络游戏提供的网络运营服务
	业务流程管理服务	依托信息技术提供的人力资源管理、财务经济管理、审计管理、税务管理、物流信息管理、经营信息管理和呼叫中心等服务的活动
	信息系统增值服务	利用信息系统资源为用户附加提供的信息技术服务 包括数据处理、分析和整合、数据库管理、数据备份、数据存储、容灾服务、电子商务平台等
文化创意服务	设计服务	把计划、规划、设想通过文字、语言、图画、声音、视觉等形式传递出来的业务活动 包括工业设计、内部管理设计、业务运作设计、供应链设计、造型设计、服装设计、环境设计、平面设计、包装设计、动漫设计、网游设计、展示设计、网站设计、机械设计、工程设计、广告设计、创意策划、文印晒图等

（续）

服务项目	征税范围	
文化创意服务	知识产权服务	处理知识产权事务的业务活动 包括对专利、商标、著作权、软件、集成电路布图设计的登记、鉴定、评估、认证、检索服务
	广告服务	用图书、报纸、杂志、广播、电视、电影、幻灯、路牌、招贴、橱窗、霓虹灯、灯箱、互联网等各种形式为客户的商品、经营服务项目、文体节目或者通告、声明等委托事项进行宣传和提供相关服务的业务活动 包括广告代理和广告的发布、播映、宣传、展示等
	会议展览服务	为商品流通、促销、展示、经贸洽谈、民间交流、企业沟通、国际往来等举办或者组织安排的各类展览和会议的业务活动
物流辅助服务	航空服务	航空地面服务，包括旅客安全检查服务、停机坪管理服务、机场候机厅管理服务、飞机清洗消毒服务、空中飞行管理服务、飞机起降服务、飞行通信服务、地面信号服务、飞机安全服务、飞机跑道管理服务、空中交通管理服务等 通用航空服务，包括航空摄影、航空培训、航空测量、航空勘探、航空护林、航空吊挂播撒、航空降雨、航空气象探测、航空海洋监测、航空科学实验等
	港口码头服务	港务船舶调度服务、船舶通信服务、航道管理服务、航道疏浚服务、灯塔管理服务、航标管理服务、船舶引航服务、理货服务、系解缆服务、停泊和移泊服务、海上船舶溢油清除服务、水上交通管理服务、船只专业清洗消毒检测服务和防止船只漏油服务等为船只提供服务的业务活动 港口设施经营人收取的港口设施保安费按照港口码头服务缴纳增值税
	货运客运场站服务	货运客运场站提供货物配载服务、运输组织服务、中转换乘服务、车辆调度服务、票务服务、货物打包整理服务、铁路线路使用服务、加挂铁路客车服务、铁路行包专列发送服务、铁路到达和中转服务、铁路车辆编解服务、车辆挂运服务、铁路接触网服务、铁路机车牵引服务等业务活动
	打捞救助服务	提供船舶人员救助、船舶财产救助、水上救助和沉船沉物打捞服务的业务活动
	装卸搬运服务	使用装卸搬运工具或者人力、畜力将货物在运输工具之间、装卸现场之间或者运输工具与装卸现场之间进行装卸和搬运的业务活动
	仓储服务	利用仓库、货场或者其他场所代客贮放、保管货物的业务活动
	收派服务	接受寄件人委托，在承诺的时限内完成函件和包裹的收件、分拣、派送服务的业务活动

（续）

服务项目	征税范围	
租赁服务	融资租赁服务	具有融资性质和所有权转移特点的租赁活动 按照标的物的不同，融资租赁服务可分为有形动产融资租赁服务和不动产融资租赁服务 融资性售后回租不按照本税目缴纳增值税
	经营租赁服务	在约定时间内将有形动产或者不动产转让他人使用且租赁物所有权不变更的业务活动 按照标的物的不同，经营租赁服务可分为有形动产经营租赁服务和不动产经营租赁服务 纳税人以经营租赁方式将土地出租给他人使用，按照不动产经营租赁服务缴纳增值税
		将建筑物、构筑物等不动产或者飞机、车辆等有形动产的广告位出租给其他单位或者个人用于发布广告，按照经营租赁服务缴纳增值税
		车辆停放服务、道路通行服务（包括过路费、过桥费、过闸费等）等按照不动产经营租赁服务缴纳增值税
		水路运输的光租业务、航空运输的干租业务，属于经营租赁 ① 光租业务是指运输企业将船舶在约定的时间内出租给他人使用，不配备操作人员，不承担运输过程中发生的各项费用，只收取固定租赁费的业务活动 ② 干租业务是指航空运输企业将飞机在约定的时间内出租给他人使用，不配备机组人员，不承担运输过程中发生的各项费用，只收取固定租赁费的业务活动
鉴证咨询服务	认证服务	具有专业资质的单位利用检测、检验、计量等技术，证明产品、服务、管理体系符合相关技术规范、相关技术规范的强制性要求或者标准的业务活动
	鉴证服务	具有专业资质的单位受托对相关事项进行鉴证，发表具有证明力的意见的业务活动 包括会计鉴证、税务鉴证、法律鉴证、职业技能鉴定、工程造价鉴证、工程监理、资产评估、环境评估、房地产土地评估、建筑图纸审核、医疗事故鉴定等
	咨询服务	提供信息、建议、策划、顾问等服务的活动 包括金融、软件、技术、财务、税收、法律、内部管理、业务运作、流程管理、健康等方面的咨询
		翻译服务和市场调查服务按照咨询服务缴纳增值税

（续）

服务项目	征税范围	
广播影视服务	广播影视节目（作品）制作服务	进行专题（特别节目）、专栏、综艺、体育、动画片、广播剧、电视剧、电影等广播影视节目和作品制作的服务 具体包括与广播影视节目和作品相关的策划、采编、拍摄、录音、音视频文字图片素材制作，场景布置，后期的剪辑、翻译（编译）、字幕制作，片头、片尾、片花制作，特效制作，影片修复、编目和确权等业务活动
	广播影视节目（作品）发行服务	以分账、买断、委托等方式，向影院、电台、电视台、网站等单位和个人发行广播影视节目（作品）以及转让体育赛事等活动的报道及播映权的业务活动
	广播影视节目（作品）播映服务	在影院、剧院、录像厅及其他场所播映广播影视节目（作品），以及通过电台、电视台、卫星通信、互联网、有线电视等无线或者有线装置播映广播影视节目（作品）的业务活动
商务辅助服务	企业管理服务	提供总部管理、投资与资产管理、市场管理、物业管理、日常综合管理等服务的业务活动
	经纪代理服务	各类经纪、中介、代理服务 包括金融代理、知识产权代理、货物运输代理、代理报关、法律代理、房地产中介、职业中介、婚姻中介、代理记账、拍卖等
	人力资源服务	提供公共就业、劳务派遣、人才委托招聘、劳动力外包等服务的业务活动
	安全保护服务	提供保护人身安全和财产安全，维护社会治安等的业务活动 包括场所住宅保安、特种保安、安全系统监控以及其他安保服务
其他现代服务	指除研发和技术服务、信息技术服务、文化创意服务、物流辅助服务、租赁服务、鉴证咨询服务、广播影视服务和商务辅助服务以外的现代服务，例如纳税人对安装运行后的电梯提供的维护保养服务	

7. 生活服务

生活服务是指为满足城乡居民日常生活需求提供的各类服务活动，包括文化体育服务、教育医疗服务、旅游娱乐服务、餐饮住宿服务、居民日常服务和其他生活服务。具体征税项目见表2-9。

表2-9 生活服务

服务项目	征税范围	
文化体育服务	文化服务	为满足社会公众文化生活需求提供的各种服务 包括文艺创作、文艺表演、文化比赛，图书馆的图书和资料借阅，档案馆的档案管理，文物及非物质遗产保护，组织举办宗教活动、科技活动、文化活动，提供游览场所
	体育服务	组织举办体育比赛、体育表演、体育活动，以及提供体育训练、体育指导、体育管理的业务活动

（续）

服务项目	征税范围	
教育医疗服务	教育服务	提供学历教育服务、非学历教育服务、教育辅助服务（包括教育测评、考试、招生等服务）的业务活动
	医疗服务	提供医学检查、诊断、治疗、康复、预防、保健、接生、计划生育、防疫服务等方面的服务，以及与这些服务有关的提供药品、医用材料器具、救护车、病房住宿和伙食的业务
旅游娱乐服务	旅游服务	根据旅游者的要求，组织安排交通、游览、住宿、餐饮、购物、文娱、商务等服务的业务活动
	娱乐服务	为娱乐活动同时提供场所和服务的业务 具体包括歌厅、舞厅、夜总会、酒吧、台球、高尔夫球、保龄球、游艺（包括射击、狩猎、跑马、游戏机、蹦极、卡丁车、热气球、动力伞、射箭、飞镖）
餐饮住宿服务	餐饮服务	通过同时提供饮食和饮食场所的方式为消费者提供饮食消费服务的业务活动
	住宿服务	提供住宿场所及配套服务等的活动 包括宾馆、旅馆、旅社、度假村和其他经营性住宿场所提供的住宿服务 纳税人以长（短）租形式出租酒店式公寓并提供配套服务的，按照住宿服务缴纳增值税
居民日常服务	主要为满足居民个人及其家庭日常生活需求提供的服务 包括市容市政管理、家政、婚庆、养老、殡葬、照料和护理、救助救济、美容美发、按摩、桑拿、氧吧、足疗、沐浴、洗染、摄影扩印等服务	
其他生活服务	除文化体育服务、教育医疗服务、旅游娱乐服务、餐饮住宿服务和居民日常服务之外的生活服务，例如纳税人提供植物养护服务	

（四）销售无形资产

销售无形资产是指转让无形资产所有权或者使用权的业务活动。无形资产是指不具实物形态，但能带来经济利益的资产，包括技术、商标、著作权、商誉、自然资源使用权和其他权益性无形资产。具体征税项目见表2－10。

表2－10 销售无形资产

类　型	征税范围
技术	专利技术和非专利技术
自然资源使用权	土地使用权、海域使用权、探矿权、采矿权、取水权和其他自然资源使用权
其他权益性无形资产	基础设施资产经营权、公共事业特许权、配额、经营权（包括特许经营权、连锁经营权、其他经营权）、经销权、分销权、代理权、会员权、席位权、网络游戏虚拟道具、域名、名称权、肖像权、冠名权、转会费等

（五）销售不动产

销售不动产是指转让不动产所有权的业务活动。不动产是指不能移动或者移动后会引起性质、形状改变的财产，包括建筑物、构筑物等。转让建筑物有限产权或者永久使用权的，转让在建的建筑物或者构筑物所有权的，以及在转让建筑物或者构筑物时一并转让其所占土地的使用权的，按照销售不动产缴纳增值税。具体征税项目见表 2－11。

表 2－11 销售不动产

类 型	征税范围
建筑物	住宅、商业营业用房、办公楼等可供居住、工作或者进行其他活动的建造物
构筑物	道路、桥梁、隧道、水坝等建造物

（六）征税范围的特殊规定

1．视同销售和视同销售服务、无形资产或者不动产

《增值税暂行条例实施细则》中规定，单位或者个体工商户的下列行为，视同销售货物：

（1）将货物交付其他单位或者个人代销。

（2）销售代销货物。

（3）设有两个以上机构并实行统一核算的纳税人，将货物从一个机构移送其他机构用于销售，但相关机构设在同一县（市）的除外。

视同销售是指在会计上不作为销售核算，而在税收上作为销售，确认收入计缴税金的商品或劳务的转移行为。

（4）将自产、委托加工的货物用于集体福利或者个人消费。

（5）将自产、委托加工或者购进的货物作为投资，提供给其他单位或者个体工商户。

（6）将自产、委托加工或者购进的货物分配给股东或者投资者。

（7）将自产、委托加工或者购进的货物无偿赠送其他单位或者个人。

《试点实施办法》中规定，下列情形视同销售服务、无形资产或者不动产：

（1）单位或者个体工商户向其他单位或者个人无偿提供服务，但用于公益事业或者以社会公众为对象的除外。

（2）单位或者个人向其他单位或者个人无偿转让无形资产或者不动产，但用于公益事业或者以社会公众为对象的除外。

（3）财政部和国家税务总局规定的其他情形。

想一想

增值税上的“视同销售”是否符合《企业会计准则》有关收入确认的条件？请对此进行比较。此外，在后面消费税、资源税以及企业所得税等都会接触到类似概念，在今后学习中请注意自我归纳与总结。

2. 混合销售

一项销售行为如果既涉及货物又涉及服务，为混合销售。从事货物的生产、批发或者零售的单位和个体工商户（包括以从事货物的生产、批发或者零售为主，并兼营销售服务的单位和个体工商户在内）的混合销售行为，按照销售货物缴纳增值税；其他单位和个体工商户的混合销售行为，按照销售服务缴纳增值税。

3. 不征收增值税项目

《营业税改征增值税试点有关事项的规定》具体指出以下几项不征增值税：

（1）根据国家指令无偿提供的铁路运输服务、航空运输服务，属于《试点实施办法》的用于公益事业的服务。

（2）存款利息。

（3）被保险人获得的保险赔付。

（4）房地产主管部门或者其指定机构、公积金管理中心、开发企业以及物业管理单位代收的住宅专项维修资金。

（5）在资产重组过程中，通过合并、分立、出售、置换等方式，将全部或者部分实物资产以及与其相关联的债权、负债和劳动力一并转让给其他单位和个人，其中涉及的不动产、土地使用权转让行为。

（6）各党派、共青团、工会、妇联、中科协、青联、台联、侨联收取党费、团费、会费，以及政府间国际组织收取会费，属于非经营活动，不征收增值税。

四、增值税税率和征收率

（一）增值税税率

（1）增值税一般纳税人销售或者进口货物，除特殊规定外，税率为17%。

此外纳税人提供加工、修理修配劳务、提供有形动产租赁服务，也适用税率为17%。

（2）2017年7月1日起，农产品（含粮食）、自来水、暖气、石油、液化气、天然气、食用植物油、冷气、热水、煤气、居民用煤炭制品、食用盐、农机、饲料、农药、农膜、化肥、沼气、二甲醚、图书、报纸、杂志、音像制品、电子出版物等增值税税率从13%降至11%。此外，“营改增”试点纳税人提供交通运输、邮政、基础电信、建筑、不动产租赁服务，销售不动产，转让土地使用权，税率为11%。

（3）纳税人提供增值电信服务、金融服务、现代服务（有形动产租赁和不动产租赁服务除外）、生活服务、销售无形资产（不含转让土地使用权），税率为6%。

（4）纳税人出口货物以及境内单位和个人发生的跨境应税行为，税率为零；但是，国务院另有规定的除外。《跨境应税行为适用增值税零税率和免税政策的

试点纳税人销售货物、加工修理修配劳务、服务、无形资产或者不动产适用不同税率或者征收率的，应当分别核算适用不同税率或者征收率的销售额，未分别核算销售额的，按照以下方法适用税率或者征收率：

（1）兼有不同税率的销售货物、加工修理修配劳务、服务、无形资产或者不动产，从高适用税率。

（2）兼有不同征收率的销售货物、加工修理修配劳务、服务、无形资产或者不动产，从高适用征收率。

（3）兼有不同税率和征收率的销售货物、加工修理修配劳务、服务、无形资产或者不动产，从高适用税率。

规定》规定境内的单位和个人销售的下列服务和无形资产，适用增值税零税率：

1）国际运输服务。具体包括：①在境内载运旅客或者货物出境；②在境外载运旅客或者货物入境；③在境外载运旅客或者货物。

2）航天运输服务。

3）向境外单位提供的完全在境外消费的下列服务：①研发服务；②合同能源管理服务；③设计服务；④广播影视节目（作品）的制作和发行服务；⑤软件服务；⑥电路设计及测试服务；⑦信息系统服务；⑧业务流程管理服务；⑨离岸服务外包业务；⑩转让技术。

（二）增值税征收率

1. 增值税征收率规定

增值税征收率为3%，财政部和国家税务总局另有规定的除外。如中外合作油（气）田开采（含中外双方签订石油合同合作开采陆上）的原油、天然气，征收率为5%，不抵扣进项税额。征收率适用于小规模纳税人和实行简易征收的一般纳税人。

一般纳税人选择简易办法计算缴纳增值税后，36个月内不得变更。

小规模纳税人（除其他个人外）销售自己使用过的固定资产，减按2%征收率征收增值税。

一般纳税人销售自产的下列货物，可选择按照简易办法依照3%征收率计算缴纳增值税：

（1）县级及县级以下小型水力发电（装机容量不超过5万千瓦）单位生产的电力。

（2）建筑用和生产建筑材料所用的沙、土、石料。

（3）以自己采掘的沙、土、石料或其他矿物连续生产的砖、瓦、石灰。

（4）用微生物、微生物代谢产物、动物毒素、人或动物的血液或组织制成的生物制品（属于增值税一般纳税人的单采血浆站销售非临床用人体血液也可按照简易办法依照3%征收率计算应纳税额）。

（5）自来水。

（6）商品混凝土（仅限以水泥为原料生产的水泥混领土）。

一般纳税人寄售商店代销寄售物品、典当业销售死当物品，暂按简易办法依照3%征收率计算缴纳增值税；对于一般纳税人销售符合简易征收的固定资产和纳税人销售旧货，按3%征收率减按2%征收。

旧货是指进入二次流通的具有部分使用价值的货物（含旧汽车、旧摩托车和旧游艇），但不包括自己使用过的物品。

2. “营改增”后有关增值税征收率的规定

“营改增”试点小规模纳税人也适用3%的征收率，但特殊项目例外。如提供物业管理服务的纳税人，向服务接受方收取的自来水水费，以扣除其对外支付的自来水水费后的余额为销售额，按照简易计税方法依3%的征收率计算缴纳增值税；房地产开发企业中的小规模纳税人，销售或出租自行开发的房地产项目；小规模纳税人销售其取得（不含自建）的不动产和自建的不动产；小规模纳税人出租其取得的不动产（不含个人出租住房）；其他个人销售其取得（不含自建）的不动产（不含其购买的住房）和出租其取得的不动产（不含住房）应按照5%的征收率计税。个人出租住房，应按照5%的征收率减按1.5%计算应纳税额。

营改增试点一般纳税人发生表2-12中所列应税行为，可选择适用简易计税方法计税。

表 2-12 试点一般纳税人可选择简易计税方法的情形

适用3%征收率	适用5%的征收率
(1) 公共交通运输服务； (2) 经认定的动漫企业为开发动漫产品提供的动漫设计、制作等服务以及在境内转让动漫版权（包括动漫品牌、形象或者内容的授权及再授权）； (3) 电影放映服务、仓储服务、装卸搬运服务、收派服务和文化体育服； (4) 以纳入营改增试点之日前取得的有形动产为标的物提供的经营租赁服务； (5) 在纳入营改增试点之日前签订的尚未执行完毕的有形动产租赁合同； (6) 以清包工方式提供的建筑服务，是指施工方不采购建筑工程所需的材料或只采购辅助材料，并收取人工费、管理费或者其他费用的建筑服务； (7) 甲供工程（指全部或部分设备、材料、动力由工程发包方自行采购的建筑工程）的建筑服务； (8) 为建筑工程老项目（开工日期在2016年4月30日前）提供的建筑服务； (9) 公路经营企业收取试点前开工的高速公路的车辆通行费； (10) 提供非学历教育服务； (11) 农村信用社、村镇银行、农村资金互助社、由银行业机构全资发起设立的贷款公司、法人机构在县（县级市、区、旗）及县以下地区的农村合作银行和农村商业银行提供金融服务收入； (12) 对中国农业银行纳入“三农金融事业部”改革试点的各省、自治区、直辖市、计划单列市分行下辖的县域支行和新疆生产建设兵团分行下辖的县域支行（也称县事业部），提供农户贷款、农村企业和农村各类组织贷款取得的利息收入	(1) 一般纳税人销售其2016年4月30日前取得（不含自建）的不动产； (2) 一般纳税人销售其2016年4月30日前自建的不动产； (3) 一般纳税人出租其2016年4月30日前取得的不动产； (4) 房地产企业销售其自行开发的房地产老项目（开工日期在2016年4月30日前的）的； (5) 房地产企业出租自行开发的房地产老项目； (6) 纳税人提供人力资源外包服务； (7) 纳税人转让2016年4月30日前取得的土地使用权； (8) 纳税人2016年4月30日前签订的不动产融资租赁合同，或以2016年4月30日前取得的不动产提供的融资租赁服务； (9) 纳税人收取试点前开工的一级公路、二级公路、桥、闸通行费； (10) 提供劳务派遣服务和纳税人提供安全保护服务

五、增值税减免税情况

增值税的免税、减税项目由国务院规定。任何地区、部门均不得规定免税、减税项目。

（一）免征增值税范围

《增值税暂行条例》规定的免征增值税的项目有：

(1) 农业生产者销售的自产农产品。

(2) 避孕药品和用具。

(3) 古旧图书。

(4) 直接用于科学研究、科学试验和教学的进口仪器、设备。

(5) 外国政府、国际组织无偿援助的进口物资和设备。

(6) 由残疾人的组织直接进口供残疾人专用的物品。

（7）销售的自己使用过的物品。

《营业税改征增值税试点过渡政策的规定》具体规定了40个免税项目：

（1）托儿所、幼儿园提供的保育和教育服务。

（2）养老机构提供的养老服务。

（3）残疾人福利机构提供的育养服务。

（4）婚姻介绍服务。

（5）殡葬服务。

（6）残疾人员本人为社会提供的服务。

（7）医疗机构提供的医疗服务。

（8）从事学历教育的学校提供的教育服务。

（9）学生勤工俭学提供的服务。

（10）农业机耕、排灌、病虫害防治、植物保护、农牧保险以及相关技术培训业务，家禽、牲畜、水生动物的配种和疾病防治。

（11）纪念馆、博物馆、文化馆、文物保护单位管理机构、美术馆、展览馆、书画院、图书馆在自己的场所提供文化体育服务取得的第一道门票收入。

（12）寺院、宫观、清真寺和教堂举办文化、宗教活动的门票收入。

（13）行政单位之外的其他单位收取的符合《试点实施办法》第十条规定条件的政府性基金和行政事业性收费。

（14）个人转让著作权。

（15）个人销售自建自用住房。

（16）2018年12月31日前，公共租赁住房经营管理单位出租公共租赁住房。

（17）台湾航运公司、航空公司从事海峡两岸海上直航、空中直航业务在大陆取得的运输收入。

（18）纳税人提供的直接或者间接国际货物运输代理服务。

（19）部分利息收入，具体包括：①2016年12月31日前，符合政策的金融机构农户小额贷款；②国家助学贷款；③国债、地方政府债；④人民银行对金融机构的贷款；⑤住房公积金管理中心用住房公积金在指定的委托银行发放的个人住房贷款；⑥外汇管理部门在从事国家外汇储备经营过程中，委托金融机构发放的外汇贷款；⑦统借统还业务中，企业集团或企业集团中的核心企业以及集团所属财务公司按不高于支付给金融机构的借款利率水平或者支付的债券票面利率水平，向企业集团或者集团内下属单位收取的利息。

（20）被撤销金融机构以货物、不动产、无形资产、有价证券、票据等财产清偿债务。

（21）保险公司开办的一年期以上人身保险产品取得的保费收入。

（22）下列金融商品转让收入：①合格境外投资者（QFII）委托境内公司在我国从事证券买卖业务；②香港市场投资者（包括单位和个人）通过沪港通买卖上海证券交易所上市A股；③对香港市场投资者（包括单位和个人）通过基金互认买卖内地基金份额；④证券投资基金（封闭式证券投资基金，开放式证券投资基金）管理人运用基金买卖股票、债券；⑤个人从事金融商品转让业务。

（23）金融同业往来利息收入，具体包括：①金融机构与人民银行所发生的资金往来业务。包括人民银行对一般金融机构贷款，以及人民银行对商业银行的再贴现等；②银行联行往来业务。同一银行系统内部不同行、处之间所发生的资金账务往来业务；③金融机构间的资金往来业务。它是指经人民银行批准，进入全国银行间同业拆借市场的金融机构之间通过全国统一的同业拆借网络进行的短期（一年以下含一年）无担保资金融通行为。

（24）同时符合条件的担保机构从事中小企业信用担保或者再担保业务取得的收入（不含信用评级、咨询、培训等收入）3 年内免征增值税。

（25）国家商品储备管理单位及其直属企业承担商品储备任务，从中央或者地方财政取得的利息补贴收入和价差补贴收入。

（26）纳税人提供技术转让、技术开发和与之相关的技术咨询、技术服务。

（27）符合条件的合同能源管理服务。

（28）2017 年 12 月 31 日前，科普单位的门票收入，以及县级及以上党政部门和科协开展科普活动的门票收入。

（29）政府举办的从事学历教育的高等、中等和初等学校（不含下属单位），举办进修班、培训班取得的全部归该学校所有的收入。

（30）政府举办的职业学校设立的主要为在校学生提供实习场所、并由学校出资自办、由学校负责经营管理、经营收入归学校所有的企业，从事《销售服务、无形资产或者不动产注释》中“现代服务”（不含融资租赁服务、广告服务和其他现代服务）、“生活服务”（不含文化体育服务、其他生活服务和桑拿、氧吧）业务活动取得的收入。

（31）家政服务企业由员工制家政服务员提供家政服务取得的收入。

（32）福利彩票、体育彩票的发行收入。

（33）军队空余房产租赁收入。

（34）为了配合国家住房制度改革，企业、行政事业单位按房改成本价、标准价出售住房取得的收入。

（35）将土地使用权转让给农业生产者用于农业生产。（自 2017 年 7 月 1 日起，纳税人采取转包、出租、互换、转让、入股等方式将承包地流转给农业生产者用于农业生产，免征增值税。）

（36）涉及家庭财产分割的个人无偿转让不动产、土地使用权。

（37）土地所有者出让土地使用权和土地使用者将土地使用权归还给土地所有者。

（38）县级以上地方人民政府或自然资源行政主管部门出让、转让或收回自然资源使用权（不含土地使用权）。

（39）符合条件的随军家属就业。具体条件为：①为安置随军家属就业而新开办的企业，自领取税务登记证之日起，其提供的应税服务 3 年内免征增值税。②从事个体经营的随军家属，自办理税务登记事项之日起，其提供的应税服务 3 年内免征增值税。

（40）符合条件的军队转业干部就业。具体条件为：①从事个体经营的军队转业干部，自领取税务登记证之日起，其提供的应税服务 3 年内免征增值税。②为安置自主择业的军队转业干部就业而新开办的企业，凡安置自主择业的军队转业干部占企业总人数 60%（含）以上的，自领取税务登记证之日起，其提供的应税服务 3 年内免征增值税。

（二）增值税起征点

增值税起征点的适用范围限于个人，不适用于登记为一般纳税人的个体工商户。具体标准为：按期纳税的，为月销售额 5 000 ~ 20 000 元；按次纳税的，为每次（日）销售额 300 ~ 500 元。

自 2014 年 10 月 1 日起，增值税小规模纳税人，月销售额或营业额不超过 3 万元（含 3 万元，季度销售额不超过9万元）的，免征增值税。“营改增”试点小规模纳税人中月销售额未达到2万元的企业或非企业性单位，免征增值税。2017年12月31日前，对月销售额2万元（含本数）至3万元的小规模纳税人，免征增值税。

纳税人发生应税行为适用免税、减税规定的，可以放弃免税、减税，依照本办法的规定缴纳增值税。放弃免税、减税后，36个月内不得再申请免税、减税。

纳税人发生应税行为同时适用免税和零税率规定的，纳税人可以选择适用免税或者零税率。

例2-1 某小规模纳税人月销售额20 600元，不含税收入为20 000元（20 600÷（1+3%），未超过起征点，则无须缴纳增值税。假使其销售额增加1元为20 601元，则情况就会发生变化。不含税收入就为20 601÷(1+3%)=20 000.97（元），超过了起征点，因此全部销售额需要缴纳增值税20 000.97×3%=600.03元。

（三）即征即退、先征后退、先征后返

在我国增值税征收管理过程中还针对特定项目实行即征即退、先征后退、先征后返等多种形式的税收优惠政策。

即征即退是指按税法规定应缴纳的税款，由税务机关在征税时部分或全部退还纳税人的一种税收优惠。如利用工业生产过程中产生的余热、余压生产的电力或热力，发电（热）原料中100%利用上述资源的，实行增值税即征即退100%的政策。一般纳税人销售其自行开发生产的软件产品，按17%税率征收增值税后，对其增值税实际税负超过3%的部分实行即征即退政策。试点一般纳税人提供管道运输服务，对其增值税实际税负超过3%的部分实行增值税即征即退政策。

先征后退是指按税法规定缴纳的税款，由税务机关征收入库后，再由税务机关按规定的程序给予部分或全部退税的一种税收优惠。如自2013年1月1日起至2017年12月31日，对部分出版物在出版环节执行增值税100%或50%先征后退的政策。

先征后返是指按税法规定缴纳的税款，由税务机关征收入库后，再由财政部门按规定的程序给予部分或全部返还已纳税款的一种税收优惠。如对秦山一期核电站自2006年1月1日至2007年12月31日生产销售的电力产品，实行增值税先征后返政策，返还比例为已入库税款的50%。

（四）扣减增值税规定

对自主就业退役士兵以及对持就业创业证（注明“自主创业税收政策”或“毕业年度内自主创业税收政策”）或2015年1月27日前取得的就业失业登记证（注明“自主创业税收政策”或附着高校毕业生自主创业证）的人员从事个体经营的，在3年内按每户每年8 000元为限额依次扣减其当年实际应缴纳的增值税、城市维护建设税、教育费附加、地方教育附加和个人所得税。限额标准最高可上浮20%，各省、自治区、直辖市人民政府可根据本地区实际情况在此幅度内确定具体限额标准，并报财政部和国家税务总局备案。

对商贸企业、服务型企业、劳动就业服务企业中的加工型企业和街道社区具有加工性质的小型企业实体，在新增加的岗位中，当年新招用自主就业退役士兵或在人力资源社会保障部门公共就业服务机构登记失业半年以上且持就业创业证或2015年1月27日前取得的就业失业登记证（注明“企业吸纳税收政策”）人员，与其签订1年以上期限劳动合同并依法缴纳社会保

险费的，在3年内按实际招用人数予以定额依次扣减增值税、城市维护建设税、教育费附加、地方教育附加和企业所得税优惠。定额标准为每人每年4 000元，安置退役士兵的抵扣标准最高可上浮50%，对安置上诉失业人员的扣减标准最高可上浮30%，各省、自治区、直辖市人民政府可根据本地区实际情况在此幅度内确定具体定额标准，并报财政部和国家税务总局备案。

按上述标准计算的税收扣减额应在企业当年实际应缴纳的增值税、城市维护建设税、教育费附加、地方教育附加和企业所得税税额中扣减，当年扣减不足的，不得结转下年使用。

任务处理

（1）图2-1、图2-2提供了浙江太平洋实业有限公司基本情况。“五证合一”后载有统一社会信用代码的工商营业执照取代了原有的税务登记证。

（2）图2-3和图2-4分别是增值税专用的发票发票联和抵扣联，图2-5为转账支票存根，图2-6为收料单，这些资料说明：2016年12月3日，浙江太平洋实业有限公司从万橡有限公司购进塑胶80吨，单价为14 500元，不含税价值1 160 000元，进项税197 200元。货款已支付，原料已入库。

（3）图2-7说明：2016年12月11日，缴纳2016年11月增值税12 345元。

（4）图2-8、图2-9、图2-10说明：2016年12月12日，企业通过银行缴纳电费，取得增值税专用发票，不含税金额9 540元，进项税额1 621.80元。费用已通过银行代扣。

（5）图2-11、图2-12说明：2016年12月16日，从金土地合作社购进一等棉花30吨，取得普通发票金额435 000元，货款已通过电汇方式支付。图2-13和图2-14显示取得购买棉花支付运输费的增值税专用发票，不含税价15 000元，税款1 650元，运费未付。

（6）图2-15和图2-16说明：2016年12月18日，企业销售给绍兴金柯有限公司白坯布5 000米，开具注明商业折扣的增值税专用发票，价款500 000元，销项税额85 000元，货款已存入银行。

（7）图2-17和图2-18说明：2016年12月25日，企业出售给再创贸易有限公司一台2008年12月购进的设备，开具普通发票50 000元。款未收。

（8）图2-19、图2-20和图2-21说明：2016年12月28日，该公司从万豪包装有限公司购进包装纸2 000张，取得增值税专用发票，价款10 800元，进项税额1 836元。但发票公司抬头名称开具错误。货款已支付。

（9）图2-22、图2-23、图2-24说明：2016年12月30日，该公司购入一套房产，取得由税务机关代开的增值税发票一张，显示含税总价款为2 050 000元，其中增值税额为50 000元。

任务二　认识并管理发票

微课　探秘发票

任务要求

（1）识别导引案例中发票，并解读相关发票。

（2）结合企业实际，模拟进行增值税专用发票的领购、开具等相关操作。

知识准备

一、发票的种类与使用范围

发票是指在购销商品、提供或者接受服务以及从事其他经营活动中，开具、收取的收付款凭证。在我国，发票是按流转税种类进行划分发票管理权限的，如增值税专用发票，主要由国家税务局管理。发票的种类较多，主要按行业特点和纳税人生产经营项目来分类，大致可以分为：增值税专用发票（如图 2－25 和图 2－26 所示）、普通发票。

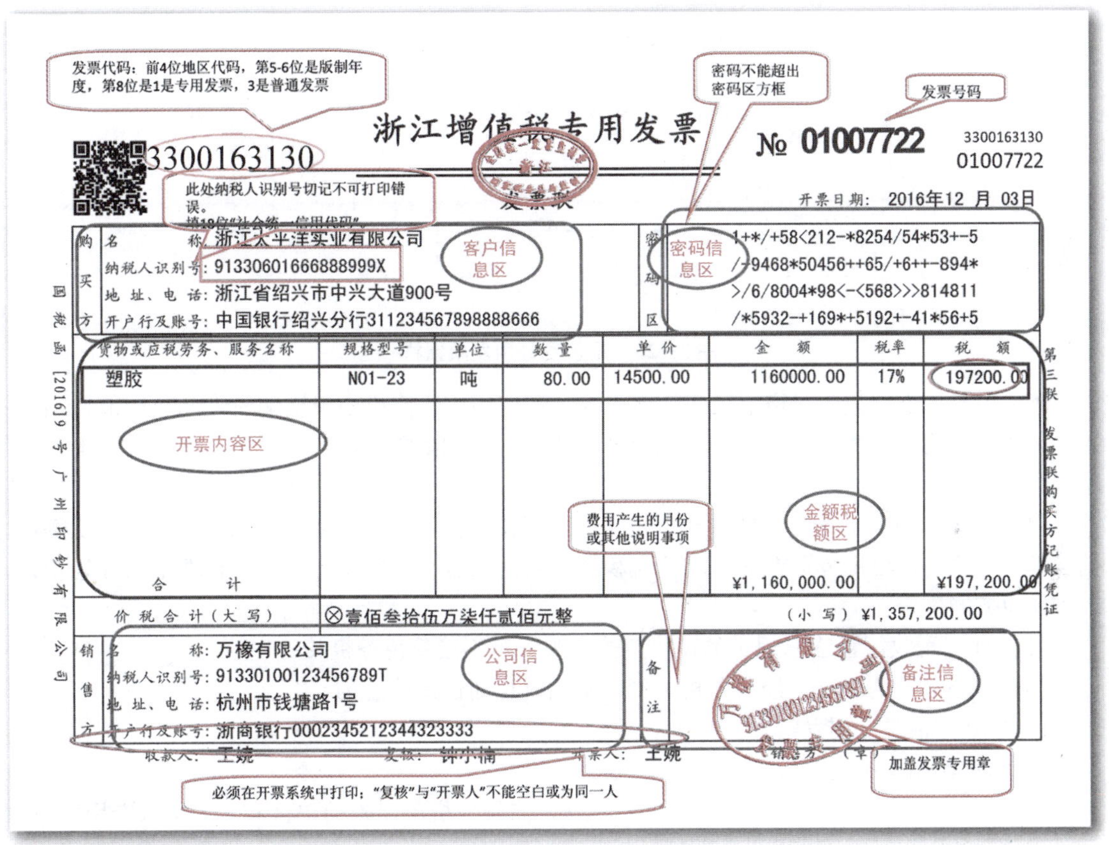

浙江增值税专用发票

3300163130　　No 01007722　　3300163130 01007722

发票联　　开票日期：2016年12月03日

购买方	名称：浙江太平洋实业有限公司 纳税人识别号：91330601666888999X 地址、电话：浙江省绍兴市中兴大道900号 开户行及账号：中国银行绍兴分行311234567898888666	密码区	1+*/+58<212-*8254/54*53+-5 /-9468*50456++65/+6++-894* >/6/8004*98<-<568>>>814811 /*5932-+169*+5192+-41*56+5

货物或应税劳务、服务名称	规格型号	单位	数量	单价	金额	税率	税额
塑胶	N01-23	吨	80.00	14500.00	1160000.00	17%	197200.00
合计					¥1,160,000.00		¥197,200.00
价税合计（大写）	⊗壹佰叁拾伍万柒仟贰佰元整				（小写）¥1,357,200.00		

销售方	名称：万橡有限公司 纳税人识别号：91330100123456789T 地址、电话：杭州市钱塘路1号 开户行及账号：浙商银行00023452123443233333	备注	

收款人：王婉　复核：钟小楠　开票人：王婉　销售方：（章）

国税函[2016]9号广州印钞有限公司

第三联 发票联 购买方记账凭证

图 2－25　增值税专用发票

（一）增值税专用发票

增值税专用发票是增值税一般纳税人销售货物或者提供应税劳务（以及提供应税服务）开具的发票，是购买方支付增值税额并可按照增值税有关规定据以抵扣增值税进项税额的凭证。相关法律规定，一般纳税人应通过增值税防伪税控系统使用专用发票。专用发票由基本联次或者基本联次附加其他联次构成，基本

> 防伪税控系统是指经国务院同意推行的，使用专用设备（金税卡、IC 卡、读卡器、报税盘、抄税盘）和通用设备（计算机、打印机、扫描器具等），运用数字密码和电子存储技术管理专用发票的计算机管理系统。

联次为三联：发票联、抵扣联和记账联。发票联作为购买方核算采购成本和增值税进项税额的记账凭证；抵扣联作为购买方报送主管税务机关认证和留存备查的凭证；记账联作为销售方核算销售收入和增值税销项税额的记账凭证。其他联次用途，由一般纳税人自行确定。

增值税普通发票（卷票）样票

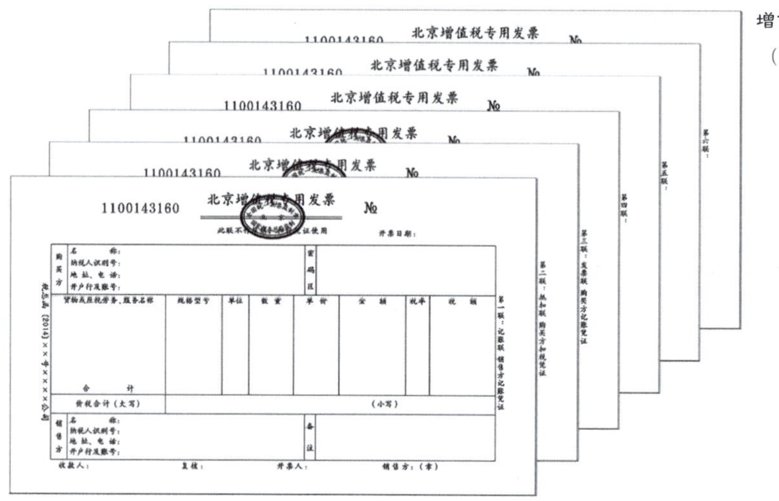

图 2－26　增值税专用发票票样

增值税专用发票只限于增值税一般纳税人领购使用，增值税小规模纳税人和非增值税纳税人不得领购使用。根据《增值税专用发票使用规定》，一般纳税人有下列情形之一的，不得领购开具专用发票：

（1）会计核算不健全，不能向税务机关准确提供增值税销项税额、进项税额、应纳税额数据及其他有关增值税税务资料的（增值税税务资料的内容，由省、自治区、直辖市和计划单列市国家税务局确定）。

（2）有《税收征管法》规定的税收违法行为，拒不接受税务机关处理的。

（3）有下列行为之一，经税务机关责令限期改正而仍未改正的：

1）虚开增值税专用发票。

2）私自印制专用发票。

3）向税务机关以外的单位和个人买取专用发票。

4）借用他人专用发票。

5）未按《增值税专用发票使用规定》具体规定开具专用发票。

6）未按规定保管专用发票和专用设备。

7）未按规定申请办理防伪税控系统变更发行。

8）未按规定接受税务机关检查。

此外，商业企业一般纳税人零售的烟、酒、食品、服装、鞋帽（不包括劳保专用部分）、化妆品等消费品不得开具专用发票。

自 2003 年 8 月 1 日起，增值税一般纳税人必须

> 未按规定保管专用发票和专用设备包括：
>
> （1）未设专人保管专用发票和专用设备。
>
> （2）未按税务机关要求存放专用发票和专用设备。
>
> （3）未将认证相符的专用发票抵扣联、《认证结果通知书》和《认证结果清单》装订成册。
>
> （4）未经税务机关查验，擅自销毁专用发票基本联次。

通过防伪税控系统开具专用发票。

增值税专用发票（增值税税控系统）实行最高开票限额管理。最高开票限额是指单份专用发票开具的销售额合计数不得达到的上限额度。最高开票限额由一般纳税人申请，区县税务机关依法审批。一般纳税人申请最高开票限额时，需填报“增值税专用发票最高开票限额申请单”。主管税务机关受理纳税人申请以后，根据需要进行实地查验。实地查验的范围和方法由各省国税机关确定。一般纳税人申请专用发票最高开票限额不超过10万元的，税务机关不需事前进行实地查验。实行纳税辅导期管理的小型商贸批发企业，领购专用发票的最高开票限额不得超过10万元。

2016年11月14日起，月销售额超过3万元（或季销售额超过9万元）的住宿业小规模纳税人提供住宿服务、销售货物或发生其他应税行为，需要开具增值税专用发票的，可以通过增值税发票管理新系统自行开具，主管国税机关不再为其代开。2017年3月1日起，鉴证咨询业增值税小规模纳税人提供认证服务、鉴证服务、咨询服务、销售货物或发生其他增值税应税行为，也可以自行开具专用发票。自2017年6月1日起，建筑业纳入增值税小规模纳税人纳入自行开具增值税专用发票试点范围。在填写增值税纳税申报表时，应将当期开具专用发票的销售额，按照3%和5%的征收率，分别填写在“增值税纳税申报表”（小规模纳税人适用）第2栏和第5栏“税务机关代开的增值税专用发票不含税销售额”的“本期数”相应栏次中。上述试点纳税人销售其取得的不动产，需要开具增值税专用发票的，仍须向地税机关申请代开。

2015年3月1日起，用票单位可以书面向税务机关要求使用印有本单位名称的发票，用票单位可在办税服务厅填写“印有本单位名称发票印制表”，税务机关应当在5个工作日内确认用票单位使用印有该单位名称发票的种类和数量，并向发票印制企业下达《发票印制通知书》。

（二）普通发票

普通发票主要由小规模纳税人使用，增值税一般纳税人在不能开具专用发票时也可使用。2011年起全国统一使用普通发票。根据《中华人民共和国发票管理办法实施细则》规定：用票单位可以书面向税务机关要求使用印有本单位名称的发票。

自2015年8月1日起在北京、上海、浙江和深圳开展了增值税电子发票系统的试点工作，试点地区纳税人已实现使用增值税电子发票系统开具增值税电子普通发票。非试点地区已使用电子发票的增值税纳税人，应于2015年12月31日前完成相关系统对接技术改造，2016年1月1日起使用增值税电子发票系统开具增值税电子普通发票，其他开具电子发票的系统同时停止使用。

增值税电子普通发票（如图2－27所示）的开票方和受票方需要纸质发票的，可以自行打印增值税电子普通发票的版式文件，其法律效力、基本用途、基本使用规定等与税务机关监制的增值税普通发票相同。增值税电子普通发票的发票代码为12位，编码规则：第1位为0，第2～5位代表省、自治区、直辖市和计划单列市，第6～7位代表年度，第8～10位代表批次，第11～12位代表票种（11代表增值税电子普通发票）。发票号码为8位，按年度、分批次编制。

XX增值税电子普通发票

发票代码:
发票号码:
开票日期:
校验码:

机器编号:

购买方	名　　称: 纳税人识别号: 地 址、电 话: 开户行及账号:	密码区	

货物或应税劳务、服务名称	规格型号	单位	数量	单价	金额	税率	税额
合　计							
价税合计(大写)					(小写)		

销售方	名　　称: 纳税人识别号: 地 址、电 话: 开户行及账号:	备注	

收款人:　　复核:　　开票人:　　销售方:(章)

图 2-27　增值税电子普通发票（票样）

请同学们收集一些我们在生活消费中的发票，并进行比较。比如我们聚餐时的餐饮发票、乘坐火车的火车票、出租车发票、购买生活用品等发票，看看各有什么不同。

如果你经常网购，不妨要求商家开具一张网络电子发票给你，看看电子发票又有什么不同。

二、领购发票

（一）领购发票的适用范围

依法办理税务登记的单位和个人，在领取税务登记证件后，向主管税务机关申请领购发票。需要临时使用发票的单位和个人，可以凭购销商品、提供或者接受服务以及从事其他经营活动的书面证明、经办人身份证明，直接向经营地税务机关申请代开发票。税务机关根据发票管理的需要，可以按照国务院税务主管部门的规定委托其他单位代开发票。禁止非法代开发票。

对于临时到本省、自治区、直辖市以外从事经营活动的单位或者个人，应当凭所在地税务机关的证明（“外出经营活动税收管理证明”），在办理纳税担保的前提下，向经营地税务机关领购经营地的发票。

（二）领购发票的手续

需要领购发票的单位和个人，应当持税务登记证件、经办人身份证明、按照国务院税务主管部门规定式样制作的发票专用章的印模，向主管税务机关办理发票领购手续。主管税务机关根据领购单位和个人的经营范围与规模，确认领购发票的种类、数量以及领购方式，在5个工作日内发给发票领购簿。单位和个人领购发票时，应当按照税务机关的规定报告发票使用情况，税务机关应当按照规定进行查验。

> 发票领购方式有：批量供应、交旧购新或验旧购新等。

> 专用发票的缴销是指主管税务机关在纸质专用发票监制章处按“V”字剪角作废，同时作废相应的专用发票数据电文。

税务机关对外省、自治区、直辖市来本辖区从事临时经营活动的单位和个人领购发票的，可以要求其提供保证人或者根据所领购发票的票面限额以及数量缴纳不超过1万元的保证金，并限期缴销发票。按期缴销发票的，解除保证人的担保义务或者退还保证金；未按期缴销发票的，由保证人或者以保证金承担法律责任。

2016年12月1日起，纳税信用A级的纳税人可一次领取不超过3个月的增值税发票用量，纳税信用B级的纳税人可一次领取不超过2个月的增值税发票用量。

辅导期纳税人专用发票的领购实行按次限量控制，主管税务机关可根据纳税人的经营情况核定每次专用发票的供应数量，但每次发售专用发票数量不得超过25份。辅导期纳税人领购的专用发票未使用完而再次领购的，主管税务机关发售专用发票的份数不得超过核定的每次领购专用发票份数与未使用完的专用发票份数的差额。辅导期纳税人一个月内多次领购专用发票的，应从当月第二次领购专用发票起，按照上一次已领购并开具的专用发票销售额的3%预缴增值税，未预缴增值税的，主管税务机关不得向其发售专用发票。

三、开具发票

一般纳税人销售货物或者提供应税劳务等，应向购买方开具专用发票。开具发票应当按照规定的时限、顺序、栏目，全部联次一次性如实开具，并加盖发票专用章。除国务院税务主管部门规定的特殊情形外，发票限于领购单位和个人在本省、自治区、直辖市内开具。

> 发票专用章自2011年2月1日起启用。旧式发票专用章可以使用至2011年12月31日。
>
> 
>

自2015年1月1日起，除通用定额发票、客运发票和二手车销售统一发票，新认定的一般纳税人和新办小规模纳税人（不包括定期定额户）需推行增值税发票系统升级版，其发生增值税业务对外开具发票（增值税专用发票、增值税普通发票和机动车销售统一发票）一律使用金税盘或税控盘开具。

填开发票的单位和个人必须在发生经营业务确认营业收入时开具发票。未发生经营业务一律不准开具发票。

任何单位和个人不得有下列虚开发票行为：

（1）为他人、为自己开具与实际经营业务情况不符的发票。

（2）让他人为自己开具与实际经营业务情况不符的发票。

（3）介绍他人开具与实际经营业务情况不符的发票。

虚开增值税专用发票是指：

（1）没有货物购销或者没有提供或接受应税劳务而为他人、为自己、让他人为自己、介绍他人开具。

（2）有货物购销或者提供或接受应税劳务但为他人、为自己、让他人为自己、介绍他人开具数量或者金额不实。

（3）进行实际经营活动，但让他人为自己代开其余的对不能反映纳税情况的有关内容做虚假填写。

安装税控装置的单位和个人，应当按照规定使用税控装置开具发票，并按期向主管税务机关报送开具发票的数据。使用非税控电子器具开具发票的，应当将非税控电子器具使用的软件程序说明资料报主管税务机关备案，并按照规定保存、报送开具发票的数据。

开具发票后，如发生销货退回需开红字发票的，必须收回原发票并注明“作废”字样或取得对方有效证明。开具发票后，如发生销售折让的，必须在收回原发票并注明“作废”字样后重新开具销售发票或取得对方有效证明后开具红字发票。

《发票管理办法》还规定，任何单位和个人应当按照发票管理规定使用发票，不得有下列行为：

（1）转借、转让、介绍他人转让发票、发票监制章和发票防伪专用品。

（2）知道或者应当知道是私自印制、伪造、变造、非法取得或者废止的发票而受让、开具、存放、携带、邮寄、运输。

（3）拆本使用发票。

（4）扩大发票使用范围。

（5）以其他凭证代替发票使用。

《增值税暂行条例》规定：纳税人销售货物或者应税劳务，应当向索取增值税专用发票的购买方开具增值税专用发票，并在增值税专用发票上分别注明销售额和销项税额。

属于下列情形之一的，不得开具增值税专用发票：

（1）向消费者个人销售货物或者应税劳务和应税服务的。

（2）销售货物或者应税劳务和应税服务适用免税规定的。

（3）小规模纳税人销售货物或者应税劳务的。

此外，营改增后规定不得开具增值税专用发票的情形有：金融商品转让；经纪代理服务（向委托方收取的政府性基金或行政性事业收费）；融资性售后回租过渡期（向承租方收取的有形动产价款本金）；旅游服务（向旅游服务购买收取的住宿费、餐饮费、交通费、签证费、门票费和支付给其他接团旅游企业的旅游费用）；劳务派遣（向用工单位收取用于支付劳务派遣员工工资、福利费和为其办理社会保险及住房公积金的费用）；人力资源外包（向委托方收取并代为发放的工资和代理缴纳的社会保险、住房公积金）。

2016 年 4 月 19 日，国家税务总局发布《关于全面推开营业税改征增值税试点有关税收征收管理事项的公告》（国家税务总局公告 2016 年第 23 号）对增值税法的开具做出了新的规定：

差额计税与差额发票的开具

（1）税务总局编写了《商品和服务税收分类与编码（试行）》，并在新系统中增加了编码相关功能。自2016年5月1日起，纳入新系统推行范围的试点纳税人及新办增值税纳税人，应使用新系统选择相应的编码开具增值税发票。一般纳税人提供货物运输服务，使用增值税专用发票和增值税普通发票，开具发票时应将起运地、到达地、车种车号以及运输货物信息等内容填写在发票备注栏中，如内容较多可另附清单。

(2) 按照现行政策规定适用差额征税办法缴纳增值税，且不得全额开具增值税发票的(财政部、税务总局另有规定的除外)，纳税人自行开具或者税务机关代开增值税发票时，通过新系统中差额征税开票功能，录入含税销售额（或含税评估额）和扣除额，系统自动计算税额和不含税金额，备注栏自动打印“差额征税”字样，发票开具不应与其他应税行为混开。

例2-2 某旅游公司（为一般纳税人），8月×公司提供旅游服务，取得旅游收入156万元，支付给其他接团旅游服务以及住宿、餐饮、交通、门票等费用合计50万元。旅游服务实行差额计税，应纳增值税＝（156－50）÷(1＋6%)×6%＝6（万元）。该旅游公司只能就差额开具增值税专用发票。

税率栏为“＊＊＊”，因为税额栏“60 000”与金额栏“1 500 000”（1 560 000－60 000），没有以前正常发票税率的钩稽关系，即税额栏＝金额栏×税率/征收率的关系，所以用“＊＊＊”。×公司支付的金额为1 560 000元，但能够抵扣的进项税为60 000元。

(3) 提供建筑服务，纳税人自行开具或者税务机关代开增值税发票时，应在发票的备注栏注明建筑服务发生地县（市、区）名称及项目名称。

> 国税机关、地税机关使用新系统代开增值税专用发票和增值税普通发票。代开增值税专用发票使用六联票，代开增值税普通发票使用五联票。

(4) 销售不动产，纳税人自行开具或者税务机关代开增值税发票时，应在发票“货物或应税劳务、服务名称”栏填写不动产名称及房屋产权证书号码(无房屋产权证书的可不填写)，“单位”栏填写面积单位，备注栏注明不动产的详细地址。

(5) 出租不动产，纳税人自行开具或者税务机关代开增值税发票时，应在备注栏注明不动产的详细地址。

(6) 个人出租住房适用优惠政策减按1.5%征收，纳税人自行开具或者税务机关代开增值税发票时，通过新系统中征收率减按1.5%征收开票功能，录入含税销售额，系统自动计算税额和不含税金额，发票开具不应与其他应税行为混开。

(7) 税务机关代开增值税发票时，“销售方开户行及账号”栏填写税收完税凭证字轨及号码或系统税票号码（免税代开增值税普通发票可不填写）。

(8) 国税机关为跨县（市、区）提供不动产经营租赁服务、建筑服务的小规模纳税人(不包括其他个人)，代开增值税发票时，在发票备注栏中自动打印“YD”字样。

自2017年7月1日起，纳税人开具增值税普通发票需填写购买方纳税人（企业）识别号或社会统一信用代码。

四、检查发票

税务机关在发票管理中有权检查印制、领购、开具、取得、保管和缴销发票的情况；调出发票查验；查阅、复制与发票有关的凭证、资料；向当事各方询问与发票有关的问题和情况；查处发票案件时，对与案件有关的情况和资料，可以记录、录音、录像、照相和复制。

用票单位和个人有权申请税务机关对发票的真伪进行鉴别。收到申请的税务机关应当受理并负责鉴别发票的真伪；鉴别有困难的，可以提请发票监制税务机关协助鉴别。在伪造、变造现场以及买卖地、存放地查获的发票，由当地税务机关鉴别。

五、增值税专用发票使用、管理相关问题

（一）抄报税

抄税是将金税盘中的各种发票明细与汇总数据抄到报税盘（金税盘）上，为报税系统提供报税的电子数据。报税是纳税人持报税盘（金税盘）数据向税务机关报送开票数据电文。

一般纳税人开具专用发票应在增值税纳税申报期内向主管税务机关报税，在申报所属月份内可分次向主管税务机关报税。

（二）专用发票的认证

认证是税务机关通过防伪税控系统对专用发票所列数据的识别、确认。用于抵扣增值税进项税额的专用发票应经税务机关认证相符（国家税务总局另有规定的除外）。认证相符的专用发票应作为购买方的记账凭证，不得退还销售方。纳税人识别号无误，专用发票所列密文解译后与明文一致，即为认证相符。对于无法认证，纳税人识别号认证不符，专用发票代码、号码认证不符的发票，不得作为增值税进项税额的抵扣凭证，税务机关退还原件，购买方可要求销售方重新开具专用发票。

专用发票的抵扣联无法认证的，可使用专用发票的发票联到主管税务机关认证。发票联复印件留存备查。

一般纳税人可以携带增值税专用发票抵扣联等资料，到税务机关申报征收窗口或自助办税机（ARM 机）进行认证，此种认证方式称为上门认证。随着信息技术的发展，远程认证被更多的纳税人所采用，即纳税人自行扫描、识别专用发票的抵扣联票面信息，生成电子数据，通过网络传输至税务机关，由税务机关完成解密和认证，并将认证结果信息返回纳税人的认证方式。

自 2016 年 3 月 1 日起，纳税信用 A 级纳税人取得销售方使用增值税发票系统升级版开具的增值税发票（包括增值税专用发票、机动车销售统一发票，下同），可以不再进行扫描认证，通过增值税发票税控开票软件登录本省增值税发票查询平台，查询、选择用于申报抵扣或者出口退税的增值税发票信息。这一规定自 2016 年 5 月 1 日起扩大到纳税信用 B 级的增值税一般纳税人，同年 12 月 1 日扩大到纳税信用 C 级的增值税一般纳税人。

> 增值税发票系统升级版实现纳税人经过税务数字证书安全认证、加密开具的发票数据，通过互联网实时上传税务机关，生成增值税发票电子底账，作为纳税申报、发票数据查验以及税源管理、数据分析利用的依据。
>
> 新系统纳税人端税控设备包括金税盘和税控盘。

（三）专用发票的作废与红字发票的开具

一般纳税人在开具专用发票当月，发生销货退回、开票有误等情形，收到退回的发票联、抵扣联符合作废条件的，按作废处理；开具时发现有误的，

> 作废条件：
>
> （1）收到退回的发票联、抵扣联时间未超过销售方开票当月。
>
> （2）销售方未抄税并且未记账。
>
> （3）购买方未认证或者认证结果为“纳税人识别号认证不符”“专用发票代码、号码认证不符”。
>
> 已认证通过的增值税专用发票一律不得进行作废处理。

可即时作废。作废专用发票须在防伪税控系统中将相应的数据电文按“作废”处理，在纸质专用发票（含未打印的专用发票）各联次上注明“作废”字样，全联次留存。

自 2016 年 8 月 1 日起，增值税一般纳税人开具增值税专用发票后，发生销货退回、开票有误、应税服务中止等情形但不符合发票作废条件，或者因销货部分退回及发生销售折让，需要开具红字专用发票的，按以下方法处理：

（1）购买方取得专用发票已用于申报抵扣的，购买方可在增值税发票管理新系统（以下简称“新系统”）中填开并上传“开具红字增值税专用发票信息表”（以下简称“信息表”，如图 2－28 所示），在填开信息表时不填写相对应的蓝字专用发票信息，应暂依信息表所列增值税税额从当期进项税额中转出，待取得销售方开具的红字专用发票后，与信息表一并作为记账凭证。

购买方取得专用发票未用于申报抵扣、但发票联或抵扣联无法退回的，购买方填开信息表时应填写相对应的蓝字专用发票信息。

销售方开具专用发票尚未交付购买方，以及购买方未用于申报抵扣并将发票联及抵扣联退回的，销售方可在新系统中填开并上传信息表。销售方填开信息表时应填写相对应的蓝字专用发票信息。

开具红字增值税专用发票信息表

填开日期：　年　月　日

销售方	名称		购买方	名称		
	纳税人识别号			纳税人识别号		
开具红字专用发票内容	货物（劳务服务）名称	数量	单价	金额	税率	税额
	合计	——	——		—	
说明	一、购买方□ 对应蓝字专用发票抵扣增值税销项税额情况： 1. 已抵扣□ 2. 未抵扣□ 对应蓝字专用发票的代码：________ 号码：________ 二、销售方□ 对应蓝字专用发票的代码：________ 号码：________					
红字专用发票信息表编号						

图 2－28　开具红字增值税专用发票信息表

（2）主管税务机关通过网络接收纳税人上传的信息表，系统自动校验通过后，生成带有“红字发票信息表编号”的信息表，并将信息同步至纳税人端系统中。

（3）销售方凭税务机关系统校验通过的信息表开具红字专用发票，在新系统中以销项负数开具。红字专用发票应与信息表一一对应。

（4）纳税人也可凭信息表电子信息或纸质资料到税务机关对信息表内容进行系统校验。

税务机关为小规模纳税人代开专用发票，需要开具红字专用发票的，按照一般纳税人开具红字专用发票的方法处理。

纳税人需要开具红字增值税普通发票的，可以在所对应的蓝字发票金额范围内开具多份红字发票。红字机动车销售统一发票需与原蓝字机动车销售统一发票一一对应。

（四）增值税专用发票丢失的处理

一般纳税人丢失已开具专用发票的发票联和抵扣联，如果丢失前已认证相符的，购买方可凭销售方提供的相应专用发票记账联复印件及销售方主管税务机关出具的“丢失增值税专用发票已报税证明单”（以下简称“证明单”），作为增值税进项税额的抵扣凭证；如果丢失前未认证的，购买方凭销售方提供的相应专用发票记账联复印件进行认证，认证相符的可凭专用发票记账联复印件及销售方主管税务机关出具的证明单，作为增值税进项税额的抵扣凭证。专用发票记账联复印件和证明单留存备查。

一般纳税人丢失已开具专用发票的抵扣联，如果丢失前已认证相符的，可使用专用发票的发票联复印件留存备查；如果丢失前未认证的，可使用发票联认证，发票联复印件留存备查。

一般纳税人丢失已开具专用发票的发票联，可将专用发票抵扣联作为记账凭证，专用发票抵扣联复印件留存备查。

六、保管发票与相关法律责任

《发票管理办法》规定，开具发票的单位和个人应当按照税务机关的规定存放和保管发票，不得擅自损毁。已经开具的发票存根联和发票登记簿，应当保存5年。保存期满，报经税务机关查验后销毁。

纳税人有下列情形的，由税务机关责令改正，可以处1万元以下的罚款；有违法所得的予以没收：

（1）应当开具而未开具发票，或者未按照规定的时限、顺序、栏目，全部联次一次性开具发票，或者未加盖发票专用章的。

（2）使用税控装置开具发票，未按期向主管税务机关报送开具发票的数据的。

（3）使用非税控电子器具开具发票，未将非税控电子器具使用的软件程序说明资料报主管税务机关备案，或者未按照规定保存、报送开具发票的数据的。

（4）拆本使用发票的。

（5）扩大发票使用范围的。

（6）以其他凭证代替发票使用的。

（7）跨规定区域开具发票的。

（8）未按照规定缴销发票的。

（9）未按照规定存放和保管发票的。

跨规定的使用区域携带、邮寄、运输空白发票，以及携带、邮寄或者运输空白发票出入境的，以及丢失发票或者擅自损毁发票的，由税务机关责令改正，可以处1万元以下的罚款；情节严重的，处1万元以上3万元以下的罚款；有违法所得的予以没收。

对于违反规定虚开发票和非法代开发票的，由税务机关没收违法所得；金额在1万元以下的，可以并处5万元以下的罚款；金额超过1万元的，并处5万元以上50万元以下的罚款；构成犯罪的，依法追究刑事责任。

私自印制、伪造、变造发票，非法制造发票防伪专用品，伪造发票监制章的，由税务机关没收违法所得，没收、销毁作案工具和非法物品，并处1万元以上5万元以下的罚款；情节严重的，并处5万元以上50万元以下的罚款；对印制发票的企业，可以并处吊销发票准印证；构成犯罪的，依法追究刑事责任。

想一想

何为伪造发票？何为变造发票？二者有什么联系和区别？

我国是以票控税的，因此发票的使用管理要求较严格，除了《税收征管法》等法律中有相关违法责任规定外，在《刑法》中“危害税收征征管罪”一节有具体的规定，为增强我们的依法纳税意识，课后可以就《税收征管法》和《刑法》有关内容进行学习。

转借、转让、介绍他人转让发票、发票监制章和发票防伪专用品的，以及知道或者应当知道是私自印制、伪造、变造、非法取得或者废止的发票而受让、开具、存放、携带、邮寄、运输的，由税务机关处1万元以上5万元以下的罚款；情节严重的，处5万元以上50万元以下的罚款；有违法所得的予以没收：

此外，对违反发票管理规定2次以上或者情节严重的单位和个人，税务机关可以向社会公告。违反发票管理法规，导致其他单位或者个人未缴、少缴或者骗取税款的，由税务机关没收违法所得，可以并处未缴、少缴或者骗取的税款1倍以下的罚款。

任务处理

（1）图2－3、图2－8、图2－13、图2－20、图2－22为专用发票的发票联，是企业进行会计处理的凭证，应附在记账凭证后。其中图2－22为税务机关代开的增值税专用发票（发票联）。

（2）图2－4、图2－9、图2－14、图2－19、图2－23为专用发票的抵扣联，抵扣联认证通过后可作为增值税进项抵扣的凭证。其中图2－23为税务机关代开的增值税专用发票（抵扣联）。

（3）图2－15为增值税专用发票（记账联），是浙江太平洋实业有限公司作为一般纳税人向其他一般纳税人销售白坯布，开具记载折扣信息的专用发票。

（4）图2－11为增值税普通发票（发票联），开票方金土地合作社是在销售免税农产品故不能开具专用发票只能开具普通发票；对于浙江太平洋实业有限公司来说，直接从农业生产者处购进免税农产品可按买价的13%抵扣进项税。

（5）图2－17为普通发票（记账联），浙江太平洋实业有限公司销售未抵扣进项税的使用过固定资产，按照3%征收率减按2%征税，不能开具增值税专用发票，只能开具增值税普通发票。

（6）图2－19和图2－20属于增值税专用发票，但是开票方开具的客户名称为“浙江太平洋实业公司”非客户全称“浙江太平洋实业有限公司”，故不能抵扣进项税额。该企业可以将该发票退回给对方，并要求其重新开具正确的发票。

（7）图2－22、图2－23为从小规模纳税人购入二手房产，取得的由税务机关代开的增值税专用发票。

任务三 计算增值税

任务要求

（1）根据导引案例中给定的材料，分析相关经济业务。

（2）在分析相关经济业务的基础上计算浙江太平洋实业有限公司2016年12月应纳增值税额。

知识准备

一、一般计税方法

增值税一般计税方法适用于一般纳税人，一般计税方法的应纳税额是指当期销项税额抵扣当期进项税额后的余额。应纳税额计算公式为

应纳税额＝当期销项税额－当期进项税额

当期销项税额小于当期进项税额，即不足抵扣时，其不足部分可以结转下期继续抵扣。

销项税额是指纳税人销售货物、提供应税劳务、销售服务、销售无形资产或不动产，按照销售额和适用税率计算并向购买方收取的增值税额；进项税额是指纳税人购进货物、获取加工修理修配劳务、购进服务、购进无形资产或者不动产，支付或者负担的增值税额。

> 购进货物，不包括既用于增值税应税项目（不含免征增值税项目）也用于非增值税应税项目、免征增值税（以下简称免税）项目、集体福利或者个人消费的固定资产。
>
> 其中的固定资产是指使用期限超过12个月的机器、机械、运输工具以及其他与生产经营有关的设备、工具、器具等。

（一）销项税额

销项税额是销售方根据销售额和税率计算出来的，在未抵扣进项税额前并不是纳税人应纳增值税额，而是销售货物、提供应税劳务或发生应税行为的整体税负。而计算销项税额的销售额是不包含销项税额的，是从购买方收取的，体现的是价外性质。

销项税额＝销售额×税率（或为组成计税价×税率）

纳税人兼营免税、减税项目的，应当分别核算免税、减税项目的销售额；未分别核算的，不得免税、减税。

1. 销售额的一般规定

《增值税暂行条例》第六条规定，销售额为纳税人销售货物或者应税劳务向购买方收取的全部价款和价外费用，但是不包括收取的销项税额。销售额以人民币计算。纳税人以人民币以外的货币结算销售额的，应当折合成人民币计算，其销售额的人民币折合率可以选择销售额发

生的当天或者当月1日的人民币汇率中间价。纳税人应在事先确定采用何种折合率，确定后1年内不得变更。

《增值税暂行条例实施细则》对价外费用进行了界定。价外费用包括价外向购买方收取的手续费、补贴、基金、集资费、返还利润、奖励费、违约金、滞纳金、延期付款利息、赔偿金、代收款项、代垫款项、包装费、包装物租金、储备费、优质费、运输装卸费以及其他各种性质的价外收费。但下列项目不包括在内：

（1）受托加工应征消费税的消费品所代收代缴的消费税；

（2）同时符合以下条件的代垫运输费用：

① 承运部门的运输费用发票开具给购买方的。

② 纳税人将该项发票转交给购买方的。

（3）同时符合以下条件代为收取的政府性基金或者行政事业性收费：

① 由国务院或者财政部批准设立的政府性基金，由国务院或者省级人民政府及其财政、价格主管部门批准设立的行政事业性收费。

② 收取时开具省级以上财政部门印制的财政票据。

③ 所收款项全额上缴财政。

（4）销售货物的同时代办保险等而向购买方收取的保险费，以及向购买方收取的代购买方缴纳的车辆购置税、车辆牌照费。

《试点实施办法》规定的销售额，是指纳税人发生应税行为取得的全部价款和价外费用，财政部和国家税务总局另有规定的除外。价外费用是指价外收取的各种性质的收费，但不包括以下项目：

（1）代为收取并符合《试点实施办法》第十条规定的政府性基金或者行政事业性收费。

（2）以委托方名义开具发票代委托方收取的款项。

2. 价款和税款合并收取情况下的销售额确定

一般纳税人销售货物或者应税劳务，采用销售额和销项税额合并定价方法的，按下列公式计算销售额：

$$销售额 = 含税销售额 \div (1 + 税率)$$

例2-3 某电脑配件商行为增值税一般纳税人，该商行以5 000元价格销售给小何一台笔记本电脑，并给小何开具了一张发票。

该商行该项销售业务在计算增值税销项税额时的不含税销售额 = 5 000 ÷ (1 + 17%) = 4 273.5（元）。

3. 特殊销售方式的销售额确定

在实际生活中，纳税人会因为各种目的而采取一些特殊的销售方式，以在激烈的市场竞争中取得优势。在特殊销售方式下，销售额的确定有所差别。

> 销售额和折扣额开在同一张发票上，是指在发票“金额”栏分别注明二者，未在金额栏注明，而仅在“备注”栏注明折扣额的，折扣额不能在销售额中扣除。

（1）折扣方式销售货物。现行税法规定：纳税人采取折扣方式销售货物、提供应税劳务，销售服务、无形资产或不动产，如果销售额和折扣额开具在同一张发票上，可按折扣后的销售额征收增值税。而对于现金折扣情形，则不能扣除折扣，应按折扣前销售额计税。对于销售折让行为，可以通过开具红字专用发票从销售额中减除折让部分。

试比较折扣销售（商业折扣）、销售折扣（现金折扣）。

关于“买一赠一”的增值税处理各地存在不同的处理方式，如《四川省国家税务局关于买赠行为增值税处理问题的公告》（四川省国家税务局公告2011年第6号）规定“买物赠物”方式，是指在销售货物的同时赠送同类或其他货物，并且在同一项销售货物行为中完成，赠送货物的价格不高于销售货物收取的金额。对纳税人的该种销售行为，按其实际收到的货款申报缴纳增值税，但应按照《国家税务总局关于确认企业所得税收入若干问题的通知》（国税函〔2008〕875号）第三条的规定，在账务上将实际收到的销售金额，按销售货物和随同销售赠送货物的公允价值的比例来分摊确认其销售收入，同时应将销售货物和随同销售赠送的货物品名、数量以及按各项商品公允价值的比例分摊确认的价格和金额在同一张发票上注明。江西省则规定“以买一送一、随货赠送、捆绑销售等方式销售货物，如将销售货物和赠送货物的各自原价和折扣额在同一张销售发票上注明的，按实际收取的价款确认销售额。销售货物与赠送货物适用增值税税率不同的，应分别以各自原价扣除折扣额后的余额按适用税率计算缴纳增值税。未按上述规定在同一张销售发票上注明的，销售货物按其实际收取的价款确认销售额，随同销售赠送的货物按视同销售确定销售额。”

（2）以旧换新方式的销售业务。税法规定：纳税人采取以旧换新方式销售货物的（金银首饰除外），应按照新货物同期销售价格确定销售额。

例2-4 某商场（增值税一般纳税人）为增加销量，2017年1月份采取“以旧换新”方式销售手机，取得销售手机收入9万元，旧手机折抵1万元。

该商场当月因“以旧换新”而确认销售额$=(9+1)\div(1+17\%)=8.55$（万元）。

（3）还本销售方式销售货物。还本销售是指销售方将货物出售以后，按约定的时间，一次或分期将购买货款部分或全部退还给购买方，退还的货款即为还本支出。现行税法规定：纳税人采取还本销售货物的，不得从销售额中减除还本支出。

（4）采取以物易物方式销售货物。以物易物属于正常的购销业务，以各自发出货物核算销售额并计算销项税额，以各自收到的货物核算购货额及进项税额。需要说明的是，互换双方应该开具合法的票据，必须计算销项税额，但如果无法取得专用发票或其他扣税凭证则不得抵扣进项税额。

（5）直销企业增值税销售额的确定。自2013年3月1日起，如直销企业先将货物销售给直销员，直销员再将货物销售给消费者的，直销企业的销售额为其向直销员收取的全部价款和价外费用。直销员将货物销售给消费者时，应按照现行规定缴纳增值税。如直销企业通过直销员向消费者销售货物，直接向消费者收取货款，直销企业的销售额为其向消费者收取的全部价款和价外费用。

4. 视同销售行为销售额确定

在视同销售行为中一般不以货币资金形式反映，因此会出现无销售额的情况，这需要明确此种情况下的增值税计税依据。此外，纳税人出于各种目的在销售货物、提供应税劳务或应税服务时收取的价格明显偏低且无正当理由。为解决此问题，《增值税暂行条例实施细则》规定价格明显偏低并无正当理由或者有视同销售货物行为而无销售额者，按下列顺序确定销售额：

（1）按纳税人最近时期同类货物的平均销售价格确定。

（2）按其他纳税人最近时期同类货物的平均销售价格确定。

（3）按组成计税价格确定。组成计税价格的公式为

$$组成计税价格 = 成本 \times (1 + 成本利润率)$$

属于应征消费税的货物，其组成计税价格中应加计消费税税额。

$$组成计税价格 = 成本 \times (1 + 成本利润率) + 消费税税额$$

$$或组成计税价格 = 成本 \times (1 + 成本利润率) \div (1 - 消费税税率)$$

公式中的成本是指：销售自产货物的为实际生产成本，销售外购货物的为实际采购成本。公式中的成本利润率由国家税务总局确定，一般成本利润率为10%，但属于应征消费税的货物，其成本利润率，依据消费税相关法规确定。

想一想

视同销售的业务一定使用组成计税价格计算增值税对吗?

《试点实施办法》规定，纳税人发生应税行为价格明显偏低或者偏高且不具有合理商业目的的，或者发生《试点实施办法》第十四条所列视同销售服务、无形资产或者不动产情形的，主管税务机关有权按照下列顺序确定销售额：

> 不具有合理商业目的是指以谋取税收利益为主要目的，通过人为安排，减少、免除、推迟缴纳增值税税款，或者增加退还增值税税款。

（1）按照纳税人最近时期销售同类服务、无形资产或者不动产的平均价格确定。

（2）按照其他纳税人最近时期销售同类服务、无形资产或者不动产的平均价格确定。

（3）按照组成计税价格确定。组成计税价格的公式为

$$组成计税价格 = 成本 \times (1 + 成本利润率)$$

成本利润率由国家税务总局确定。

例2-5　某企业将新研发的尚未销售过的产品作为职工福利发给员工，该批产品的成本为10万元。

根据增值税法规规定，该企业行为属于增值税视同销售业务，应缴纳增值税。但因为无同类产品售价，因此计税时则按组成计税价格确认视同销售的销售额为10×(1+10%)=11(万元)。

5. 包装物押金的计税问题

包装物是指企业在生产经营活动中为包装本企业产品而储备的各种包装容器，如桶、箱、瓶、坛、袋等。根据现行税法，纳税人为销售货物而出租、出借包装物收取的押金，单独记账的，时间在1年以内又未逾期，不并入销售额征税；但对于逾期未收回不再退还的包装物押金，应按照包装物所包装的货物对应税率计算纳税。需要注意的是，“逾期”的期限标准是1年（12个月）。押金属于含税收入，计税时需要换算为不含税收入。

对销售除啤酒、黄酒以外的其他酒类产品收取的包装物押金，无论押金是否返还与会计上如何核算，均需并入酒类产品销售额征税。

6. 销项税额的时间界定

增值税纳税人销售货物、提供应税劳务或提供应税服务确定销项税额的基本原则是：销项税额的确定不得滞后。具体销项税额确定时间参见本项目任务六所述的纳税义务发生时间。

7. 扣减当期销项税额的规定

纳税人在销售货物时，因为货物质量、规格等原因而发生销货退回或销售折让，销售方应对当期销项税额进行调整。税法规定，纳税人适用一般计税方法计税的，因销售折让、中止或者退回而退还给购买方的增值税额，应当从当期的销项税额中扣减。

（二）进项税额

进项税额与销项税额相对应，如在一项销售业务中发生的增值税相对于销售方而言即为销项税额，而对于购买方而言该笔增值税就为进项税额。但需要注意的是并非购买方所支付的增值税税款都被允许抵扣。

> 进项税抵扣需把握的关键是增值税扣税凭证，具体有增值税专用发票、海关进口增值税专用缴款书、农产品收购发票、农产品销售发票和税收缴款凭证。

1. 准予从销项税额中抵扣的进项税额

根据《增值税暂行条例》和《试点实施办法》等法规规定，下列进项税额准予从销项税额中抵扣：

（1）从销售方或者提供方取得的增值税专用发票（含税控机动车销售统一发票，下同）上注明的增值税额。

（2）从海关取得的海关进口增值税专用缴款书上注明的增值税额。

（3）纳税人购进农产品，取得一般纳税人开具的增值税专用发票或海关进口增值税专用缴款书的，以增值税专用发票或海关进口增值税专用缴款书上注明的增值税额为进项税额；从按照简易计税方法依照3%征收率计算缴纳增值税的小规模纳税人取得增值税专用发票的，以增值税专用发票上注明的金额和11%的扣除率计算进项税额；取得（开具）农产品销售发票或收购发票的，以农产品销售发票或收购发票上注明的农产品买价和11%的扣除率计算进项税额。

> 一般纳税人购进自用的应征消费税的摩托车、汽车、游艇，其进项税额准予从销项税额中抵扣。

营业税改征增值税试点期间，纳税人购进用于生产销售或委托受托加工17%税率货物的农产品维持原扣除率（13%）不变。纳税人购进农产品既用于生产销售或委托受托加工17%税率货物又用于生产销售其他货物服务的，应当分别核算用于生产销售或委托受托加工17%税率货物和其他货物服务的农产品进项税额。未分别核算的，统一以增值税专用发票或海关进口增值税专用缴款书上注明的增值税额为进项税额，或以农产品收购发票或销售发票上注明的农产品买价和11%的扣除率计算进项税额。

纳税人从批发、零售环节购进适用免征增值税政策的蔬菜、部分鲜活肉蛋而取得的普通发票，不得作为计算抵扣进项税额的凭证。

自2012年7月1日起，以购进农产品为原料生产销售液体乳及乳制品、酒及酒精、植物油的增值税一般纳税人，纳入农产品增值税进项税额核定扣除试点范围，其购进农产品无论是否用于生产上述产品，增值税进项税额均按照《农产品增值税进项税额核定扣除试点实施办法》的规定抵扣。自2013年9月1日起，各省、自治区、直辖市、计划单列市税务部门可商同级财政部门，结合本地区特点，选择部分行业开展核定扣除试点。自2014年8月1日起，浙江省以购进农产品棉花（皮棉）、蚕茧、山核桃籽（仁）为原料生产销售棉纱、缫丝、山核桃（仁）的一般纳税人，纳入农产品增值税进项税额核定扣除试点范围。试点纳税人以购进农产品为原料生产货物的，农产品增值税进项税额具体可按照投入产出法、成本法和参照法三种方法核定进项税额（详见本项目后拓展知识）。在核定进项税额时，扣除率均为销售货物的适用税率。

（4）“营改增”试点全面推进以后，一般纳税人购入的不动产也可以抵扣进项税额，前提是应取得2016年5月1日后开具的合法有效的增值税扣税凭证。

取得的不动产，包括以直接购买、接受捐赠、接受投资入股以及抵债等各种形式取得的不动产。

① 一般纳税人2016年5月1日后取得并在会计制度上按固定资产核算的不动产，以及2016年5月1日后发生的不动产在建工程，其进项税额应按照有关规定分2年从销项税额中抵扣，第一年抵扣比例为60%，第二年抵扣比例为40%。

纳税人新建、改建、扩建、修缮、装饰不动产，属于不动产在建工程。

需要注意的是，房地产开发企业自行开发的房地产项目，融资租入的不动产，以及在施工现场修建的临时建筑物、构筑物，其进项税额不适用分2年抵扣的规定。

纳税人2016年5月1日后购进货物和设计服务、建筑服务，用于新建不动产，或者用于改建、扩建、修缮、装饰不动产并增加不动产原值（是指取得不动产时的购置原价或作价）超过50%的，其进项税额依照规定分2年从销项税额中抵扣。上述允许抵扣的进项税额应取得2016年5月1日后开具的合法有效的增值税扣税凭证。

购进货物是指构成不动产实体的材料和设备，包括建筑装饰材料和给排水、采暖、卫生、通风、照明、通信、煤气、消防、中央空调、电梯、电气、智能化楼宇设备及配套设施。

上述有关不动产的进项税额具体抵扣方法为：60%的部分于取得扣税凭证的当期从销项税额中抵扣；40%的部分为待抵扣进项税额，于取得扣税凭证的当月起第13个月从销项税额中抵扣。待抵扣进项税额会计处理时记入“应交税费——待抵扣进项税额”科目核算，并于可抵扣当期转入“应交税费——应交增值税（进项税额）”科目。

② 购进时已全额抵扣进项税额的货物和服务，转用于不动产在建工程的，其已抵扣进项税额的40%部分，应于转用的当期从进项税额中扣减，计入待抵扣进项税额，并于转用的当月起第13个月从销项税额中抵扣。

纳税人凭完税凭证抵扣进项税额的，应当具备书面合同、付款证明和境外单位的对账单或者发票。资料不全的，其进项税额不得从销项税额中抵扣。

③ 纳税人销售其取得的不动产或者不动产在建工程时，尚未抵扣完毕的待抵扣进项税额，允许于销售的当期从销项税额中抵扣。

④ 按照规定不得抵扣进项税额的不动产，发生用途改变，用于允许抵扣进项税额项目的，按照下列公式在改变用途的次月计算可抵扣进项税额：

可抵扣进项税额 = 增值税扣税凭证注明或计算的进项税额 × 不动产净值率

上述可抵扣进项税额，应取得2016年5月1日后开具的合法有效的增值税扣税凭证。其中60%的部分于改变用途的次月从销项税额中抵扣，40%的部分为待抵扣进项税额，于改变用途的次月起第13个月从销项税额中抵扣。

⑤ 纳税人注销税务登记时，其尚未抵扣完毕的待抵扣进项税额于注销清算的当期从销项税额中抵扣。

在管理上，纳税人应对不同的不动产和不动产在建工程，分别核算其待抵扣进项税额。并据实填报增值税纳税申报表附列资料。

（5）道路通行费的抵扣方法。通行费是指有关单位依法或者依规设立并收取的过路、过桥和过闸费用。2016年5月1日起，一般纳税人支付的道路、桥、闸通行费，暂凭取得的通行费发票（不含财政票据，下同）上注明的收费金额按照下列公式计算可抵扣的进项税额：

$$高速公路通行费可抵扣进项税额 = 高速公路通行费发票上注明的金额 \div (1+3\%) \times 3\%$$

$$一级公路、二级公路、桥、闸通行费可抵扣进项税额 = 一级公路、二级公路、桥、闸通行费发票上注明的金额 \div (1+5\%) \times 5\%$$

（6）从境外单位或者个人购进服务、无形资产或者不动产，自税务机关或者扣缴义务人取得的解缴税款的完税凭证上注明的增值税额。

增值税扣税凭证是指增值税专用发票、海关进口增值税专用缴款书、农产品收购发票、农产品销售发票和完税凭证。各类抵扣凭证的取得及进项税额，具体见表2－13。

表2－13　增值税进项税额抵扣凭证的取得及进项税额

抵扣凭证	出具方	进项税额
增值税专用发票	销售方或代开发票的税务机关	发票注明的增值税额
机动车销售统一发票	销售方	发票注明的增值税额
海关进口增值税专用缴款书	海关	缴款书注明的增值税额
完税凭证（代扣代缴）	税务机关	发票注明的增值税额
农产品销售发票	销售方或代开发票的税务机关	买价×扣除率
农产品收购发票	购买方	买价×扣除率
通行费发票（2016年5月1日开始）	销售方	通行费发票上注明的金额÷(1+3%)×3%或通行费发票上注明的金额÷(1+5%)×5%

2. 不得从销项税额中抵扣的进项税额

下列项目的进项税额不得从销项税额中抵扣：

（1）用于简易计税方法计税项目、免征增值税项目、集体福利或者个人消费（包括纳税人的交际应酬消费）的购进货物、接受加工修理修配劳务、服务、无形资产或不动产。其中涉及的固定资产、无形资产、不动产，仅指专用于上述项目的固定资产、无形资产（不包括其他权益性无形资产）、不动产。

（2）非正常损失的购进货物及相关的加工修理修配劳务或者交通运输业服务。

（3）非正常损失的在产品、产成品所耗用的购进货物（不包括固定资产）、加工修理修配劳务和交通运输服务。

非正常损失是指因管理不善造成货物被盗、丢失、霉烂变质，以及因违反法律法规造成货物或者不动产被依法没收、销毁、拆除的情形。

（4）非正常损失的不动产，以及该不动产所耗用的购进货物、设计服务和建筑服务。

（5）非正常损失的不动产在建工程所耗用的购进货物、设计服务和建筑服务。

（6）购进的旅客运输服务、贷款服务、餐饮服务、居民日常服务和娱乐服务。

（7）财政部和国家税务总局规定的其他情形。

上述第（4）项、第（5）项所称货物，是指构成不动产实体的材料和设备，包括建筑装饰材料和给排水、采暖、卫生、通风、照明、通信、煤气、消防、中央空调、电梯、电气、智能化楼宇设备及配套设施。

> 纳税人新建、改建、扩建、修缮、装饰不动产，均属于不动产在建工程。

固定资产是指使用期限超过12个月的机器、机械、运输工具以及其他与生产经营有关的设备、工具、器具等有形动产。

想一想

《企业会计准则》对与企业的固定资产是如何界定的，其含义是什么，与《增值税暂行条例》的固定资产有何区别？

适用一般计税方法的纳税人，兼营简易计税方法计税项目、免征增值税项目而无法划分不得抵扣的进项税额，按照下列公式计算不得抵扣的进项税额：

不得抵扣的进项税额 = 当期无法划分的全部进项税额 ×（当期简易计税方法计税项目销售额 + 免征增值税项目销售额）÷ 当期全部销售额

主管税务机关可以按照上述公式依据年度数据对不得抵扣的进项税额进行清算。

已抵扣进项税额的购进货物（不含固定资产）、劳务、服务，发生上述第（1）～（7）项情形（简易计税方法计税项目、免征增值税项目除外）的，应当将该进项税额从当期进项税额中扣减；无法确定该进项税额的，按照当期实际成本计算应扣减的进项税额。

已抵扣进项税额的固定资产、无形资产、不动产，发生上述第（1）～（7）项情形的，按照下列公式计算不得抵扣的进项税额：

不得抵扣的进项税额 = 固定资产、无形资产、不动产净值 × 适用税率

> 固定资产、无形资产、不动产净值是指纳税人根据财务会计制度计提折旧或摊销后的余额。

已抵扣进项税额的不动产，发生非正常损失，或者改变用途，专用于简易计税方法计税项目、免征增值税项目、集体福利或者个人消费的，按照下列公式计算不得抵扣的进项税额：

不得抵扣的进项税额 =（已抵扣进项税额 + 待抵扣进项税额）× 不动产净值率

不动产净值率 =（不动产净值 ÷ 不动产原值）× 100%

不得抵扣的进项税额小于或等于该不动产已抵扣进项税额的，应于该不动产改变用途的当期，将不得抵扣的进项税额从进项税额中扣减。

不得抵扣的进项税额大于该不动产已抵扣进项税额的，应于该不动产改变用途的当期，将已抵扣进项税额从进项税额中扣减，并从该不动产待抵扣进项税额中扣减不得抵扣进项税额与已抵扣进项税额的差额。

不动产在建工程发生非正常损失的，其所耗用的购进货物、设计服务和建筑服务已抵扣的

进项税额应于当期全部转出；其待抵扣进项税额不得抵扣。

违章建筑被政府有关部门拆除，造成的损失是否属于非正常损失？

《试点实施办法》还规定，纳税人接受贷款服务向贷款方支付的与该笔贷款直接相关的投融资顾问费、手续费、咨询费等费用，其进项税额不得从销项税额中抵扣。

纳税人适用一般计税方法计税的，因销售折让、中止或者退回而退还给购买方的增值税额，应当从当期的销项税额中扣减；因销售折让、中止或者退回而收回的增值税额，应当从当期的进项税额中扣减。

有下列情形之一者，应当按照销售额和增值税税率计算应纳税额，不得抵扣进项税额，也不得使用增值税专用发票：

（1）一般纳税人会计核算不健全，或者不能够提供准确税务资料的。

（2）应当办理一般纳税人资格登记而未办理的。

3. 增值税期末留抵税额

原增值税一般纳税人兼有销售服务、无形资产或者不动产的，截止到纳入“营改增”试点之日前的增值税期末留抵税额，不得从销售服务、无形资产或者不动产的销项税额中抵扣。

4. 进项税额抵扣时限

一般纳税人在抵扣进项税额时除了把握扣税凭证之外，还需要关注抵扣期限问题。纳税人未在规定期限内到税务机关办理认证、申报抵扣或者申请稽核比对的，不得作为合法的增值税扣税凭证，不得计算进项税额抵扣。

自 2017 年 7 月 1 日起，增值税一般纳税人取得的 2017 年 7 月 1 日及以后开具的增值税专用发票和机动车销售统一发票，应自开具之日起 360 日内认证或登录增值税发票选择确认平台进行确认，并在规定的纳税申报期内，向主管国税机关申报抵扣进项税额。

增值税一般纳税人取得的 2017 年 7 月 1 日及以后开具的海关进口增值税专用缴款书，应自开具之日起 360 日内向主管国税机关报送海关完税凭证抵扣清单，申请稽核比对。

纳税人取得的 2017 年 6 月 30 日前开具的增值税扣税凭证，认证时间为 180 日。

例 2-6 某超市为增值税一般纳税人，2017 年 5 月销售一般应税货物 20 万元，销售免税蔬菜等 10 万元，当月发生电费 8 000 元（进项税 1 360 元），取得电力部门开具增值税专用发票，但是该企业无法分摊免税货物和应税货物各自分担电力情况。

该超市应按免税货物比重计算分摊不能扣除进项税额，1 360 × 100 000 ÷（100 000 + 200 000）= 453. 33（元）。

5. 扣减当期进项税额的规定

纳税人购进货物时，因货物质量、规格等原因而发生进货退回或折让，购货方应对当期进项税额进行调整。税法规定，纳税人因进货退回或折让而从销货方收回的增值税额，应从发生进货退回或折让当期的进项税额中扣减。如不按规定扣减，造成进项税额虚增，不纳或少纳增值税，属于偷税行为，按偷税予以处罚。

自 2004 年 7 月 1 日起，对商业企业向供货方收取的与商品销售量、销售额挂钩（如以一定比例、金额、数量计算）的各种返还收入，均应按平销返利行为的有关规定冲减当期增值税进项税额。冲减进项税的计算公示如下：

当期应冲减的进项税额 = 当期取得返还资金 ÷ (1 + 所购进货物适用增值税税率) × 所购进货物适用增值税税率

商业企业向供货方收取的各种返还收入，一律不得开具增值税专用发票。

二、简易计税方法

小规模纳税人增值税计算采用简易计税方式计算，而一般纳税人特殊业务也可采用简易计税办法计算增值税。

小规模纳税人销售货物、提供应税劳务，销售服务、无形资产或不动产，实行按照销售额和征收率计算应纳税额的简易办法，并不得抵扣进项税额。应纳税额计算公式为

应纳税额 = 销售额 × 征收率

纳税人采用销售额和应纳税额合并定价方法的，按照下列公式计算销售额：

销售额 = 含税销售额 ÷ (1 + 征收率)

一般纳税人在特定情形下，适用或可以选择适用简易计税办法计算增值税。

例 2－7 某小规模纳税人 2017 年 3 月份，采购原料支付货款 10 000 元，销售产品取得收入 35 000 元。

该小规模纳税人 3 月应纳增值税 = 35 000 ÷ (1 + 3%) × 3% = 1 019.42 (元)

三、进口环节增值税的计算

纳税人进口货物，按照组成计税价格和适用税率计算应纳税额。组成计税价格和应纳税额计算公式为

组成计税价格 = 关税完税价格 + 关税 + 消费税

应纳税额 = 组成计税价格 × 税率

一般纳税人可以凭海关进口增值税缴款书在计算增值税应纳税额时申请抵扣。

四、增值税应纳税额计算中其他问题

（一）购置税控收款机的增值税处理

一般纳税人购进税控收款机可凭增值税专用发票抵扣相应税款，自 2004 年 12 月 1 日起，增值税小规模纳税人购置税控收款机，经主管税务机关审核批准后，可凭购进税控收款机取得的增值税专用发票，按照发票上注明的增值税税额，抵免当期应纳增值税。或者按照购进税控收款机取得的普通发票上注明的价款，依下列公式计算可抵免税额：

可抵免税额 = 价款 ÷ (1 + 17%) × 17%

当期应纳税额不足抵免的，未抵免部分可在下期继续抵免。

（二）购置增值税税控系统专用设备的处理

为减轻纳税人负担，经国务院批准，自2011年12月1日起，增值税纳税人购买增值税税控系统专用设备支付的费用以及缴纳的技术维护费可在增值税应纳税额中全额抵减。

增值税纳税人以后初次购买增值税税控系统专用设备（包括分开票机）支付的费用，可凭购买增值税税控系统专用设备取得的增值税专用发票，在增值税应纳税额中全额抵减（抵减额为价税合计额），不足抵减的可结转下期继续抵减。增值税纳税人非初次购买增值税税控系统专用设备支付的费用，由其自行负担，不得在增值税应纳税额中抵减。

增值税税控系统包括增值税防伪税控系统、货物运输业增值税专用发票税控系统、机动车销售统一发票税控系统。

专用设备包括金税卡、IC卡、读卡器或金税盘和报税盘；机动车销售统一发票税控系统专用设备包括税控盘和传输盘。

自2014年8月1日起，增值税防伪税控系统服务单位只允许发售金税盘、报税盘，停止发售金税卡、IC卡等税控专用设备。

增值税发票系统升级后，新系统纳税人端税控设备包括金税盘和税控盘。

增值税纳税人缴纳的技术维护费，可凭技术维护服务单位开具的技术维护费发票，在增值税应纳税额中全额抵减，不足抵减的可结转下期继续抵减。技术维护费按照价格主管部门核定的标准执行。

增值税一般纳税人支付的二项费用在增值税应纳税额中全额抵减的，其增值税专用发票不作为增值税抵扣凭证，其进项税额不得从销项税额中抵扣。

（三）固定资产处理的相关问题

1. 一般纳税人固定资产的处理

2009年，我国增值税实现由生产型向消费型转变，至此一般纳税人购进生产用固定资产可以凭抵扣凭证抵扣进项税额。

纳税人已抵扣进项税额的固定资产发生《增值税暂行条例》第十条（一）至（三）项所列情形的（本教材“不得从销项税额中抵扣的进项税额”中（1）~(3)条），应在当月按下列公式计算不得抵扣的进项税额：

固定资产净值是指纳税人按照财务会计制度计提折旧后计算的固定资产净值。

$$不得抵扣的进项税额=固定资产净值\times适用税率$$

2009年1月1日起，纳税人销售自己使用过的固定资产（以下简称已使用过的固定资产），应区分不同情形征收增值税：

销售自己使用过的2009年1月1日以后购进或者自制的固定资产，按照适用税率征收增值税。

2014年7月1日起，一般纳税人销售自己使用过的属于《增值税暂行条例》规定不得抵扣且未抵扣进项税额的固定资产及销售旧货，按照简易办法依照3%征收率减按2%征收增值税：

$$应纳税额=含税销售额\div(1+3\%)\times2\%$$

纳税人发生的固定资产视同销售行为，对已使用过的固定资产无法确定销售额的，以固定资产净值为销售额。

此外，一般纳税人销售自己使用过的除固定资产以外的物品，应当按照适用税率征收增值税。

例2-8 某增值税一般纳税人2016年5月将一台2008年10月购进的机床（未抵扣进项税）以5 000元的价格出售并开具增值税普通发票；同时将一台2010年购进的机床以10 000元（不含税）的价格出售，并开具增值税专用发票。该纳税人销售已使用未抵扣税款的固定资产应纳税额 =5 000 ÷ (1 +3%) ×2% =97.09（元）；销售已使用已抵扣税款的固定资产应纳税额 =10 000 ×17% =1700元。

2. 小规模纳税人固定资产的处理

小规模纳税人（除其他个人外）销售自己使用过的固定资产，减按2%征收率征收增值税。

小规模纳税人销售自己使用过的除固定资产以外的物品，应按3%的征收率征收增值税。

例2-9 某增值税小规模纳税人2016年5月将一台2012年10月购进的机床以5 000元的价格出售并开具增值税普通发票。

该纳税人销售固定资产应纳税额 =5 000 ÷ (1 +3%) ×2% =97.09（元）

（四）关于预付卡增值税问题

在经济生活中，企业常会向顾客发行各种预付卡，如很多大型超市发行的购物卡等就属于预付卡。对于预付卡如何缴纳增值税的问题，国家税务总局明确，自2016年9月1日起按照以下方式处理：

（1）单用途商业预付卡（以下简称“单用途卡”）业务按照以下规定执行：

1）单用途卡发卡企业或者售卡企业（以下统称“售卡方”）销售单用途卡，或者接受单用途卡持卡人充值取得的预收资金，不缴纳增值税。售卡方向购卡人、充值人开具增值税普通发票，不得开具增值税专用发票。

> 单用途卡是指发卡企业按照国家有关规定发行的，仅限于在本企业、本企业所属集团或者同一品牌特许经营体系内兑付货物或者服务的预付凭证。
>
> 发卡企业是指按照国家有关规定发行单用途卡的企业。
>
> 售卡企业是指集团发卡企业或者品牌发卡企业指定的，承担单用途卡销售、充值、挂失、换卡、退卡等相关业务的本集团或同一品牌特许经营体系内的企业。

2）售卡方因发行或者销售单用途卡并办理相关资金收付结算业务取得的手续费、结算费、服务费、管理费等收入，应按照现行规定缴纳增值税。

3）持卡人使用单用途卡购买货物或服务时，货物或者服务的销售方应按照现行规定缴纳增值税，且不得向持卡人开具增值税发票。

4）销售方与售卡方不是同一个纳税人的，销售方在收到售卡方结算的销售款时，应向售卡方开具增值税普通发票，并在备注栏注明“收到预付卡结算款”，不得开具增值税专用发票。

售卡方从销售方取得的增值税普通发票，作为其销售单用途卡或接受单用途卡充值取得预收资金不缴纳增值税的凭证，留存备查。

（2）支付机构预付卡（以下称“多用途卡”）业务按照以下规定执行：

> 支付机构是指取得中国人民银行核发的《支付业务许可证》，获准办理“预付卡发行与受理”业务的发卡机构和获准办理“预付卡受理”业务的受理机构。
>
> 多用途卡是指发卡机构以特定载体和形式发行的，可在发卡机构之外购买货物或服务的预付卡。

1）支付机构销售多用途卡取得的等值人民币资金，或者接受多用途卡持卡人充值取得的充值资金，不缴纳增值税。支付机构可向购卡人、充值人开具增值税普通发票，不得开具增值税专用发票。

2）支付机构因发行或者受理多用途卡并办理相关资金收付结算业务取得的手续费、结算费、服务费、管理费等收入，应按照现行规定缴纳增值税。

3）持卡人使用多用途卡，向与支付机构签署合作协议的特约商户购买货物或服务，特约商户应按照现行规定缴纳增值税，且不得向持卡人开具增值税发票。

4）特约商户收到支付机构结算的销售款时，应向支付机构开具增值税普通发票，并在备注栏注明“收到预付卡结算款”，不得开具增值税专用发票。

支付机构从特约商户取得的增值税普通发票，作为其销售多用途卡或接受多用途卡充值取得预收资金不缴纳增值税的凭证，留存备查。

任务处理

2016 年 12 月浙江太平洋实业有限公司应纳增值税计算如下：

1. 一般计算的增值税

运费可抵扣（11%）1 650 元，收购农产品可抵扣 435 000 × 13% = 56 550（元），12 月 28 日从万豪包装有限公司处购进包装纸，因专用发票抬头公司名称开错，故不得抵扣进项税。

12 月 30 日购进不动产，进项税额 50 000 元，当期可抵扣 60% 为 30 000 元，剩下 40% 计入待抵扣进项税额。

进项税额合计 = 197 200 + 1 621. 80 + 1 650 + 56 550 + 30 000 = 287 021. 8（元）

销项税额合计 = 85 000（元）

一般计算应纳增值税 = 销项税额 − 进项税额 = 85 000 − 287 021. 8 = −202 021. 80（元）

2. 简易计税方法增值税计算

销售自己使用过的固定资产应纳增值税 = 50 000 ÷（1 + 3%）× 3% = 1 456. 31（元）

税法规定减按 2% 征收，减征 1% 税额 50 000 ÷（1 + 3%）× 1% = 485. 44（元），实际应纳税额 = 1 456. 31 − 485. 44 = 970. 87（元）

因此浙江太平洋实业有限公司 2016 年 12 月应纳增值税 970. 87（元），同时有留抵税额 202 021. 8（元），待抵扣进项税额 20 000（元）。

任务四　增值税会计处理

任务要求

（1）依据导引案例进行增值税会计处理。

（2）登记“应交税费——应交增值税/未交增值税”等明细。

知识准备

一、账户设置

关于增值税的会计核算主要依据是《增值税会计处理规定》（财会〔2016〕22 号）。为准确核算和反映企业经营成果与增值税产生过程，小规模纳税人在“应交税费”科目下设置“应交增值税”，账户设置上沿用三栏式账户；一般纳税人则设置“应交增值税”“未交增值税”“预交增值税”“待抵扣进项税额”“待认证进项税额”“待转销项税额”“增值税留抵税额”“简易计税”“转让金融商品应交增值税”“代扣代交增值税”等明细科目。

（一）一般纳税人增值税会计科目的设置

1.“应交增值税”明细科目

“应交增值税”明细科目借方既反映进项税额，又反映预缴的税金；贷方既反映销项税额，又反映出口退税、进项税额转出等情况。在“应交增值税”明细账内设置“进项税额”“销项税额抵减”“已交税金”“减免税款”“出口抵减内销产品应纳税额”“转出未交增值税”“销项税额”“出口退税”“进项税额转出”“转出多交增值税”等专栏。

（1）“进项税额”专栏，记录一般纳税人购进货物、加工修理修配劳务、服务、无形资产或不动产而支付或负担的、准予从当期销项税额中抵扣的增值税额。企业购入货物、加工修理修配劳务、服务、无形资产或不动产而支付的进项税额，用蓝字登记；退回所购货物应冲销的进项税额，用红字登记。

（2）“销项税额抵减”专栏，记录一般纳税人按照现行增值税制度规定因扣减销售额而减少的销项税额，主要登记“营改增”纳税人进行差额计算增值税时可扣减销售额而减少的销项税额。

（3）“已交税金”专栏，记录一般纳税人当月已缴纳的应纳增值税额。企业已缴纳的增值税额用蓝字登记；退回多缴的增值税额用红字登记。

（4）“减免税款”专栏，记录一般纳税人按现行增值税制度规定准予减免的增值税额。企业按规定直接减免的增值税额借记本科目，贷记“营业外收入”科目。

（5）“出口抵减内销产品应纳税额”专栏，记录实行“免、抵、退”办法的一般纳税人按规定计算的出口货物的进项税抵减内销产品的应纳税额。出口企业销售出口货物后，向税务机关办理免、抵、退税申报，按规定计算的应免抵税额，借记本科目，贷记“应交税费——应交增值税（出口退税）科目。

（6）“转出未交增值税”专栏，记录一般纳税人月度终了转出当月应缴未缴的增值税额。月末企业“应交税费——应交增值税”明细账出现贷方余额时，根据余额借记本科目，贷记“应交税费——未交增值税”科目。

（7）“销项税额”专栏，记录一般纳税人销售货物、加工修理修配劳务、服务、无形资产或不动产应收取的增值税额。企业销售货物、加工修理修配劳务、服务、无形资产或不动产应收取的销项税额，用蓝字登记；退回销售货物应冲销的销项税额，用红字登记。现行出口退税政策规定，实行“免、抵、退”税的生产企业，出口货物销售收入不计征销项税额，对经审核确认不予退税的货物，应按规定征税率计征销项税额。

（8）“出口退税”专栏，记录一般纳税人出口货物、加工修理修配劳务、服务、无形资产按规定退回的增值税额。出口货物退回的增值税额，用蓝字登记；出口货物办理退税后发生退货或者退关而补缴已退的税款，用红字登记。出口企业当期按规定应退税额、应免抵税额后，借记“应收出口退税款”科目、“应交税费——应交增值税（出口抵减内销产品应纳税额）科目，贷记本科目。

（9）“进项税额转出”专栏，记录一般纳税人购进货物、加工修理修配劳务、服务、无形资产或不动产等发生非正常损失以及其他原因而不应从销项税额中抵扣、按规定转出的进项税额。按税法规定，对出口货物不得免征和抵扣税额的部分，应在借记“主营业务成本”科目的同时，贷记本科目。企业在核算出口货物免税收入的同时，对出口货物免税收入按征退税率之差计算出的“不得免征和抵扣税额”，借记“主营业务成本”科目，贷记本科目，当月“不得免征和抵扣税额”累计发生额应与本月免税申报的“生产企业出口货物免税明细申报表”中“不得免征和抵扣税额”合计数一致。出口企业收到主管税务机关出具的“生产企业进料加工贸易免税证明”和“生产企业进料加工贸易免税核销证明”后，按证明上注明的“不得免征和抵扣税额抵减额”用红字贷记本科目，同时以红字借记“主营业务成本”科目。生产企业发生国外运费、保险、佣金费用支付时，按出口货物征退税率之差分摊计算，并冲减“不得免征和抵扣税额”，用红字贷记本科目，同时以红字借记“主营业务成本”科目。

(10)“转出多交增值税”专栏，记录一般纳税人月度终了转出当月多缴的增值税额。月末企业“应交税费——应交增值税”明细账出现借方余额时，根据余额借记“应交税费——未交增值税”科目，贷记本科目。对按批准数进行会计处理的，本科目月末转出数为当期期末留抵税额；对按退税申报数进行会计处理的，本科目月末转出数为计算“免、抵、退”税公式计算的“结转下期继续抵扣的进项税额”。

2.“未交增值税”明细科目

为了分别反映企业欠缴增值税税款和待抵扣增值税情况，企业应在“应交税费”科目下设置“未交增值税”明细科目，核算一般纳税人月度终了从“应交增值税”或“预交增值税”明细科目转入当月应缴未缴、多缴或预缴的增值税额，以及当月缴纳以前期间未缴的增值税额。

月份终了，企业应将当月发生的应缴增值税额自“应交税费——应交增值税”科目转入“未交增值税”明细科目。会计分录为：

借：应交税费——交增值税（转出未交增值税）
　　贷：应交税费——未交增值税

月份终了，企业将本月多缴的增值税自“应交税费——应交增值税”科目转入“未交增值税”明细科目。会计分录为：

借：应交税费——未交增值税
　　贷：应交税费——应交增值税（转出多交增值税）

企业当月上缴上月应缴未缴的增值税时，借记“应交税费——未交增值税”科目，贷记“银行存款”科目。

月末，本科目的借方余额反映的是企业期末留抵税额和专用税票预缴等多缴的增值税款，贷方余额反映的是期末结转下期应缴的增值税。

生产企业实行“免、抵、退”税后，退税的前提必须是当期期末有留抵税额，而当期期末留抵税额在月末须从“应交税费——应交增值税（转出多交增值税）”明细科目转入本科目，退税实际上是退的本科目借方余额中的一部分。在出口退税的处理上，计算应退税时借记“应收出口退税款”科目，贷记“应交税费——应交增值税（出口退税）”科目，收到退税时借记“银行存款”科目，贷记“应收出口退税款”科目。

为了加强管理，及时追缴欠税，解决增值税一般纳税人既欠缴增值税，又有增值税留抵税额的问题，国税发［2004］112 号文件将纳税人用进项留抵税额抵减增值税欠税的有关问题做了进一步明确：

（1）对纳税人因销项税额小于进项税额而产生期末留抵税额的，应以期末留抵税额抵减增值税欠税。

（2）纳税人用进项留抵税额抵减增值税欠税时，按以下方法进行会计处理：

① 增值税欠税税额大于期末留抵税额，按期末留抵税额红字借记“应交税费——应交增值税（进项税额）”科目，贷记“应交税费——未交增值税”科目。

② 若增值税欠税税额小于期末留抵税额，按增值税欠税税额红字借记“应交税费——应交增值税（进项税额）”科目，贷记“应交税费——未交增值税”科目。

3.“预交增值税”明细科目

“预交增值税”明细科目，核算一般纳税人转让不动产、提供不动产经营租赁服务、提供建筑服务、采用预收款方式销售自行开发的房地产项目等，以及其他按现行增值税制度规定应预缴的增值税额。

4.“待抵扣进项税额”明细科目

“待抵扣进项税额”明细科目，核算一般纳税人已取得增值税扣税凭证并经税务机关认证，按照现行增值税制度规定准予以后期间从销项税额中抵扣的进项税额，包括：一般纳税人自2016年5月1日后取得并按固定资产核算的不动产或者2016年5月1日后取得的不动产在建工程，按现行增值税制度规定准予以后期间从销项税额中抵扣的进项税额；实行纳税辅导期管理的一般纳税人取得的尚未交叉稽核比对的增值税扣税凭证上注明或计算的进项税额。

“营改增”后，一般纳税人购进不动产所负担的增值税分两年抵扣，其中的40%在取得增值税专用发票后的第13个月允许抵扣，该部分待抵扣进项税额记入“应交税费——待抵扣进项税额”科目核算，并于可抵扣当期转入“应交税费——应交增值税（进项税额）”科目。

辅导期纳税人应当在“应交税费”科目下增设“待抵扣进项税额”明细科目，核算尚未交叉稽核比对的专用发票抵扣联、海关进口增值税专用缴款书等增值税抵扣凭证上注明或者计算的进项税额。

辅导期纳税人取得增值税抵扣凭证后，借记“应交税费——待抵扣进项税额”明细科目，贷记相关科目。交叉稽核比对无误后，借记“应交税费——应交增值税（进项税额）”科目，贷记“应交税费——待抵扣进项税额”科目。经核实不得抵扣的进项税额，红字借记“应交税费——待抵扣进项税额”，红字贷记相关科目。待抵扣进项税额记入“应交税费——待抵扣进项税额”。

5.“待认证进项税额”明细科目

“待认证进项税额”明细科目，核算一般纳税人由于未经税务机关认证而不得从当期销项税额中抵扣的进项税额，包括：一般纳税人已取得增值税扣税凭证、按照现行增值税制度规定准予从销项税额中抵扣，但尚未经税务机关认证的进项税额；一般纳税人已申请稽核但尚未取得稽核相符结果的海关缴款书进项税额。

6.“待转销项税额”明细科目

“待转销项税额”明细科目，核算一般纳税人销售货物、加工修理修配劳务、服务、无形资产或不动产，已确认相关收入（或利得）但尚未发生增值税纳税义务而需于以后期间确认为销项税额的增值税额。

7.“增值税留抵税额”明细科目

“增值税留抵税额”明细科目，核算兼有销售服务、无形资产或者不动产的原增值税一般纳税人，截止到纳入“营改增”试点之日前的增值税期末留抵税额按照现行增值税制度规定不得从销售服务、无形资产或不动产的销项税额中抵扣的增值税留抵税额。

开始试点当月月初，企业应按不得从应税服务、无形资产或不动产的销项税额中抵扣的增值税留抵税额，借记“应交税费——增值税留抵税额”科目，贷记“应交税费——应交增值税（进项税额转出）”科目。待以后期间允许抵扣时，按允许抵扣的金额，借记“应交税费——应交增值税（进项税额）”科目，贷记“应交税费——增值税留抵税额”科目。

“应交税费——增值税留抵税额”科目期末余额应根据其流动性在资产负债表中的“其他流动资产”项目或“其他非流动资产”项目列示。

8.“简易计税”明细科目

“简易计税”明细科目，核算一般纳税人采用简易计税方法发生的增值税计提、扣减、预缴、缴纳等业务。

9.“转让金融商品应交增值税”明细科目

“转让金融商品应交增值税”明细科目，核算增值税纳税人转让金融商品发生的增值税额。

10.“代扣代交增值税”明细科目

“代扣代交增值税”明细科目，核算纳税人购进在境内未设经营机构的境外单位或个人在境内的应税行为代扣代缴的增值税。

（二）小规模纳税人增值税核算会计科目设置

增值税小规模纳税人，其销售收入的核算与一般纳税人相同，也是不含增值税应税销售额，其应纳增值税额，也要通过“应交税费——应交增值税”明细科目核算，只是由于小规模纳税人不得抵扣进项税额，不需要设置上述专栏及除“转让金融商品应交增值税”“代扣代交增值税”外的明细科目。小规模纳税人“应交税费——应交增值税”科目的借方发生额，反映已缴的增值税额，贷方发生额反映应缴增值税额；期末借方余额，反映多缴的增值税额；期末贷方余额，反映尚未缴纳的增值税额。

（三）“增值税检查调整”专门账户

根据国家税务总局《增值税日常稽查办法》的规定，增值税一般纳税人在税务机关对其增值税纳税情况进行检查后，凡涉及增值税涉税账务调整的，应设立“应交税费——增值税检查调整”专门账户。凡检查后应调减账面进项税额或调增销项税额和进项税额转出的数额，借记有关科目，贷记本科目；凡检查后应调增账面进项税额或调减销项税额和进项税额转出的数额，借记本科目，贷记有关科目；全部调账事项入账后，应结出本账户的余额，并对该余额进行处理。处理之后，本账户无余额。

二、一般纳税人增值税会计处理

（一）采购阶段增值税会计处理

1. 不得抵扣进项税的处理

一般纳税人购进货物、加工修理修配劳务、服务、无形资产或不动产，用于简易计税方法计税项目、免征增值税项目、集体福利或个人消费等，其进项税额按照现行增值税制度规定不得从销项税额中抵扣的，取得增值税专用发票时，应借记相关成本费用或资产科目，借记“应交税费——待认证进项税额”科目，贷记“银行存款”“应付账款”等科目，经税务机关认证后，根据有关“进项税额”“进项税额转出”专栏及“待认证进项税额”明细科目的核算内容，先转入“进项税额”专栏，借记“应交税费——应交增值税（进项税额）”科目，贷记“应交税费——待认证进项税额”科目；按现行增值税制度规定转出时，记入“进项税额转出”专栏，借记相关成本费用或资产科目，贷记“应交税费——应交增值税（进项税额转出）”科目。

2. 国内一般购进业务进项税额处理

一般纳税人购进货物、加工修理修配劳务、服务、无形资产或不动产，按应计入相关成本费用或资产的金额，借记“在途物资”或“原材料”“库存商品”“生产成本”“无形资产”“固定资产”“管理费用”等科目，按当月已认证的可抵扣增值税额，借记“应交税费——应交增值税（进项税额）”科目，按当月未认证的可抵扣增值税额，借记“应交税费——待认证进项税额”科目，按应付或实际支付的金额，贷记“应付账款”“应付票据”“银行存款”等科目。

发生退货的，如原增值税专用发票已做认证，应根据税务机关开具的红字增值税专用发票做相反的会计分录；如原增值税专用发票未做认证，应将发票退回并做相反的会计分录。

例 2-10 2017 年 1 月，杭州 A 物流企业，当月委托上海 B 公司一项运输业务，取得 B 企业开具的货物运输业增值税专用发票，价款 20 万元，注明的增值税额为 2.2 万元。

A 企业取得 B 企业开具的增值税专用发票后的会计处理：

借：主营业务成本　　200 000
　　应交税费——应交增值税（进项税额）　　22 000
　　贷：应付账款——B 公司　　222 000

例 2-11 某制造有限公司 8 月 10 日收到银行转来的购买东海有限公司 A 材料的“托收承付结算凭证”及增值税专用发票，发票金额为 100 万元，增值税进项税额 17 万元；支付运费 1 万元，进项税额 1 100 元。某制造有限公司应做会计处理：

借：在途物资　　1 010 000
　　应交税费——应交增值税（进项税额）　　171 100
　　贷：银行存款　　1 181 100

3. 接受投资转入的税务处理

一般纳税人接受投资方投资转入的货物，按照专用发票上列明的税额借记“应交税费——应交增值税（进项税额）”科目；按双方确认的投资货物的价值，借记“原材料”“库存商品”“固定资产”等科目；按不含税价和增值税款，贷记“实收资本”“股本”等科目。

例 2-12 A 公司向某制造有限公司进行实物投资，将价值 160 万元的原材料作价投资，双方以该批材料的成本加税金 194 万元作为投资价值。A 公司开具增值税专用发票。该批原材料适用增值税税率为 17%，该批材料当时的市场价格为 200 万元，双方均采用实际成本进行核算。

某制造有限公司应做会计处理：

借：原材料　　　　　　　　　　　　　　1 600 000
　应交税费——应交增值税（进项税额）　340 000
　贷：实收资本　　　　　　　　　　　　1 940 000

4. 接受捐赠的税务处理

一般纳税人接受捐赠的货物，应按专用发票上列明的增值税额，借记“应交税费——应交增值税（进项税额）”；按捐赠货物确认价值，借记“原材料”“固定资产”等科目；按照货物的价值和增值税额合计数，贷记“营业外收入”科目。

例 2-13 某制造有限公司接受 AH 公司捐赠机床一台，收到增值税专用发票注明设备价款 10 万元，配套零配件 0.2 万元；增值税额分别为 1.7 万元和 0.034 万元。

某制造有限公司应做会计处理：

借：固定资产　　　　　　　　　　　　　100 000
　低值易耗品　　　　　　　　　　　　　2 000
　应交税费——应交增值税（进项税额）　17 340
　贷：营业外收入　　　　　　　　　　　119 340

5. 接受应税劳务的税务处理

一般纳税人接受加工修理修配劳务，应按专用发票上列明的税额借记“应交税费——应交增值税（进项税额）”科目；按照发票记载的加工、修理修配等费用，借记“委托加工物资”等科目；按实付或应付金额，贷记“银行存款”“应付账款”等科目。

6. 购进免税农产品的税务处理

纳税人购进免税农产品应按农产品的买价和规定的扣除率计算的进项税额，借记“应交税费——应交增值税（进项税额）”科目；按扣除进项税额后的买价借记“材料采购”“原材料”等科目；按实际支付的买价，贷记“银行存款”等科目。

例 2-14 良心食品有限公司（一般纳税人），收购粮食一批用于生产畅销食品（适用税率 17%），买价为 1 万元，开出农产品收购凭证，现金支付货款，粮食已入库。

该企业可抵扣进项税额为 10 000 × 13% = 1 300（元），应做会计处理：

借：原材料　　　　　　　　　　　　　　8 700
　应交税费——应交增值税（进项税额）　1 300
　贷：库存现金　　　　　　　　　　　　10 000

7. 进口货物或应税服务的税务处理

一般纳税人进口货物或接受境外单位或者个人提供的应税服务，按照海关提供的海关进口增值税专用缴款书上注明的增值税额上注明的增值税额，借记“应交税费——应交增值税（进项税额）”科目；按进口货物或服务应计入成本的金额，借记“材料采购”“工程物资”等科目；按实付或应付金额，贷记“银行存款”“应付账款”等科目。

例 2-15 宁波 Y 港口公司本月从澳大利亚某公司进口散货装卸设备一台，价款 1 500 万元已于上月支付，缴纳进口环节的增值税 255 万元，取得海关进口增值税专用缴款书。

相关会计处理为：

借：工程物资　　15 000 000
　　贷：预付账款　　15 000 000
借：应交税费——应交增值税（进项税额）2 550 000
　　贷：银行存款　　2 550 000

8. 购进不动产或不动产在建工程的税务处理

一般纳税人自 2016 年 5 月 1 日后取得并按固定资产核算的不动产或者 2016 年 5 月 1 日后取得的不动产在建工程，其进项税额按现行增值税制度规定自取得之日起分 2 年从销项税额中抵扣的，应当按取得成本，借记“固定资产”“在建工程”等科目；按当期可抵扣的增值税额，借记“应交税费——应交增值税（进项税额）”科目；按以后期间可抵扣的增值税额，借记“应交税费——待抵扣进项税额”科目；按应付或实际支付的金额，贷记“应付账款”“应付票据”“银行存款”等科目。尚未抵扣的进项税额待以后期间允许抵扣时，按允许抵扣的金额，借记“应交税费——应交增值税（进项税额）”科目，贷记“应交税费——待抵扣进项税额”科目。

例 2－16 2016 年 8 月，某公司（一般纳税人）购入一套办公用房，价款 2 000 万元，取得增值税专用发票，注明的税额为 220 万元。

2016 年 8 月，购入不动产当月相关会计处理为：

借：固定资产　　20 000 000
　　应交税费——应交增值税（进项税额）1 320 000
　　应交税费——待抵扣进项税额　　880 000
　　贷：银行存款　　22 200 000

2017 年 8 月，会计处理为：

借：应交税费——应交增值税（进项税额）880 000
　　贷：应交税费——待抵扣进项税额　　880 000

9. 货物等已验收入库但尚未取得增值税扣税凭证的账务处理

一般纳税人购进的货物等已到达并验收入库，但尚未收到增值税扣税凭证并未付款的，应在月末按货物清单或相关合同协议上的价格暂估入账，不需要将增值税的进项税额暂估入账。暂估入账的金额不包含增值税进项税额，一般纳税人购进劳务、服务等但尚未取得增值税扣税凭证的，比照处理。下月初，用红字冲销原暂估入账金额，待取得相关增值税扣税凭证并经认证后，按应计入相关成本费用或资产的金额，借记“原材料”“库存商品”“固定资产”“无形资产”等科目；按可抵扣的增值税额，借记“应交税费——应交增值税（进项税额）”科目；按应付金额，贷记“应付账款”等科目。

10. 购买方作为扣缴义务人的账务处理

按照现行增值税制度规定，境外单位或个人在境内发生应税行为，在境内未设有经营机构的，以购买方为增值税扣缴义务人。境内一般纳税人购进服务、无形资产或不动产，按应计入相关成本费用或资产的金额，借记“生产成本”“无形资产”“固定资产”“管理费用”等科目；按可抵扣的增值税额，借记“应交税费——进项税额”科目（小规模纳税人应借记相关成本费用或资产科目）；按应付或实际支付的金额，贷记“应付账款”等科目；按应代扣代缴的增值税额，贷记“应交税费——代扣代交增值税”科目。实际缴纳代扣代缴增值税时，按代扣代缴的增值税额，借记“应交税费——代扣代交增值税”科目，贷记“银行存款”科目。

（二）生产阶段增值税会计处理

因发生非正常损失或改变用途等，原已计入进项税额、待抵扣进项税额或待认证进项税额，但按现行增值税制度规定不得从销项税额中抵扣的，借记“待处理财产损溢”“应付职工薪酬”“固定资产”“无形资产”等科目，贷记“应交税费——应交增值税（进项税额转出）”“应交税费——待抵扣进项税额”或“应交税费——待认证进项税额”科目；原不得抵扣且未抵扣进项税额的固定资产、无形资产等，因改变用途等用于允许抵扣进项税额的应税项目的，应按允许抵扣的进项税额，借记“应交税费——应交增值税（进项税额）”科目，贷记“固定资产”“无形资产”等科目。固定资产、无形资产等经上述调整后，应按调整后的账面价值在剩余尚可使用寿命内计提折旧或摊销。

一般纳税人购进时已全额计提进项税额的货物或服务等转用于不动产在建工程的，对于结转以后期间的进项税额，应借记“应交税费——待抵扣进项税额”科目，贷记“应交税费——应交增值税（进项税额转出）”科目。

1. 改变用途的处理

纳税人外购货物用于生产产品，所支付的增值税款作为进项税额允许抵扣，但是在生产过程中，如果企业将外购货物改变用途，其相应的增值税款需要从当期的进项税额中转出。其转出金额应贷记“应交税费——应交增值税（进项税额转出）”，同时借记“在建工程”“应付职工薪酬”等科目。

例 2-17 天时达集团公司1月份购进钢材一批，购买时抵扣进项税额66 640元，款已付、钢材验收入库并做会计处理。3月份因扩建工程（职工福利专门用房）需要，从仓库领用钢材一批，价值为98 000元。工程领用钢材需做会计处理如下：

借：在建工程　　114 660
　贷：原材料——钢材　　98 000
　　应交税费——应交增值税（进项税额转出）　　16 660

2. 发生非正常损失的处理

现行税法规定，发生非正常损失的购进货物，以及相关的加工修理修配劳务和交通运输服务；非正常损失的在产品、产成品所耗用的购进货物（不包括固定资产）、加工修理修配劳务和交通运输服务；非正常损失的不动产，以及该不动产所耗用的购进货物、设计服务和建筑服务；非正常损失的不动产在建工程所耗用的购进货物、设计服务和建筑服务等情形的，均不得抵扣进项税额。按照非正常损失的货物、在产品、产成品的实际成本及所负担的税款，借记“待处理财产损溢——待处理流动资产损溢”科目，按实际损失的外购货物、在产品、产成品成本分别贷记“原材料”“生产成本——基本生产成本”“库存商品”科目，按计算出的应转出进项税额数，贷记“应交税费——应交增值税（进项税额转出）”科目。

例 2-18 天时达集团公司在1月份购进10吨化工原料，不含税价值20万元。因保管不善该10吨化工原料失效损毁。该项损失属于非正常损失，不得抵扣进项税额，应做进项税额转出处理（20万元×17%=3.4万元）。

借：待处理财产损溢 234 000
　　贷：原材料 200 000
　　　　应交税费——应交增值税（进项税额转出）34 000

（三）销售阶段增值税会计处理

1. 一般销售业务的处理

企业销售货物、加工修理修配劳务、服务、无形资产或不动产，应当按应收或已收的金额，借记“应收账款”“应收票据”“银行存款”等科目；按取得的收入金额，贷记“主营业务收入”“其他业务收入”“固定资产清理”“工程结算”等科目；按现行增值税制度规定计算的销项税额（或采用简易计税方法计算的应纳增值税额），贷记“应交税费——应交增值税（销项税额）”或“应交税费——简易计税”科目（小规模纳税人应贷记“应交税费——应交增值税”科目）。发生销售退回的，应根据按规定开具的红字增值税专用发票做相反的会计分录。

按照国家统一的会计制度确认收入或利得的时点早于按照增值税制度确认增值税纳税义务发生时点的，应将相关销项税额计入“应交税费——待转销项税额”科目，待实际发生纳税义务时再转入“应交税费——应交增值税（销项税额）”或“应交税费——简易计税”科目。

按照增值税制度确认增值税纳税义务发生时点早于按照国家统一的会计制度确认收入或利得的时点的，应将应纳增值税额，借记“应收账款”科目，贷记“应交税费——应交增值税（销项税额）”或“应交税费——简易计税”科目；按照国家统一的会计制度确认收入或利得时，应按扣除增值税销项税额后的金额确认收入。

企业提供建筑服务，在向业主办理工程价款结算时，借记“应收账款”等科目，贷记“工程结算”科目，贷记“应交税费——应交增值税（销项税额）”等科目。企业向业主办理工程价款结算的时点早于增值税纳税义务发生的时点的，应贷记“应交税费——待转销项税额”等科目，待增值税纳税义务发生时再转入“应交税费——应交增值税（销项税额）”等科目；增值税纳税义务发生的时点早于企业向业主办理工程价款结算的，应借记“银行存款”等科目，贷记“预收账款”和“应交税费——应交增值税（销项税额）”等科目。

2. 出口货物的处理

企业出口适用零税率的货物，不计算销售收入应缴纳的增值税，应借记“银行存款”“应收账款”等科目，贷记“主营业务收入”等科目。

3. 视同销售的账务处理

企业发生税法上视同销售的行为，应当按照企业会计准则制度相关规定进行相应的会计处理，并按照现行增值税制度规定计算的销项税额（或采用简易计税方法计算的应纳增值税额），借记“应付职工薪酬”“利润分配”等科目，贷记“应交税费——应交增值税（销项税额）”或“应交税费——简易计税”科目。

（1）委托代销商品与受托代销商品业务。

商品流通企业中常见的委托代销和受托代销均属于增值税视同销售业务，委托代销业务又可分为视同买断方式和收取手续费方式代销。税法规定，委托代销业务中，一般以收到代销清单为纳税义务发生时间。在视同买断方式委托代销中需要分清不同情况，如果委托代销协议已经明确无论商品是否卖出、是否获利，均与委托方无关，这种委托代销与直接销售实质相同，会计处理与直接销售无异。如果代销协议规定，对受托方没有售出的商品可以退回，或受托方代销商品出现亏损时可要求委托方补偿。这种情况与收取手续费方式代销时一样，均在收到代销清单时确认收入和计提增值税销项税额，借记“应收账款”，贷记“主营业务收入”和“应交税费——应交增值税（销项税额）”。委托方支付手续费时，借记“销售费用”，贷记“应收账款”。

例 2-19 天时达集团公司委托国购商厦（均为一般纳税人）代销 A 产品 400 件（成本为 150 元/件），合同规定不含税代销价 200 元/件，天时达集团公司向国购商厦按不含税销售额的 5% 支付手续费。

委托方天时达集团公司所做会计处理如下：

① 发出委托代销产品时：

借：委托代销商品 60 000

　　贷：库存商品 60 000

② 当收到国购商厦送来的“代销清单”（销售 150 件，金额 35 100 元，开具增值税专用发票，价税合计 35 100 元）时：

借：应收账款——国购商厦 35 100

　　贷：主营业务收入 30 000

　　　　应交税费——应交增值税（销项税额） 5 100

③ 收到国购商厦汇来款项及手续费普通发票时：

借：银行存款 33 600

　　销售费用 1 500

　　贷：应收账款——国购商厦 35 100

④ 结转委托代销产品成本：

借：主营业务成本 22 500

　　贷：委托代销商品 22 500

假如剩下的 250 件在 180 天仍未收到“代销清单”，应在当前确认销项税额，但不确认收入：

借：应收账款

　　贷：应交税费——应交增值税（销项税额）

（2）企业将自产、委托加工或购买的货物作为投资，提供给其他单位或个体经营者，应视同销售货物计算应缴增值税，借记“长期股权投资”科目，贷记“应交税费——应交增值税（销项税额）”科目。

以存货直接对外投资，可视为处置存货，以处置收入进行投资进行会计处理。会计处理如下：

借：长期股权投资

贷：主营业务收入

　　应交税费——应交增值税（销项税额）

例 2-20 天时达集团公司以自产的一批 A 产品对外投资，投资作价 200 000 元，应做会计分录如下：

借：长期股权投资 234 000

　　贷：主营业务收入 200 000

应交税费——应交增值税（销项税额） 34 000

（3）企业将自产、委托加工的货物用于集体福利、个人消费等，应视同销售货物计算应缴增值税，借记“应付职工薪酬”等科目，贷记“应交税费——应交增值税（销项税额）”科目。

如果将货物用于集体福利设施方面或者交际应酬类个人消费，因为货物所有权未发生转移，不符合会计确认收入的条件，一般会计处理如下：

① 将货物用于集体福利：

借：固定资产（或在建工程等）

贷：库存商品（或原材料等）

应交税费——应交增值税（销项税额）

② 将货物用于交际应酬：

借：管理费用——业务招待费

贷：库存商品（或原材料等）

应交税费——应交增值税（销项税额）

③ 将货物用于非货币性福利。按照会计准则的要求，将货物用作非货币性福利发给职工，应按其公允价值以及增值税销项税额的合计数计入相关成本费用科目，确认收入并结转成本。会计处理如下：

借：应付职工薪酬——非货币性福利

贷：主营业务收入

应交税费——应交增值税（销项税额）

例 2-21 天时达集团公司以市价为 10 800 元的自产 B 产品（成本 8 000 元）作为职工福利发给单位员工，应纳增值税 10 800 × 17% = 1 836（元），应做会计处理如下：

借：应付职工薪酬——非货币性福利 12 636

贷：主营业务收入 10 800

应交税费——应交增值税（销项税额） 1 836

（4）企业将自产、委托加工或购买的货物无偿赠送他人，应视同销售货物计算应缴增值税，借记“营业外支出”等科目，贷记“应交税费——应交增值税（销项税额）”科目。

将货物无偿赠送他人，虽然货物所有权转移，但并未给企业带来经济利益的流入，会计上不确认收入，但应按规定将应计的增值税销项税额计入“营业外支出”。

借：营业外支出

贷：库存商品

应交税费——应交增值税（销项税额）

例 2-22 天时达集团公司将自产的 C 产品无偿赠送给他人，生产成本 10 000 元，市场售价为 12 000 元，应计提增值税 12 000 × 17% = 2 040（元），应做会计处理如下：

借：营业外支出 12 040

贷：库存商品 10 000

应交税费——应交增值税（销项税额） 2 040

（5）将自产、委托加工或者购进的货物分配给股东或者投资者这种情况的实质是以货物抵偿了应付股利，货物所有权转移，企业债务减少，会计核算应确认收入。

借：应付股利（或利润分配等）
　　贷：主营业务收入
　　　　应交税费——应交增值税（销项税额）

（6）设有两个以上机构并实行统一核算的纳税人，将货物从一个机构移送其他机构用于销售，但相关机构设在同一县（市）的除外。按照《增值税暂行条例细则》规定，发货方在移送货物时应按视同销售的规定确认销项税额，而收货方在对外销售时同样应确认销项税额，只不过在货物移送时发货方可以向收货方开具增值税专用发票，收货方可以将其作为抵扣凭据。由于这些机构在会计上作为一个会计主体统一核算，机构之间的货物移送从会计视角看并不满足收入确认的条件，货物移送时，会计可不确认收入，在确认销项、进项税额的同时记内部往来；对外销售时，确认收入并重新确认销项税额。会计处理如下：

① 发货方移送货物时：

借：内部往来
　　贷：应交税费——应交增值税（销项税额）

② 收货方可抵扣进项税额：

借：应交税费——应交增值税（进项税额）
　　贷：内部往来

③ 收货方对外销售时：

借：银行存款
　　贷：主营业务收入
　　应交税费——应交增值税（销项税额）

4. 包装物相关业务的增值税处理

（1）出售包装物的会计处理。

随同产品出售的包装物均应缴纳增值税，对于不单独计价的包装物，其收入随同所销售的产品一起计入产品销售收入；而对于随同产品销售单独计价的包装物，其收入单独计入“其他业务收入”。

例 2-23 天时达集团公司销售给海澜有限公司带包装的D产品100件，包装物单独计价。开具增值税专用发票，不含税售价90 000元，包装物售价10 000元，增值税款为17 000元，款未收到。应做会计处理如下：

借：应收账款——海澜有限公司　　117 000
　　贷：主营业务收入　　90 000
　　　　其他业务收入　　10 000
　　　　应交税费——应交增值税（销项税额）　17 000

（2）出租包装物租金的会计处理

企业销售产品的同时，出租、出借包装物收取的租金，依据税法规定，属于价外费用，应并入销售额中计算增值税。

（3）包装物押金的会计处理。

对于企业收取的包装物押金，应分不同情况进行处理。一般销售货物收取押金时不需缴纳增值税，但是对于企业逾期未退还的包装物押金需按规定缴纳增值税，借记“其他应付款”，贷记“应交税费——应交增值税（销项税额）”。税法规定，从1995年6月1日起，对销售除啤酒、黄酒外的其他酒类产品而收取的包装物押金，无论是否返还以及会计上如何核算，均应并入当期销售额征税。

例2-24 天时达集团公司销售给海澜有限公司带包装的D产品5 000件，出租包装物5 000个，承租期1个月收取租金4 680元，一次收取包装物押金23 400元。对于包装物租金及押金应做会计处理如下：

借：银行存款——海澜有限公司　28 080
　贷：其他业务收入　4 000
　　应交税费——应交增值税（销项税额）　680
　　其他应付款　23 400

例2-25 天时达集团公司某月清理出租出借包装物，将某单位逾期未退还包装物押金2 000元予以没收。则正确的会计处理为：

借：其他应付款　2 000
　贷：其他业务收入　1 709. 40
　　应交税费——应交增值税（销项税额）　290. 60

5. 出售固定资产的会计处理

对于企业将自产或委托加工的固定资产用于非应税项目、集体福利或个人消费；将自产、委托加工或购买的固定资产对外投资、作为股利分配给股东或无偿赠送他人均属于增值税视同销售业务，应计提增值税。借记“在建工程”“长期股权投资”“利润分配”“营业外收支”“应付职工薪酬”等，贷记“主营业务收入”“应交税费——应交增值税（销项税额）”等账户。

企业销售使用过的、已抵扣增值税的固定资产，销售时按17%的税率计算增值税，应借记“固定资产清理”，贷记“应交税费——应交增值税（销项税额）”。对于销售使用过的、未抵扣增值税的固定资产，在销售时按简易方法计征增值税，并借记“固定资产清理”，贷记“应交税费——未交增值税”。

例2-26 天时达集团公司出售一台已经使用过的设备，购进时价税合计为117万元（抵扣17万元增值税），已计提折旧10万元，未发生减值。出售时收到60万元，不考虑其他税费。销售该设备应纳增值税为600 000÷（1+17%）×17%=87 179. 49（元）。

转出清理时：

借：固定资产清理　900 000
　　累计折旧　100 000
　贷：固定资产　1 000 000

出售时：

借：银行存款　600 000
　贷：固定资产清理　600 000

计提增值税：

借：固定资产清理　87 179. 49
　贷：应交税费——应交增值税（销项税额）　87 179. 49

借：营业外支出　387 179. 49
　贷：固定资产清理　387 179. 49

假如，天时达集团公司销售的已使用固定资产未抵扣增值税，则在销售时需计提增值税600 000 ÷（1 +3%）×2% =11 650. 49（元），应做会计处理：

按3%简易计税，600 000 ÷（1 +3%）×3% =17 475. 73（元），该金额应填入一般纳税人增值税申报表主表第21行“简易计税办法计算的应纳税额”栏中，相应会计处理如下：

借：固定资产清理　　17 475. 73

　　贷：应交税费——简易计税　　17 475. 73

减征1%税款，600 000 ÷（1 +3%）×1% =5 825. 24（元），填入纳税申报表主表第23行“应纳税额减征额”：

借：应交税费——简易计税　　5 825. 24

贷：营业外收入　　5 825. 24

6. 全面试行营业税改征增值税前已确认收入，此后产生增值税纳税义务的账务处理

企业营业税改征增值税前已确认收入，但因未产生营业税纳税义务而未计提营业税的，在达到增值税纳税义务时点时，企业应在确认应交增值税销项税额的同时冲减当期收入；已经计提营业税且未缴纳的，在达到增值税纳税义务时点时，应借记“应交税费——应交营业税”“应交税费——应交城市维护建设税”“应交税费——应交教育费附加”等科目，贷记“主营业务收入”科目，并根据调整后的收入计算确定计入“应交税费——待转销项税额”科目的金额，同时冲减收入。

（四）月末应纳税额的处理

月度终了，企业应当将当月应缴未缴或多缴的增值税自“应交增值税”明细科目转入“未交增值税”明细科目。对于当月应缴未缴的增值税，借记“应交税费——应交增值税（转出未交增值税）”科目，贷记“应交税费——未交增值税”科目；对于当月多缴的增值税，借记“应交税费——未交增值税”科目，贷记“应交税费——应交增值税（转出多交增值税）”科目。结转后，“应交增值税”明细科目的借方余额表示企业期末尚未抵扣的增值税。

（五）缴纳增值税的账务处理

（1）缴纳当月应缴增值税的账务处理。企业缴纳当月应缴的增值税：

借：应交税费——应交增值税（已交税金）

　　贷：银行存款

（2）缴纳以前期间未缴增值税的账务处理。企业缴纳以前期间未缴的增值税：

借：应交税费——未交增值税

　　贷：银行存款

（3）预缴增值税的账务处理。企业预缴增值税时：

借：应交税费——预交增值税

　　贷：银行存款

月末，企业应将“预交增值税”明细科目余额转入“未交增值税”明细科目：

借：应交税费——未交增值税

　　贷：应交税费——预交增值税

房地产开发企业等在预缴增值税后，应直至纳税义务发生时方可从“应交税费——预交增

值税”科目结转至“应交税费——未交增值税”科目。

(4) 减免增值税的账务处理。对于当期直接减免的增值税：

借：应交税费——应交增值税（减免税款）

　　贷：损益类相关科目

三、小规模纳税人增值税会计处理

小规模纳税人销售货物、提供应税劳务或应税服务，按实现的销售收入和按规定收取的增值税，借记“应收账款”“应收票据”“银行存款”等科目，贷记“应交税费——应交增值税”“主营业务收入”等科目。小规模纳税人销售业务中如发生退回或折让等情况，以及发生视同销售业务，其会计处理方法与一般纳税人类似，只是小规模纳税人不设置“销项税额”等三级科目。

缴纳增值税时，借记“应交税费——应交增值税”，贷记“银行存款”等科目。

小微企业在取得销售收入时，应当按照税法的规定计算应纳增值税，并确认为“应交税费”，在达到增值税制度规定的免征增值税条件时，将有关应缴增值税转入当期损益。

例2-27 某工业企业为小规模纳税人，5月份产品销售收入33 300元，货款均已收到。应做会计处理如下：

销售时：

借：银行存款　　33 300

　　贷：主营业务收入　　32 330.10

　　　　应交税费——应交增值税　　969.90

缴纳增值税时：

借：应交税费——应交增值税　　969.90

　　贷：银行存款　　969.90

四、差额征税的账务处理

企业发生相关成本费用允许扣减销售额的账务处理如下：按现行增值税制度规定，企业发生相关成本费用允许扣减销售额的，发生成本费用时，按应付或实际支付的金额，借记“主营业务成本”“材料采购”“原材料”“库存商品”“开发成本”“工程施工”等科目，贷记“应付账款”“应付票据”“银行存款”等科目。待取得合规增值税扣税凭证且纳税义务发生时，按照允许抵扣的税额，借记“应交税费——应交增值税（销项税额抵减）”或“应交税费——简易计税”科目（小规模纳税人应借记“应交税费——应交增值税”科目），贷记“主营业务成本”“材料采购”“原材料”“库存商品”“开发成本”“工程施工”等科目。

金融商品转让按规定以盈亏相抵后的余额作为销售额的账务处理。金融商品实际转让月末，如产生转让收益，则按应纳税额借记“投资收益”等科目，贷记“应交税费——转让金融商品应交增值税”科目；如产生转让损失，则按可结转下月抵扣税额，借记“应交税费——转让金融商品应交增值税”科目，贷记“投资收益”等科目。缴纳增值税时，应借记“应交税费——转让金融商品应交增值税”科目，贷记“银行存款”科目。年末，本科目如有借方余额，则借记“投资收益”等科目，贷记“应交税费——转让金融商品应交增值税”科目。

五、初次购买增值税税控系统专用设备和技术维护费用抵减税额的会计处理

按现行增值税制度规定，企业初次购买增值税税控系统专用设备支付的费用以及缴纳的技

术维护费允许在增值税应纳税额中全额抵减的，按规定抵减的增值税应纳税额，借记“应交税费——应交增值税（减免税款）”科目（小规模纳税人应借记“应交税费——应交增值税”科目），贷记“管理费用”等科目。

例 2-28 顺捷物流公司被认定为增值税一般纳税人，9 月份该物流公司首次购买价款为 4 000 元的增值税税控系统专业设备，贷款已通过银行转账。相关税收法规规定，对于单价不超过 5 000 元的固定资产，允许一次性计入当期成本费用，在所得税前扣除。该公司实际支付技术维护费 800 元。

购入税控专用设备时：

借：固定资产　　4 000

　　贷：银行存款　　4 000

根据企业所得税相关法规规定，允许一次性计入当期费用：

借：管理费用　　4 000

　　贷：累计折旧　　4 000

抵减增值税时：

借：应交税费——应交增值税（减免税款）　　4 000

　　贷：管理费用　　4 000

支付技术维护费时：

借：管理费用　　800

　　贷：银行存款　　800

技术维护费，按规定抵减增值税应纳税额：

借：应交税费——应交增值税（减免税款）　　800

　　贷：管理费用　　800

六、关于小微企业免征增值税的会计处理规定

小微企业在取得销售收入时，应当按照税法的规定计算应缴增值税，并确认为“应交税费”，在达到增值税制度规定的免征增值税条件时，将有关应缴增值税转入当期损益。

任务处理

关于小微企业免征增值税和营业税的会计处理规定

浙江太平洋实业有限公司 2016 年 12 月税务会计处理如下：

12 月 3 日

借：原材料　　1 160 000

　　应交税费——应交增值税（进项税额）　　197 200

　　贷：银行存款　　1 357 200

12 月 11 日

借：应交税费——未交增值税　　12 345

　　贷：银行存款　　12 345

12 月 12 日

借：制造费用　　9 540. 00

　　应交税费——应交增值税（进项税额）　　1 621. 80

　　贷：银行存款　　11 161. 80

12 月 16 日

借：在途物资　　393 450 [435 000 × (1 − 13%) + 15 000]

　　应交税费——应交增值税（进项税额）58 200（56 550 + 1 650）

　　贷：银行存款　　435 000

　　　　应付账款　　16 650

12 月 18 日

借：银行存款　　585 000

　　贷：主营业务收入　　500 000

　　　　应交税费——应交增值税（销项税额）　　85 000

12 月 25 日

借：固定资产清理　　70 000

　　累计折旧　　280 000

　　贷：固定资产　　350 000

借：应收账款　　50 000

　　贷：固定资产清理　　48 543.69

　　　　应交税费——简易计税 1 456.31 [50 000 ÷ (1 + 3%) × 3%]

借：应交税费——简易计税　　485.44

　　贷：营业外收入 485.44 [50 000 ÷ (1 + 3%) × 1%，减征 1%]

借：营业外支出　　21 456.31

　　贷：固定资产清理　　21 456.31

12 月 28 日

借：在途物资　　12 636

　　贷：银行存款　　12 636

12 月 30 日

借：固定资产　　2 000 000

　　应交税费——应交增值税（进项税额）　　30 000

　　应交税费——待抵扣进项税额　　20 000

　　贷：银行存款　　2 050 000

应交税费（未交增值税和应交增值税）明细账如图 2 − 29 ~ 图 2 − 32 所示。

应交税费（未交增值税）明细账

未交增值税 科目

2016年 月	日	记账凭证号数	摘要	借方	贷方	借或贷	余额
12	1		期初余额	1234500		贷	1234500
	11		缴纳上月税款		1234500	平	0
	31		本月合计	1234500	1234500	平	0

图 2 − 29　应交税费（未交增值税明细账）

应交税费（ 简易计税 ）明细账

简易计税 科目

2015年 月	日	记账凭证号数	摘要	借方	贷方	借或贷	余额
12	25		销售已使用固定资产		145631	贷	145631
	25		简易征收减征	48544		贷	97087
			本月合计	48544	145631	贷	97087

图 2-30 应交税费（简易计税）

应交税费（待抵扣进项税额）明细账

待抵扣进项税额 科目

2016年 月	日	记账凭证号数	摘要	借方	贷方	借或贷	余额
12	28		购入房产	2000000		借	2000000
	31		本月合计	2000000		借	2000000

图 2-31 应交税费（待抵扣进项税额明细账）

应交税费（增值税）明细账

2016年 月	日	凭证编号	摘要	借方 合计	借方 进项税额	借方 已交税金	借方 减免税款	借方 出口抵减内销产品应纳税额	借方 转出未交增值税	贷方 合计	贷方 销项税额	贷方 出口退税	贷方 进项税额转出	贷方 转出多交增值税	借或贷	余额
12	3		采购塑胶	197200.00	197200.00										借	197200.00
	12		支付电费	1621.80	1621.80										借	198821.80
	16		采购棉花	58200.00	58200.00										借	257021.80
	18		销售白坯布							85000.00	85000.00				借	172021.80
	30		购进不动产	30000.00	30000.00										借	202021.80
	31		本月合计	287021.80	287021.80					85000.00	85000.00				借	202021.80
	31		本年累计												借	202021.80

图 2-32 应交税费（应交增值税）明细账

任务五 “营改增”税务处理

任务要求

试分析浙江太平洋实业有限公司2016年12月发生的有关“营改增”经济业务。

知识准备

一、我国营业税改征增值税试点进程

为进一步产业转型升级，促进第三产业发展，从2012年1月1日起，在部分地区和行业进行营业税改征增值税试点，到2016年5月1日，全面推进“营改增”试点。我国“营改增”试点大致经历三个阶段：

第一阶段：选择部分行业，部分地区进行试点。2012年1月1日，率先在上海实施了交通运输业（不含铁路运输）和部分现代服务业（包括研发、信息技术、文化创意、物流辅助、有形动产租赁、鉴证咨询等部分现代服务业）“营改增”试点；2012年9月1日至2012年12月1日，“营改增”试点由上海市分4批次扩大至北京、江苏、安徽、福建、广东、天津、浙江、湖北等8省（市）。

第二阶段：在全国范围选择部分行业试点。2013年8月1日，“营改增”试点推向全国，同时将广播影视服务（广播影视作品的制作、播映、发行）纳入试点范围；2014年1月1日，铁路运输业和邮政业在全国范围实施“营改增”试点；2014年6月1日，电信业在全国范围实施“营改增”试点。

第三阶段：所有行业进行试点。从2016年5月1日起，将试点范围扩大到建筑业、房地产业、金融业、生活服务业，并将所有企业新增不动产所含增值税纳入抵扣范围。

下一步，我国将在总结试点经验的基础上制定增值税法。

二、“营改增”试点对销售额的界定

（一）销售的一般界定

《试点实施办法》规定的销售额，是指纳税人发生应税行为取得的全部价款和价外费用，财政部和国家税务总局另有规定的除外。

销售额以人民币计算。纳税人按照人民币以外的货币结算销售额的，应当折合成人民币计算，折合率可以选择销售额发生的当天或者当月1日的人民币汇率中间价。纳税人应当在事先确定采用何种折合率，确定后12个月内不得变更。

> 价外费用，是指价外收取的各种性质的收费，但不包括以下项目：
>
> （1）代为收取政府性基金或者行政事业性收费。
>
> （2）以委托方名义开具发票代委托方收取的款项。

（二）销售额的具体规定

（1）贷款服务，以提供贷款服务取得的全部利息及利息性质的收入为销售额。

（2）直接收费金融服务，以提供直接收费金融服务收取的手续费、佣金、酬金、管理费、服务费、经手费、开户费、过户费、结算费、转托管费等各类费用为销售额。

（3）金融商品转让，按照卖出价扣除买入价后的余额为销售额。

转让金融商品出现的正负差，按盈亏相抵后的余额为销售额。若相抵后出现负差，可结转下一纳税期与下期转让金融商品销售额相抵，但年末时仍出现负差的，不得转入下一个会计年度。

自2016年9月1日起，单位将其持有的限售股在解禁流通后对外转让的，按照以下规定确定买入价：

1）上市公司实施股权分置改革时，在股票复牌之前形成的原非流通股股份，以及股票复牌首日至解禁日期间由上述股份孳生的送、转股，以该上市公司完成股权分置改革后股票复牌首日的开盘价为买入价。

2）公司首次公开发行股票并上市形成的限售股，以及上市首日至解禁日期间由上述股份孳生的送、转股，以该上市公司股票首次公开发行（IPO）的发行价为买入价。

3）因上市公司实施重大资产重组形成的限售股，以及股票复牌首日至解禁日期间由上述股份孳生的送、转股，以该上市公司因重大资产重组股票停牌前一交易日的收盘价为买入价。

（4）经纪代理服务，以取得的全部价款和价外费用，扣除向委托方收取并代为支付的政府性基金或者行政事业性收费后的余额为销售额。向委托方收取的政府性基金或者行政事业性收费，不得开具增值税专用发票。

（5）融资租赁和融资性售后回租业务。

1）经人民银行、银监会或者商务部批准从事融资租赁业务的试点纳税人，提供融资租赁服务，以取得的全部价款和价外费用，扣除支付的借款利息（包括外汇借款和人民币借款利息）、发行债券利息和车辆购置税后的余额为销售额。

2）经人民银行、银监会或者商务部批准从事融资租赁业务的试点纳税人，提供融资性售后回租服务，以取得的全部价款和价外费用（不含本金），扣除对外支付的借款利息（包括外汇借款和人民币借款利息）、发行债券利息后的余额作为销售额。

3）试点纳税人根据2016年4月30日前签订的有形动产融资性售后回租合同，在合同到期前提供的有形动产融资性售后回租服务，可继续按照有形动产融资租赁服务缴纳增值税。

继续按照有形动产融资租赁服务缴纳增值税的试点纳税人，经人民银行、银监会或者商务部批准从事融资租赁业务的，根据2016年4月30日前签订的有形动产融资性售后回租合同，在合同到期前提供的有形动产融资性售后回租服务，可以选择以下方法之一计算销售额：

① 以向承租方收取的全部价款和价外费用，扣除向承租方收取的价款本金，以及对

外支付的借款利息（包括外汇借款和人民币借款利息）、发行债券利息后的余额为销售额。

纳税人提供有形动产融资性售后回租服务，计算当期销售额时可以扣除的价款本金，为书面合同约定的当期应当收取的本金。无书面合同或者书面合同没有约定的，为当期实际收取的本金。

试点纳税人提供有形动产融资性售后回租服务，向承租方收取的有形动产价款本金，不得开具增值税专用发票，可以开具普通发票。

② 以向承租方收取的全部价款和价外费用，扣除支付的借款利息（包括外汇借款和人民币借款利息）、发行债券利息后的余额为销售额。

4）经商务部授权的省级商务主管部门和国家经济技术开发区批准的从事融资租赁业务的试点纳税人，2016 年 5 月 1 日后实收资本达到 1.7 亿元的，从达到标准的当月起按照上述第 1）、2）、3）点规定执行；2016 年 5 月 1 日后实收资本未达到 1.7 亿元但注册资本达到 1.7 亿元的，在 2016 年 7 月 31 日前仍可按照上述第 1）、2）、3）点规定执行，2016 年 8 月 1 日后开展的融资租赁业务和融资性售后回租业务不得按照上述第 1）、2）、3）点规定执行。

（6）航空运输企业的销售额，不包括代收的机场建设费和代售其他航空运输企业客票而代收转付的价款。

（7）试点纳税人中的一般纳税人提供客运场站服务，以其取得的全部价款和价外费用，扣除支付给承运方运费后的余额为销售额。

（8）试点纳税人提供旅游服务，可以选择以取得的全部价款和价外费用，扣除向旅游服务购买方收取并支付给其他单位或者个人的住宿费、餐饮费、交通费、签证费、门票费和支付给其他接团旅游企业的旅游费用后的余额为销售额。

选择上述办法计算销售额的试点纳税人，向旅游服务购买方收取并支付的上述费用，不得开具增值税专用发票，可以开具普通发票。

（9）试点纳税人提供建筑服务适用简易计税方法的，以取得的全部价款和价外费用扣除支付的分包款后的余额为销售额。

（10）房地产开发企业中的一般纳税人销售其开发的房地产项目（选择简易计税方法的房地产老项目除外），以取得的全部价款和价外费用，扣除受让土地时向政府部门支付的土地价款后的余额为销售额。

试点纳税人按照上述 4 ~ 10 项的规定从全部价款和价外费用中扣除的价款，应当取得符合法律、行政法规和国家税务总局规定的有效凭证（具体包含以下 5 项）。否则，不得扣除。

1）支付给境内单位或者个人的款项，以发票为合法有效凭证。

2）支付给境外单位或者个人的款项，以该单位或者个人的签收单据为合法有效凭证，税务机关对签收单据有疑义的，可以要求其提供境外公证机构的确认证明。

3）缴纳的税款，以完税凭证为合法有效凭证。

4）扣除的政府性基金、行政事业性收费或者向政府支付的土地价款，以省级以上（含省级）财政部门监（印）制的财政票据为合法有效凭证。

5）国家税务总局规定的其他凭证。

纳税人取得的上述凭证属于增值税扣税凭证的，其进项税额不得从销项税额中抵扣。

三、“营改增”后的相关税务处理

（一）增值税计税方法

增值税的计税方法分为一般计税方法和简易计税方法。小规模纳税人采用简易计税方法；一般纳税人主要采用一般计税方法，在发生特定应税行为时可以选择适用简易计税方法计税。

1. 一般计税方法下有关进项税额的特殊规定

“营改增”后，不动产进项税额也已纳入可抵扣范围，《不动产进项税额分期抵扣暂行办法》具体针对一般纳税人如何进行抵扣进行了具体规定。相关内容详见本项目任务三。

2. 一般纳税人可以选择适用简易计税方法的情形

一般纳税人发生特定应税行为时可以选择适用简易计税方法计税，具体项目详见本项目任务一征收率有关内容。

（二）特定行业的增值税处理

1. 交通运输服务

交通运输服务计税的特殊情形有以下几方面：

适用差额计税的情形：航空运输企业的销售额，不包含代收的机场建设费和代收其他航空运输企业客票而代收转付的价款；一般纳税人提供客运场站服务，以其取得的全部价款和价外费用，扣除支付给承运方运费后的余额为销售额。

例 2-29 A公司为一般纳税人，提供客运场站服务，8月取得含税收入106万元，当月支付承运方运费21.2万元，取得增值税发票。

A公司提供应税服务应做会计处理如下：

借：银行存款　　1 060 000

　贷：主营业务收入　　1 000 000

　　应交税费——应交增值税（销项税额）　60 000

A公司支付承运方运费并取得增值税发票应做会计处理如下：

借：主营业务成本　　200 000

　应交税费——应交增值税（销项税额抵减）　12 000

　贷：银行存款　　212 000

对于公共交通运输服务一般纳税人可以选择简易计税方法。而对于提供管道运输服务的一般纳税人，其增值税实际税负超过3%的部分实行增值税即征即退。

例 2-30 某运输企业为增值税一般纳税人，5 月提供运输服务取得含税收入 111 万元，开具增值税专用发票，款项已存入银行。当月委托 A 运输公司承担一项运输业务，取得 A 公司开具的增值税专用发票，显示的价款为 10 万元，注明的增值税额为 1.1 万元。

该公司取得运输收入应做会计处理：

借：银行存款　　1 110 000

　　贷：主营业务收入　　1 000 000

　　　　应交税费——应交增值税（销项税额）　　110 000

支付 A 公司运费应做会计处理：

借：主营业务成本　　100 000

　　应交税费——应交增值税（进项税额）　　11 000

　　贷：银行存款　　111 000

2. 邮政服务和电信服务

邮政服务和电信服务的一般纳税人适用一般计税方法，小规模纳税人适用简易计税方法，以收取的全部价款和价外费用为销售额。

对于电信服务试点纳税人销售电信服务时，附带赠送用户识别卡、电信终端等货物或者电信服务的，应将其取得的全部价款和价外费用进行分别核算，按各自适用税率计算缴纳增值税。

> 浙江省对电信企业存话费送手机业务规定，电信企业将终端补贴款金额视同手机销售按 17% 税率计算销项税额，用户缴纳的合约金额扣除优惠购机款和终端补贴款后的部分，在向用户实际消费后按照通信服务适用税率缴纳增值税。
>
> 对于积分兑换货物处理规定，对于 2014 年 6 月 1 日前的积分余额，如果电信企业计费系统能就历史积分部分与新增积分部分区分开来，就历史积分部分兑换货物、电信服务不征增值税；无法区分的，就历史积分兑换电信服务按规定不征增值税，兑换货物和其他应税服务的，应征增值税。

3. 现代服务

现代服务是指围绕制造业、文化产业、现代物流产业等提供技术性、知识性服务的业务活动，具体包括研发和技术服务等九项。在计税方法上较为特殊的情形有以下几方面：

（1）可以差额纳税的情形。

1）经人民银行、银监会或者商务部批准从事融资租赁业务的试点纳税人，提供融资租赁服务，以取得的全部价款和价外费用，扣除支付的借款利息（包括外汇借款和人民币借款利息）、发行债券利息和车辆购置税后的余额为销售额。

什么是融资租赁业务？

经商务部授权的省级商务主管部门和国家经济技术开发区批准的从事融资租赁业务的试点纳税人，2016 年 5 月 1 日后实收资本达到 1.7 亿元的，从达到标准的当月起按照上述规定执行；2016 年 5 月 1 日后实收资本未达到 1.7 亿元但注册资本达到 1.7 亿元的，在 2016 年 7 月 31 日前仍可按照上述规定执行，2016 年 8 月 1 日后开展的融资租赁业务和融资性售后回租业务不得按照上述规定执行。

2）经纪代理服务，以取得的全部价款和价外费用，扣除向委托方收取并代为支付的政府性基金或者行政事业性收费后的余额为销售额。向委托方收取的政府性基金或行政事业性收费，不得开具增值税专用发票。

纳税人提供签证代理服务，以取得的全部价款和价外费用，扣除向服务接受方收取并代为支付给外交部和外国驻华使（领）馆的签证费、认证费后的余额为销售额。向服务接受方收取并代为支付的签证费、认证费，不得开具增值税专用发票，可以开具增值税普通发票。

（2）可选择简易计税方法的情形。

1）经认定的动漫企业为开发动漫产品提供的动漫脚本编撰、形象设计、背景设计、动画设计、分镜、动画制作、摄制、描线、上色、画面合成、配音、配乐、音效合成、剪辑、字幕制作、压缩转码（面向网络动漫、手机动漫格式适配）服务，以及在境内转让动漫版权（包括动漫品牌、形象或者内容的授权及再授权）。

2）电影放映服务、仓储服务、装卸搬运服务、收派服务和文化体育服务。

3）以纳入营改增试点之日前取得的有形动产为标的物提供的经营租赁服务。

4）在纳入营改增试点之日前签订的尚未执行完毕的有形动产租赁合同。

5）一般纳税人2016年4月30日前签订的不动产融资租赁合同，或以2016年4月30日前取得的不动产提供的融资租赁服务，可以选择适用简易计税方法，按照5%的征收率计算缴纳增值税。

（3）即可以差额计税又可以简易计税方法计税的情形。

1）劳务派遣服务。

一般纳税人提供劳务派遣服务，可以按照《财政部、国家税务总局关于全面推开营业税改征增值税试点的通知》（财税〔2016〕36号）的有关规定，以取得的全部价款和价外费用为销售额，按照一般计税方法计算缴纳增值税；也可以选择差额纳税，以取得的全部价款和价外费用，扣除代用工单位支付给劳务派遣员工的工资、福利和为其办理社会保险及住房公积金后的余额为销售额，按照简易计税方法依5%的征收率计算缴纳增值税。

小规模纳税人提供劳务派遣服务，可以按照财税〔2016〕36号文的有关规定，以取得的全部

> 劳务派遣服务是指劳务派遣公司为了满足用工单位对于各类灵活用工的需求，将员工派遣至用工单位，接受用工单位管理并为其工作的服务。

> 劳务外包不是用工形式，其在法律中的定义叫“承揽”，外包承揽是属法律定义的一种经营形式，劳务派遣仅仅是劳动合同法明确的一种用工形式。
>
> 劳务外包是指企业将公司内的部分业务或职能工作内容发包给相关的机构，由其自行安排人员按照企业的要求完成相应的业务或职能工作内容。
>
> 劳务派遣是指用工单位与劳务派遣单位签订劳务派遣协议，劳务派遣单位派遣人员到用工单位从事用工单位安排的工作内容的一种用工形式。
>
> 劳务外包与劳务派遣的共同之处是，用工单位或发包单位都不与劳动者签订劳动合同。
>
> 劳务派遣适用劳动合同法，劳务外包适用合同法。
>
> 劳务承包单位可以是个人，也可以是法人或其他实体。劳务派遣单位必须是严格按照劳动合同法规定的依照公司法的有关规定设立、注册资本不得少于五十万元的法人实体；劳动者完成的工作都是企业的业务或职能活动。

价款和价外费用为销售额，按照简易计税方法依3%的征收率计算缴纳增值税；也可以选择差额纳税，以取得的全部价款和价外费用，扣除代用工单位支付给劳务派遣员工的工资、福利和为其办理社会保险及住房公积金后的余额为销售额，按照简易计税方法依5%的征收率计算缴纳增值税。

选择差额纳税的纳税人，向用工单位收取用于支付给劳务派遣员工工资、福利和为其办理社会保险及住房公积金的费用，不得开具增值税专用发票，可以开具普通发票。

例2-31 A企业提供劳务派遣服务，8月取得销售额为200万元，代用工单位支付给劳务派遣员工的工资、福利和为其办理社会保险及住房公积金为100万元。

(1) A企业如为一般纳税人，不选择差额计税：

8月应纳增值税 $=200\div(1+6\%)\times6\%=11.32$（万元）

如果选择差额且简易计税：

8月应纳增值税 $=(200-100)\div(1+5\%)\times5\%=4.76$（万元）

(2) A企业如为小规模纳税人，并且不选择差额计税：

8月应纳增值税 $=200\div(1+3\%)\times3\%=5.83$（万元）

如果选择差额纳税：

8月应纳增值税 $=(200-100)\div(1+5\%)\times5\%=4.76$（万元）

2）人力资源外包服务。

纳税人提供人力资源外包服务（劳务外包），按照经纪代理服务缴纳增值税，其销售额不包括受客户单位委托代为向客户单位员工发放的工资和代理缴纳的社会保险、住房公积金。向委托方收取并代为发放的工资和代理缴纳的社会保险、住房公积金，不得开具增值税专用发票，可以开具普通发票。

一般纳税人提供人力资源外包服务，可以选择适用简易计税方法，按照5%的征收率计算缴纳增值税。

(4) 适用增值税即征即退政策。经人民银行、银监会或者商务部批准从事融资租赁业务的试点纳税人中的一般纳税人，提供有形动产融资租赁服务和有形动产融资性售后回租服务，对其增值税实际税负超过3%的部分实行增值税即征即退政策。商务部授权的省级商务主管部门和国家经济技术开发区批准的从事融资租赁业务和融资性售后回租业务的试点纳税人中的一般纳税人，2016年5月1日后实收资本达到1.7亿元的，从达到标准的当月起按照上述规定执行；2016年5月1日后实收资本未达到1.7亿元但注册资本达到1.7亿元的，在2016年7月31日前仍可按照上述规定执行，2016年8月1日后开展的有形动产融资租赁业务和有形动产融资性售后回租业务不得按照上述规定执行。

4. 金融服务

金融服务是指经营金融保险的业务活动，包括贷款服务、直接收费金融服务、保险服务和金融商品转让。

计算增值税时，贷款服务，是以提供贷款服务取得的全部利息及利息性质的收入为销售额。直接收费金融服务，则以提供直接收费金融服务收取的手续费、佣金、酬金、管理费、服务费、经手费、开户费、过户费、结算费、转托管费等各类费用为销售额。金融服务“营改增”后相关增值税规定见表2-14。

表 2－14　金融服务缴纳增值税相关规定

<table>
<tr><th colspan="2" rowspan="2">纳税人类型</th><th rowspan="2">服务项目</th><th colspan="2" rowspan="2">计税方法</th><th colspan="2">发票开具</th><th rowspan="2">申　　报</th></tr>
<tr><th>普通发票</th><th>专用发票</th></tr>
<tr><td colspan="2" rowspan="6">一般纳税人</td><td rowspan="2">贷款服务</td><td colspan="2">一般计税</td><td>自开</td><td>自开</td><td>全额申报，6%税率，含税价÷(1+6%)</td></tr>
<tr><td>一般计税</td><td>融资性售后回租实行差额征税</td><td>自开</td><td>自开</td><td>差额申报，6%税率，(含税价－支付利息)÷(1+6%)，其中有形动产融资性售后回租税负超过3%的部分实行即征即退</td></tr>
<tr><td>直接收费金融服务</td><td colspan="2">一般计税</td><td>自开</td><td>自开</td><td>全额申报，6%税率，含税价÷(1+6%)</td></tr>
<tr><td>保险服务</td><td colspan="2">一般计税</td><td>自开</td><td>自开</td><td>全额申报，6%税率，含税价÷(1+6%)</td></tr>
<tr><td>金融商品转让</td><td>一般计税</td><td>差额征税</td><td>自开</td><td>不得开具</td><td>差额申报，6%税率，(卖出价－买入价)÷(1+6%)</td></tr>
<tr><td rowspan="12">小规模纳税人</td><td rowspan="4">单位</td><td>贷款服务</td><td colspan="2">简易计税</td><td>自开</td><td>代开</td><td>全额申报，3%征收率，含税价÷(1+3%)</td></tr>
<tr><td>直接收费金融服务</td><td colspan="2">简易计税</td><td>自开</td><td>代开</td><td>全额申报，3%征收率，含税价÷(1+3%)</td></tr>
<tr><td>保险服务</td><td colspan="2">简易计税</td><td>自开</td><td>代开</td><td>全额申报，3%征收率，含税价÷(1+3%)</td></tr>
<tr><td>金融商品转让</td><td>简易计税</td><td>差额征税</td><td>自开</td><td>不得代开</td><td>差额申报，3%征收率，(卖出价－买入价)÷(1+3%)</td></tr>
<tr><td rowspan="4">个体工商户</td><td>贷款服务</td><td colspan="2">简易计税</td><td>自开</td><td>代开</td><td>全额申报，3%征收率，含税价÷(1+3%)</td></tr>
<tr><td>直接收费金融服务</td><td colspan="2">简易计税</td><td>自开</td><td>代开</td><td>全额申报，3%征收率，含税价÷(1+3%)</td></tr>
<tr><td>保险服务</td><td colspan="2">简易计税</td><td>自开</td><td>代开</td><td>全额申报，3%征收率，含税价÷(1+3%)</td></tr>
<tr><td>金融商品转让</td><td colspan="2">免税</td><td>自开</td><td>不得代开</td><td>免税申报，免税备案</td></tr>
<tr><td rowspan="4">自然人</td><td>贷款服务</td><td colspan="2">简易计税</td><td>代开</td><td>—</td><td>全额申报，3%征收率，含税价÷(1+3%)</td></tr>
<tr><td>直接收费金融服务</td><td colspan="2">简易计税</td><td>代开</td><td>—</td><td>全额申报，3%征收率，含税价÷(1+3%)</td></tr>
<tr><td>保险服务</td><td colspan="2">简易计税</td><td>代开</td><td>—</td><td>全额申报，3%征收率，含税价÷(1+3%)</td></tr>
<tr><td>金融商品转让</td><td colspan="2">免税</td><td>代开</td><td>不得代开</td><td>—</td></tr>
</table>

（1）可以差额纳税的情形。

1）金融商品转让，按照卖出价扣除买入价后的余额为销售额。

转让金融商品出现的正负差，按盈亏相抵后的余额为销售额。若相抵后出现负差，可结转下一纳税期与下期转让金融商品销售额相抵，但年末时仍出现负差的，不得转入下一个会计年度。

> 金融商品的买入价，可以选择按照加权平均法或者移动加权平均法进行核算，选择后36个月内不得变更。
>
> 金融商品转让，不得开具增值税专用发票。

例 2-32 某证券公司（一般纳税人）8 月份以每股 10 元的价格购进 X 股票 10 000 股，购买过程中发生的各种费用 500 元；10 月份将上述股票的 50% 以 20 元的价格出售，卖出过程中发生的税费 600 元；9 月份买卖股票出现负差为 30 000 元。

该证券公司，10 月应纳增值税 $=[(20-10)\times 10\,000\times 50\%-30\,000]\div(1+6\%)\times 6\%=$ 1 132.08（元）

2）经人民银行、银监会或者商务部批准从事融资租赁业务的试点纳税人，提供融资性售后回租服务，以取得的全部价款和价外费用（不含本金），扣除对外支付的借款利息（包括外汇借款和人民币借款利息）、发行债券利息后的余额作为销售额。

（2）可选择简易计税方法的情形。

1）农村信用社、村镇银行、农村资金互助社、由银行业机构全资发起设立的贷款公司、法人机构在县（县级市、区、旗）及县以下地区的农村合作银行和农村商业银行提供金融服务收入，可以选择适用简易计税方法按照 3% 的征收率计算缴纳增值税。

2）对中国农业银行纳入“三农金融事业部”改革试点的各省、自治区、直辖市、计划单列市分行下辖的县域支行和新疆生产建设兵团分行下辖的县域支行（也称县事业部），提供农户贷款、农村企业和农村各类组织贷款取得的利息收入，可以选择适用简易计税方法按照 3% 的征收率计算缴纳增值税。

5. 生活服务

生活服务是指为满足城乡居民日常生活需求提供的各类服务活动，包括文化体育服务、教育医疗服务、旅游娱乐服务、餐饮住宿服务、居民日常服务和其他生活服务。生活服务“营改增”后相关增值税处理见表 2-15。

表 2-15　生活服务缴纳增值税相关规定

<table>
<tr><th rowspan="2">纳税人资格类型</th><th rowspan="2" colspan="2">服务项目</th><th colspan="2">发票开具</th><th rowspan="2">申　报</th></tr>
<tr><th>普通发票</th><th>专用发票</th></tr>
<tr><td rowspan="5">一般纳税人</td><td rowspan="2">文化体育</td><td>一般计税</td><td rowspan="2">自开</td><td rowspan="2">自开</td><td>全额申报，6% 税率，含税价 ÷（1+6%）</td></tr>
<tr><td>简易计税</td><td>全额申报，3% 征收率，含税价 ÷（1+3%）</td></tr>
<tr><td rowspan="2">旅游</td><td>差额扣除</td><td>自开</td><td>自开（差额扣除部分不得开具）</td><td>差额申报，6% 税率，差额后的余额 ÷（1+6%）</td></tr>
<tr><td>未选择差额扣除</td><td>自开</td><td>自开</td><td>全额申报，6% 税率，含税价 ÷（1+6%）</td></tr>
<tr><td colspan="2">教育医疗、娱乐、餐饮住宿、居民日常、其他生活服务</td><td>自开</td><td>自开</td><td>全额申报，6% 税率，含税价 ÷（1+6%）</td></tr>
</table>

（续）

<table>
<tr><th colspan="2" rowspan="2">纳税人资格类型</th><th colspan="2" rowspan="2">服务项目</th><th colspan="2">发票开具</th><th rowspan="2">申 报</th></tr>
<tr><th>普通发票</th><th>专用发票</th></tr>
<tr><td rowspan="4">小规模纳税人</td><td rowspan="2">单位和个体工商户</td><td rowspan="2">旅游</td><td>差额扣除</td><td>自开</td><td>主管国税机关代开（差额扣除部分不得代开）</td><td>差额申报，3%征收率，差额后的余额÷（1+3%）</td></tr>
<tr><td>未选择差额扣除</td><td>自开</td><td>主管国税机关代开</td><td>全额申报，3%征收率，含税价÷（1+3%）</td></tr>
<tr><td rowspan="2">自然人</td><td colspan="2">文化体育、教育医疗、娱乐、餐饮住宿、居民日常、其他生活服务</td><td>自开</td><td>主管国税机关代开</td><td>全额申报，3%征收率，含税价÷（1+3%）</td></tr>
<tr><td colspan="2">文化体育、教育医疗、旅游娱乐、餐饮住宿、居民日常、其他生活服务</td><td>代开</td><td>—</td><td>全额申报，3%征收率，含税价÷（1+3%）</td></tr>
</table>

注：1. 向消费者个人提供服务，不得开具或申请代开增值税专用发票。
2. 旅游服务可扣除项目为向旅游服务购买方收取并支付给其他单位或者个人的住宿费、餐饮费、交通费、签证费、门票费和支付给其他接团旅游企业的旅游费用。

（1）生活服务需注意的几个问题。

1）体育比赛提供体育场馆不属于文化体育业，而是属于不动产租赁，适用11%税率。

2）娱乐业范围具体包括：歌厅、舞厅、夜总会、酒吧、台球、高尔夫球、保龄球、游艺（包括射击、狩猎、跑马、游戏机、蹦极、卡丁车、热气球、动力伞、射箭、飞镖）。其中高尔夫球不属于文化体育业税目。

3）餐饮服务必须是同时提供饮食和饮食场所的方式为消费者提供饮食消费服务活动。而只提供饮食但不提供餐饮场所的不属于餐饮服务业，而属于食品制造业，适用17%税率。

外卖服务和餐饮服务应该如何纳税？酒店住宿包含的早餐是否应该按照餐饮服务缴纳增值税？

4）产权式经营酒店的业主应按照不动产经营租赁缴纳增值税，适用11%税率，而非住宿业。

5）纳税人提供旅游服务，将火车票、飞机票等交通费发票原件交付给旅游服务购买方而无法收回的，以交通费发票复印件作为差额扣除凭证。

（2）特殊情形下的增值税处理。

文化体育企业一般纳税人可选择一般计税方法，也可选择简易计税方法，但选择简易计税方法不能抵扣进项税。

例2-33 某文化公司（一般纳税人）8月取得文化相关收入106万元，可抵扣进项税额5万元。

该企业如果选择一般计税方法：

应纳增值税 = 106 ÷ (1 + 6%) × 6% − 5 = 1（万元），取得收入时会计处理如下：

借：银行存款　　1 060 000

　贷：主营业务收入　　1 000 000

　应交税费——应交增值税（销项税额）　　60 000

该企业如果选择简易计税方法：

应纳增值税 = 1 060 000 ÷ (1 + 3%) × 3% = 30 873.79（元），取得收入的会计处理为：

借：银行存款　　1 060 000

　贷：主营业务收入　　1 029 126.21

　　应交税费——简易计税　　30 873.79

试点纳税人（含小规模纳税人）提供旅游服务，可以选择以取得的全部价款和价外费用，扣除向旅游服务购买方收取并支付给其他单位或个人的住宿费、餐饮费、交通费、签证费、门票费和支付给其他接团旅游企业的旅游费用后的余额为销售额。向旅游服务购买方收取并支付的上述费用，不得开具增值税专用发票，可以开具普通发票。

例 2－34 某旅游公司 8 月取得国内旅游收入 106 万元，支付其他接团旅游费 50 万元，住宿费、餐饮费、交通费、门票费 24 万元。

该企业如果为一般纳税人：

其销项税额 = (106 − 50 − 24) ÷ (1 + 6%) × 6% = 1.81（万元）

如果该企业为小规模纳税人：

应纳增值税为 (106 − 50 − 24) ÷ (1 + 3%) × 3% = 0.93（万元）

6. 建筑服务

建筑服务是指各类建筑物、构筑物及其附属设施的建造、修缮、装饰，线路、管道、设备、设施等的安装以及其他工程作业的业务活动，包括工程服务、安装服务、修缮服务、装饰服务和其他建筑服务。需要注意的是，固定电话、有线电视、宽带等经营者向客户收取的安装费、初装费按照建筑服务缴纳增值税，而不按照电信业缴纳增值税。建筑服务缴纳增值税相关规定见表 2－16。

表 2－16　建筑业“营改增”政策要点明细表

纳税人资格类型	施工类型	计税方法	发票开具		申报	预缴增值税
			普通发票	专用发票		
一般纳税人	总包方	一般计税	自开	自开	全额申报，11%税率，扣减预缴	扣除支付的分包款后的余额，按照 2% 的预征率计算应预缴税款 预缴税款 =（含税价 − 支付的分包款）÷（1 + 11%）× 2%
		简易计税			差额申报，3%征收率，扣减预缴	扣除支付的分包款后的余额，按照 3% 的征收率计算应预缴税款 预缴税款 =（含税价 − 支付的分包款）÷（1 + 3%）× 3%

（续）

<table>
<tr><th colspan="2" rowspan="2">纳税人资格类型</th><th rowspan="2">施工类型</th><th rowspan="2">计税方法</th><th colspan="2">发票开具</th><th rowspan="2">申报</th><th rowspan="2">预缴增值税</th></tr>
<tr><th>普通发票</th><th>专用发票</th></tr>
<tr><td colspan="2" rowspan="2">一般纳税人</td><td rowspan="2">分包方（不再分包）</td><td>一般计税</td><td rowspan="2">自开</td><td rowspan="2">自开</td><td>全额申报，11%税率，扣减预缴</td><td>取得的全部价款与价外费用按照2%预征率计算应预缴税款
预缴税款＝含税价÷(1＋11%)×2%</td></tr>
<tr><td>简易计税</td><td>全额申报，3%征收率，扣减预缴</td><td>取得的全部价款与价外费用按照3%预征率计算应预缴税款
预缴税款＝含税价÷(1＋3%)×3%</td></tr>
<tr><td rowspan="3">小规模纳税人</td><td rowspan="2">单位和个体工商户</td><td>总包方</td><td>简易计税</td><td rowspan="2">自开</td><td rowspan="2">服务发生地国税机关代开</td><td>差额申报，3%征收率，扣减预缴</td><td>扣除支付的分包款后的余额，按照3%的征收率计算应预缴税款
预缴税款＝(含税价－支付的分包款)÷(1＋3%)×3%</td></tr>
<tr><td>分包方（不再分包）</td><td>简易计税</td><td>全额申报，3%征收率，扣减预缴</td><td>取得的全部价款与价外费用按照3%预征率计算应预缴税款
预缴税款＝含税价÷(1＋3%)×3%</td></tr>
<tr><td>自然人</td><td>—</td><td>简易计税</td><td>服务发生地国税机关代开</td><td>—</td><td>在建筑服务发生地申报纳税，3%征收率</td><td>—</td></tr>
</table>

注：1. 分包方如果再向下进行二次分包，相对于二次分包方而言，其为“总包方”，以此类推。
2. 纳税人提供建筑服务预缴时，计算需扣减的分包款需分项目对应扣减。

（1）可以选择简易计税的情形。

1）施工方不采购建筑工程所需的材料或只采购辅助材料，并收取人工费、管理费或者其他费用的建筑服务，即清包工方式提供建筑服务的一般纳税人，可以选择适用简易计税方法计税。

2）一般纳税人为甲供工程提供的建筑服务，可以选择适用简易计税方法计税。一般纳税人销售电梯，同时提供安装服务，其安装服务可按甲供工程选择简易计税方法计税。

例 2－35 乙建筑公司（乙方，为一般纳税人）承包一项工程，工程款为 1 000 万元，由发包方（甲方）提供部分材料，该建筑公司自行采购材料 234 万元。该业务属于甲供工程项目。

作为建筑施工方的乙建筑公司，如果选择简易计税方法：

应纳增值税 = 1 000 ÷ (1 + 3%) × 3% = 29.13（万元）

> 建筑施工合同中，甲方指的是建设单位、发包方，乙方指的是施工单位、承包方。

此时，作为发包方的甲方单位就可抵扣进项税 29.13 万元。

如果乙建筑公司选择一般计税方法：

应纳增值税 = 1 000 ÷ (1 + 11%) × 11% − 234 ÷ (1 + 17%) × 17% = 65.1（万元）

而此时作为发包方的单位可以抵扣进项税额为 99.1 万元。

可以看出，乙方选择简易计税方法时缴纳的增值税较少，但是甲方进项税额也会相应减少。

3）一般纳税人为建筑工程老项目提供的建筑服务，可以选择适用简易计税方法计税。

（2）建筑服务增值税处理。

1）一般纳税人增值税处理。

① 一般纳税人跨县（市、区）为建筑工程老项目提供建筑服务，选择一般计税方法时，应以取得的全部价款和价外费用为销售额计算应纳税额，以取得的全部价款和价外费用扣除支付的分包款后的余额，按照 2% 的预征率计算应预缴增值税后，向其机构所在地主管税务机关进行纳税申报。

应向建筑服务发生地主管国税机关预缴增值税：

预缴税款 = (全部价款和价外费用 − 支付的分包款) ÷ (1 + 11%) × 2%

应向机构所在地主管国税机关申报纳税：

应纳增值税 = 全部价款和价外费用 ÷ (1 + 11%) × 11%

例 2－36 绍兴本地的建筑 A 公司（一般纳税人），2016 年 1 月开始在江苏省南京市从事一项建筑工程，收取总包款 1 000 万元，并将其中的 400 万元工程分包出去。A 公司采用一般计税方法计算增值税。

A 公司应向南京市国税局预缴增值税：

(1 000 − 400) ÷ (1 + 11%) × 2% = 10.81（万元）

A 公司应向绍兴市国税局申报缴纳增值税：

1 000 ÷ (1 + 11%) × 11% − 10.81 = 88.29（万元）

> 纳税人跨县（市、区）提供建筑服务，在向建筑服务发生地主管国税机关预缴税款时，需填报“增值税预缴税款表”，并出示以下资料：
>
> （1）与发包方签订的建筑合同复印件（加盖纳税人公章）。
>
> （2）与分包方签订的分包合同复印件（加盖纳税人公章）。
>
> （3）从分包方取得的发票复印件（加盖纳税人公章）。

② 一般纳税人跨县（市、区）为建筑工程老项目提供建筑服务，选择简易计税方法时，已取得全部价款和价外费用扣除支付的分包款后的余额按照 3% 的征收率计算应预缴税款。并在建筑服务发生地预缴税款后向机构所在地主管税务机关进行纳税申报。

应向建筑服务发生地主管国税机关预缴增值税：

预缴税款 = (全部价款和价外费用 - 支付的分包款) ÷ (1 + 3%) × 3%

应向机构所在地主管国税机关申报纳税：

应纳增值税 = (全部价款和价外费用 - 支付的分包款) ÷ (1 + 3%) × 3%

例 2 - 37 接上例 2 - 36，A 公司选择简易计税方法。

A 公司应向南京市国税局预缴增值税：

(1 000 - 400) ÷ (1 + 3%) × 3% = 17.48 （万元）

A 公司应向绍兴市国税局申报缴纳增值税：

(1 000 - 400) ÷ (1 + 3%) × 3% - 17.48 = 0 （万元）

③ 一般纳税人跨县（市、区）为建筑工程新项目提供建筑服务，应以取得的全部价款和价外费用为销售额计算应纳税额，以取得的全部价款和价外费用扣除支付的分包款后的余额，按照 2% 的预征率计算应预缴增值税后，向其机构所在地主管税务机关进行纳税申报。

应向建筑服务发生地主管国税机关预缴增值税：

预缴税款 = (全部价款和价外费用 - 支付的分包款) ÷ (1 + 11%) × 2%

应向机构所在地主管国税机关申报纳税：

应纳增值税 = 全部价款和价外费用 ÷ (1 + 11%) × 11%

例 2 - 38 绍兴本地的建筑 A 公司（一般纳税人），2016 年 6 月开始在江苏省南京市从事一项建筑工程，收取总包款 1 000 万元，并将其中的 400 万元工程分包出去，如果取得增值税专用发票。(2016 年 6 月开工，已属于“营改增”后，所以属于建筑新项目)

A 公司应向南京市国税局预缴增值税：

(1 000 - 400) ÷ (1 + 11%) × 2% = 10.81 （万元）

A 公司应向绍兴市国税局申报缴纳增值税：

1 000 ÷ (1 + 11%) × 11% - 400 ÷ (1 + 11%) × 11% - 10.81 = 48.65 （万元）

建筑企业一般纳税人增值税计算要点见表 2 - 17。而建筑企业一般纳税人常见会计处理可参考例题 2 - 39。

例 2 - 39 A 建筑公司为一般纳税人，购进建筑材料 70 万元，进项税额 11.9 万元；租用施工设备，支付租金 10 万元，进项税额 1.7 万元；支付运输费用 10 万元，进项税额 1.1 万元，以上均已取得增值税专用发票。该建筑公司承建该项目，合同约定开工时预收工程款 10 万元。

A 公司购进材料、支付租金和运费等时，会计处理如下：

借：原材料　　700 000
　　工程施工——机械使用费　　100 000
　　工程施工——其他直接费用　　100 000
　　应交税费——应交增值税（进项税额）　　147 000
　　贷：银行存款　　1 047 000

A 公司预收工程款时，会计处理如下：

借：银行存款　　100 000
　　贷：预收账款　　90 090.09
　　　　应交税费——应交增值税（销项税额）　　9 909.91

表 2－17　建筑业一般纳税人增值税计算和纳税情况

计税方法	预缴和申报纳税		2016 年 4 月 30 日前	2016 年 5 月 1 日后
一般计税方法	预缴	计算公式	（全部价款和价外费用－支付的分包款）÷（1＋11%）×2%	（全部价款和价外费用－支付的分包款）÷（1＋11%）×2%
		申报地点	不动产所在地主管国税局	
	申报纳税	计算公式	含税销售额÷（1＋11%）×11%	含税销售额÷（1＋11%）×11%
		申报地点	机构所在地主管国税局	
简易计税方法	预缴	计算公式	（全部价款和价外费用－支付的分包款）÷（1＋3%）×3%	无简易计税方法
		申报地点	不动产所在地主管国税局	
	申报纳税	计算公式	（全部价款和价外费用－支付的分包款）÷（1＋3%）×3%	
		申报地点	机构所在地主管国税局	

2）小规模纳税人。

小规模纳税人跨县（市、区）提供建筑服务，以取得的全部价款和价外费用扣除支付的分包款后的余额，按照3%的征收率计算应预缴税款。并在建筑服务发生地预缴税款后向机构所在地主管税务机关进行纳税申报。

应向建筑服务发生地主管国税机关预缴增值税：

预缴税款＝（全部价款和价外费用－支付的分包款）÷（1＋3%）×3%

应向机构所在地主管国税机关申报纳税：

应纳增值税＝（全部价款和价外费用－支付的分包款）÷（1＋3%）×3%

7．无形资产相关业务

销售无形资产的销售额为取得的全部价款和价外费用。但是，纳税人转让2016年4月30日前取得的土地使用权，可以选择适用简易计税方法，以取得的全部价款和价外费用减去取得该土地使用权的原价后的余额为销售额，按照5%的征收率计算缴纳增值税。

境内的单位和个人向境外单位提供完全在境外消费的离岸服务外包和转让技术适用零税率。而对于个人转让著作权，纳税人提供技术转让、技术开发和与之相关的技术咨询、技术服务，符合特定条件的合同能源管理服务，将土地使用权转让给农业生产者用于农业生产，土地所有者出让土地使用权和土地使用者将土地使用权归还土地所有者，县级以上地方人民政府或自然资源行政主管部门出让、转让或收回自然资源使用权（不含土地使用权），涉及家庭财产分割的个人无偿转让土地使用权等情形，免征增值税。

（1）一般纳税人取得无形资产的业务处理。

“营改增”后增值税一般纳税人外购、接受投资或捐赠等情形取得无形资产，取得相关合法抵扣凭证并符合进项税额抵扣情形的，应做会计处理如下：

借：无形资产

应交税费——应交增值税（进项税额）

贷：银行存款/实收资本或股本/营业外收入等

例2-40 杭州A公司（一般纳税人）收购某公司一商标，取得增值税专用发票上价款为20万元，税额为1.2万元，通过银行转账支付。

该笔业务A公司应做会计处理：

借：无形资产 200 000

应交税费——应交增值税（进项税额） 12 000

贷：银行存款 212 000

（2）处置无形资产的处理。

“营改增”后，除技术开发、专利技术的转让是免税外，其他诸如商誉、商标权和著作权的转让需缴纳增值税。一般纳税人出售或将无形资产对外投资时，相关会计处理如下：

借：银行存款/长期股权投资等

累计摊销（当存在减值时还需借记“无形资产减值准备”）

贷：无形资产

应交税费——应交增值税（销项税额）

营业外收入（或借记营业外支出）

例2-41 杭州A公司因转型出售其拥有的某品牌商标，开具增值税专用发票上注明的价格为50万元，税额为3万元，总计53万元。该商标账面余额为30万元，已累计摊销1万元。则南京B公司该涉税业务的账务处理（只考虑增值税相关税费）为：

借：银行存款 530 000

累计摊销 10 000

贷：无形资产——商标权 300 000

应交税费——应交增值税（销项税额） 30 000

营业外收入 210 000

无形资产使用权的转让现属于增值税的纳税范围，专利技术和非专利技术使用权的转让在符合法律规定的条件下可以给予免税，其他无形资产使用权如商誉等的转让要按6%的税率进行纳税。

例2-42 杭州A公司向外出租某品牌商标，每月租金为5万元，9月，A公司收到租金5万元。

借：银行存款 50 000

贷：其他业务收入 47 169.81

应交税费——应交增值税（销项税额） 2 830.19

8. 不动产相关业务

“营改增”后销售不动产纳入增值税范畴，同时取得不动产也允许抵扣进项税额。

（1）一般纳税人取得不动产的税务处理。

根据《不动产进项税额分期抵扣暂行办法》（国家税务总局公告2016年第15号）规定，增值税一般纳税人2016年5月1日后取得并在会计制度上按固定

> 专用于简易计税方法计税项目、免征增值税项目、集体福利或者个人消费项目的固定资产、无形资产（不包括其他权益性无形资产）、不动产，不允许抵扣进项税额。

资产核算的不动产，以及2016年5月1日后发生的不动产在建工程，其进项税额允许抵扣。与一般纳税人取得其他货物、劳务、服务不同的是，取得不动产允许抵扣的进项税额实行分期抵扣，于取得抵扣凭证的当期抵扣60%（通过“应交增值税”下设“进项税额”反映），于取得抵扣凭证的当月起第13个月抵扣40%（通过“待抵扣进项税额”反映）。

例2-43 杭州B公司（一般纳税人）2016年12月购入一项不动产，取得增值税专用发票显示价款1 000万元，增值税110万元。

B公司2016年12月应做会计处理：

借：固定资产　10 000 000

　　应交税费——应交增值税（进项税额）　660 000

　　应交税费——待抵扣进项税额　440 000

　　贷：银行存款　11 100 000

2017年12月，应做会计处理：

借：应交税费——应交增值税（进项税额）　440 000

　　贷：应交税费——待抵扣进项税额　440 000

假设B企业于2017年11月前出售了该房屋，则待抵扣的44万元进项税额应于出售当期一次性抵扣。

（2）纳税人拥有不动产期间的相关税务处理。

1）不得抵扣进项税的不动产转变为可抵扣的情形。

按照规定不得抵扣进项税额的不动产，发生用途改变，用于允许抵扣进项税额项目的，按照下列公式在改变用途的次月计算可抵扣进项税额。前提是应取得2016年5月1日后开具的合法有效的增值税扣税凭证：

可抵扣进项税额＝增值税扣税凭证注明或计算的进项税额×不动产净值率

按上述方法计算的可抵扣进项税额，60%的部分于改变用途的次月从销项税额中抵扣，40%的部分为待抵扣进项税额，于改变用途的次月起第13个月从销项税额中抵扣。

在《营业税改征增值税试点有关事项的规定》中将上式描述为

可以抵扣进项税额＝固定资产、无形资产、不动产净值/（1＋适用税率）×适用税率

例2-44 接上例2-43，杭州B公司（一般纳税人）2016年12月购入一项不动产，假设原先专用于职工宿舍的，取得增值税专用发票显示价款1 000万元，增值税110万元。按20年计提折旧，并于2021年12月转为厂房用于生产。

B公司2016年12月应做会计处理：

借：固定资产　1 110 000

　　贷：银行存款　1 110 000

2021年12月转为厂房时，允许抵扣的进项税额计算：

不动产的净值＝1 110÷20×15＝832.5（万元）

可抵扣进项税额＝832.5÷(1＋11%)×11%＝82.5（万元）

或，不动产净值率＝1 110÷20×15÷1 110×100%＝75%

可抵扣进项税额＝110×75%＝82.5（万元）

2022年1月可抵扣进项税额＝82.5×60%＝49.5（万元）

2023年1月可抵扣进项税额＝82.5×40%＝33（万元）

2022 年 1 月，应做会计处理：

借：应交税费——应交增值税（进项税额） 495 000

　　应交税费——待抵扣进项税额 330 000

　　贷：固定资产 825 000

2023 年 1 月，应做会计处理：

借：应交税费——应交增值税（进项税额） 330 000

　　贷：应交税费——待抵扣进项税额 330 000

2）不动产相关进项税额转出业务的处理。

已抵扣进项税额的不动产，发生非正常损失，或者改变用途，专用于简易计税方法计税项目、免征增值税项目、集体福利或者个人消费的，需要转出相应进项税额。

例 2-45 接上例 2-43，杭州 B 公司（一般纳税人）2016 年 12 月购入一项不动产，取得增值税专用发票显示价款 1 000 万元，增值税 110 万元，按 20 年计提折旧。为改善职工住宿条件，于 2026 年 12 月将该不动产转为职工宿舍。

转为职工宿舍时的不动产净值 = 1 000 ÷ 20 × 10 = 500（万元）

应当转出的进项税额 = 500 × 11% = 55（万元）

或者：不动产的净值率 = 1 000 ÷ 20 × 10 ÷ 1 000 × 100% = 50%

应当转出的进项税额 = (110 + 0) × 50% = 55（万元）

2026 年 12 月，会计处理为：

借：固定资产 550 000

　　贷：应交税费——应交增值税（进项税额转出） 550 000

假如 2017 年 9 月，B 公司就将该不动产转为职工宿舍的话：

不动产净值 = 1 000 × (1 - 9 ÷ 240) = 962.5（万元）

不得抵扣的进项税额 = 962.5 × 11% = 105.875（万元）

不得抵扣进项税额 105.875 > 已抵扣进项税额 110 × 60% = 66，因此需要转出税额为 66 万元，将 39.875 万元（105.875 - 66）从待抵扣进项税额 44 万元中扣减。

2017 年 9 月，应做会计处理：

借：固定资产 1 058 750

　　贷：应交税费——应交增值税（进项税额转出） 660 000

　　　　应交税费——待抵扣进项税额 398 750

2017 年 12 月，应做会计处理

借：应交税费——应交增值税（进项税额） 41 250

　　贷：应交税费——待抵扣进项税额 41 250

3）已抵扣进项税的货物、服务专用于不动产在建工程的处理。

纳税人 2016 年 5 月 1 日后购进货物和设计服务、建筑服务，用于新建不动产，或者用于改建、扩建、修缮、装饰不动产并增加不动产原值（指取得不动产时的购置原价或作价）超过 50% 的，其进项税额按规定分 2 年从销项税额中抵扣。

例 2-46 杭州 B 公司于 2016 年 6 月购进一批金属材料，取得增值税专用发票显示价款 100 万元，可抵扣进项税 17 万元已于当月抵扣。2016 年 12 月，B 公司将该批金属材料用于不动产在建工程（新建）。

根据规定，对于已经抵扣的 17 万元进项税额中的 40% [17 × 40% = 6.8（万元）]，应于

2016 年 12 月转出，并于 2017 年 12 月抵扣，相应会计处理如下：

2016 年 12 月会计处理：

借：应交税费——待抵扣进项税额　　68 000

　　贷：应交税费——应交增值税（进项税额转出）　　68 000

2017 年 12 月会计处理：

借：应交税费——应交增值税（进项税额）　　68 000

　　贷：应交税费——待抵扣进项税额　　68 000

不动产在建工程发生非正常损失的，其所耗用的购进货物、设计服务和建筑服务已抵扣的进项税额应于当期全部转出；其待抵扣进项税额不得抵扣。

4）不动产经营租赁服务增值税处理。

“营改增”后，纳税人以经营租赁方式出租其取得的不动产，应按规定缴纳增值税。将建筑物、构筑物等不动产或者飞机、车辆等有形动产的广告位出租给其他单位或者个人用于发布广告，按照经营租赁服务缴纳增值税。车辆停放服务、道路通行服务（包括过路费、过桥费、过闸费等）等按照不动产经营租赁服务缴纳增值税。不动产经营租赁缴纳增值税相关政策见表 2－18。

表 2－18　不动产经营租赁缴纳增值税相关

纳税人资格类型			出租不动产类型		发票开具		申报	预缴增值税
					普通发票	专用发票		
一般纳税人	单位		老项目（简易计税）	本地	自开	自开	全额申报，5%征收率	不预缴
				异地			全额申报，5%征收率，扣减预缴	含税销售额÷(1+5%)×5%
			老项目（一般计税）	本地			全额申报，11%税率	不预缴
				异地			全额申报，11%税率，扣减预缴	含税销售额÷(1+11%)×3%
	个人	个体工商户	新项目（一般计税）	本地			全额申报，11%税率	不预缴
				异地			全额申报，11%税率，扣减预缴	含税销售额÷(1+11%)×3%
			老项目（不含住房）（简易计税）	本地			全额申报，5%征收率	不预缴
				异地			全额申报，5%征收率，扣减预缴	含税销售额÷(1+5%)×5%
			老项目（不含住房）（一般计税）	本地			全额申报，11%税率	不预缴
				异地			全额申报，11%税率，扣减预缴	含税销售额÷(1+11%)×3%
			新项目（不含住房）（一般计税）	本地			全额申报，11%税率	不预缴
				异地			全额申报，11%税率，扣减预缴	含税销售额÷(1+11%)×3%
			住房（简易计税）	本地			全额申报，5%征收率减按1.5%	不预缴
				异地			全额申报，5%征收率减按1.5%，扣减预缴	含税销售额÷(1+5%)×1.5%

（续）

纳税人资格类型			出租不动产类型		发票开具		申报	预缴增值税
					普通发票	专用发票		
小规模纳税人	单位		全部	本地	自开	机构地国税代开	全额申报，5%征收率	不预缴
				异地	自开	不动产所在地国税代开	全额申报，5%征收率，扣减预缴	含税销售额÷（1+5%）×5%
	个人	个体工商户	非住房	本地	自开	机构地国税代开	全额申报，5%征收率	不预缴
				异地	自开	不动产所在地国税代开	全额申报，5%征收率，扣减预缴	含税销售额÷（1+5%）×5%
			住房	本地	自开	机构地国税代开	全额申报，5%征收率减按1.5%	不预缴
				异地	自开	不动产所在地国税代开	全额申报，5%征收率减按1.5%，扣减预缴	含税销售额÷（1+5%）×1.5%
		自然人	非住房	本地	不动产所在地地税代开	不动产所在地地税代开	不区分本地异地，不动产所在地地税机关全额申报，含税销售额÷（1+5%）×5%	
				异地				
			住房	本地			不区分本地异地，不动产所在地地税机关全额申报，含税销售额÷（1+5%）×1.5%	
				异地				

注：1. 表中“异地”指跨县（市、区），下同。

2. 向自然人出租不动产，不得开具或申请代开增值税专用发票。

3. 纳税人（除自然人）提供不动产经营租赁服务，不动产所在地与机构所在地不在同一县（市、区）的，向不动产所在地主管国税机关预缴税款，向机构所在地主管国税机关申报纳税。

4. 自然人出租不动产均由不动产所在地地税部门负责征收。

5. 异地出租不动产：除自然人外的纳税人通过“增值税预缴税款表”在不动产所在地国税部门预缴异地出租税款，并向不动产所在地国税部门申请代开增值税发票，取得不动产所在地国税部门开具的完税凭证，作为回机构所在地主管国税机关申报扣减预缴税款的凭证。

6. 纳税人出租不动产，需要预缴税款的，应在取得租金的次月申报期或不动产所在地主管国税机关核定的纳税期限预缴税款。

① 一般纳税人出租不动产缴纳增值税的处理。

一般纳税人出租不动产缴纳增值税的处理具体根据所出租的不动产取得时点不同处理方式有所不同，具体情况对比可见表2-19。

表 2－19　一般纳税人出租不动产增值税处理

<table>
<tr><th colspan="3">预缴和申报纳税</th><th>2016 年 4 月 30 日前取得</th><th>2016 年 5 月 1 日后取得</th></tr>
<tr><td rowspan="4">一般计税方法</td><td rowspan="2">预缴</td><td>公式</td><td>含税销售额÷(1+11%)×3%</td><td>含税销售额÷(1+11%)×3%</td></tr>
<tr><td>申报地</td><td colspan="2">不动产所在地主管国税局</td></tr>
<tr><td rowspan="2">申报纳税</td><td>公式</td><td>含税销售额÷(1+11%)×11%</td><td>含税销售额÷(1+11%)×11%</td></tr>
<tr><td>申报地</td><td colspan="2">机构所在地国税局</td></tr>
<tr><td rowspan="4">简易计税方法</td><td rowspan="2">预缴</td><td>公式</td><td>含税销售额÷(1+5%)×5%</td><td rowspan="4">无</td></tr>
<tr><td>申报地</td><td>不动产所在地主管国税局</td></tr>
<tr><td rowspan="2">申报纳税</td><td>公式</td><td>含税销售额÷(1+5%)×5%</td></tr>
<tr><td>申报地</td><td>机构所在地国税局</td></tr>
</table>

一般纳税人出租 2016 年 5 月 1 日后取得的不动产，适用一般计税方法计算增值税。

一般纳税人出租其 2016 年 4 月 30 日前取得的不动产，可选择一般计税方法，也可选择适用简易计税方法。

不动产所在地与机构所在地不在同一县（市、区）的，纳税人应按照上述计税方法向不动产所在地主管国税机关预缴税款，向机构所在地主管国税机关申报纳税。

不动产所在地与机构所在地在同一县（市、区）的，纳税人向机构所在地主管国税机关申报纳税。

例 2－47　杭州 C 公司（一般纳税人）出租其位于厦门的一套 2015 年购入的房产，月租金 10 万元。

C 公司如果选择一般计税方法：

应于厦门预缴增值税 = 10 ÷（1 + 11%）× 3% = 0.27（万元）

应于杭州申报增值税 = 10 ÷（1 + 11%）× 11% − 0.27 = 0.72（万元）

如 C 公司选择简易计税方法：

应于厦门预缴增值税 = 10 ÷（1 + 5%）× 5% = 0.48（万元）

应于杭州申报增值税 = 10 ÷（1 + 5%）× 5% − 0.48 = 0（元）

②小规模纳税人出租不动产增值税处理。

小规模纳税人出租不动产，按照以下规定缴纳增值税（具体见表 2－20）。

表 2－20　小规模纳税人出租不动产增值税处理

<table>
<tr><th>不同情形</th><th colspan="3">预缴和申报纳税</th></tr>
<tr><td rowspan="4">单位和个体户（不含个体户出租住房</td><td rowspan="2">预缴</td><td>公式</td><td>含税销售额÷(1+5%)×5%</td></tr>
<tr><td>申报地</td><td>不动产所在地主管国税局</td></tr>
<tr><td rowspan="2">申报纳税</td><td>公式</td><td>含税销售额÷(1+5%)×5%</td></tr>
<tr><td>申报地</td><td>机构所在地国税局</td></tr>
<tr><td rowspan="4">个体户出租住房</td><td rowspan="2">预缴</td><td>公式</td><td>含税销售额÷(1+5%)×1.5%</td></tr>
<tr><td>申报地</td><td>不动产所在地主管国税局</td></tr>
<tr><td rowspan="2">申报纳税</td><td>公式</td><td>含税销售额÷(1+5%)×1.5%</td></tr>
<tr><td>申报地</td><td>机构所在地国税局</td></tr>
</table>

（续）

不同情形	预缴和申报纳税		
其他个人出租非住房	申报纳税	公式	含税销售额÷(1+5%)×5%
	申报纳税	申报地	不动产所在地主管地税局
其他个人出租住房	申报纳税	公式	含税销售额÷(1+5%)×1.5%
	申报纳税	申报地	不动产所在地主管地税局

首先，单位和个体工商户出租不动产（不含个体工商户出租住房），按照5%的征收率计算应纳税额。个体工商户出租住房，按照5%的征收率减按1.5%计算应纳税额。

> 其他个人采取一次性收取租金的形式出租不动产，取得的租金收入可在租金对应的租赁期内平均分摊，分摊后的月租金收入不超过3万元的，可享受小微企业免征增值税优惠政策。

不动产所在地与机构所在地不在同一县（市、区）的，纳税人应按照上述计税方法向不动产所在地主管国税机关预缴税款，向机构所在地主管国税机关申报纳税。

不动产所在地与机构所在地在同一县（市、区）的，纳税人应向机构所在地主管国税机关申报纳税。

其次，其他个人出租不动产（不含住房），按照5%的征收率计算应纳税额，向不动产所在地主管地税机关申报纳税。其他个人出租住房，按照5%的征收率减按1.5%计算应纳税额，向不动产所在地主管地税机关申报纳税。

《纳税人提供不动产经营租赁服务增值税征收管理暂行办法》（国家税务总局公告2016年第16号）还规定，纳税人出租的不动产所在地与其机构所在地在同一直辖市或计划单列市但不在同一县（市、区）的，由直辖市或计划单列市国家税务局决定是否在不动产所在地预缴税款。

纳税人出租不动产，按规定需要预缴税款的，应在取得租金的次月纳税申报期或不动产所在地主管国税机关核定的纳税期限预缴税款。

单位和个体工商户出租不动产，应向不动产所在地主管国税机关预缴税款时，填写“增值税预缴税款表”。

单位和个体工商户出租不动产，向不动产所在地主管国税机关预缴的增值税款，可以在当期增值税应纳税额中抵减，抵减不完的，结转下期继续抵减。纳税人以预缴税款抵减应纳税额，应以完税凭证作为合法有效凭证。

小规模纳税人中的单位和个体工商户出租不动产，不能自行开具增值税发票的，可向不动产所在地主管国税机关申请代开增值税发票。其他个人出租不动产，可向不动产所在地主管地税机关申请代开增值税发票。

> 纳税人按规定从取得的全部价款和价外费用中扣除不动产购置原价或者取得不动产时的作价的，应当取得符合法律、行政法规和国家税务总局规定的合法有效凭证。否则，不得扣除。上述凭证是指：
>
> （1）税务部门监制的发票。
>
> （2）法院判决书、裁定书、调解书，以及仲裁裁决书、公证债权文书。
>
> （3）国家税务总局规定的其他凭证。

（3）转让不动产的增值税税务。

《纳税人转让不动产增值税征收管理暂行办法》

（国家税务总局公告2016年第14号）对转让不动产增值税相关问题进行了具体规定，但不包含房地产开发企业销售自行开发的房地产项目。

1）一般纳税人。

①《纳税人转让不动产增值税征收管理暂行办法》规定，一般纳税人转让其2016年4月30日前取得的不动产，应分自建不动产和非自建不动产等情形，可选择一般计税方法或选择简易计税方法（见表2－21）。

表2－21　一般纳税人转让2016年4月30日前取得的不动产

<table>
<tr><th colspan="3">预缴和申报纳税</th><th>非自建</th><th>自　建</th></tr>
<tr><td rowspan="4">一般计税方法</td><td rowspan="2">预缴</td><td>公式</td><td>（全部价款和价外费用－不动产购置原价或取得不动产时的作价）÷（1+5%）×5%</td><td>全部价款和价外费用÷（1+5%）×5%</td></tr>
<tr><td>申报地</td><td colspan="2">不动产所在地主管地税局</td></tr>
<tr><td rowspan="2">申报纳税</td><td>公式</td><td>全部价款和价外费用÷（1+11%）×11%</td><td>全部价款和价外费用÷（1+11%）×11%</td></tr>
<tr><td>申报地</td><td colspan="2">机构所在地国税局</td></tr>
<tr><td rowspan="4">简易计税方法</td><td rowspan="2">预缴</td><td>公式</td><td>（全部价款和价外费用－不动产购置原价或取得不动产时的作价）÷（1+5%）×5%</td><td>全部价款和价外费用÷（1+5%）×5%</td></tr>
<tr><td>申报地</td><td colspan="2">不动产所在地主管地税局</td></tr>
<tr><td rowspan="2">申报纳税</td><td>公式</td><td>（全部价款和价外费用－不动产购置原价或取得不动产时的作价）÷（1+5%）×5%</td><td>全部价款和价外费用÷（1+5%）×5%</td></tr>
<tr><td>申报地</td><td colspan="2">机构所在地国税局</td></tr>
</table>

例2－48　杭州D公司（一般纳税人）2014年购买了位于上海的一处办公楼，取得“不动产销售统一发票”显示的价款为1 000万元。2016年8月将该处房产以4 000万元的价格出售。

假设D公司选择一般计税方法计算增值税：

应于上海市地税局预缴增值税＝(4 000－1 000)÷(1＋5%)×5%＝142.86（万元）

应于杭州国税局申报增值税＝4 000÷(1＋11%)×11%－142.86＝253.54（万元）

假设D公司选择简易计税方法计算增值税：

应于上海市地税局预缴增值税＝(4 000－1 000)÷(1＋5%)×5%＝142.86（万元）

应于杭州国税局申报增值税＝(4 000－1 000)÷(1＋5%)×5%－142.86＝0（元）

②《纳税人转让不动产增值税征收管理暂行办法》规定，一般纳税人转让其2016年5月1日后取得的不动产，只能适用一般计税方法，且与一般纳税人转让2016年4月30日前取得的不动产选择一般计税方法一致（见表2－22）。

表 2-22 一般纳税人转让 2016 年 5 月 1 日后取得的不动产

预缴和申报纳税		非自建	自建
预缴	公式	（全部价款和价外费用－不动产购置原价或取得不动产时的作价）÷(1+5%)×5%	全部价款和价外费用÷(1+5%)×5%
	申报地	不动产所在地主管地税局	
申报纳税	公式	全部价款和价外费用÷(1+11%)×11%	全部价款和价外费用÷(1+11%)×11%
	申报地	机构所在地国税局	

2）小规模纳税人。

小规模纳税人（除个人转让其购买的住房外）转让其取得的不动产，应区分自建和非自建不动产，其增值税处理与一般纳税人转让其 2016 年 4 月 30 日前取得不动产而选择简易计税方法的情形一致（见表 2-23）。

表 2-23 小规模纳税人转让取得的不动产

预缴和申报纳税		非自建	自建
预缴	公式	（全部价款和价外费用－不动产购置原价或取得不动产时的作价）÷(1+5%)×5%	全部价款和价外费用÷(1+5%)×5%
	申报地	不动产所在地主管地税局	
申报纳税	公式	（全部价款和价外费用－不动产购置原价或取得不动产时的作价）÷(1+5%)×5%	全部价款和价外费用÷(1+5%)×5%
	申报地	机构所在地国税局	

3）其他个人。

个人转让其购买的住房，按照以下规定缴纳增值税。

个人将购买不足 2 年的住房对外销售的，按照 5% 的征收率全额缴纳增值税；个人将购买 2 年以上（含 2 年）的住房对外销售的，免征增值税。上述政策适用于北京市、上海市、广州市和深圳市之外的地区。

个人将购买不足 2 年的住房对外销售的，按照 5% 的征收率全额缴纳增值税；个人将购买 2 年以上（含 2 年）的非普通住房对外销售的，以销售收入减去购买住房价款后的差额按照 5% 的征收率缴纳增值税；个人将购买 2 年以上（含 2 年）的普通住房对外销售的，免征增值税。上述政策仅适用于北京市、上海市、广州市和深圳市。

根据以上规定，其他个人转让住房应纳增值税可归纳为表 2-24。此外，其他个人应向住房所在地主管地税机关申报纳税。

表2-24 其他个人转让取得的不动产增值税计算情况

项 目	计税方法	适用范围
个人将购买不足2年的住房对外销售	全部价款和价外费用÷(1+5%)×5%	全国
个人将购买2年以上(含2年)的普通住房对外销售	免征增值税	全国
个人将购买2年以上(含2年)的非普通住房对外销售	(全部价款和价外费用-不动产购置原价或者取得不动产时的作价)÷(1+5%)×5%	仅适用于北京市、上海市、广州市和深圳市

4)其他。

纳税人转让其取得的不动产,向不动产所在地主管地税机关预缴的增值税税款,可以在当期增值税应纳税额中抵减,抵减不完的,结转下期继续抵减。纳税人以预缴税款抵减应纳税额,应以完税凭证作为合法有效凭证。

小规模纳税人转让其取得的不动产,不能自行开具增值税发票的,可向不动产所在地主管地税机关申请代开。

纳税人向其他个人转让其取得的不动产,不得开具或申请代开增值税专用发票。

纳税人转让不动产,按照有关规定差额缴纳增值税的,如因丢失等原因无法提供取得不动产时的发票,可向税务机关提供其他能证明契税计税金额的完税凭证等资料,进行差额扣除。

纳税人以契税计税金额进行差额扣除的,按照下列公式计算增值税应纳税额:

① 2016年4月30日及以前缴纳契税的:

增值税应纳税额=[全部交易价格(含增值税)-契税计税金额(含营业税)]÷(1+5%)×5%

② 2016年5月1日及以后缴纳契税的:

增值税应纳税额=[全部交易价格(含增值税)÷(1+5%)-契税计税金额(不含增值税)]×5%

纳税人同时保留取得不动产时的发票和其他能证明契税计税金额的完税凭证等资料的,应当凭发票进行差额扣除。

9. 房地产企业增值税处理

房地产开发企业销售自行开发的房地产项目,适用《房地产开发企业销售自行开发的房地产项目增值税征收管理暂行办法》(国家税务总局公告2016年第18号)。房地产企业销售自行开发项目的增值税处理具体规定可见表2-25。

自行开发是指在依法取得土地使用权的土地上进行基础设施和房屋建设。房地产开发企业以接盘等形式购入未完工的房地产项目继续开发后,以自己的名义立项销售的,属于销售自行开发的房地产项目。

表 2-25 房地产开发企业销售自行开放项目的增值税处理

<table>
<tr><th rowspan="2">纳税人资格类型</th><th rowspan="2" colspan="2">房产项目类型</th><th colspan="2">发票开具</th><th rowspan="2">申 报</th><th rowspan="2">预缴增值税</th></tr>
<tr><th>普通发票</th><th>专用发票</th></tr>
<tr><td rowspan="3">一般纳税人</td><td rowspan="2">自行开发老项目</td><td>简易计税</td><td rowspan="3">自开</td><td rowspan="3">自开</td><td>全额申报，5%征收率，扣减预缴</td><td>全额3%预缴，含税价÷(1+5%)</td></tr>
<tr><td>一般计税</td><td>按面积配比扣土地价款差额申报，11%税率，扣减预缴</td><td>全额3%预缴，含税价÷(1+11%)</td></tr>
<tr><td colspan="2">自行开发新项目</td><td>按面积配比扣土地价款差额申报，11%税率，扣减预缴</td><td>全额3%预缴，含税价÷(1+11%)</td></tr>
<tr><td>小规模纳税人</td><td colspan="2">自行开发老项目</td><td>自开</td><td>主管国税机关代开</td><td>全额申报，5%征收率，扣减预缴</td><td>全额3%预缴，含税价÷(1+5%)</td></tr>
</table>

(1) 一般纳税人。

房地产开发企业中的一般纳税人销售自行开发的房地产项目，适用一般计税方法计税，按照取得的全部价款和价外费用，扣除当期销售房地产项目对应的土地价款后的余额计算销售额。销售额的计算公式为

销售额=(全部价款和价外费用-当期允许扣除的土地价款)÷(1+11%)

当期允许扣除的土地价款按照以下公式计算：

当期允许扣除的土地价款=(当期销售房地产项目建筑面积÷房地产项目可供销售建筑面积)×支付的土地价款

在计算销售额时从全部价款和价外费用中扣除土地价款，应当取得省级以上（含省级）财政部门监（印）制的财政票据。一般纳税人应建立台账登记土地价款的扣除情况，扣除的土地价款不得超过纳税人实际支付的土地价款。

> 当期销售房地产项目建筑面积是指当期进行纳税申报的增值税销售额对应的建筑面积。
>
> 房地产项目可供销售建筑面积是指房地产项目可以出售的总建筑面积，不包括销售房地产项目时未单独作价结算的配套公共设施的建筑面积。
>
> 支付的土地价款是指向政府、土地管理部门或受政府委托收取土地价款的单位直接支付的土地价款。

一般纳税人销售自行开发的房地产老项目，可以选择适用简易计税方法按照5%的征收率计税。一经选择简易计税方法计税的，36个月内不得变更为一般计税方法计税。

一般纳税人销售自行开发的房地产老项目适用简易计税方法计税的，以取得的全部价款和价外费用为销售额，不得扣除对应的土地价款。

一般纳税人采取预收款方式销售自行开发的房地产项目，应在收到预收款时按照3%的预征率预缴增值税。应在取得预收款的次月纳税申报期向主管国税机关预缴税款。

应预缴税款按照以下公式计算：

应预缴税款 = 预收款 ÷ （1 + 适用税率或征收率） × 3%

适用一般计税方法计税的，按照 11% 的适用税率计算；适用简易计税方法计税的，按照 5% 的征收率计算。房地产企业一般纳税人增值税计算具体情况，可参见表 2 - 26。

表 2 - 26　房地产企业一般纳税人增值税计算方法比较

计税方法	预缴和申报纳税	2016 年 4 月 30 日前	2016 年 5 月 1 日后
一般计税方法	预缴	预收款 ÷ (1 + 11%) × 3%	预收款 ÷ (1 + 11%) × 3%
	纳税申报	（全部价款和价外费用 - 当期允许扣除的土地价款）÷ (1 + 11%) × 11%	（全部价款和价外费用 - 当期允许扣除的土地价款）÷ (1 + 11%) × 11%
简易计税方法	预缴	预收款 ÷ (1 + 5%) × 3%	无
	纳税申报	全部价款和价外费用 ÷ (1 + 5%) × 5%	

一般纳税人销售自行开发的房地产项目，兼有一般计税方法计税、简易计税方法计税、免征增值税的房地产项目而无法划分不得抵扣的进项税额的，应以“建筑工程施工许可证”注明的“建设规模”为依据进行划分。

不得抵扣的进项税额 = 当期无法划分的全部进项税额 ×
（简易计税、免税房地产项目建设规模 ÷ 房地产项目总建设规模）

例 2 - 49　杭州 E 房地产开发公司（一般纳税人）自行开发房地产项目，一个项目 2014 年 9 月开工，取得“建筑工程施工许可证”，支付土地出让金未取得省级财政部门印制的财政票据。2016 年 8 月取得预收款 2 220 万元，对应的土地地价款为 999 万元，9 月办理产权移交手续。

如果 E 房地产公司现在采用一般计税方法：

2016 年 8 月预缴：

预缴增值税 = 2 220 ÷ (1 + 11%) × 3% = 60（万元）

应做会计处理如下：

借：银行存款　　22 200 000

　　贷：预收账款　　22 200 000

借：应交税费——应交增值税（已交税金）　　600 000

　　贷：银行存款　　600 000

2016 年 9 月申报纳税：

应纳增值税 = (2 220 - 999) ÷ (1 + 11%) × 11% - 60 = 61（万元）

应做会计处理如下：

借：预收账款　　22 200 000

　　贷：主营业务收入　　20 000 000

　　　　应交税费——应交增值税（销项税额）　　2 200 000

借：主营业务成本　　600 000

　　应交税费——应交增值税（营改增抵减的销项税额）　　220 000

　　贷：开发商品——土地　　820 000

（2）小规模纳税人。

房地产开发企业中的小规模纳税人采取预收款方式销售自行开发的房地产项目，应在收到预收款时按照3%的预征率预缴增值税。

应预缴税款按照以下公式计算：

$$应预缴税款 = 预收款 \div (1+5\%) \times 3\%$$

以当期销售额（取得的全部价款和价外费用，不扣除地价款）和5%的征收率计算当期应纳税额，抵减已预缴税款后，向主管国税机关申报纳税。未抵减完的预缴税款可以结转下期继续抵减。

小规模纳税人应在取得预收款的次月纳税申报期或主管国税机关核定的纳税期限向主管国税机关预缴税款。

小规模纳税人销售自行开发的房地产项目，自行开具增值税普通发票。购买方需要增值税专用发票的，小规模纳税人向主管国税机关申请代开。小规模纳税人销售自行开发的房地产项目，其2016年4月30日前收取并已向主管地税机关申报缴纳营业税的预收款，未开具营业税发票的，可以开具增值税普通发票，不得申请代开增值税专用发票。小规模纳税人向其他个人销售自行开发的房地产项目，不得申请代开增值税专用发票。

任务处理

浙江太平洋实业有限公司2016年12月发生的业务中，12月16日，取得支付运费取得运输企业开具的增值税专用发票可以抵扣11%的进项税额。

12月30日，该企业购买不动产取得税务机关代开的增值税专用发票可以抵扣增值税。但是取得不动产的进项税额实行的是分期抵扣，在取得抵扣凭证的当期可以抵扣60%，在取得抵扣凭证当月起第13个月抵扣40%。因此该企业2016年12月可以抵扣30 000元进项税，剩下20 000元的进项税额计入“应交税费——待抵扣进项税额”。

任务六　增值税纳税申报

任务要求

（1）试根据浙江太平洋实业有限公司2016年12月的增值税计算结果填写增值税纳税申报表。

（2）模拟增值税纳税申报。

知识准备

一、纳税义务发生时间

《增值税暂行条例》规定增值税纳税义务发生时间为：销售货物或者应税劳务，为收讫销售款项或者取得索取销售款项凭据的当天；先开具发票的，为开具发票的当天。进口货物，为报关进口的当天。特殊规定，增值税扣缴义务发生时间为纳税人增值税纳税义务发生的当天。《增值税暂行条例实施细则》则具体规定了不同情形下的纳税义务发生时间：

(1) 采取直接收款方式销售货物，不论货物是否发出，均为收到销售款或者取得索取销售款凭据的当天。

(2) 采取托收承付和委托银行收款方式销售货物，为发出货物并办妥托收手续的当天。

(3) 采取赊销和分期收款方式销售货物，为书面合同约定的收款日期的当天，无书面合同的或者书面合同没有约定收款日期的，为货物发出的当天。

(4) 采取预收货款方式销售货物，为货物发出的当天，但生产销售生产工期超过12个月的大型机械设备、船舶、飞机等货物，为收到预收款或者书面合同约定的收款日期的当天。

(5) 委托其他纳税人代销货物，为收到代销单位的代销清单或者收到全部或者部分货款的当天。未收到代销清单及货款的，为发出代销货物满180天的当天。

(6) 销售应税劳务，为提供劳务同时收讫销售款或者取得索取销售款的凭据的当天。

(7) 纳税人发生部分视同销售货物行为，为货物移送的当天。

收讫销售款项是指纳税人销售服务、无形资产、不动产过程中或者完成后收到款项.

此外，属于“营改增”试点过程中相关规定如下：

(1) 纳税人发生应税行为并收讫销售款项或者取得索取销售款项凭据的当天；先开具发票的，为开具发票的当天。

(2) 纳税人提供租赁服务采取预收款方式的，其纳税义务发生时间为收到预收款的当天。

(3) 纳税人从事金融商品转让的，为金融商品所有权转移的当天。

取得索取销售款项凭据的当天，是指书面合同确定的付款日期；未签订书面合同或者书面合同未确定付款日期的，为服务、无形资产转让完成的当天或者不动产权属变更的当天。

(4) 纳税人发生视同销售服务、无形资产或者不动产等情形的，其纳税义务发生时间为服务、无形资产转让完成的当天或者不动产权属变更的当天。

(5) 增值税扣缴义务发生时间为纳税人增值税纳税义务发生的当天。

(6) 纳税人提供建筑服务，被工程发包方从应支付的工程款中扣押的质押金、保证金，未开具发票的，以纳税人实际收到质押金、保证金的当天为纳税义务发生时间。

二、纳税期限

纳税期限是指纳税人按照税法规定缴纳税款的期限。增值税的纳税期限分别为1日、3日、5日、10日、15日、1个月或者1个季度。纳税人的具体纳税期限，由主管税务机关根据纳税人应纳税额的大小分别核定。以1个季度为纳税期限的规定适用于小规模纳税人、银行、财务公司、信托投资公司、信用社，以及财政部和国家税务总局规定的其他纳税人。不能按照固定期限纳税的，可以按次纳税。

以1个季度为纳税期限的增值税纳税人，其取得的全部增值税应税收入、消费税应税收入，均可以1个季度为纳税期限。

纳税人以1个月或者1个季度为1个纳税期的，自期满之日起15日内申报纳税；以1日、3日、5日、10日或者15日为1个纳税期的，自期满之日起5日内预缴税款，于次月1日起15日内申报纳税并结清上月应纳税款。纳税人应按月进行纳税申报，申报期为次月1日起至15日止，遇最后一日为法定节假日的，顺延1日；在每月1日至15日内有连续3日以上法定休假日的，按休假日天数顺延。

扣缴义务人解缴税款的期限，依照上述规定执行。

试比较纳税期限、纳税申报期、税款缴纳期限。

三、纳税地点

《增值税暂行条例》第二十二条规定增值税纳税地点：

（1）固定业户应当向其机构所在地的主管税务机关申报纳税。总机构和分支机构不在同一县（市）的，应当分别向各自所在地的主管税务机关申报纳税；经国务院财政、税务主管部门或者其授权的财政、税务机关批准，可以由总机构汇总向总机构所在地的主管税务机关申报纳税。

（2）固定业户到外县（市）销售货物或者应税劳务，应当向其机构所在地的主管税务机关申请开具外出经营活动税收管理证明，并向其机构所在地的主管税务机关申报纳税；未开具证明的，应当向销售地或者劳务发生地的主管税务机关申报纳税；未向销售地或者劳务发生地的主管税务机关申报纳税的，由其机构所在地的主管税务机关补征税款。

（3）非固定业户销售货物或者应税劳务，应当向销售地或者劳务发生地的主管税务机关申报纳税；未向销售地或者劳务发生地的主管税务机关申报纳税的，由其机构所在地或者居住地的主管税务机关补征税款。

（4）进口货物，应当向报关地海关申报纳税。

扣缴义务人应当向其机构所在地或者居住地的主管税务机关申报缴纳其扣缴的税款。

《试点实施办法》第四十六条规定：

（1）固定业户应当向其机构所在地或者居住地主管税务机关申报纳税。总机构和分支机构不在同一县（市）的，应当分别向各自所在地的主管税务机关申报纳税；经财政部和国家税务总局或者其授权的财政和税务机关批准，可以由总机构汇总向总机构所在地的主管税务机关申报纳税。

（2）非固定业户应当向应税行为发生地主管税务机关申报纳税；未申报纳税的，由其机构所在地或者居住地主管税务机关补征税款。

（3）其他个人提供建筑服务，销售或者租赁不动产，转让自然资源使用权，应向建筑服务发生地、不动产所在地、自然资源所在地主管税务机关申报纳税。

（4）扣缴义务人应当向其机构所在地或者居住地主管税务机关申报缴纳扣缴的税款。

四、征税机关

增值税，由国家税务局负责征收。进口货物的增值税由海关代征。个人携带或者邮寄进境自用物品的增值税，连同关税一并计征。具体办法由国务院关税税则委员会会同有关部门制定。

营业税改征的增值税，由国家税务局负责征收。纳税人销售取得的不动产和其他个人出租不动产的增值税，国家税务局暂委托地方税务局代为征收。

五、纳税申报资料

根据《增值税一般纳税人纳税申报办法》，纳税人进行纳税申报必须实行电子信息采集。使用防伪税控系统开具增值税专用发票的纳税人必须在抄报税成功后，方可进行纳税申报。

纳税申报资料包括纳税申报表及其附列资料（如图 2－33 所示）和纳税申报其他资料。

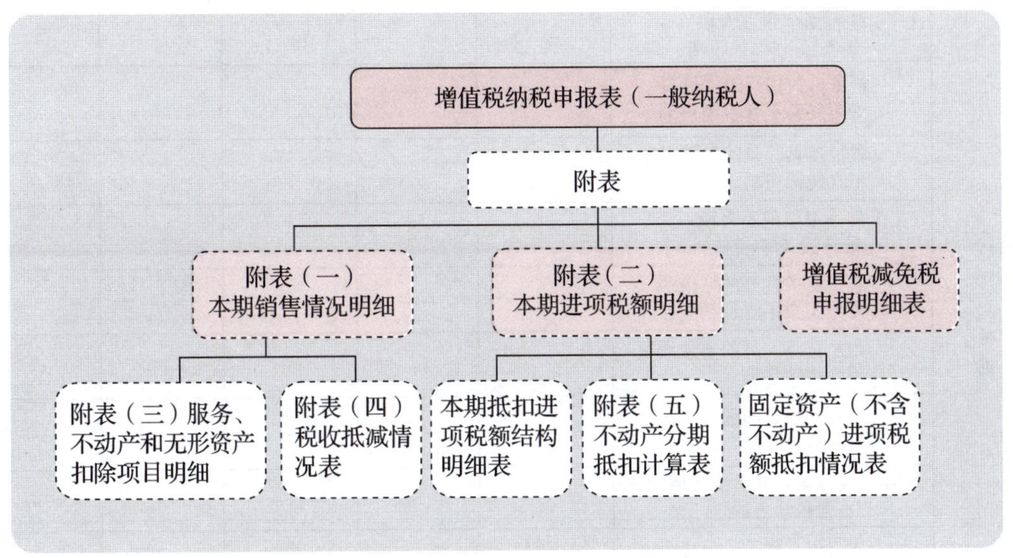

图 2－33 增值税纳税申报表关系

1. 必报资料

（1）一般纳税人纳税申报表及其附列资料包括：

① 增值税纳税申报表（一般纳税人适用)》。

② 增值税纳税申报表附列资料（一）（本期销售情况明细）。

③ 增值税纳税申报表附列资料（二）（本期进项税额明细）。

④ 增值税纳税申报表附列资料（三）（服务、不动产和无形资产扣除项目明细）。

一般纳税人销售服务、不动产和无形资产，在确定服务、不动产和无形资产销售额时，按照有关规定可以从取得的全部价款和价外费用中扣除价款的，需填报“增值税纳税申报表附列资料（三)”。其他情况不填写该附列资料。

⑤ 增值税纳税申报表附列资料（四）（税额抵减情况表）。

⑥ 增值税纳税申报表附列资料（五）（不动产分期抵扣计算表）。

⑦ 固定资产（不含不动产）进项税额抵扣情况表。

⑧ 本期抵扣进项税额结构明细表。

⑨ 增值税减免税申报明细表。

（2）小规模纳税人纳税申报表及其附列资料包括：

增值税纳税申报表（小规模纳税人适用）（如图 2－34 所示）。

增值税纳税申报表

（小规模纳税人适用）

纳税人识别号：□□□□□□□□□□□□□□□□□□□□□□□□□

纳税人名称（公章）： 金额单位：元至角分

税款所属期： 年 月 日至 年 月 日 填表日期： 年 月 日

<table>
<tr><th rowspan="2"></th><th rowspan="2">项 目</th><th rowspan="2">栏次</th><th colspan="2">本期数</th><th colspan="2">本年累计</th></tr>
<tr><th>货物及劳务</th><th>服务、不动产和无形资产</th><th>货物及劳务</th><th>服务、不动产和无形资产</th></tr>
<tr><td rowspan="14">一、计税依据</td><td>（一）应征增值税不含税销售额（3%征收率）</td><td>1</td><td></td><td></td><td></td><td></td></tr>
<tr><td>税务机关代开的增值税专用发票不含税销售额</td><td>2</td><td></td><td></td><td></td><td></td></tr>
<tr><td>税控器具开具的普通发票不含税销售额</td><td>3</td><td></td><td></td><td></td><td></td></tr>
<tr><td>（二）应征增值税不含税销售额（5%征收率）</td><td>4</td><td>——</td><td></td><td>——</td><td></td></tr>
<tr><td>税务机关代开的增值税专用发票不含税销售额</td><td>5</td><td>——</td><td></td><td>——</td><td></td></tr>
<tr><td>税控器具开具的普通发票不含税销售额</td><td>6</td><td>——</td><td></td><td>——</td><td></td></tr>
<tr><td>（三）销售使用过的固定资产不含税销售额</td><td>7(7≥8)</td><td></td><td>——</td><td></td><td>——</td></tr>
<tr><td>其中：税控器具开具的普通发票不含税销售额</td><td>8</td><td></td><td>——</td><td></td><td>——</td></tr>
<tr><td>（四）免税销售额</td><td>9=10+11+12</td><td></td><td></td><td></td><td></td></tr>
<tr><td>其中：小微企业免税销售额</td><td>10</td><td></td><td></td><td></td><td></td></tr>
<tr><td>未达起征点销售额</td><td>11</td><td></td><td></td><td></td><td></td></tr>
<tr><td>其他免税销售额</td><td>12</td><td></td><td></td><td></td><td></td></tr>
<tr><td>（五）出口免税销售额</td><td>13(13≥14)</td><td></td><td></td><td></td><td></td></tr>
<tr><td>其中：税控器具开具的普通发票销售额</td><td>14</td><td></td><td></td><td></td><td></td></tr>
<tr><td rowspan="8">二、税款计算</td><td>本期应纳税额</td><td>15</td><td></td><td></td><td></td><td></td></tr>
<tr><td>本期应纳税额减征额</td><td>16</td><td></td><td></td><td></td><td></td></tr>
<tr><td>本期免税额</td><td>17</td><td></td><td></td><td></td><td></td></tr>
<tr><td>其中：小微企业免税额</td><td>18</td><td></td><td></td><td></td><td></td></tr>
<tr><td>未达起征点免税额</td><td>19</td><td></td><td></td><td></td><td></td></tr>
<tr><td>应纳税额合计</td><td>20=15−16</td><td></td><td></td><td></td><td></td></tr>
<tr><td>本期预缴税额</td><td>21</td><td></td><td></td><td>——</td><td>——</td></tr>
<tr><td>本期应补（退）税额</td><td>22=20−21</td><td></td><td></td><td>——</td><td>——</td></tr>
</table>

<table>
<tr><td>纳税人或代理人声明：</td><td>如纳税人填报，由纳税人填写以下各栏：</td></tr>
<tr><td rowspan="3">本纳税申报表是根据国家税收法律法规及相关规定填报的，我确定它是真实的、可靠的、完整的。</td><td>办税人员： 财务负责人：
法定代表人： 联系电话：</td></tr>
<tr><td>如委托代理人填报，由代理人填写以下各栏：</td></tr>
<tr><td>代理人名称（公章）： 经办人：
联系电话：</td></tr>
</table>

主管税务机关： 接收人： 接收日期：

图 2－34 小规模纳税人申报表

① 增值税纳税申报表（小规模纳税人适用）附列资料。

小规模纳税人销售服务，在确定服务销售额时，按照有关规定可以从取得的全部价款和价外费用中扣除价款的，需填报“增值税纳税申报表（小规模纳税人适用）附列资料”。其他情况不填写该附列资料。

② 增值税减免税申报明细表。

2. 纳税申报其他资料

纳税申报其他资料的报备要求由各省市国家税务局确定。

(1) 已开具的税控“机动车销售统一发票”和普通发票的存根联。

(2) 符合抵扣条件且在本期申报抵扣的增值税专用发票（含税控机动车销售统一发票）的抵扣联。

(3) 符合抵扣条件且在本期申报抵扣的海关进口增值税专用缴款书、购进农产品取得的普通发票的复印件。

(4) 符合抵扣条件且在本期申报抵扣的税收完税凭证及其清单，书面合同、付款证明和境外单位的对账单或者发票。

(5) 已开具的农产品收购凭证的存根联或报查联。

(6) 纳税人销售服务、不动产和无形资产，在确定服务、不动产和无形资产销售额时，按照有关规定从取得的全部价款和价外费用中扣除价款的合法凭证及其清单。

(7) 主管税务机关规定的其他资料。

纳税人跨县（市）提供建筑服务、房地产开发企业预售自行开发的房地产项目、纳税人出租与机构所在地不在同一县（市）的不动产，按规定需要在项目所在地或不动产所在地主管国税机关预缴税款的，需填写增值税预缴税款表。

对于进项税额大于销项税额的企业以及减免税业务是否不需要进行申报？

3. 增值税纳税申报资料的管理

纳税人在纳税申报期内，应及时将全部必报资料的电子数据报送主管税务机关，并在主管税务机关按照税法规定确定的期限内（具体时间由各省级国家税务局确定），将纸介质的必报资料（具体份数由省级国家税务局确定）报送主管税务机关，税务机关签收后，一份退还纳税人，其余留存。

纳税人在月度终了后，应将备查资料认真整理并装订成册。对属于扣税凭证的单证，根据取得的时间顺序，按单证种类每 25 份装订一册，不足 25 份的按实际份数装订。

六、增值税网上申报

2013 年 5 月，国务院发布了《关于取消和下放一批行政审批项目等事项的决定》，其中包含取消了“对纳税人申报方式核准”税务行政审批项目，纳税人可以自主选择申报方式。随着网络和信息化的发展，纳税人的申报绝大多数采用电子申报方式。但是目前各地增值税网络申报系统存在一定差异。图 2－35 是浙江省国家税务局网页，可由此进入增值税申报系统。在此主要以浙江省为例说明。

纳税人进行网络申报，首先需携带税务登记证副本、公章、办理人身份证到国税部门开户并安装相关软件，同时还要到电信机构营业厅，申请开通国税 VPDN 网上申报。然后，在报税电脑上安装相关软件，在申报期内用 VPDN 拨号软件拔号登录到浙江省国税网站 www. zjtax. gov. cn 进行网上申报（如图 2－36 所示）。网上申报系统登录的用户名为纳税人识别号，初始密码为纳税人识别号末 6 位，登录后即可按页面提示进行申报，国税部门已实现所有税种的网上申报。

> “VPDN”又称虚拟专用拨号网业务，纳税人在国税登记的所有税种均可通过“VPDN”进行网上申报。

图 2－35 浙江省国家税务局网站

图 2－36 浙江省网上申报入口

增值税网上申报流程具体如下：

第一步，在“防伪开票”系统中完成报税处理，并实现销项发票汇总表的打印，并完成远程报税工作。此步为完成增值税纳税申报附表（一）销售情况明细的填写提供依据。

第二步，进入网上申报系统，完成纳税申报表的填写。增值税主表与附表之间存在钩稽关系，必须严格按照填表顺序填报。具体填写申报表之前需要对抄报税数据导入生成的存根联明细以及认证完成的抵扣联明细进行核对，存根联明细与附表一相关联，抵扣联明细与附表二相关联。

第三步，查看报税结果，报税成功后，完成清卡操作。此环节可以查看纳税人申报的历史数据。

任务处理

浙江太平洋实业有限公司 2016 年 12 月增值税纳税申报表填制如图 2－37～图 2－41 所示。

增值税纳税申报表附列资料（一）

（本期销售情况明细）

税款所属时间：2016年12月01日至2016年12月31日

纳税人名称：（公章）　　　　　　　　　　　　　　　　　　　　　　　　　　　　　　　　　　　　　　金额单位：元至角分

项目及栏次				开具增值税专用发票		开具其他发票		未开具发票		纳税检查调整		合计			服务、不动产和无形资产扣除项目本期实际扣除金额	扣除后	
				销售额	销项（应纳）税额	销售额	销项（应纳）税额	销售额	销项（应纳）税额	销售额	销项（应纳）税额	销售额	销项（应纳）税额	价税合计		含税（免税）销售额	销项（应纳）税额
				1	2	3	4	5	6	7	8	9=1+3+5+7	10=2+4+6+8	11=9+10	12	13=11-12	14=13÷（100%+税率或征收率）×税率或征收率
一、一般计税方法计税	全部征税项目	17%税率的货物及加工修理修配劳务	1	500000.00	85000.00							500000.00	85000.00	—	—	—	—
		17%税率的服务、不动产和无形资产	2														
		13%税率	3											—	—	—	—
		11%税率的货物及加工修理修配劳务	4a											—	—	—	—
		11%税率的服务、不动产和无形资产	4b														
		6%税率	5														
	其中：即征即退项目	即征即退货物及加工修理修配劳务	6	—	—	—	—	—	—	—	—			—	—	—	—
		即征即退服务、不动产和无形资产	7	—	—	—	—	—	—	—	—						
二、简易计税方法计税	全部征税项目	6%征收率	8							—	—			—	—	—	—
		5%征收率的货物及加工修理修配劳务	9a							—	—			—	—	—	—
		5%征收率的服务、不动产和无形资产	9b							—	—						
		4%征收率	10							—	—			—	—	—	—
		3%征收率的货物及加工修理修配劳务	11			48543.69	1456.31			—	—	48543.69	1456.31	—	—	—	—
		3%征收率的服务、不动产和无形资产	12							—	—						
		预征率　%	13a							—	—						
		预征率　%	13b							—	—						
		预征率　%	13c							—	—						
	其中：即征即退项目	即征即退货物及加工修理修配劳务	14	—	—	—	—	—	—	—	—			—	—	—	—
		即征即退服务、不动产和无形资产	15	—	—	—	—	—	—	—	—						
三、免抵退税		货物及加工修理修配劳务	16	—	—		—		—	—	—		—	—	—	—	—
		服务、不动产和无形资产	17	—	—		—		—	—	—		—				—
四、免税		货物及加工修理修配劳务	18				—		—	—	—		—	—	—	—	—
		服务、不动产和无形资产	19	—	—		—		—	—	—		—				—

图2-37　增值税纳税申报表附列资料（一）

增值税纳税申报表附列资料（二）

（本期进项税额明细）

税款所属时间：2016年 12月 01 日至2016年12月31日

纳税人名称：（公章）　　　　　　　　　　金额单位：元至角分

一、申报抵扣的进项税额				
项目	栏次	份数	金额	税额
（一）认证相符的增值税专用发票	1=2+3	4	3184540.00	250471.80
其中：本期认证相符且本期申报抵扣	2	4	3184540.00	250471.80
前期认证相符且本期申报抵扣	3			
（二）其他扣税凭证	4=5+6+7+8a+8b	1	4350000.00	56550.00
其中：海关进口增值税专用缴款书	5			
农产品收购发票或者销售发票	6	1	435000.00	56550.00
代扣代缴税收缴款凭证	7		—	
加计扣除农产品进项税额	8a	—	—	
其他	8b			
（三）本期用于购建不动产的扣税凭证	9			
（四）本期不动产允许抵扣进项税额	10	—	—	
（五）外贸企业进项税额抵扣证明	11	—	—	
当期申报抵扣进项税额合计	12=1+4-9+10+11	4	3184540.00	250471.80
二、进项税额转出额				
项目	栏次	税额		
本期进项税额转出额	13=14至23之和			
其中：免税项目用	14			
集体福利、个人消费	15			
非正常损失	16			
简易计税方法征税项目用	17			
免抵退税办法不得抵扣的进项税额	18			
纳税检查调减进项税额	19			
红字专用发票信息表注明的进项税额	20			
上期留抵税额抵减欠税	21			
上期留抵税额退税	22			
其他应作进项税额转出的情形	23			
三、待抵扣进项税额				
项目	栏次	份数	金额	税额
（一）认证相符的增值税专用发票	24	—	—	—
期初已认证相符但未申报抵扣	25			
本期认证相符且本期未申报抵扣	26			
期末已认证相符但未申报抵扣	27			
其中：按照税法规定不允许抵扣	28			
（二）其他扣税凭证	29=30至33之和			
其中：海关进口增值税专用缴款书	30			
农产品收购发票或者销售发票	31			
代扣代缴税收缴款凭证	32		—	
其他	33			
	34			
四、其他				
项目	栏次	份数	金额	税额
本期认证相符的增值税专用发票	35	4	3184540.00	250471.80
代扣代缴税额	36	—	—	

图2－38　增值税纳税申报表附列资料（二）

增值税纳税申报表附列资料（五）

（不动产分期抵扣计算表）

税款所属时间： 2016 年12 月 01日至2016 年12月31 日

纳税人名称：（公章） 金额单位：元至角分

期初待抵扣不动产进项税额	本期不动产进项税额增加额	本期可抵扣不动产进项税额	本期转入的待抵扣不动产进项税额	本期转出的待抵扣不动产进项税额	期末待抵扣不动产进项税额
1	2	3≤1+2+4	4	5≤1+4	6=1+2-3+4-5
	50000.00	30000.00			20000.00

图 2-39 增值税纳税申报表附列资料（五）

本期抵扣进项税额结构明细表

税款所属时间：2016年12月 01日至2016 年12 月31日

纳税人名称：（公章） 金额单位：元至角分

项目	栏次	金额	税额
合计	1=2+4+5+10+13+15+17+18+19	3619540.00	287021.80
17%税率的进项	2	1169540.00	198821.80
其中：有形动产租赁的进项	3		
13%税率的进项	4	435000.00	56550.00
11%税率的进项	5	15000.00	1650.00
其中：货物运输服务的进项	6	15000.00	1650.00
建筑安装服务的进项	7		
不动产租赁服务的进项	8		
购入不动产的进项	9		
6%税率的进项	10		
其中：直接收费金融服务的进项	11		
财产保险的进项	12		
5%征收率的进项	13	2000000.00	30000.00
其中：购入不动产的进项	14	200000.00	30000.00
3%征收率的进项	15		
其中：建筑安装服务的进项	16		
1.5%征收率的进项	17		
农产品核定扣除进项	18		
外贸企业进项税额抵扣证明注明的进项	19		
	20		
	21		

图 2-40 本期进项税额结构明细表

增值税纳税申报表

（一般纳税人适用）

根据国家税收法律法规及增值税相关规定制定本表。纳税人不论有无销售额，均应按税务机关核定的纳税期限填写本表，并向当地税务机关申报。

税款所属时间：自2016年12月01日至2016年12月31日　　填表日期：2017年01月12日　　金额单位：元至角分

纳税人识别号	91330601 6666888999X			所属行业：	制造业		
纳税人名称	浙江太平洋实业有限公司	法定代表人姓名	郭太平	注册地址	浙江省绍兴市中兴大道900号	生产经营地址	浙江省绍兴市中兴大道900号
开户银行及账号	中国银行绍兴分行311234567898888666	登记注册类型	有限公司			电话号码	0575-88990001

	项目	栏次	一般项目		即征即退项目	
			本月数	本年累计	本月数	本年累计
销售额	（一）按适用税率计税销售额	1	500000.00			
	其中：应税货物销售额	2	500000.00			
	应税劳务销售额	3				
	纳税检查调整的销售额	4				
	（二）按简易办法计税销售额	5	48543.69			
	其中：纳税检查调整的销售额	6				
	（三）免、抵、退办法出口销售额	7			——	——
	（四）免税销售额	8			——	——
	其中：免税货物销售额	9			——	——
	免税劳务销售额	10			——	——
税款计算	销项税额	11	85000.00			
	进项税额	12	287021.80			
	上期留抵税额	13				——
	进项税额转出	14				
	免、抵、退应退税额	15			——	——
	按适用税率计算的纳税检查应补缴税额	16			——	——
	应抵扣税额合计	17=12+13-14-15+16	287021.80	——		——
	实际抵扣税额	18（如17<11，则为17，否则为11）	85000.00			
	应纳税额	19=11-18	0.00			
	期末留抵税额	20=17-18	202021.80			——
	简易计税办法计算的应纳税额	21	1456.31			
	按简易计税办法计算的纳税检查应补缴税额	22			——	——
	应纳税额减征额	23	485.44			
	应纳税额合计	24=19+21-23	970.87			
税款缴纳	期初未缴税额（多缴为负数）	25	12345.00			
	实收出口开具专用缴款书退税额	26			——	——
	本期已缴税额	27=28+29+30+31	12345.00			
	①分次预缴税额	28		——		——
	②出口开具专用缴款书预缴税额	29		——	——	——
	③本期缴纳上期应纳税额	30	12345.00			
	④本期缴纳欠缴税额	31				
	期末未缴税额（多缴为负数）	32=24+25+26-27	970.87			
	其中：欠缴税额（≥0）	33=25+26-27	0.00	——		——
	本期应补(退)税额	34=24-28-29	970.87	——		——
	即征即退实际退税额	35	——	——		
	期初未缴查补税额	36			——	——
	本期入库查补税额	37			——	——
	期末未缴查补税额	38=16+22+36-37	0.00		——	——

授权声明	如果你已委托代理人申报，请填写下列资料： 为代理一切税务事宜，现授权 （地址）　　　　为本纳税人的代理申报人，任何与本申报表有关的往来文件，都可寄予此人。 授权人签字：	申报人声明	本纳税申报表是根据国家税收法律法规及相关规定填报的，我确定它是真实的、可靠的、完整的。 声明人签字：

主管税务机关：　　　　接收人：　　　　接收日期：

图 2－41　增值税纳税申报表（一般纳税人适用）

说明：2016 年 12 月 1 日起，图 2－41 中第 13 栏“上期留抵税额”“一般项目”列“本年累计”和第 20 栏“期末留抵税额”“一般项目”列“本年累计”栏次停止使用，不再填报数据。

知识地图

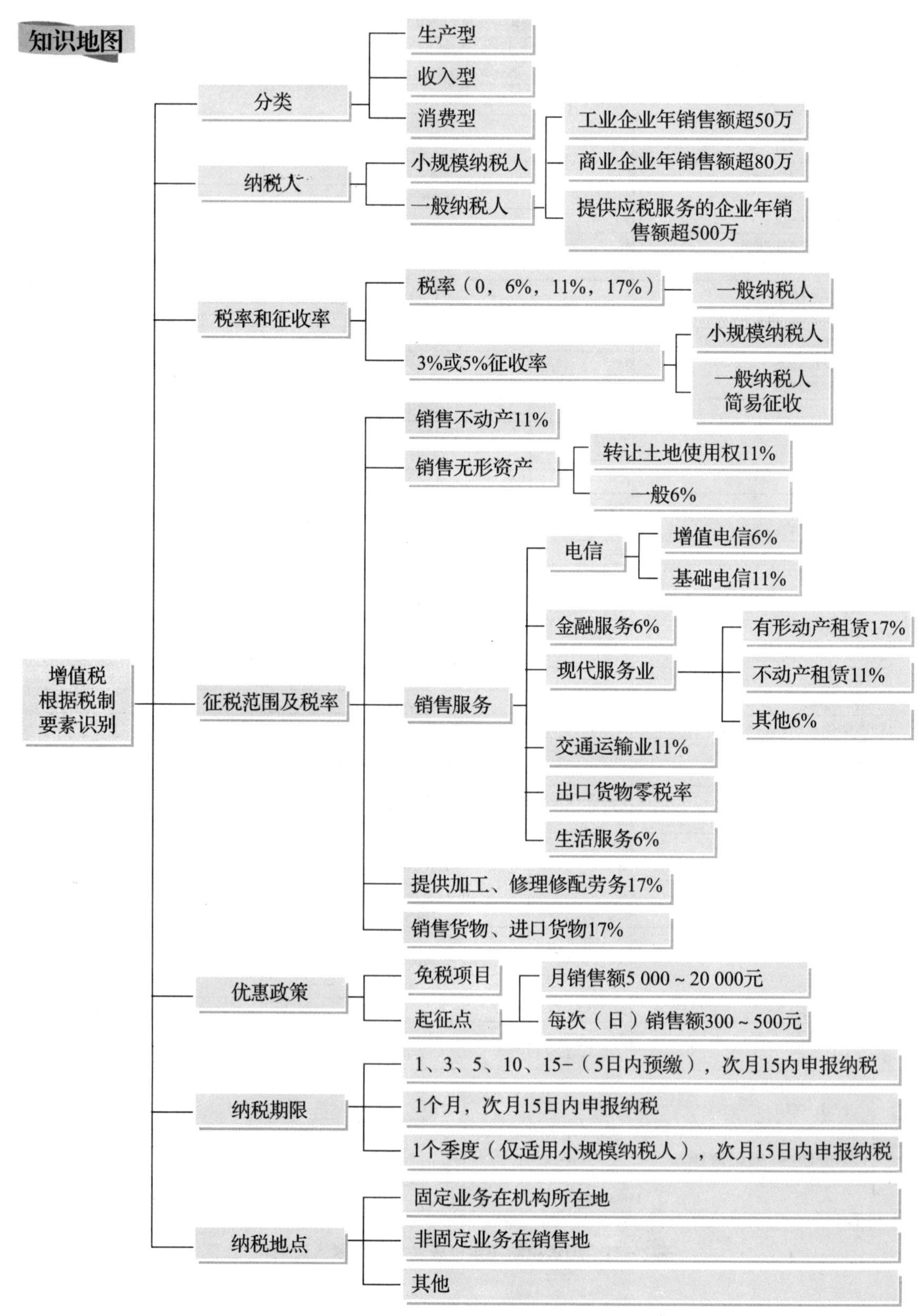

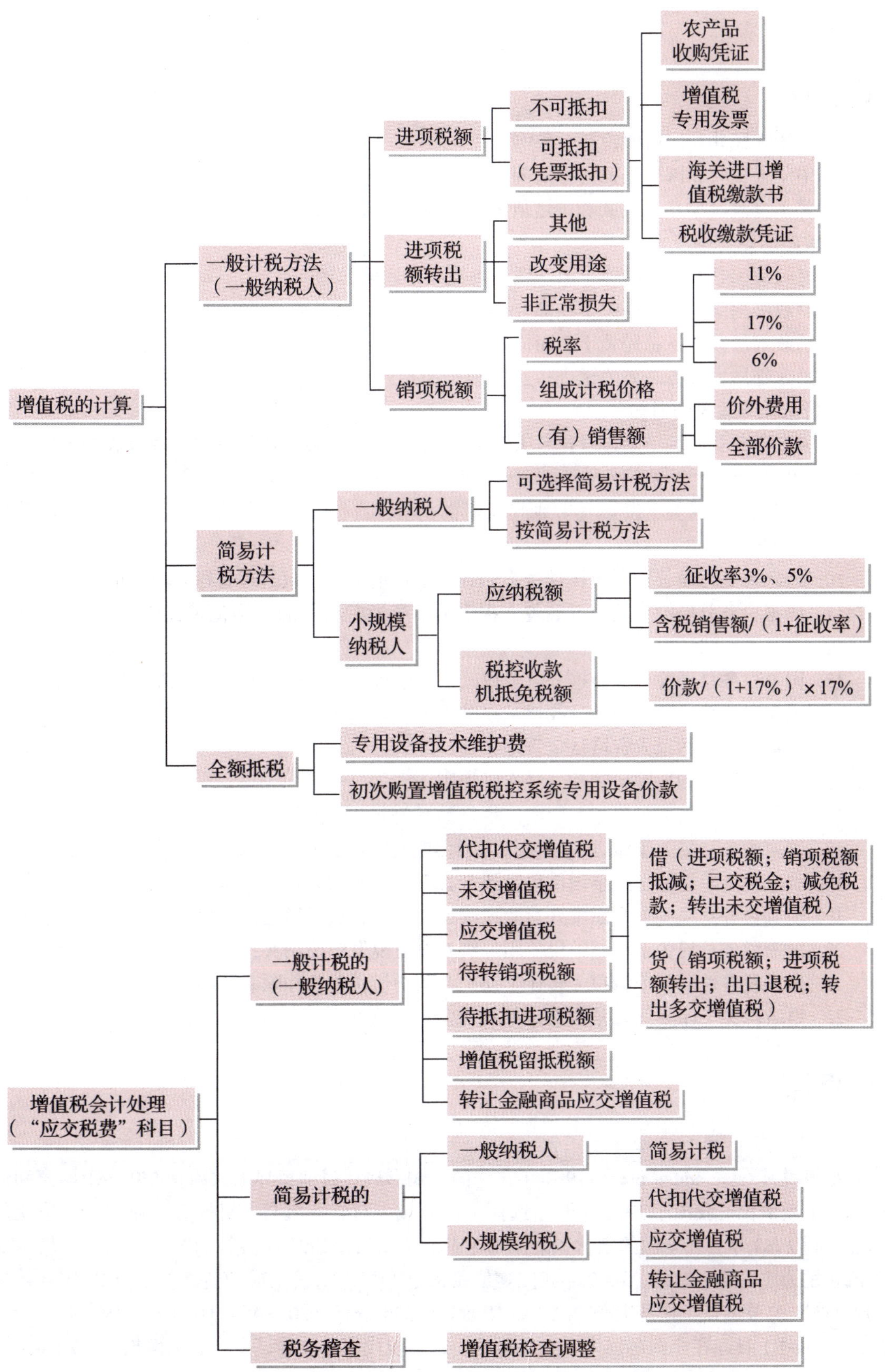
增值税的计算
一般计税方法（一般纳税人）
进项税额
不可抵扣
可抵扣（凭票抵扣）
农产品收购凭证
增值税专用发票
海关进口增值税缴款书
税收缴款凭证
进项税额转出
其他
改变用途
非正常损失
销项税额
税率
11%
17%
6%
组成计税价格
（有）销售额
价外费用
全部价款
简易计税方法
一般纳税人
可选择简易计税方法
按简易计税方法
小规模纳税人
应纳税额
征收率3%、5%
含税销售额/（1+征收率）
税控收款机抵免税额
价款/（1+17%）×17%
全额抵税
专用设备技术维护费
初次购置增值税税控系统专用设备价款
增值税会计处理（“应交税费”科目）
一般计税的(一般纳税人)
代扣代交增值税
未交增值税
应交增值税
待转销项税额
待抵扣进项税额
增值税留抵税额
转让金融商品应交增值税
借（进项税额；销项税额抵减；已交税金；减免税款；转出未交增值税）
贷（销项税额；进项税额转出；出口退税；转出多交增值税）
简易计税的
一般纳税人
简易计税
小规模纳税人
代扣代交增值税
应交增值税
转让金融商品应交增值税
税务稽查
增值税检查调整

税法导读

1. 中华人民共和国增值税暂行条例
2. 中华人民共和国增值税暂行条例实施细则
3. 关于修改《中华人民共和国增值税暂行条例实施细则》和《中华人民共和国营业税暂行条例实施细则》的决定
4. 财政部国家税务总局关于简并增值税征收率政策的通知
5. 财政部国家税务总局关于在部分行业试行农产品增值税进项税额核定扣除办法的通知
6. 财政部国家税务总局关于全面推开营业税改征增值税试点的通知
7. 财政部国家税务总局关于进一步明确全面推开营改增试点有关劳务派遣服务、收费公路通行费抵扣等政策的通知
8. 国家税务总局关于发布《纳税人跨县（市、区）提供建筑服务增值税征收管理暂行办法》的公告
9. 国家税务总局关于发布《房地产开发企业销售自行开发的房地产项目增值税征收管理暂行办法》的公告
10. 国家税务总局关于发布《纳税人转让不动产增值税征收管理暂行办法》的公告
11. 国家税务总局关于发布《纳税人提供不动产经营租赁服务增值税征收管理暂行办法》的公告
12. 国家税务总局关于全面推开营业税改征增值税试点有关税收征收管理事项的公告
13. 国家税务总局关于明确营改增试点若干征管问题的公告
14. 增值税一般纳税人资格认定管理办法
15. 中华人民共和国发票管理办法实施细则
16. 国家税务总局关于启用新版增值税发票有关问题的公告
17. 国家税务总局关于修订《增值税专用发票使用规定》的通知
18. 国家税务总局关于红字增值税发票开具有关问题的公告
19. 国家税务总局关于全面推开营业税改征增值税试点后增值税纳税申报有关事项的公告
20. 国家税务总局关于按照纳税信用等级对增值税发票使用实行分类管理有关事项的公告
21. 国家税务总局关于纳税人转让不动产缴纳增值税差额扣除有关问题的公告
22. 财政部关于印发《增值税会计处理规定》的通知

知识拓展

1. 我国增值税的演进

增值税（value-added tax），1954 年在法国正式形成，目前世界上大约有 140 多个国家和地区开征了增值税。我国于 1979 年开始选择了部分城市对农业机具、机械等行业进行增值税的试点，到 1983 年，在全国的国营和集体工业企业中试行。1994 年分税制改革，确立了增值税等流转税为主的税制结构。2009 年我国增值税由生产型向消费型成功转型。由 2012 年开始的“营改增”改革试点工作从上海、北京、江苏等 9 省市进行，2013 年 4 月 10 日，国务院决定于 2013 年 8 月 1 日起在全国范围内在交通运输、部分现代服务业等试点行业全面推开。2014 年 1

月 1 日起，我国将铁路运输和邮政服务业纳入“营改增”试点，并于当年 6 月 1 日起，将电信业纳入改革试点范围。2016 年 5 月 1 日，我国全面推进营业税改征增值税试点工作。

目前，“营改增”已全面进入试点阶段，也就是说服务业等领域的增值税改革目前还属于试点阶段。全面推开“营改增”试点，实现了增值税对货物和服务的全覆盖；不动产纳入抵扣范围，实现向比较完整的消费型增值税制度的转型。我国政府还将在试点中总结经验，进一步完善增值税制度。未来将进入到增值税法立法程序，在试点的基础上不断完善增值税制度，并最终将增值税暂行条例上升为法律。

2. 各类证书考试中的增值税内容

作为我国第一大税种，增值税在会计各类资格考试中的地位不断提高。随着“营改增”相关政策的完善，会计类相关考试也逐渐会修订相应内容。

初级会计资格考试经济法基础科目对增值税部分考核要点除了增值税基础知识外，则相对更加注重增值税一般纳税人（销项税额、进项税额）的计算和小规模纳税人增值税计算。还有就是增值税管理基础知识——增值税免税项目、起征点等税收优惠以及增值税专用发票的管理知识。2017 年，《经济法基础》教材在补充修订了“营改增”试点内容的同时，新增了增值税纳税人资格确认、小微企业享受的增值税优惠政策等内容。

中级会计资格考试，已经将“营改增”的内容全部纳入经济法考试科目，中级会计资格考试，在强调初级会计资格对于增值税基础知识的掌握基础上，更加侧重对于增值税法律制度的理解和运用，能够在全面、准确理解增值税法律制度的基础上计算增值税，处理增值税。

随着“营改增”试点改革的深入，会计资格类考试对这些方面的考核要求越来越高。

此外，增值税也是注册会计师考试税法科目、税务师考试税法Ⅰ和涉税服务实务科目考试中比重较大的税种之一。在资产评估师考试的经济法科目、经济师的财政税收专业知识中也有一定涉及。

3.《农产品增值税进项税额核定扣除试点实施办法》相关规定

（1）试点纳税人以购进农产品为原料生产货物的，农产品增值税进项税额可按照以下方法核定：

1）投入产出法：参照国家标准、行业标准（包括行业公认标准和行业平均耗用值）确定销售单位数量货物耗用外购农产品的数量（以下称农产品单耗数量）。

当期允许抵扣农产品增值税进项税额依据农产品单耗数量、当期销售货物数量、农产品平均购买单价（含税，下同）和农产品增值税进项税额扣除率（以下简称“扣除率”，扣除率为销售货物的适用税率）计算。公式为

当期允许抵扣农产品增值税进项税额 = 当期农产品耗用数量 × 农产品平均购买单价 × 扣除率/（1 + 扣除率）

当期农产品耗用数量 = 当期销售货物数量（不含采购除农产品以外的半成品生产的货物数量）× 农产品单耗数量

对以单一农产品原料生产多种货物或者多种农产品原料生产多种货物的，在核算当期农产品耗用数量和平均购买单价时，应依据合理的方法归集和分配。

平均购买单价是指购买农产品期末平均买价，不包括买价之外单独支付的运费和入库前的整理费用。期末平均买价计算公式为

期末平均买价 =（期初库存农产品数量 × 期初平均买价 + 当期购进农产品数量 ×

当期买价）/（期初库存农产品数量 + 当期购进农产品数量）

2）成本法：依据试点纳税人年度会计核算资料，计算确定耗用农产品的外购金额占生产成本的比例（以下称农产品耗用率）。当期允许抵扣农产品增值税进项税额依据当期主营业务成本、农产品耗用率以及扣除率计算。公式为

当期允许抵扣农产品增值税进项税额 = 当期主营业务成本 × 农产品耗用率 × 扣除率/（1 + 扣除率）

农产品耗用率 = 上年投入生产的农产品外购金额/上年生产成本

农产品外购金额（含税）不包括不构成货物实体的农产品（包括包装物、辅助材料、燃料、低值易耗品等）和在购进农产品之外单独支付的运费、入库前的整理费用。

对以单一农产品原料生产多种货物或者多种农产品原料生产多种货物的，在核算当期主营业务成本以及核定农产品耗用率时，试点纳税人应依据合理的方法进行归集和分配。

农产品耗用率由试点纳税人向主管税务机关申请核定。

年度终了，主管税务机关应根据试点纳税人本年实际对当年已抵扣的农产品增值税进项税额进行纳税调整，重新核定当年的农产品耗用率，并作为下一年度的农产品耗用率。

3）参照法：新办的试点纳税人或者试点纳税人新增产品的，试点纳税人可参照所属行业或者生产结构相近的其他试点纳税人确定农产品单耗数量或者农产品耗用率。次年，试点纳税人向主管税务机关申请核定当期的农产品单耗数量或者农产品耗用率，并据此计算确定当年允许抵扣的农产品增值税进项税额，同时对上一年增值税进项税额进行调整。核定的进项税额超过实际抵扣增值税进项税额的，其差额部分可以结转下期继续抵扣；核定的进项税额低于实际抵扣增值税进项税额的，其差额部分应按现行增值税的有关规定将进项税额做转出处理。

（2）试点纳税人购进农产品直接销售的，农产品增值税进项税额按照以下方法核定扣除：

当期允许抵扣农产品增值税进项税额 = 当期销售农产品数量/（1 − 损耗率）× 农产品平均购买单价 × 13%/(1 + 13%)（2017 年 7 月 1 日起，扣除率调整为 11%）

损耗率 = 损耗数量/购进数量

（3）试点纳税人购进农产品用于生产经营且不构成货物实体的（包括包装物、辅助材料、燃料、低值易耗品等），增值税进项税额按照以下方法核定扣除：

当期允许抵扣农产品增值税进项税额 = 当期耗用农产品数量 × 农产品平均购买单价 × 13%/（1 + 13%）

农产品单耗数量、农产品耗用率和损耗率统称为农产品增值税进项税额扣除标准（以下称扣除标准）。

2017 年 7 月 1 日起，上述扣除率按照以下规定执行：

1）除下文第 2）项规定外，纳税人购进农产品，取得一般纳税人开具的增值税专用发票或海关进口增值税专用缴款书的，以增值税专用发票或海关进口增值税专用缴款书上注明的增值税额为进项税额；从按照简易计税方法依照 3% 征收率计算缴纳增值税的小规模纳税人取得增值税专用发票的，以增值税专用发票上注明的金额和 11% 的扣除率计算进项税额；取得（开具）农产品销售发票或收购发票的，以农产品销售发票或收购发票上注明的农产品买价和 11% 的扣除率计算进项税额。

2）营业税改征增值税试点期间，纳税人购进用于生产销售或委托受托加工 17% 税率货物的农产品维持原扣除力度不变。

4. 有关增值税在财务报表相关项目中的列示问题

“应交税费”科目下的“应交增值税”“未交增值税”“待抵扣进项税额”“待认证进项税额”“增值税留抵税额”等明细科目期末借方余额应根据情况，在资产负债表中的“其他流动资产”或“其他非流动资产”项目列示；“应交税费——待转销项税额”等科目期末贷方余额应根据情况，在资产负债表中的“其他流动负债”或“其他非流动负债”项目列示；“应交税费”科目下的“未交增值税”“简易计税”“转让金融商品应交增值税”“代扣代交增值税”等科目期末贷方余额应在资产负债表中的“应交税费”项目列示。

5. 增值税业务处理中简易计税和差额计税情况

增值税小规模纳税人采用简易计税方式计算增值税，但是在实际业务中一般纳税人也可能采用简易计税方法计算增值税，具体见表2－27。

表2－27　销售服务、无形资产、不动产简易计税和差额计税项目

<table>
<tr><th rowspan="2">税　目</th><th rowspan="2">基本税率</th><th colspan="2">简易计税项目</th><th rowspan="2">销售额差额计算项目</th></tr>
<tr><th>一般纳税人可选择简易计税项目</th><th>征收率</th></tr>
<tr><td>交通运输服务</td><td>11%</td><td>公共交通运输服务</td><td>3%</td><td>航空运输企业代收的机场建设费和代收转付的客票价款可差额扣除</td></tr>
<tr><td>现代服务</td><td>6%</td><td>经认定的动漫企业为开发动漫产品提供服务、电影放映、仓储、装卸搬运、收派服务</td><td>3%</td><td>客运场站服务（仅一般纳税人）
经纪代理服务</td></tr>
<tr><td rowspan="3">其中：
不动产租赁</td><td rowspan="3">11%</td><td>试点前取得的不动产经营租赁</td><td>5%</td><td rowspan="4">融资租赁</td></tr>
<tr><td>公路经营企业中的一般纳税人收取试点前开工的高速公路的车辆通行费</td><td>5%
（减按3%）</td></tr>
<tr><td>个人出租住房</td><td>5%（减按1.5%）</td></tr>
<tr><td>其中：
有形动产租赁</td><td>17%</td><td>以纳入“营改增”试点之日前取得的有形动产为标的物提供的经营租赁服务
在纳入“营改增”试点之日前签订的尚未执行完毕的有形动产租赁合同</td><td>3%</td></tr>
<tr><td>电信服务</td><td>基础电信11%
增值电信6%</td><td>—</td><td>3%</td><td>—</td></tr>
<tr><td>邮政服务</td><td>11%</td><td>—</td><td>3%</td><td>—</td></tr>
</table>

（续）

税　目	基本税率	简易计税项目		销售额差额计算项目
		一般纳税人可选择简易计税项目	征收率	
建筑服务	11%	清包工、甲供工程、老项目	3%	简易计税项目的总包方
金融服务	6%	在纳入“营改增”试点之日前签订的尚未执行完毕的有形动产租赁合同（融资性售后回租）	3%	金融商品转让、融资性售后回租
生活服务	6%	文化体育服务	3%	旅游服务
销售无形资产	6%	境内转让动漫版权	3%	—
其中：转让土地使用权	11%	—	3%	—
销售不动产	11%	销售试点前取得的不动产 房地产企业销售自行开发的房地产老项目	5%	销售试点前取得（非自建）不动产 房地产开发项目（限一般计税方法）

“营改增”后增值税一般纳税人销售服务、无形资产、不动产特殊业务可以选择简易计税和差额计税，具体项目见表2－28。

表2－28　原增值税纳税人简易计税项目

业务项目	政策	发票开具情况
一般纳税人销售自己使用过的2008年12月31日以前购进或者自制的固定资产	按简易办法依3%征收率减按2%征收增值税	应开具普通发票，不得开具增值税专用发票
一般纳税人销售自己使用过的2009年1月1日以后购进或者自制的固定资产	按照适用税率征收增值税	可以开具增值税专用发票
一般纳税人销售自己使用过的除固定资产以外的物品	应当按照适用税率征收增值税	可以开具增值税专用发票
一般纳税人销售旧货	按照简易办法依照3%征收率减按2%征收增值税	应开具普通发票，不得自行开具或者由税务机关代开增值税专用发票
小规模纳税人销售自己使用过的固定资产	按照3%征收率减按2%征收增值税	应开具普通发票，不得由税务机关代开增值税专用发票

（续）

业务项目	政策	发票开具情况
小规模纳税人销售自己使用过的除固定资产以外的物品	应按3%的征收率征收增值税	可向主管税务机关代开增值税专用发票
小规模纳税人销售旧货	按照3%征收率减按2%征收增值税	应开具普通发票，不得由税务机关代开增值税专用发票
一般纳税人销售自产的下列货物： 1. 县级及县级以下小型水力发电单位生产的电力。小型水力发电单位，是指各类投资主体建设的装机容量为5万千瓦以下（含5万千瓦）的小型水力发电单位 2. 建筑用和生产建筑材料所用的砂、土、石料 3. 以自己采掘的砂、土、石料或其他矿物连续生产的砖、瓦、石灰（不含黏土实心砖、瓦） 4. 用微生物、微生物代谢产物、动物毒素、人或动物的血液或组织制成的生物制品 5. 自来水 6. 商品混凝土（仅限于以水泥为原料生产的水泥混凝土）	依照3%征收率征收增值税	可自行开具增值税专用发票
一般纳税人销售货物属于下列情形： 1. 寄售商店代销寄售物品（包括居民个人寄售的物品在内 2. 典当业销售死当物品 3. 一般纳税人的自来水公司销售自来水 4. 拍卖行取得的拍卖收入 5. 一般纳税人的单采血浆站销售供应非临床用血	依照3%征收率征收增值税	可自行开具增值税专用发票

项目三　消费税纳税实务

知识目标

1. 掌握消费税征税范围及税率结构。
2. 掌握消费税的计算方法。
3. 掌握消费税账务处理的方法
4. 熟悉不同消费品消费税申报。

技能目标

1. 能根据经济业务进行消费税判断。
2. 能够准确计算消费税及进行账务处理。
3. 能够熟练填制消费税纳税申报表及纳税申报。

学习导航

本项目 PPT

导引案例

绍兴醉江南酒厂是一家酒类产品生产加工企业，该企业基本信息如下：

开户银行及账号：交通银行绍兴分行，6241254569875632。

社会信用统一代码：91330600018888794T。

企业地址及电话：绍兴市鉴湖路828号；0575－88000066。

2016年9月相关经济业务及凭证如图3－1～图3－6所示。

交通银行　电子缴税付款凭证　　　No：000161875

转账日期：2016年09月09日

纳税人全称：绍兴醉江南酒厂　　　　主机流水号：00789220

纳税人识别号：91330600018888794T

付款人全称：绍兴醉江南酒厂　　　　征收机关名称：绍兴市国家税务局第三分局

付款人账号：6241254569875632　　　　收款国库（银行）名称：国家金库绍兴支库

付款人开户银行：交通银行绍兴分行

小写（合计）金额：￥18650.00　　　　缴款书交易流水号：00111256

大写（合计）金额：人民币壹万捌仟陆佰伍拾元整　　　　税票号码：033002388

税（费）种名称	所属时期	实缴金额
增值税	20160801—20160831	18650.00

第1次打印　　打印时间 2016－09－09　09：45：36　　　　小写（合计）金额：￥18650.00

（印章：交通银行绍兴分行 2016.09.09 办讫 01）

第二联　作付款回单（无银行收讫章无效）　　复核 陈宇航　　记账

图3－1　完税凭证

浙江增值税专用发票

3300163130　　　№ 01008802　　3300163130 01008802

发票联

开票日期：2016年9月2日

购买方		密码区
名　　称：绍兴醉江南酒厂		14<289-*8*/4/54*53+-5+/-59
纳税人识别号：91330600018888794T		01->-9-*81208>4*01+68+/342
地址、电话：绍兴市鉴湖路828号 0575-88000066		889>/6/8004*98<-<000>008+4+
开户行及账号：工行绍兴分行 6241254569875632		58<289-*8434/54*00+-5+/-59

货物或应税劳务、服务名称	规格型号	单位	数量	单价	金额	税率	税额
粮食		吨	20	1000.00	20000.00	13%	2600.00
合　计					¥20,000.00		¥2,600.00
价税合计（大写）	⊗贰万贰仟陆佰元整				（小写）¥22,600.00		

销售方	备注
名　　称：浙江农商贸有限公司	
纳税人识别号：91330112345670002A	
地址、电话：杭州市萧山区萧山路88号	
开户行及账号：杭州银行22023400028458796701	

收款人：艾琪　　复核：王朝飞　　开票人：艾琪　　销售方：（章）

国税函[2016]9号上海华东印钞有限公司

第三联：发票联 购买方记账凭证

图3-2　增值税专用发票（发票联）

收　料　单

材料科目：材料　　　　　　　　　　　　编号：00100001

材料类别：原料及主要材料　　　　　　　收料仓库：1号仓库

供应单位：浙江农商贸有限公司　　2016年09月02日　　发票号码：01008802

材料编号	材料名称	规格	计量单位	数量		实际价格（元）	
				应收	实收	单价	金额
001	粮食		吨	20	20		
备注	购入原料						

采购员：汪凯　　检验员：宋菲　　记账员：赵华　　保管员：林森

图3-3　入库单

3300163130　　**浙江增值税专用发票**　　№ 00081231　　3300163130 00081231

此联不作报销、扣税凭证使用　　开票日期：2016年9月5日

购买方	名　　称：绍兴中天贸易有限公司 纳税人识别号：91330622121125555R 地 址、电 话：浙江省绍兴市上虞区上虞路99号 开户行及账号：工商银行上虞支行 22001888999453546801	密码区	111892-12-/4/54*53+-5+/-59 38/*/-9468*123487++65/+6+8* 789>/6/2-*/*98<-<56845>112+ 5/*12<>/*8*/+5487+2123/*82

货物或应税劳务、服务名称	规格型号	单位	数量	单价	金额	税率	税额
粮食白酒		吨	10	5000.00	50000.00	17%	8500.00
合　　计					¥50,000.00		¥8,500.00
价税合计（大写）	⊗伍万捌仟伍佰元整				（小写）¥58,500.00		

销售方	名　　称：绍兴醉江南酒厂 纳税人识别号：91330600018888794T 地 址、电 话：绍兴市鉴湖路828号 0575-88000066 开户行及账号：工行绍兴分行 6241254569875632	备注	

收款人：余乐　　复核：　　开票人：余乐　　销售方：（章）

国税函[2016]9号上海华东印钞有限公司

第一联：记账联 销售方记账凭证

图3-4　增值税专用发票（记账联）

绍兴醉江南酒厂产品出库单

№ 00010106

收货单位：绍兴中天贸易有限公司　　发货日期：2016 年09月 05日

序号	产品名称	规格	单位	数量	单价	金额
001	粮食白酒		吨	10	5000.00	50000.00
合　　计：						¥　50,000.00
金额合计（大写）：	人民币伍万元整					
备注						

会计主管：　　仓库保管员：王晓　　发货人：姚小

图3-5　出库单

绍兴醉江南酒厂内部使用（销售）专用凭证

№ 10015001

使用部门：工会　　　　　　　　2016 年 09月 12 日

名称	规格	单位	数量	单价	金额									备注
					百	十	万	千	百	十	元	角	分	
粮食白酒		吨	2	3000.00				6	0	0	0	0	0	发放职工福利
合　计 人民币	（大写）	⊗陆仟元整					¥	6	0	0	0	0	0	

第一联：财务记账联

部门主管：李泰　　送货人：吉米　　经办人：张华　　制单人：肖邦

图 3-6　内部领用单

任务一　认识消费税

任务要求

1. 利用你所掌握的资源找到税法导读部分的税收法律和部门规章，并学习、了解我国的消费税制度。
2. 根据导引案例分析绍兴醉江南酒厂经济业务，并进行消费税判断与分析。

知识准备

一、消费税的定义及特点

（一）定义

消费税是对在中国境内从事生产、委托加工和进口应税消费品的单位和个人征收的一种流转税，是对特定的消费品和消费行为在特定的环节征收的一种间接税。

> 委托加工是指由委托方提供原料和主要材料，受托方只收取加工费和代垫部分辅助材料加工的加工方式。

（二）特点

（1）消费税征税项目具有选择性。

（2）消费税是价内税，是价格的组成部分。

（3）消费税征收环节具有单一性。

（4）消费税税收负担具有转嫁性。

二、消费税纳税人

消费税的纳税人是我国境内生产、委托加工、零售和进口《中华人民共和国消费税暂行条例》规定的应税消费品的单位和个人。具体包括：

在我国境内生产、委托加工、零售和进口应税消费品的国有企业、集体企业、私有企业、股份制企业、其他企业、行政单位、事业单位、军事单位、社会团体和其他单位、个体经营者及其他个人。根据《国务院关于外商投资企业和外国企业适用增值税、消费税、营业税等税收暂行条例有关问题的通知》规定，在我国境内生产、委托加工、零售和进口应税消费品的外商投资企业和外国企业，也是消费税的纳税人。

将超豪华小汽车销售给消费者的单位和个人为超豪华小汽车零售环节纳税人。

在商场柜台销售的烟酒、化妆品以及汽车4S店销售的小汽车，作为销售方的商场和汽车4S店是否是消费税纳税义务人？是否需要缴纳消费税？

三、征税范围

（一）烟

本税目的征收范围包括卷烟、雪茄烟和烟丝，卷烟又分甲类卷烟和乙类卷烟。

（1）甲类卷烟是指每标准条（200支，下同）调拨价格在70元（不含增值税）以上（含70元）的卷烟，其从价税率为56%。

（2）乙类卷烟是指每标准条（200支，下同）调拨价格在70元（不含增值税）以下的卷烟，其从价税率为36%。

（3）雪茄烟。

（4）烟丝。

（二）酒

本税目的征收范围包括白酒、黄酒、啤酒和其他酒。

（1）白酒是指以高粱、玉米、大米、糯米、大麦、小麦、小米、青稞、白薯（红薯、地瓜）、木薯、马铃薯（土豆）、芋头、山药等各种粮食和薯类为原料，经过糖化、发酵后，采用蒸馏方法酿制的白酒。

（2）黄酒是指以糯米、粳米、籼米、大米、黄米、玉米、小麦、薯类等为原料，经加温、糖化、发酵、压榨酿制的酒。

（3）啤酒是指以大麦或其他粮食为原料，加入啤酒花，经糖化、发酵、过滤酿制的含有二氧化碳的酒。啤酒按照杀菌方法的不同，可分为熟啤酒和生啤酒或鲜啤酒。

啤酒的征收范围包括各种包装和散装的啤酒。

无醇啤酒比照啤酒征税。

（4）其他酒是指除粮食白酒、薯类白酒、黄酒、啤酒以外，酒精度在1度以上的各种酒。其征收范围包括糠麸白酒、其他原料白酒、土甜酒、复制酒、果木酒、汽酒、药酒等。

（三）高档化妆品

化妆品是日常生活中用于修饰美化人体表面的用品，包括美容、修饰类化妆品，护肤类化妆品和成套化妆品。消费税仅对高档化妆品征税。

高档美容、修饰类化妆品和高档护肤类化妆品是指生产（进口）环节销售（完税）价格（不含增值税）在10元/毫升（克）或15元/片（张）及以上的美容、修饰类化妆品和护肤类化妆品。

成套化妆品是指由各种用途的化妆品配套盒装而成的系列产品。一般采用精制的金属或塑料盒包装，盒内常备有镜子、梳子等化妆工具，具有多功能性和使用方便的特点。舞台、戏剧、影视演员化妆用的上妆油、卸妆油、油彩、发胶和头发漂白剂等，不属于本税目征收范围。

（四）贵重首饰及珠宝玉石

本税目征收范围包括各种金银珠宝首饰和经采掘、打磨、加工的各种珠宝玉石。金银珠宝玉石包括以金、银、白金、宝石、珍珠、钻石、翡翠、珊瑚、玛瑙等高贵稀有物质以及其他金属、人造宝石等制作的各种纯金银首饰及镶嵌首饰（含人造金银、合成金银首饰等）。

（五）鞭炮、焰火

鞭炮又称爆竹，是用多层纸密裹火药，接以药引线而制成的一种爆炸品。

焰火指烟火剂，一般系包扎品，内装药剂，点燃后烟火喷射，呈各种颜色，有的还变幻成各种景象，分平地小焰火和空中大焰火两类。

体育上用的发令纸，鞭炮药引线，不按本税目征收。

（六）成品油

本税目具体包括石脑油、溶剂油、航空煤油、润滑油、燃料油、汽油、柴油。

（七）摩托车

（1）轻便摩托车：最大设计车速不超过50公里/小时、发动机气缸总工作容积不超过50毫升的两轮机动车。自2014年12月1日起，取消气缸容量250毫升（不含）以下的小排量摩托车消费税。

（2）摩托车：最大设计车速超过50公里/小时、发动机气缸总工作容积超过50毫升、空车质量不超过400公斤（带驾驶室的正三轮车及特种车的空车质量不受此限）的两轮和三轮机动车。

（八）小汽车

本税目征收范围包括：①含驾驶员座位在内最多不超过9个座位（含）的在设计和技术特性上用于载运乘客和货物的各类乘用车；②含驾驶员座位在内的座位数在10至23座（含23座）的在设计和技术特性上用于载运乘客和货物的各类中轻型商用客车。

用排气量小于1.5升（含）的乘用车底盘（车架）改装、改制的车辆属于乘用车征收范围。用排气量大于1.5升的乘用车底盘（车架）或用中轻型商用客车底盘（车架）改装、改制的车辆属于中轻型商用客车征收范围。电动汽车不属于本税目征收范围

自2016年12月1日起，“小汽车”税目下增设“超豪华小汽车”子税目。征收范围为每辆零售价格130万元（不含增值税）及以上的乘用车和中轻型商用客车，即乘用车和中轻型商用客车子税目中的超豪华小汽车。

（九）高尔夫球及球具

本税目征收范围包括高尔夫球，高尔夫球杆，高尔夫球包（袋），高尔夫球杆的杆头、杆身和握把。

（十）高档手表

高档手表是指销售价格（不含增值税）每只在10 000元（含）以上的各类手表。

（十一）游艇

游艇是指长度大于8米、小于90米，船体由玻璃钢、钢、铝合金、塑料等多种材料制作，可以在水上移动的水上浮载体。

（十二）木制一次性筷子

本税目征收范围包括各种规格的木制一次性筷子以及未经打磨、倒角的木制一次性筷子。

（十三）实木地板

本税目征收范围包括各类规格的实木地板、实木指接地板、实木复合地板及用于装饰墙壁、天棚的侧端面为榫、槽的实木装饰板以及未经涂饰的素板。

（十四）涂料

涂料是指涂于物体表面能形成具有保护、装饰或特殊性能的固态涂膜的一类液体或固体材料之总称。本税目征收范围包括按油脂类、天然树脂类、酚醛树脂类、沥青类、醇酸树脂类、氨基树脂类、硝基类、过滤乙烯树脂类、烯类树脂类、丙烯酸酯类树脂类、聚酯树脂类、环氧树脂类、聚氨酯树脂类、元素有机类、橡胶类、纤维素类、其他成膜物类等。

（十五）电池

本税目征收范围包括原电池、蓄电池、燃料电池、太阳能电池和其他电池。

对无汞原电池、金属氢化物镍蓄电池（又称“氢镍蓄电池”或“镍氢蓄电池”）、锂原电池、锂离子蓄电池、太阳能电池、燃料电池和全钒液流电池免征消费税。

2015年12月31日前对铅蓄电池缓征消费税；自2016年1月1日起，对铅蓄电池按4%税率征收消费税。

四、消费税税目税率表

消费税税目税率表见表3-1。

2009 年 5 月 1 日起，甲类香烟的消费税从价税率由原来的 45% 调整至 56%。另外，卷烟批发环节还加征了一道从价税，税率为 5%。

2015 年 5 月 10 日起，将卷烟批发环节从价税税率由 5% 提高至 11%，并按 0.005 元/支加征从量税。

表 3－1　消费税税目税率表

税　目	税　率
一、烟	
1. 卷烟	
(1) 甲类卷烟①	56% 加 0.003 元/支（生产环节）
(2) 乙类卷烟②	36% 加 0.003 元/支（生产环节）
(3) 批发环节	11% 加 0.005 元/支
2. 雪茄烟	36%
3. 烟丝	30%
二、酒	
1. 白酒	20% 加 0.5 元/500 克（毫升）
2. 黄酒	240 元/吨
3. 啤酒	
(1) 甲类啤酒③	250 元/吨
(2) 乙类啤酒④	220 元/吨
4. 其他酒	10%
三、高档化妆品	15%
四、贵重首饰及珠宝玉石	
1. 金银首饰、铂金首饰和钻石及钻石饰品	5%
2. 其他贵重首饰和珠宝玉石	10%
五、鞭炮、焰火	15%
六、成品油	
1. 汽油	1.52 元/升
2. 柴油	1.2 元/升
3. 航空煤油（暂缓征收）	1.2 元/升
4. 石脑油	1.52 元/升
5. 溶剂油	1.52 元/升
6. 润滑油	1.52 元/升
7. 燃料油	1.2 元/升
七、摩托车	
1. 气缸容量 250 毫升的摩托车	3%
2. 气缸容量 250 毫升（不含）以上的摩托车	10%

小汽车进口环节消费税税目税率表

（续）

税　　目	税　　率
八、小汽车	
1. 乘用车	
（1）气缸容量（排气量，下同）在 1.0 升（含 1.0 升）以下的	1%
（2）气缸容量在 1.0 升以上至 1.5 升（含 1.5 升）的	3%
（3）气缸容量在 1.5 升以上至 2.0 升（含 2.0 升）的	5%
（4）气缸容量在 2.0 升以上至 2.5 升（含 2.5 升）的	9%
（5）气缸容量在 2.5 升以上至 3.0 升（含 3.0 升）的	12%
（6）气缸容量在 3.0 升以上至 4.0 升（含 4.0 升）的	25%
（7）气缸容量在 4.0 升以上的	40%
2. 中轻型商用客车	5%
3. 超豪华小汽车⑤	
生产环节	按子税目 1 和子税目 2 的规定征收
零售环节	10%
九、高尔夫球及球具	10%
十、高档手表	20%
十一、游艇	10%
十二、木制一次性筷子	5%
十三、实木地板	5%
十四、涂料	4%
十五、电池	4%

注： 1. 甲类卷烟，即每标准条（200 支）调拨价格在 70 元（不含增值税）以上（含 70 元）的卷烟，生产环节（含进口）的税率为 56%。

2. 乙类卷烟，即每标准条调拨价格在 70 元（不含增值税）以下的卷烟，生产环节（含进口）的税率为 36%。

3. 甲类啤酒，每吨出厂价（含包装物及包装物押金）在 3 000 元（含 3 000 元，不含增值税）以上的啤酒。

4. 乙类啤酒，每吨出厂价（含包装物及包装物押金）在 3 000 元（不含增值税）以下的啤酒。

5. 对我国驻外使领馆工作人员、外国驻华机构及人员、非居民常住人员、政府间协议规定等应税（消费税）进口自用，且完税价格 130 万元及以上的超豪华小汽车消费税，按照生产（进口）环节税率和零售环节税率（10%）加总计算，由海关代征。

国内汽车生产企业直接销售给消费者的超豪华小汽车，消费税税率按照生产环节税率和零售环节税率加总计算。消费税应纳税额计算公式为

应纳税额＝销售额×（生产环节税率＋零售环节税率）

任务处理

绍兴醉江南酒厂主要生产销售各类酒产品，属于销售应税消费品，因此属于消费税征税范围。白酒适用复合税率，即适用从价和从量的复合计税。

任务二　计算消费税

任务要求

1. 熟练掌握销售、委托加工、进口及视同销售应税消费品的计算。
2. 掌握从价计税、从量计税和复合计税的计算方法。

知识准备

一、销售应税消费品的计算

（一）从量定额计税

采用从量定额的办法征税，其计税依据是纳税人销售应税消费品的数量，其计税公式为

应纳税额＝应税消费品数量×消费税单位税额

（二）从价定率计税

实行从价定率办法征税的应税消费品，计税依据为应税消费品的销售额。应纳税额的计算公式为

应纳税额＝应税消费品的销售额×适用税率

应税消费品的销售额包括销售应税消费品从购买方收取的全部价款和价外费用，即

> 价外费用指纳税人销售货物或应税劳务时向购买方收取的价款以外的各种费用、租金、补贴等，包括手续费、补贴、基金、集资费、返还利润、奖励费、违约金（延期付款利息）、包装费、包装物租金、储备费、优质费、运输装卸费、代收款项、代垫款项及其他各种性质的费用。
>
> 价外费用不包括向购买方收取的销项税额、受托加工应征消费税的消费品所代收代缴的消费税、纳税人将承运部门开具给购货方发票交给购货方的代垫运费。

销售额＝应税消费品销售额＋价外收费

> **注意：**实行从价定率征收的消费品，其消费税税基与增值税税基是一致的，都是以含消费税（价内税）而不含增值税（价外税）的销售额作为计税基数。“销售额”不包括应向购买方收取的增值税额。

（三）复合计税

$$应纳税额=销售数量\times定额税率+销售额\times比例税率$$

例3－1 某酒厂8月生产粮食白酒100吨，全部用于销售，当月取得不含税销售额480万元，同时收取品牌使用费15万元；当期收取包装物押金5万元，到期没收包装物押金3万元。该厂当月应纳消费税（　　）万元。

A. 106　　B. 106.85　　C. 109.08　　D. 109.42

【答案】D　[480＋20/(1＋17%)]×20%＋100×0.1＝109.42（万元）

二、自产自用应税消费品的计算

（一）用于连续生产应税消费品的

纳税人自产自用的应税消费品，用于连续生产应税消费品的，不纳税。

“纳税人自产自用的应税消费品，用于连续生产应税消费品的”是指作为生产最终应税消费品的直接材料，并构成最终产品实体的应税消费品。税法对自产自用的应税消费品，用于连续生产应税消费品的，规定不征税，体现了税不重征和计税简便的原则。例如，烟丝用于本厂连续生产卷烟，这样，用于连续生产卷烟的烟丝就不缴纳消费税，只对生产的卷烟征收消费税。

例3－2 下列自产自用应税消费品不缴纳消费税的是（　　）。

A. 炼油厂用于本企业基建部门车辆的自产汽油

B. 汽车厂用于管理部门的自产汽车

C. 日化厂用于赠送客户样品的自产高档化妆品

D. 卷烟厂用于生产卷烟的自制烟丝

【答案】D

（二）用于其他方面（视同销售）

纳税人自产自用的应税消费品用于其他方面的，于移送使用时纳税。

“用于其他方面”是指纳税人用于生产非应税消费品和在建工程、管理部门、非生产机构，以及用于提供劳务、馈赠、赞助、集资、广告、样品、职工福利、奖励等方面的应税消费品。

（1）有同类消费品的销售价格的，按照纳税人生产的同类消费品的销售价格计算纳税。

$$应纳税额=同类消费品销售单价\times自产自用数量\times适用税率$$

（2）没有同类消费品销售价格的，按照组成计税价格计算纳税。

1）组成计税价格＝(成本＋利润)÷(1－消费税税率)

2）复合计税的组成计税价格＝[(成本＋利润)＋自产自用数量×定额税率]÷(1－消费税税率)

公式中的“成本”是指应税消费品的产品生产成本。公式中的“利润”是指根据应税消费品的全国平均成本利润率计算的利润。应税消费品的全国平均成本利润率由国家税务总局确定。

例3-3 某企业1月生产某应税消费品20吨，成本16 000元，将10吨对外销售，取得不含税收入10 000元，5吨投入车间连续加工非应税消费品，企业当期销售这种非应税消费品取得不含税收入200 000元，当期发生可抵扣增值税进项税30 000元，计算该企业当期应纳增值税和消费税（应税该消费品适用税率为5%）。

该企业当期应纳的增值税＝(200 000＋10 000)×17%－30 000＝5 700（元）

该企业当期应纳的消费税＝(10 000＋10 000/10×5)×5%＝750（元）

合计缴纳增值税消费税＝5 700＋750＝6 450（元）

例3-4 某摩托车厂将1辆自产摩托车奖励性发给优秀职工，其成本5 000元/辆，成本利润率6%，适用消费税税率10%，其应纳消费税是多少？增值税的销项税额是多少？

组成计税价格＝5 000×(1＋6%)÷(1－10%)＝5 888.89（元）

应纳消费税＝5 888.89×10%＝588.89（元）

增值税销项税额＝5 888.89×17%＝1 001.11（元）

或增值税销项税额＝[5 000×(1＋6%)＋588.89]×17%＝5 888.89×17%＝1 001.11（元）

例3-5 某酒厂将自产薯类白酒1吨（2 000斤）发放给职工作福利，其成本4 000元/吨，成本利润率5%，则此笔业务当月应纳的消费税和增值税销项税额为多少？

消费税从量税＝2 000×0.5＝1 000（元）

从价税组成计税价格＝[4 000×(1＋5%)＋1 000]÷(1－20%)＝6 500（元）

应纳消费税＝1 000＋6 500×20%＝2 300（元）

增值税销项税额＝6 500×17%＝1 105（元）

或增值税销项税额＝[4 000×(1＋5%)＋2 300]×17%＝6 500×17%＝1 105（元）

三、委托加工应税消费品的计算

> 委托加工应税消费品，应在委托方提货时，由受托方代收代缴消费税。

（一）委托加工的定义

委托加工的应税消费品是指由委托方提供原料和主要材料，受托方只收取加工费和代垫部分辅助材料加工的应税消费品。

对于由受托方提供原材料生产的应税消费品，或者受托方先将原材料卖给委托方，然后再接受加工的应税消费品，以及由受托方以委托方名义购进原材料生产的应税消费品，不论纳税人在财务上是否做销售处理，都不得作为委托加工应税消费品，而应当按照销售自制应税消费品缴纳消费税。

（二）委托加工应税消费品的计算

委托加工的应税消费品，按照受托方的同类消费品的销售价格计算纳税；没有同类消费品销售价格的，按照组成计税价格计算纳税。

实行从价定率办法计算纳税的组成计税价格计算公式为

组成计税价格＝(材料成本＋加工费)÷(1－比例税率)

实行复合计税办法计算纳税的组成计税价格计算公式为

组成计税价格＝(材料成本＋加工费＋委托加工数量×定额税率)÷(1－比例税率)

其中“材料成本”是指委托方所提供加工材料的实际成本。“加工费”是指受托方加工应税消费品向委托方所收取的全部费用（包括代垫辅助材料的实际成本），但不包括随加工费收取的销项税。

例 3-6 201×年3月某长途运输公司委托某汽车制造厂加工气缸容量为2 000毫升的小客车50辆，该受托单位没有同类产品销售价格，该小客车单位成本18 000元，支付加工费45 000元，支付受托方代垫辅助材料费用5 000元。计算该批汽车应纳的消费税。

（1）组成计税价格=(18 000×50+45 000+5 000)÷(1-5%)=1 000 000（元）。

（2）该汽车制造厂应代收代缴消费税=1 000 000×5%=50 000（元）

（三）外购或委托加工收回的已税消费品连续生产应税消费品的计算

外购或委托加工的应税消费品因为已缴纳过消费税，因此，取得后用于连续生产应税消费品的，其已纳税款准予按照规定从连续生产的应税消费品应纳消费税税额中抵扣。

具体包括：

（1）以外购或委托加工收回的已税杆头、杆身和握把为原料生产的高尔夫球杆。

（2）以外购或委托加工收回的已税木制一次性筷子为原料生产的木制一次性筷子。

（3）以外购或委托加工收回的已税实木地板为原料生产的实木地板。

（4）以外购、进口和委托加工收回汽油、柴油、石脑油、燃料油、润滑油（以下简称应税油品）用于连续生产应税成品油，准予从成品油消费税应纳税额中扣除应税油品已纳消费税税款。

（5）以外购或委托加工收回的已税烟丝为原料生产的卷烟。

（6）以外购、进口和委托加工收回的高档化妆品为原料继续生产高档化妆品。

（7）以外购或委托加工收回的已税珠宝玉石为原料生产的贵重首饰及珠宝玉石。

（8）以外购或委托加工收回的已税鞭炮、焰火为原料生产的鞭炮、焰火。

委托加工的应税消费品直接出售的，不再征收消费税。委托方将收回的应税消费品，以不高于受托方的计税价格出售的，为直接出售，不再缴纳消费税；委托方以高于受托方的计税价格出售的，不属于直接出售，需按照规定申报缴纳消费税，在计税时准予扣除受托方已代收代缴的消费税（财法〔2012〕8号）。

例 3-7 甲企业委托乙企业生产烟丝一批，甲企业提供的加工材料成本为6 000元，乙企业收取加工费2 000元（不含增值税）。对于受托加工的烟丝，乙企业没有同类消费品的销价可供参考。乙企业在向甲企业交货时，代收代缴消费税。甲企业收回委托加工烟丝后用于继续生产卷烟，已知该企业期初库存的委托加工烟丝价值5万元，期末库存的委托加工烟丝价值3万元，可抵扣的税款为多少？

乙企业没有同类消费品的销价可供参考，因此，应按税法规定的组成计税价格计算代收代缴的消费税。甲企业收回烟丝用于连续生产卷烟，可按当月生产领用烟丝数量计算可抵扣的消费税税额。

乙企业代收代缴消费税：

$$\begin{aligned}\text{代收消费税} &= (\text{材料成本}+\text{加工费})\div(1-\text{消费税税率})\times\text{消费税税率}\\ &= (6\,000+2\,000)\div(1-30\%)\times30\% = 3\,428.57\ (\text{元})\end{aligned}$$

甲企业当期准予抵扣的烟丝税额为

$$50\,000\times30\% - 30\,000\times30\% + 3\,428.57 = 9\,428.57\ (\text{元})$$

四、进口应税消费品的计算

> 进口环节的增值税、消费税及关税，涉及从价计征的，都按组成计税价格计税。

（1）从价定率计征的，按组成计税价格计算纳税，其计算公式如下：

组成计税价格 = (关税完税价格 + 关税) ÷ (1 − 消费税税率)

应纳税额 = 组成计税价格 × 消费税税率

（2）从量定额计征的，其计算公式为

应纳税额 = 应税消费品数量 × 消费税单位税额

“应税消费品数量”是指海关核定的应税消费品进口征税数量。

（3）复合计税计征的，按组成计税价格计算纳税。其计算公式为

组成计税价格 = (关税完税价格 + 关税 + 消费税定额税) ÷ (1 − 消费税税率)

应纳税额 = 组成计税价格 × 消费税税率 + 消费税定额税

进口应税消费品应纳消费税的组成计税价格和进口货物应纳增值税的组成计税价格，二者有什么区别和联系？

例 3-8 某公司从境外进口一批高档化妆品，经海关核定，关税的完税价格为 54 000 元，进口关税税率为 25%，消费税税率为 15%。计算应纳税额如下：

组成计税价格 = (关税完税价格 + 关税) ÷ (1 − 消费税税率)

= (54 000 + 54 000 × 25%) ÷ (1 − 15%) = 79 411.76（元）

应纳税额 = 组成计税价格 × 适用税率 = 79 411.76 × 15% = 11 911.76（元）

任务处理

（1）2016 年 9 月销售粮食白酒，复合计税，计算如下：

从价计征消费税 = 10 × 5 000 × 20% = 10 000（元）

从量计征消费税 = 10 × 2 000 × 0.5 = 10 000（元）

合计应纳消费税 20 000（元）。

（2）将自产粮食白酒用于职工福利，属于视同销售（按同类白酒售价）复合计税，计算如下：

从价计征消费税 = 2 × 5 000 × 20% = 2 000（元）

从量计征消费税 = 2 × 2 000 × 0.5 = 2 000（元）

合计应纳消费税 4 000（元）。

任务三　消费税会计处理

任务要求

（1）熟练掌握销售、委托加工、进口应税消费品的账务处理。

（2）重点掌握消费税视同销售的账务处理。

知识准备

企业应在“应交税费”科目下设置“应交消费税”明细科目，核算应交消费税的发生、缴纳情况。该科目贷方登记应缴纳的消费税，借方登记已缴纳的消费税；期末贷方余额为尚未缴纳的消费税，借方余额为多缴纳的消费税。

一、销售应税消费品的会计处理

企业销售应税消费品应交的消费税，应借记“税金及附加”科目，贷记“应交税费——应交消费税”科目。

例3-9 某化妆品生产企业销售所生产的高档化妆品价款1 000 000元（不含增值税），适用的消费税税率为15%。该企业应做会计分录如下：

借：税金及附加　　150 000

　贷：应交税费——应交消费税　　150 000

其中，应纳税额＝1 000 000×15%＝150 000（元）

二、消费税视同销售的会计处理

（一）应税消费品用于换取生产资料、消费资料及抵偿债务、支付代购手续费等方面时

按照应纳消费税税额借记“税金及附加”账户，贷记“应交税费——应交消费税”账户。发生销货退回时做相反的会计分录。

例3-10 天一橡胶厂将自产的汽车轮胎换取某进出口公司的生产设备，应纳消费税税额36 000元。应做如下会计分录：

借：税金及附加　　36 000

　贷：应交税费——应交消费税　　36 000

（二）应税消费品用于投资

应借记“长期股权投资”账户，贷记“应交税费——应交消费税”账户。

例3-11 浙江华东汽车制造厂用自产乘用车8辆投资于某客运公司，按规定这8辆汽车共应缴纳消费税40 000元。对此应做如下会计分录：

借：长期股权投资　　40 000

　贷：应交税费——应交消费税　　40 000

（三）应税消费品用于在建工程、非生产机构等方面

应借记“固定资产”“在建工程”“营业外支出”“销售费用”等账户，贷记“应交税费——应交消费税”账户。

例3-12 某工业企业在建工程领用自产应税消费品，应纳消费税3 600元。该企业应做会计分录如下：

借：在建工程　　38 700

贷：应交税费——应交消费税 3 600

（四）应税消费品包装物的会计处理

对于随同应税消费品一同出售的包装物及逾期未退还的包装物押金，按规定应缴纳的消费税，借记“税金及附加”账户，贷记“应交税费——应交消费税”账户。

例3-13 某化妆品公司向某商业企业销售高档化妆品一批，所用包装物单独计价，按规定应缴纳消费税税额2 000元。对此所做的会计分录为：

借：税金及附加 2 000

贷：应交税费——应交消费税 2 000

三、委托加工应税消费品的会计处理

委托加工的应税消费品，在委托方提货时，由受托方代收代缴税额。受托方按应扣税额，借记“应收账款”“银行存款”等账户，贷记“应交税费——应交消费税”账户。

例3-14 某公司委托一家实木地板生产企业生产实木地板一批，共应缴纳消费税100 000元。该公司提取实木地板时，该实木地板生产企业应代收代缴这笔应纳税款，并按应扣税额做如下会计分录：

借：应收账款 100 000

贷：应交税费——应交消费税 100 000

委托加工应税消费品收回后，若是直接用于销售的，委托方应将受托方代扣代缴的消费税计入委托加工应税消费品的成本，借记“委托加工物资”“生产成本”等账户，贷记“应付账款”“银行存款”等账户；委托加工应税消费品收回后，用于连续生产应税消费品并按规定可以抵扣的，委托方应按受托方代扣代缴的消费税金额，借记“应交税费——应交消费税”账户，贷记“应付账款”“银行存款”等账户。

> 直接用于销售是指收回后未经过加工直接出售，出售环节不再计消费税。

例3-15 A企业委托B企业加工一批甲材料（属于应税消费品），成本为100 000元，支付加工费为26 000元（不含增值税），消费税税率为10%，甲材料加工完毕验收入库，加工费用等尚未支付。双方适用的增值税税率均为17%。A企业的有关会计处理如下：

（1）发出委托加工材料

借：委托加工物资 100 000

贷：原材料——甲材料 100 000

（2）支付加工费用

消费税的组成计税价格＝(100 000＋26 000)÷(1－10%)＝140 000（元）

（受托方）代收代缴的消费税：140 000×10%＝14 000（元）

应纳增值税＝26 000×17%＝4 420（元）

根据计算结果A企业编制会计分录如下：

①若A企业收回加工后的材料用于继续生产应税消费品：

借：委托加工物资　　26 000

应交税费——应交增值税（进项税额）　　4 420

——应交消费税　　14 000

贷：应付账款——B企业　　44 420

②若A企业收回加工后的材料直接用于销售：

借：委托加工物资　　40 000（26 000 + 14 000）

应交税费——应交增值税（进项税额）　　4 420

贷：应付账款——B企业　　44 420

（3）加工完成收回委托加工原材料甲

①若A企业收回加工的材料后用于继续生产应税消费品：

借：原材料——甲材料　　126 000

贷：委托加工物资　　126 000

②若A企业收回加工后的材料直接用于销售：

借：原材料——甲材料　　140 000

贷：委托加工物资　　140 000

四、进口应税消费品的会计处理

进口应税消费品，应在进口时由进口者缴纳消费税，缴纳的消费税应计入进口应税消费品的成本。进口应税消费品缴纳的消费税一般不通过“应交税费——应交消费税”科目核算，在将消费税计入进口应税消费品成本时，直接贷记“银行存款”科目。在特殊情况下，如出现先提货、后缴纳消费税的，或者用于连续生产其他应税消费品按规定允许扣税的，可以通过“应交税费——应交消费税”科目核算。

任务处理

绍兴醉江南酒厂销售自产粮食白酒以及用于职工福利视同销售，共计消费税24 000元，其账务处理如下：

借：税金及附加　　24 000

贷：应交税费——应交消费税　　24 000

任务四　消费税纳税申报

任务要求

1. 熟悉消费税纳税义务时间、纳税期限和纳税地点。
2. 掌握消费税纳税申报表的填制方法。

知识准备

一、纳税义务时间

(1) 纳税人销售应税消费品的，按不同的销售结算方式分别为：

1) 采取赊销和分期收款结算方式的，为书面合同约定的收款日期的当天，书面合同没有约定收款日期或者无书面合同的，为发出应税消费品的当天。

> 注意比较增值税纳税义务时间和消费税纳税义务时间的联系与区别。

2) 采取预收货款结算方式的，为发出应税消费品的当天。

3) 采取托收承付和委托银行收款方式的，为发出应税消费品并办妥托收手续的当天。

4) 采取其他结算方式的，为收讫销售款或者取得索取销售款凭据的当天。

(2) 纳税人自产自用应税消费品的，为移送使用的当天。

(3) 纳税人委托加工应税消费品的，为纳税人提货的当天。

(4) 纳税人进口应税消费品的，为报关进口的当天。

二、纳税期限

消费税的纳税期限分别为 1 日、3 日、5 日、10 日、15 日、1 个月或者 1 个季度。纳税人的具体纳税期限，由主管税务机关根据纳税人应纳税额的大小分别核定；不能按照固定期限纳税的，可以按次纳税。

纳税人以 1 个月或者 1 个季度为 1 个纳税期的，自期满之日起 15 日内申报纳税；以 1 日、3 日、5 日、10 日或者 15 日为 1 个纳税期的，自期满之日起 5 日内预缴税款，于次月 1 日起 15 日内申报纳税并结清上月应纳税款。

纳税人进口应税消费品，应当自海关填发海关进口消费税专用缴款书之日起 15 日内缴纳税款。

三、纳税地点

纳税人销售的应税消费品，以及自产自用的应税消费品，除国务院财政、税务主管部门另有规定外，应当向纳税人机构所在地或者居住地的主管税务机关申报纳税。

委托加工的应税消费品，除受托方为个人外，由受托方向机构所在地或者居住地的主管税务机关解缴消费税税款。

进口的应税消费品，应当向报关地海关申报纳税。

四、纳税申报表

消费税纳税申报表由国家税务总局统一制定，包括烟类应税消费品消费税纳税申报表、卷烟批发环节消费税纳税申报表（仅限卷烟批发环节消费税纳税人使用）、酒类应税消费品消费税纳税申报表、成品油消费税纳税申报表、小汽车消费税纳税申报表、其他应税消费品消费税纳税申报表。限于篇幅，消费税纳税申报表具体格式这里仅列举其中两种，见表 3－2、表 3－3。

表 3－2　酒类应税消费品消费税纳税申报表

税款所属期：　　　年　　月　日至　　　年　月　日

纳税人名称（公章）：　　　　　　　纳税人识别号：□□□□□□□□□□□□□□□□□□□□

填表日期：　　年　　月　　日　　　　　　　　　　　　金额单位：元（列至角分）

项目 应税消费品名称	适用税率		销售数量	销售额	应纳税额
	定额税率	比例税率			
粮食白酒	0.5 元/斤	20%			
薯类白酒	0.5 元/斤	20%			
啤酒	250 元/t	—			
啤酒	220 元/t	—			
黄酒	240 元/t	—			
其他酒	—	10%			
合计	—	—	—	—	

<table>
<tr><td>本期准予抵减税额：</td><td rowspan="3">声明
此纳税申报表是根据国家税收法律的规定填报的，我确定它是真实的、可靠的、完整的。
经办人（签章）：
财务负责人（签章）：
联系电话：</td></tr>
<tr><td>本期减（免）税额：</td></tr>
<tr><td>期初未缴税额：</td></tr>
<tr><td>本期缴纳前期应纳税额：</td><td rowspan="4">（如果你已委托代理人申报，请填写）
授权声明
为代理一切税务事宜，现授权______ ______（地址）__________________ 为本纳税人的代理申报人，任何与本申报表有关的往来文件，都可寄予此人。
授权人签章：</td></tr>
<tr><td>本期预缴税额：</td></tr>
<tr><td>本期应补（退）税额：</td></tr>
<tr><td>期末未缴税额：</td></tr>
</table>

以下由税务机关填写

受理人（签章）：　　　　　　受理日期　　年　月　日　　　　　　受理税务机关（章）：

填表注意事项：

1. 计量单位：粮食白酒和薯类白酒为斤（如果实际销售商品按照体积标注计量单位，应按 500mL 为 1 斤换算），啤酒、黄酒和其他酒为吨（t）。
2. “销售额”为按有关规定的当期应申报缴纳消费税的酒类应税消费品销售（不含出口免税）收入。
3. “本期准予抵减税额”填写按税收法规规定的本期准予抵减的消费税应纳税额。其准予抵减的消费税应纳税额情况，还需填报“本期准予抵减税额计算表”附表。
4. “本期减（免）税额”不含出口退（免）税额。
5. “期初未缴税额”栏，填写本期期初累计应缴未缴的消费税税额，多缴为负数。其数值等于上期申报表“期末未缴税额”栏数值。

6. “本期缴纳前期应纳税额”填写本期实际缴纳入库的前期应缴未缴消费税税额。“本期预缴税额”填写纳税申报前纳税人已预先缴纳入库的本期消费税税额。
7. “本期应补（退）税额”填写纳税人本期应纳税额中应补缴或应退回的数额，计算公式为（多缴为负数）
本期应补（退）税额 = 应纳税额（合计栏金额）- 本期准予抵减税额 - 本期减（免）税额 - 本期预缴税额
8. “期末未缴税额”填写纳税人本期期末应缴未缴的消费税税额，计算公式为（多缴为负数）
期末未缴税额 = 期初未缴税额 + 本期应补（退）税额 - 本期缴纳前期应纳税额

表 3-3　其他应税消费品消费税纳税申报表

税款所属期：　　　年　　月　日至　　　年　月　日

纳税人名称（公章）：　　　　　　　纳税人识别号：□□□□□□□□□□□□□□□□□□□□

填表日期：　　年　　　月　　　日　　　　　　　　　金额单位：元（列至角分）

项目 应税消费品名称	适用税率	销售数量	销售额	应纳税额
合计	—	—	—	

本期准予抵减税额：	**声明** 此纳税申报表是根据国家税收法律的规定填报的，我确定它是真实的、可靠的、完整的。 经办人（签章）： 财务负责人（签章）： 联系电话：
本期减（免）税额：	
期初未缴税额：	
本期缴纳前期应纳税额：	（如果你已委托代理人申报，请填写） **授权声明** 为代理一切税务事宜，现授权__________（地址）__________________为本纳税人的代理申报人，任何与本申报表有关的往来文件，都可寄予此人。 授权人签章：
本期预缴税额：	
本期应补（退）税额：	
期末未缴税额：	

以下由税务机关填写

受理人（签章）：　　　　　受理日期：　　年　月　日　　　　　受理税务机关（章）：

填表注意事项：

1. 本表限高档化妆品、贵重首饰及珠宝玉石、鞭炮焰火、摩托车（排量 > 250mL）、摩托车（排量 = 250mL）、高尔夫球及球具、高档手表、游艇、木制一次性筷子、实木地板、超豪华小汽车等消费税纳税人使用。
2. “销售数量”为按规定的当期应申报缴纳消费税的应税消费品销售（不含出口免税）数量。计量单位是：摩托车为辆；超豪华小汽车为辆；高档手表为只；游艇为艘；实木地板为平方米；木制一次性筷子为万双；高档化妆品、贵重首饰及珠宝玉石（含金银首饰、铂金首饰、钻石及钻石饰品）、鞭炮焰火、高尔夫球及球具按照纳税人实际使用的计量单位填写并在本栏中注明。表中“销售额”为当期应申报缴纳消费税的应税消费品销售（不含出口免税）收入。

3. “本期准予扣除税额”填写按税收法规规定本期外购或委托加工收回应税消费品后连续生产应税消费品准予扣除的消费税应纳税额。其准予扣除的消费税应纳税额情况，需填“本期准予扣除税额计算表”附表。
4. “本期减（免）税额”不含出口退（免）税额。
5. “期初未缴税额”填写本期期初累计应缴未缴的消费税税额，多缴为负数。其数值等于上期申报表“期末未缴税额”。
6. “本期应补（退）税额”填写纳税人本期应纳税额中应补缴或应退回的数额，计算公式为（多缴为负数）本期应补（退）税额 = 应纳税额（合计栏金额）– 本期准予扣除税额 – 本期减（免）税额 – 本期预缴税额
7. “期末未缴税额”填写纳税人本期期末应缴未缴的消费税税额，计算公式为（多缴为负数）

期末未缴税额 = 期初未缴税额 + 本期应补（退）税额 – 本期缴纳前期应纳税额

任务处理

绍兴醉江南酒厂应当填写酒及酒精消费税纳税申报表，并自纳税期期满之日起 15 日内向所在地税务机关申报纳税。

知识地图

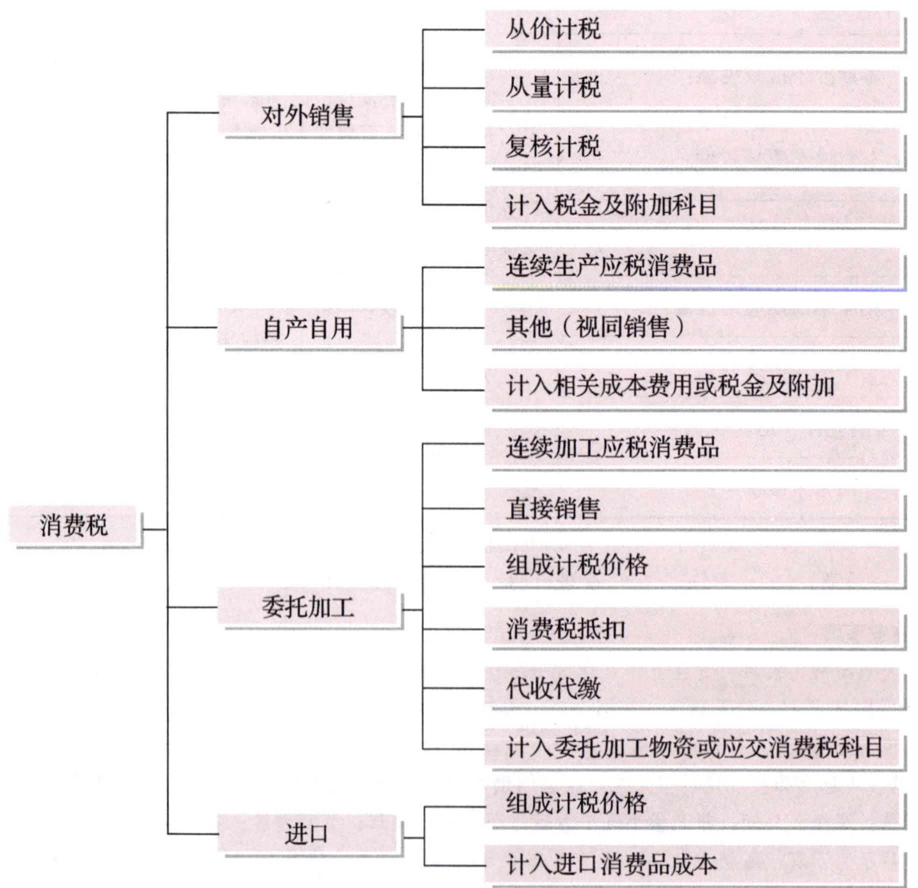

税法导读

1. 国家税务总局关于消费税有关政策问题的公告
2. 财政部、国家税务总局关于《中华人民共和国消费税暂行条例实施细则》有关条款解释的通知
3. 财政部、国家税务总局关于消费税纳税人总分支机构汇总缴纳消费税有关政策的通知
4. 国家税务总局关于卷烟消费税计税价格信息采集有关问题的通知
5. 卷烟消费税计税价格信息采集和核定管理办法
6. 中华人民共和国消费税暂行条例
7. 中华人民共和国消费税暂行条例实施细则
8. 财政部　国家税务总局关于对电池 涂料征收消费税的通知
9. 财政部、国家税务总局关于调整卷烟消费税的通知
10. 财政部、国家税务总局关于调整消费税政策的通知
11. 财政部、国家税务总局关于继续提高成品油消费税的通知
12. 财政部、国家税务总局关于调整化妆品消费税政策的通知
13. 财政部、国家税务总局关于对超豪华小汽车加征消费税有关事项的通知

知识拓展

消费税（consumer tax）是以消费品 consumption（消费行为）的流转额作为课税对象的各种税收的统称，是政府向消费品征收的税项，可向批发商或零售商征收。我国的消费税是在普遍征收增值税的基础上选择部分应税消费品而开征的一种流转税。我国的消费税有别于日本的消费税，日本 1989 年开始征收消费税，日本的消费税的纳税人是进行商品交易或提供劳务的所有自然人和法人，其征税范围几乎覆盖了所有的商品交易和劳务。也就是说日本的消费税其实质类似于我国的增值税，而与我国消费税有所区别。

初级会计资格考试对消费税部分考核要点包括：消费税的含义；应交消费税的账务处理，具体包括销售应税消费品、自产自用应税消费品、委托加工应税消费品及进口应税消费品的账务处理。

项目四　关税纳税实务

知识目标

1. 掌握进出口关税完税价格的确定方法。
2. 掌握进出口关税的计算方法。
3. 掌握进出口关税账务处理的方法。

技能目标

1. 能根据经济业务进行关税判断。
2. 能够准确计算关税及进行账务处理。

学习导航

本项目 PPT

导引案例

大通进出口有限公司是一家以汽车进出口贸易为主的外贸企业，其基本信息如下：

开户银行及账号：工行宁波支行，42568910541236。

企业地址：宁波市胜利路 52 号。

2016 年 10 月进口小轿车一批，其相关凭证如图 4－1 和图 4－2 所示。

GS01

洋山港　　海关　　进口关税　　专用缴款书　　1091

收入系统：海关系统　　填发日期　2016年10 月10 日　　号码：№　291020161049924545-A01

收款单位	收入机关	中央金库			缴款单位（人）	名　称	大通进出口贸易有限公司
	科　目	进口关税	预算级次	中央		账　号	
	收款国库	宁波人行国家金库（洋山办事处）（33021234567890123）				开户银行	

税　号	货　物　名　称	数　量	单位	完税价格（￥）	税率（%）	税款金额（￥）
85168000	小型乘用车	10	件	1200000.00	25.00	300000.00
金额人民币（大写）壹佰伍拾万元整				合计（￥）		1500000.00

申请单位编号	3302191045	报关单编号	29102016104992600	填制单位	收款国库（银行）
合同（批文）号	ZJMZ2016001	运输工具（号）	CA-01245		
税款期限	2016年10月25日前	提/装货单号	ZHAS022-09	制单人 524329	
备注	一般贸易　照章征税　2016-10-10 国标代码：330123461847817USD　6.6802 17.9635			复核人	

从填发缴款书之日起限15日内缴纳（期末遇到法定假日顺延），逾期按日征收税款总额万分之五的滞纳金。

第一联：（收据）国库收款单位签章后交缴款单位或缴款人

图 4－1　海关进口增值税专用缴款书

入库单

类别：汽车　　　　2016 年 10 月 10 日　　　　编号 000001

名　称	规　格	单　位	数　量	单　价	金　额	备　注
小型乘用车		辆	10			
合计		辆	10			

图 4－2　入库单

任务一　认识海关与关税

任务要求

(1) 利用你所掌握的资源找到税法导读部分的税收法律和部门规章，并学习、了解我国的关税制度。

(2) 根据导引案例分析大通进出口有限公司的相关经济业务，并进行关税判断与分析。

知识准备

一、海关与关税

海关是国家的进出关境监督管理机关。在我国由国务院设立海关总署，统一管理全国海关。国家在对外开放的口岸和海关监管业务集中的地点设立海关。海关的隶属关系不受行政区划的限制。海关依法独立行使职权，向海关总署负责。

> 我国进口环节的增值税和消费税都是由海关代征的。

关税是由海关依据有关法律、法规，以进出关境的货物和物品为征税对象而征收的一种商品税。我国《海关法》规定，准许进出口的货物、进出境物品，由海关依法征收关税。

按征税对象进行分类，关税可以分为进口关税、出口关税和过境关税。在国际贸易中，反倾销税、反补贴税、报复关税等均属于进口关税。而过境关税是针对过境货物所征收的关税。

按照征税标准可以将关税划分为从量税、从价税，以及复合税、滑准税等。

按照征税性质可以将关税划分为普通关税、优惠关税和差别关税，此种划分方法主要适用于进口关税；前文提到的反倾销税、反补贴税、报复关税就属于差别关税。

二、关税的纳税义务人与征税范围

（一）纳税义务人

进口货物的收货人、出口货物的发货人、进出境物品的所有人，是关税的纳税义务人。进出境物品的所有人包括该物品的所有人和推定为所有人的人。一般情况下，对于携带进境的物品，推定其携带人为所有人；对分离运输的行李，推定相应的进出境旅客为所有人；对以邮递方式进境的物品，推定其收件人为所有人；以邮递或其他运输方式出境的物品，推定其寄件人或托运人为所有人。

跨境电子商务零售进口商品按照货物征收关税和进口环节增值税、消费税，购买跨境电子商务零售进口商品的个人作为纳税义务人，实际交易价格（包括货物零售价格、运费和保险费）作为完税价格，电子商务企业、电子商务交易平台企业或物流企业可作为代收代缴义务人。

（二）征税范围

按照关税条例的规定，关税征收的对象是进出境的货物和物品。凡是准许进出口的货物，除国家另有规定的以外，均应由海关依照进出口税则征收进口关税或出口关税。

货物是指贸易性商品；物品指非贸易性物品，如随身携带的行李、自用物品等。

三、关税的税则及税率

（一）关税税则

关税税则又称海关税则、进出口税则、关税税率表，是指一国制定和公布的对进出其关境（customs boundary）的货物征收关税的条例和税率的分类表。表内包括各项征税或免税货物的详细名称、税率、征税标准（从价或从量）、计税单位等。我国关税税则中规定的应税商品共分 22 类，2017 年税则税目共计 8 547 个。

（二）关税税率

依据《中华人民共和国进出口关税条例》（以下简称《进出口关税条例》）规定，进口关税设置最惠国税率、协定税率、特惠税率、普通税率、关税配额税率等税率。出口关税设置出口税率。对进口货物或出口货物在一定期限内可以实行暂定税率。

1. 进口关税税率

（1）最惠国税率。

最惠国税率适用原产于与我国共同适用最惠国待遇条款的世界贸易组织成员国或地区的进口货物，或原产于与我国签订有相互给予最惠国待遇条款的双边贸易协定的国家或地区的进口货物，以及原产于中华人民共和国境内的进口货物。

（2）协定税率。

协定税率适用原产于与我国订有含关税优惠条款的区域性贸易协定的有关缔约方的进口货物。我国目前已与 25 个国家或地区签署了 15 个优惠贸易安排或自贸协定。2017 年，根据我国与有关国家或地区签署的贸易或关税优惠协定，中国与澳大利亚、巴基斯坦、瑞士、哥斯达黎加、冰岛、韩国、新西兰、秘鲁的自贸协定以及内地分别与港澳的更紧密经贸安排（CEPA）项下的部分商品的协定税率进一步降低；中国与东盟、智利、新加坡的自贸协定、亚太贸易协定以及海峡两岸经济合作框架协议（ECFA）项下的商品继续实施协定税率，商品范围和税率水平均维持不变。

（3）特惠税率。

特惠税率适用原产于与我国签订有特殊优惠关税协定的国家或地区的进口货物。根据我国与有关国家或地区签署的贸易或关税优惠协定，2017 年继续对 40 个与我国建交的最不发达国家执行特惠税率。

（4）普通税率。

普通税率适用原产于上述国家或地区以外的国家和地区的进口货物，或者原产地不明的国家或者地区的进口货物。

（5）关税配额税率。

根据《2017 年关税调整方案》，我国继续对小麦等 8 类商品实施关税配额管理，税率不变。其中，对尿素、复合肥、磷酸氢铵 3 种化肥的配额内税率继续实施 1% 的暂定税率。继续对配额外进口的一定数量棉花实施滑准税。

适用最惠国税率的进口货物有暂定税率的，应当适用暂定税率；适用协定税率、特惠税率的进口货物有暂定税率的，应当从低适用税率；适用普通税率的进口货物，不适用暂定税率。

2. 出口关税税率

我国仅对少数资源性的产品及易于竞相杀价、盲目出口、需要规范出口秩序的半制成品征收出口关税。

根据《2017 年关税调整方案》，我国对铬铁等高耗能、高污染、资源性的 213 项出口商品征收出口关税，其中有 50 项暂定税率为零。适用出口税率的出口货物有暂定税率的，应当适用暂定税率。

（三）税率的运用

出口货物，应当适用海关接受该货物申报进口或者出口之日实施的税率。

进口货物到达前，经海关核准先行申报的，应当适用装载该货物的运输工具申报进境之日实施的税率补征和退还进出口货物关税，一般情况下适用该进出口货物原申报进口或者出口之日所实施的税率。

因纳税义务人违反规定需要追征税款的，应当适用该行为发生之日实施的税率；行为发生之日不能确定的，适用海关发现该行为之日实施的税率。

保税货物经批准不复运出境的；减免税货物经批准转让或者移作他用的；暂时进境货物经批准不复运出境，以及暂时出境货物经批准不复运进境的；租赁进口货物，分期缴纳税款等情形，需缴纳税款的，应当适用海关接受申报办理纳税手续之日实施的税率。

四、跨境电子商务零售进口税收政策

跨境电子商务零售进口税收政策适用于从其他国家或地区进口的、《跨境电子商务零售进口商品清单》范围内的以下商品：

（1）所有通过与海关联网的电子商务交易平台交易，能够实现交易、支付、物流电子信息

“三单”比对的跨境电子商务零售进口商品。

(2)未通过与海关联网的电子商务交易平台交易，但快递、邮政企业能够统一提供交易、支付、物流等电子信息，并承诺承担相应法律责任进境的跨境电子商务零售进口商品。

不属于跨境电子商务零售进口的个人物品以及无法提供交易、支付、物流等电子信息的跨境电子商务零售进口商品，按现行规定执行。

跨境电子商务零售进口商品的单次交易限值为人民币 2 000 元，个人年度交易限值为人民币 20 000 元。在限值以内进口的跨境电子商务零售进口商品，关税税率暂设为 0%；进口环节增值税、消费税取消免征税额，暂按法定应纳税额的 70% 征收。超过单次限值、累加后超过个人年度限值的单次交易，以及完税价格超过 2 000 元限值的单个不可分割商品，均按照一般贸易方式全额征税。

跨境电子商务零售进口商品自海关放行之日起 30 日内退货的，可申请退税，并相应调整个人年度交易总额。

五、关税税收优惠

(一)法定减免

(1)下列进出口货物，免征关税：

1)关税税额在人民币 50 元以下的一票货物。

2)无商业价值的广告品和货样。

3)外国政府、国际组织无偿赠送的物资。

4)在海关放行前损失的货物。

5)进出境运输工具装载的途中必需的燃料、物料和饮食用品。

在海关放行前遭受损坏的货物，可以根据海关认定的受损程度减征关税。

法律规定的其他免征或者减征关税的货物，海关根据规定予以免征或者减征。

(2)下列进出口货物，可以暂不缴纳关税：

暂时进境或者暂时出境的下列货物，在进境或者出境时纳税义务人向海关缴纳相当于应纳税款的保证金或者提供其他担保的，可以暂不缴纳关税，并应当自进境或者出境之日起 6 个月内复运出境或者复运进境；需要延长复运出境或者复运进境期限的，纳税义务人应当根据海关总署的规定向海关办理延期手续：

1)在展览会、交易会、会议及类似活动中展示或者使用的货物。

2)文化、体育交流活动中使用的表演、比赛用品。

3)进行新闻报道或者摄制电影、电视节目使用的仪器、设备及用品。

4)开展科研、教学、医疗活动使用的仪器、设备及用品。

5)在第 1)~4)项所列活动中使用的交通工具及特种车辆。

6)货样。

7)供安装、调试、检测设备时使用的仪器、工具。

8)盛装货物的容器。

9)其他用于非商业目的的货物。

上述所列暂时进境货物在规定的期限内未复运出境的，或者暂时出境货物在规定的期限内未复运进境的，海关应当依法征收关税。

上述所列可以暂时免征关税范围以外的其他暂准进境货物，应当按照该货物的完税价格和其在境内滞留时间与折旧时间的比例计算征收进口关税。具体办法由海关总署规定。

因残损、短少、品质不良或者规格不符原因，由进出口货物的发货人、承运人或者保险公司免费补偿或者更换的相同货物，进出口时不征收关税。被免费更换的原进口货物不退运出境或者原出口货物不退运进境的，海关应当对原进出口货物重新按照规定征收关税。

（二）特定减免税

特定减免税又称政策性减免税。目前我国对于科教用品、残疾人专用品、慈善捐赠物资、加工贸易产品、边境贸易进口物资、保税区进出口货物、出口加工区进出口货物、进口设备等方面存在特定减免税。

（三）临时减免税

法定减免和特定减免以外的减免税，根据世界贸易组织相关精神，一般对临时性减免税有较为严格控制，一般不办理个案临时性减免税。

（四）进境物品的减免税

海关总署规定数额以内的个人自用进境物品，免征进口税。

自2010年9月1日起，个人邮寄物品，应征进口税额在人民币50元（含50元）以下的海关予以免征。

任务处理

大通进出口有限公司进口小型乘用车，属于关税征税范围，其作为关税纳税义务人，要向厦门海关申报缴纳关税。

任务二　计算关税

任务要求

1. 掌握不同进口方式完税价格的确定方法；
2. 掌握关税的计算方法。

知识准备

一、完税价格

完税价格是指海关在计征关税时使用的计税价格。完税价格由海关根据有关规定对进出口货物进行审定或估定后确定的计税价格，它是海关征收关税的依据。

> 进口货物完税价格中的运费和保险费视不同的情况，其确定的方法也不同。

（一）一般进口货物完税价格

1. 以成交价格为基础的完税价格

进口货物的完税价格由海关以符合《进出口关税条例》相关规定条件的成交价格以及该货物运抵中华人民共和国境内输入地点起卸前的运输及其相关费用、保险费为基础审查确定。进口货物的成交价格是指卖方向中华人民共和国境内销售该货物时买方为进口该货物向卖方实付、应付的，并依法调整后的价款总额，包括直接支付的价款和间接支付的价款。

采用以成交价格为基础的完税价格，其进口货物的成交价格应当符合下列条件：

（1）对买方处置或者使用该货物不予限制，但法律、行政法规规定实施的限制、对货物转售地域的限制和对货物价格无实质性影响的限制除外。

（2）该货物的成交价格没有因搭售或者其他因素的影响而无法确定。

（3）卖方不得从买方直接或者间接获得因该货物进口后转售、处置或者使用而产生的任何收益，或者虽有收益但能够按照表4－1相关项目进行调整。

（4）买卖双方没有特殊关系，或者虽有特殊关系但未对成交价格产生影响。

进口货物完税价格＝成交价格＋采购费用（包括货物运抵中国关境内输入地起卸前的运输、保险和其他劳务等费用）

表4－1 应计入和不应计入进口关税完税价格的项目

计入进口关税完税价格的项目	不计入进口关税完税价格的项目
基本构成：成交价格＋运抵口岸的运费＋保险费 综合考虑可能调整的项目： ①由买方负担的购货佣金以外的佣金和经纪费； ②由买方负担的在审查确定完税价格时与该货物视为一体的容器的费用； ③由买方负担的包装材料费用和包装劳务费用； ④与该货物的生产和向中华人民共和国境内销售有关的，由买方以免费或者以低于成本的方式提供并可以按适当比例分摊的料件、工具、模具、消耗材料及类似货物的价款，以及在境外开发、设计等相关服务的费用； ⑤作为该货物向中华人民共和国境内销售的条件，买方必须支付的、与该货物有关的特许权使用费； ⑥卖方直接或者间接从买方获得的该货物进口后转售、处置或者使用的收益	①向自己的采购代理人支付的购货佣金和劳务费用； ②厂房、机械、设备等货物进口后进行建设、安装、装配、维修和技术服务的费用； ③进口货物运抵境内输入地点起卸后的运输及其相关费用、保险费； ④进口关税及国内税收； ⑤为在境内复制进口货物而支付的复制权费用； ⑥境内外技术培训及境外考察费用

购货佣金是指买方为购买进口货物向自己的采购代理人支付的劳务费用。

经纪费是指买方为购买进口货物向代表买卖双方利益的经纪人支付的劳务费用。

2. 进口货物的海关估价方法

对于价格不符合上文成交价格应满足的四个条件或成交价格不能确定的进口货物，由海关估价确定。依次以下列价格估定该货物的完税价格：

（1）相同货物成交价格估价方法。与该货物同时或者大约同时向中华人民共和国境内销售的相同货物的成交价格。

（2）类似货物成交价格估价方法。与该货物同时或者大约同时向中华人民共和国境内销售的类似货物的成交价格。

（3）倒扣价格估价方法。与该货物进口的同时或者大约同时，将该进口货物、相同或者类似进口货物在第一级销售环节销售给无特殊关系买方最大销售总量的单位价格。但应当扣除：①同等级或者同种类货物在中华人民共和国境内第一级销售环节销售时通常的利润和一般费用以及通常支付的佣金；②进口货物运抵境内输入地点起卸后的运输及其相关费用、保险费；③进口关税及国内税收。

（4）计算价格估价方法。按照下列各项总和计算的价格：生产该货物所使用的料件成本和加工费用，向中华人民共和国境内销售同等级或者同种类货物通常的利润和一般费用，该货物运抵境内输入地点起卸前的运输及其相关费用、保险费。

（5）以合理方法估定的价格。合理方法是指当海关不能根据成交价格估价方法、相同货物成交价格估价方法、类似货物成交价格估价方法、倒扣价格估价方法和计算价格估价方法确定完税价格时，海关根据客观、公平、统一的原则，以客观量化的数据资料为基础审查确定进口货物完税价格的估价方法。

海关在采用合理方法确定进口货物的完税价格时，不得使用以下价格：①境内生产的货物在境内的销售价格；②可供选择的价格中较高的价格；③货物在出口地市场的销售价格；④以计算价格估价方法所规定之外的价值或者费用计算的相同或者类似货物的价格；⑤出口到第三国或者地区的货物的销售价格；⑥最低限价或者武断、虚构的价格。

此外，纳税义务人向海关提供有关资料后，可以提出申请，颠倒前款第（3）项和第（4）项的适用次序。

3. 进口货物完税价格中的运输及其相关费用、保险费的计算

（1）运输相关费用的确定。进口货物的运输及其相关费用，应当按照由买方实际支付或者应当支付的费用计算。如果进口货物的运输及其相关费用无法确定，海关应当按照该货物进口同期的正常运输成本审查确定。

运输工具作为进口货物，利用自身动力进境的，海关在审查确定完税价格时，不再另行计入运输及其相关费用。

（2）保险费用的确定。进口货物的保险费，应当按照实际支付的费用计算。如果进口货物的保险费无法确定或者未实际发生，海关应当按照“货价加运费”两者总额的3‰计算保险费，其计算公式为

$$保险费 = (货价 + 运费) \times 3‰$$

（3）邮运进口货物运保费的确定。邮运进口的货物，应当以邮费作为运输及其相关费用、保险费。

（二）特殊贸易下进口货物的完税价格

对于某些特殊、灵活的贸易方式（如寄售等）下进口的货物，在进口时没有“成交价格”

可作依据，为此，《进出口关税条例》和《海关审定进出口货物完税价格办法》对这些进口货物制定了确定其完税价格的方法，主要有：

（1）运往境外加工的货物的完税价格。出境时已向海关报明，并在海关规定期限内复运进境的，应当以境外加工费和料件费以及该货物复运进境的运输及其相关费用、保险费为基础审查确定完税价格。

（2）运往境外修理的机械器具、运输工具或者其他货物的完税价格。出境时已向海关报明并在海关规定期限内复运进境的，应当以境外修理费和料件费为基础审查确定完税价格。

（3）租赁方式进口的货物，按照下列方法审查确定完税价格：以租金方式对外支付的租赁货物，在租赁期间以海关审查确定的租金作为完税价格，利息应当予以计入；留购的租赁货物以海关审查确定的留购价格作为完税价格；纳税义务人申请一次性缴纳税款的，可以选择申请按照前文提到的海关估价方法确定完税价格，或者按照海关审查确定的租金总额作为完税价格。

（4）对于国内单位留购的进口货样、展览品和广告陈列品，以留购价格作为完税价格。但对于留购货样、展览品和广告陈列品的买方，除按留购价格付款外，又直接或间接给卖方一定利益的，海关可以另行确定上述货物的完税价格。

（5）减税或者免税进口的货物应当补税时，应当以海关审查确定的该货物原进口时的价格，扣除折旧部分价值作为完税价格，其计算公式为

$$完税价格=海关审查确定的该货物原进口时的价格\times[1-补税时实际已进口的时间(月)\div(监管年限\times12)]$$

上述计算公式中“补税时实际已进口的时间”按月计算，不足1个月但是超过15日的，按照1个月计算；不超过15日的，不予计算。

（6）易货贸易、寄售、捐赠、赠送等不存在成交价格的进口货物，海关与纳税义务人进行价格磋商后，按照前文提到的海关估价方法确定完税价格。

（三）出口货物完税价格

1. 以出口成交价格为基础确定出口完税价格

出口货物的完税价格由海关以该货物的成交价格为基础审查确定，并且应当包括货物运至中华人民共和国境内输出地点装载前的运输及其相关费用、保险费。出口货物的成交价格，是指该货物出口销售时，卖方为出口该货物应当向买方直接收取和间接收取的价款总额。

下列税收、费用不计入出口货物的完税价格：

（1）出口关税。

（2）在货物价款中单独列明的货物运至中华人民共和国境内输出地点装载后的运输及其相关费用、保险费。

一般情况下，出口货物完税价格如下：

$$出口货物完税价格=离岸价格（FOB）\div(1+出口关税税率)$$

2. 海关估定出口完税价格

出口货物的成交价格不能确定的，海关经了解有关情况，并且与纳税义务人进行价格磋商后，依次以下列价格审查确定该货物的完税价格：

（1）同时或者大约同时向同一国家或者地区出口的相同货物的成交价格。

（2）同时或者大约同时向同一国家或者地区出口的类似货物的成交价格。

(3) 根据境内生产相同或者类似货物的成本、利润和一般费用（包括直接费用和间接费用)、境内发生的运输及其相关费用、保险费计算所得的价格。

(4) 按照合理方法估定的价格。

二、应纳税额的计算

(一) 从价计税

应纳税额 = 应税进出口货物数量 × 单位完税价格 × 适用税率

在国际贸易中常因不同的成交条件，进出口货物标价方法也有所不同，常见的有离岸价格(FOB)、成本加运费价格（CFR)、到岸价格（CIF，成本加运费加保险费)。

以 CIF 成交的进口货物，如果申报价格符合规定的“成交价格”条件，则可以直接计算关税。

以 FOB 和 CFR 条件成交的进口货物，在计算关税时首先应把进口货物的申报价格折算成 CIF 价格，再计算应纳关税。

出口货物关税时应以不含关税的 FOB 价格计算出口关税。如果以 CIF 或 CFR 价格成交的，应折算成 FOB 价格，再计算出口关税。

(二) 从量计税

应纳税额 = 应税进口货物数量 × 关税单位税额

(三) 复合计税

应纳税额 = 应税进口货物数量 × 关税单位税额 + 应税进口货物数量 × 单位完税价格 × 适用税率

(四) 滑准税

滑准税是指关税的税率随着进口商品价格的变动而反方向变动的一种税率形式，即价格越高，税率越低，税率为比例税率。因此，对实行滑准税的进口商品应纳关税税额的计算方法与从价税的计算方法相同。

例 4-1 国内某公司从香港购进日本皇冠牌轿车 10 辆，成交价格共为 FOB 香港 120 000 美元。实际支付运费 5 000 美元，保险费 800 美元。已知该汽车适用的关税税率是 25%，外汇折算率 1 美元 =6.865 5 元人民币，要求计算进口关税。

完税价格为 125 800 美元（12 000 美元 +5 000 美元 +800 美元）；

将外币价格折算成人民币为 863 679.9 元（125 800 美元 ×6.865 5）：

进口关税应纳税额 = 完税价格 × 法定进口关税税率

= 863 679.9 × 25% = 215 919.98（元）

任务处理

大通进出口贸易进口小型乘用车，适用关税税率 25%，计算进口关税如下：

应纳税额 = 关税完税价格 × 适用税率 = 1 200 000 × 25% = 300 000（元）

任务三 关税会计处理

任务要求

1. 熟练掌握进口关税的账务处理；
2. 掌握出口关税的账务处理。

知识准备

一、科目设置

企业应当在“应交税费”科目下设置“应交进口关税”和“应交出口关税”两个明细科目，分别用来核算企业发生的和实际缴纳的进出口关税，其贷方反映企业在进出口报关时经海关核准应缴纳的进出口关税，其借方反映企业实际缴纳的进出口关税，余额在贷方反映企业应缴而未缴的进出关税。

二、进口关税的会计处理

进口关税计入进口货物的成本。企业在计算出应缴纳进口关税时，应借记“在途物资”“材料采购”“固定资产”等科目，贷记“应交税费——应交进口关税”科目。企业缴纳进口关税时，借记“应交税费——应交进口关税”科目，贷记“银行存款”科目。

例 4-2 某企业 5 月 1 日报关进口货物一批，离岸价 US＄370 000，支付国外运费 US＄22 500，保险费 US＄7 500，国家规定进口税率为 10%。进口报关当日人民银行公布的市场汇价为 1 美元 =6.865 5 元人民币，则报关时应纳关税为

应纳进口关税 =(370 000 +22 500 +7 500) ×6.865 5 ×10% =274 620（元）

账务处理如下：

借：在途物资　　274 620

　　贷：应交税费——应交进口关税　　274 620

以银行存款缴纳进口关税时，做会计分录如下：

借：应交税费——应交进口关税　　274 620

　　贷：银行存款　　274 620

三、出口关税的会计处理

出口关税计入“税金及附加”。企业在计算出应缴纳出口关税时，应借记“税金及附加”科目，贷记“应交税费——应交出口关税”科目。企业缴纳出口关税时，借记“应交税费——应交出口关税”科目，贷记“银行存款”科目。

任务处理

大通进出口有限公司进口小型乘用车，其账务处理为：

借：库存商品　　　　　　　　　　　　300 000

　　贷：应交税费——应交进口关税　　　　　300 000

实际缴纳税款时：

借：应交税费——应交进口关税　　　　300 000

　　贷：银行存款　　　　　　　　　　　　300 000

任务四　关税纳税申报

任务要求

熟悉关税的缴纳期限。

知识准备

一、关税的申报缴纳

（一）进出口货物报关时间

进口货物的收货人、受委托的报关企业应当自运输工具申报进境之日起 14 日内向海关申报。

出口货物发货人、受委托的报关企业应当在货物运抵海关监管区后、装货的 24 小时以前向海关申报。

海关以接受申报数据的日期为接受申报的日期。未按期缴纳税款的，从滞纳税款之日起，按日加收滞纳税款万分之五的滞纳金。海关征收关税、滞纳金等，应当按人民币计征。

（二）报关应提交的材料

进、出口货物报关时需要提交的材料主要有：进、出口货物报关单；合同；发票；装箱清单；载货清单（舱单）；提（运）单；代理报关授权委托协议；进出口许可证件；海关要求的加工贸易手册（纸质或者电子数据的）及其他进出口有关单证。

2012 年开始，我国海关在部分地方试点运用信息化技术改变海关验核进出口企业递交纸质报关单及随附单证办理通关手续，直接对企业通过中国电子口岸录入申报的报关单及随附单证的电子数据进行无纸审核、验放处理的通关作业方式。2017 年 2 月以后，企业经与直属海关、第三方认证机构（中国电子口岸数据中心）签订电子数据应用协议后，可在全国海关适用“通关作业无纸化”通关方式。

（三）关税的缴纳

纳税义务人应当自海关填发税款缴款书之日起 15 日内向指定银行缴纳税款。纳税义务人因不可抗力或者在国家税收政策调整的情形下，不能按期缴纳税款的，经依法提供税款担保后，可以延期缴纳税款，但是最长不得超过 6 个月。

二、关税的退还、补征和追征

（一）关税的退还

1. 纳税人发现多缴关税的退还

纳税义务人发现多缴税款的，自缴纳税款之日起1年内，可以以书面形式要求海关退还多缴的税款并加算银行同期活期存款利息；海关应当自受理退税申请之日起30日内查实并通知纳税义务人办理退还手续。纳税义务人应当自收到通知之日起3个月内办理有关退税手续。

纳税义务人可以申请退还关税的具体情形包括：

（1）已征进口关税的货物，因品质或者规格原因，原状退货复运出境的。

（2）已征出口关税的货物，因品质或者规格原因，原状退货复运进境，并已重新缴纳因出口而退还的国内环节有关税收的。

（3）已征出口关税的货物，因故未装运出口，申报退关的。

2. 海关发现多征税款的退还

海关发现多征税款的，应当立即通知纳税义务人办理退还手续。

（二）关税的补征

进出口货物放行后，海关发现少征或者漏征税款的，应当自缴纳税款或者货物放行之日起1年内，向纳税义务人补征税款。

（三）关税的追征

因纳税义务人违反规定造成少征或者漏征税款的，海关可以自缴纳税款或者货物放行之日起3年内追征税款，并从缴纳税款或者货物放行之日起按日加收少征或者漏征税款万分之五的滞纳金。

海关发现海关监管货物因纳税义务人违反规定造成少征或者漏征税款的，应当自纳税义务人应缴纳税款之日起3年内追征税款，并从应缴纳税款之日起按日加收少征或者漏征税款万分之五的滞纳金。

想一想

试比较关税的补征和追征的异同。

任务处理

大通进出口有限公司进口小型乘用车，应当自运输工具申报进境之日起14日内，向厦门海关申报纳税，并且自海关填发税款缴款书之日起15日内缴纳税款。

知识地图

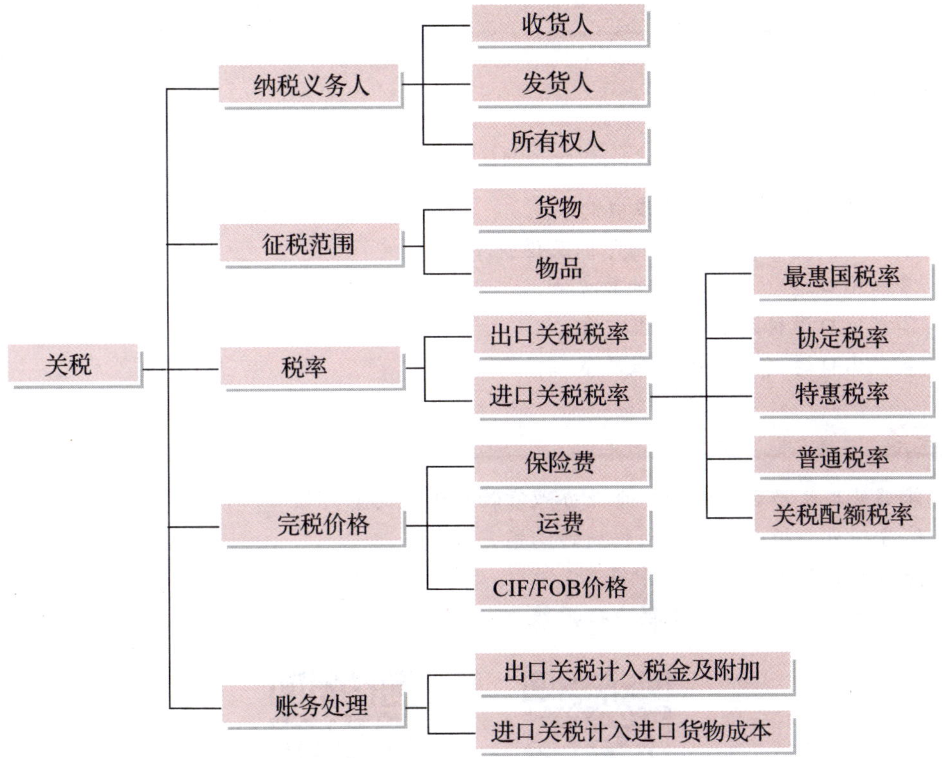

税法导读

1. 中华人民共和国海关法
2. 中华人民共和国进出口关税条例
3. 中华人民共和国海关审定进出口货物完税价格办法
4. 中华人民共和国海关关于进口货物特许权使用费估价办法
5. 国务院关税税则委员会关于2017年关税实施方案的通知
6. 国务院关税税则委员会关于调整部分产品出口关税的通知
7. 财政部、海关总署、国家税务总局关于跨境电子商务零售进口税收政策的通知

知识拓展

英国17世纪的经济学家威廉·配第在其《赋税论》中指出，“关税是对输入或输出君主领土的货物所课征的一种捐税”“关税最初是为了保护进出口的货物免遭海盗劫掠而送给君主的报酬。”我国《周礼·地官》就有“关市之征”的记载。由此可见关税的历史较为悠久。

初级会计资格考试对关税部分考核要点包括：关税纳税义务人；关税税目税率分类；关税完税价格的确定；应纳关税的计算等。

项目五 出口退（免）税实务

知识目标

1. 理解出口退（免）税基本概念。
2. 掌握出口退（免）税适用范围及退税率。
3. 掌握出口退（免）税额计算方法。
4. 掌握出口退税的会计处理方法。
5. 掌握出口退（免）税申报的基础知识。

技能目标

1. 能够处理生产企业和外贸企业办理货物免退税的会计核算。
2. 能分析免、抵、退税各项税额的钩稽关系。
3. 能填制企业退（免）税申报表。
4. 能够进行简单的出口退税申报操作。

学习导航

本项目 PPT

导引案例

（1）企业基本信息如下：

1）企业名称：浙江太平洋实业有限公司。

2）税务登记号：91330601666888999×。

3）开户银行及账号：中国银行绍兴分行　3111234567898888666。

4）企业地址及电话：浙江省绍兴市中兴大道 900 号　0575－88123456。

5）经营范围：生产、销售（包括网上）各类纺织品；工业原料；服装面料；物流运输；普通仓储。

6）企业具有自营出口权，企业增值税税率 17%，假定出口退税率为 16%。

（2）企业 2016 年 12 月出口业务相关原始凭证如图 5－1～图 5－11 所示。

3300163130　　**浙江增值税专用发票**　　№ 01007722　3300163140 01007722

发票联

开票日期：2016年12 月 03日

购买方	名　　称：浙江太平洋实业有限公司 纳税人识别号：91330601666888999X 地址、电话：浙江省绍兴市中兴大道900号 开户行及账号：中国银行绍兴分行31123456789888 8666	密码区	1+*/+58<212-*8254/54*53+-5 /-9468*50456++65/+6++-894* >/6/8004*98<-<568>>>814811 /*5932-+169*+5192+-41*56+5

货物或应税劳务、服务名称	规格型号	单位	数量	单价	金额	税率	税额
塑胶	N01-23	吨	80.00	14500.00	1160000.00	17%	197200.00
合　计					¥1,160,000.00		¥197,200.00
价税合计（大写）	⊗壹佰叁拾伍万柒仟贰佰元整				（小写）¥1,357,200.00		

销售方	名　　称：万橡有限公司 纳税人识别号：91330100123456789T 地址、电话：杭州市钱塘路1号 开户行及账号：浙商银行000234521234432 3333	备注	

收款人：王婉　　复核：钟小楠　　开票人：王婉　　销售方：（章）

国税函［2016］9号广州印钞有限公司

第三联：发票联　购买方记账凭证

图 5－1　增值税专用发票（发票联）

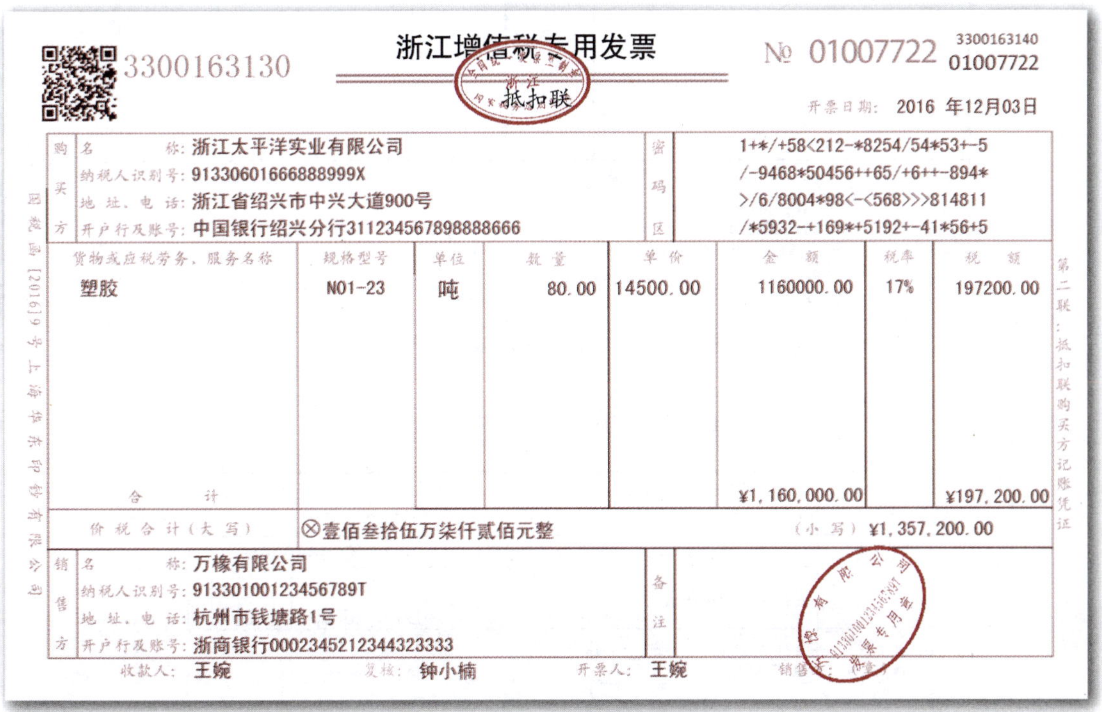

3300163130　　**浙江增值税专用发票**　　№ 01007722　3300163140 01007722

抵扣联

开票日期：2016 年12月03日

购买方	名　　称：浙江太平洋实业有限公司 纳税人识别号：91330601666888999X 地址、电话：浙江省绍兴市中兴大道900号 开户行及账号：中国银行绍兴分行31123456789888 8666	密码区	1+*/+58<212-*8254/54*53+-5 /-9468*50456++65/+6++-894* >/6/8004*98<-<568>>>814811 /*5932-+169*+5192+-41*56+5

货物或应税劳务、服务名称	规格型号	单位	数量	单价	金额	税率	税额
塑胶	N01-23	吨	80.00	14500.00	1160000.00	17%	197200.00
合　计					¥1,160,000.00		¥197,200.00
价税合计（大写）	⊗壹佰叁拾伍万柒仟贰佰元整				（小写）¥1,357,200.00		

销售方	名　　称：万橡有限公司 纳税人识别号：91330100123456789T 地址、电话：杭州市钱塘路1号 开户行及账号：浙商银行000234521234432 3333	备注	

收款人：王婉　　复核：钟小楠　　开票人：王婉　　销售方：（章）

国税函［2016］9号上海华东印钞有限公司

第二联：抵扣联　购买方记账凭证

图 5－2　用发票（抵扣联）

中国银行
转账支票存根
30204111
00114001

附加信息

出票日期：2016 年 12 月 03 日

收款人：万橡有限公司

金额：1357200.00

用途：支付货款

单位主管　　会计

上海市华畅印业有限公司2014年印制

图 5－3　转账支票存根

收料单

材料科目：材料　　编号：00102001
材料类别：原料及主要材料　　收料仓库：1号仓库
供应单位：万橡有限公司　　2016年12月03日　　发票号码：01007722

材料编号	材料名称	规格	计量单位	数量 应收	数量 实收	实际价格（元） 单价	实际价格（元） 金额
001	塑胶	N01-23	吨	80	80		1160000.00
备注	购入原料						

采购员：李爽　　检验员：郭玮　　记账员：巫午　　保管员：李木子

图 5－4　收料单

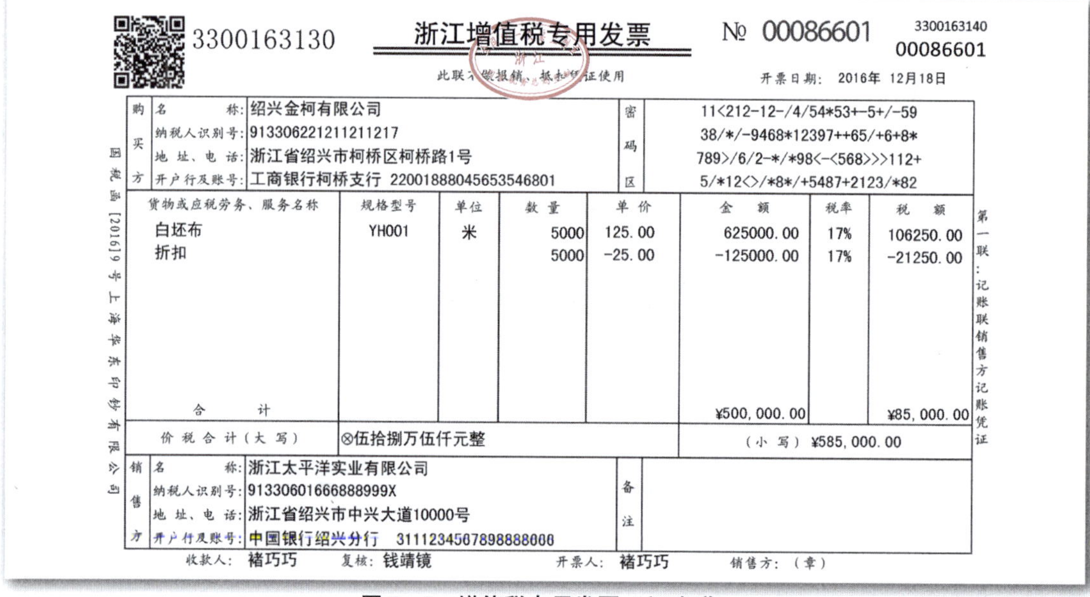

3300163130　　**浙江增值税专用发票**　　№ 00086601　　3300163140　00086601

此联不作报销、扣税凭证使用　　开票日期：2016年 12月18日

购买方	
名称	绍兴金柯有限公司
纳税人识别号	913306221211211217
地址、电话	浙江省绍兴市柯桥区柯桥路1号
开户行及账号	工商银行柯桥支行 22001888045653546801

密码区：11<212-12-/4/54*53+-5+/-59 38/*/-9468*12397++65/+6+8* 789>/6/2-*/*98<-<568>>>112+ 5/*12<>/*8*/+5487+2123/*82

货物或应税劳务、服务名称	规格型号	单位	数量	单价	金额	税率	税额
白坯布	YH001	米	5000	125.00	625000.00	17%	106250.00
折扣			5000	-25.00	-125000.00	17%	-21250.00
合计					¥500,000.00		¥85,000.00
价税合计（大写）	⊗伍拾捌万伍仟元整				（小写）¥585,000.00		

销售方	
名称	浙江太平洋实业有限公司
纳税人识别号	91330601666888999X
地址、电话	浙江省绍兴市中兴大道10000号
开户行及账号	中国银行绍兴分行 31112345678988888666

备注

收款人：褚巧巧　　复核：钱靖镜　　开票人：褚巧巧　　销售方：（章）

国税函[2016]9号上海华东印钞有限公司

第一联：记账联 销售方记账凭证

图 5－5　增值税专用发票（记账联）

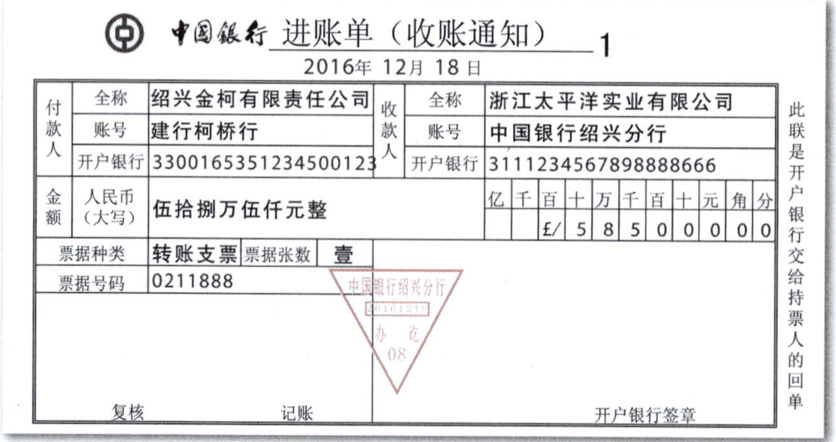

中国银行 进账单（收账通知） 1

2016年 12月 18 日

付款人	全称	绍兴金柯有限责任公司	收款人	全称	浙江太平洋实业有限公司
	账号	建行柯桥行		账号	中国银行绍兴分行
	开户银行	330016535123450012 3		开户银行	31112345678988886 66
金额	人民币（大写）	伍拾捌万伍仟元整		亿千百十万千百十元角分	£/ 5 8 5 0 0 0 0 0
票据种类	转账支票	票据张数	壹		
票据号码	0211888				

复核　　记账　　开户银行签章

此联是开户银行交给持票人的回单

图 5－6　银行进账单

出　库　单

2016 年 12 月 18 日

产品名称：白坯布　　编号：002589

产品类别：产成品　　仓库：8 号仓库

发票号码：00512789　　购货单位：绍兴金柯有限责任公司

产品编号	产品名称	规格	计量单位	数量	单位成本/元	金额/元
	白坯布	YH001	米	5000.00	80.00	400000
备注						

销售员：李军　　检验员：马成　　记账员：马成　　发货员：马成

图 5－7　出库单

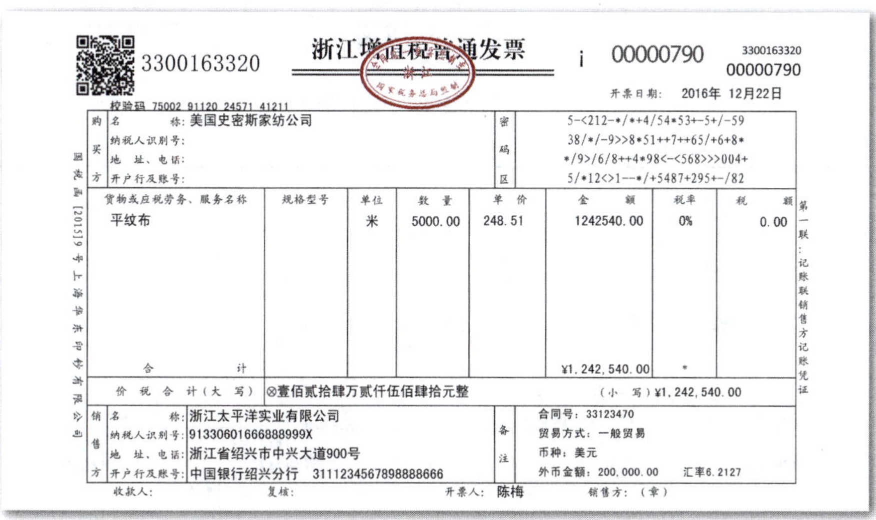

浙江增值税普通发票

3300163320　　№ 00000790　　3300163320　00000790

开票日期：2016年 12月22日

校验码 75002 91120 24571 41211

购买方	名　　称：美国史密斯家纺公司 纳税人识别号： 地　址、电 话： 开户行及账号：	密码区	5-<212-*/*+4/54*53+-5+/-59 38/*/-9>>8*51++7++65/+6+8* */9>/6/8++4*98<-<568>>>004+ 5/*12<>1--*/+5487+295+-/82

货物或应税劳务、服务名称	规格型号	单位	数量	单价	金额	税率	税额
平纹布		米	5000.00	248.51	1242540.00	0%	0.00
合　　计					¥1,242,540.00	*	
价税合计（大写）	⊗壹佰贰拾肆万贰仟伍佰肆拾元整				（小写）¥1,242,540.00		

销售方	名　　称：浙江太平洋实业有限公司 纳税人识别号：91330601666888999X 地　址、电 话：浙江省绍兴市中兴大道900号 开户行及账号：中国银行绍兴分行　31112345678988886666	备注	合同号：33123470 贸易方式：一般贸易 币种：美元 外币金额：200,000.00　汇率6.2127

收款人：　　复核：　　开票人：陈梅　　销售方：（章）

国税函〔2015〕9号上海华东印钞有限公司

第一联：记账联　销售方记账凭证

图 5－8　出口货物销售发票

出　库　单

2016 年 12 月 22 日

产品名称：平纹布　　编号：002590

产品类别：产成品　　仓库：1 号仓库

发票号码：00000790　　购货单位：美国史密斯家纺公司

产品编号	产品名称	规格	计量单位	数量	单位成本/元	金额/元
	平纹布	YH002	米	5000.00	196.00	980000
备注						

销售员：李军　　检验员：马成　　记账员：马成　　发货员：马成

图 5－9　出库单

中国银行结售汇水单（甲种）

2016 年 12 月 22 日

客户名称	浙江太平洋实业有限公司	业务编号	881012340036
收款账号	31112345678988866	交易日期	2016/12/22
付款账号	31112345678988866	交割日期	2016/12/22

外汇金额	汇率	人民币金额
USD 200,000.00	6.2127	RMB 1242540.00

摘要

中国银行绍兴分行 20161222 办讫 08

银行盖章

第二联 客户回单

88109912

图 5－10 银行收款通知书

中华人民共和国海关出口货物报关单

预录入编号：041256002-10　　海关编号：291020160041212001

出口口岸 杭州海关	备案号	出口日期	申报日期 2016.12.22
经营单位 浙江太平洋实业有限公司 3300112367（91330601666888999X）	运输方式 非保税区（0）	运输工具名称	提运单号
发货单位 浙江太平洋实业有限公司 3300112367（91330601666888999X）	贸易方式 一般贸易（0110）	征免性质 一般征税（0101）	结汇方式 电汇T/T

许可证号	运抵国(地区) 美国（0502）	指运港 芝加哥	境内货源地 杭州其他（33019）

批准文号 064345777	成交方式 FOB	运费 0/0/0	保费 0/0/0	杂费 0/0/0
合同协议号 33380123	件数 500	包装种类 其他	毛重(公斤) 39243	净重(公斤) 35050

集装箱号 CA A10301	随附单据 出境货物通关单	生产厂家

标记唛码及备注

项号	商品编号	商品名称、规格型号	数量及单位	最终目的国(地区)	单价	总价	币制	征免
1	5210410010	平纹布	5000米	美国（0502）	200.00	200000.00	美元 USD	照章征税

用途：其他

税费征收情况

录入员 王志超 1006　录入单位	兹声明以上申报无讹并承担法律责任	海关审单批注及放行日期(签章)
报关员 31008834		审单　审价
单位地址	申报单位(签章)	征税　统计
邮编　电话	填制日期 2016-12-22 14：19：09	查验　放行

图 5－11 报关单

任务一 认识出口退（免）税

任务要求

（1）学习并了解我国的出口免、退税制度；

（2）根据导引案例分析外贸公司的出口贸易业务，并进行出口免、退税的判断与分析。

知识准备

一、出口退（免）税的概念

我国对于出口货物、对外提供加工修理修配劳务（以下统称出口货物劳务，包括视同出口货物）、服务、无形资产实行免征和退还增值税［以下简称增值税退（免）税］政策。

出口货物退（免）税是指国家对企业出口货物给予免税、退税的优惠政策，是基于税法对出口货物零税率规定的具体实施方式，也是一国税收体制的重要组成部分。出口退税主要是通过退还出口货物的国内已纳税款来平衡国内产品的税收负担，使本国产品以不含税成本进入国际市场，与国外产品在同等条件下进行竞争，从而增强竞争能力，扩大出口的创汇。

零税率是指货物在出口时，其整体税负为零，不仅在出口环节不必纳税，而且应该退还以前纳税环节已纳的税款，即对企业报关出口货物免征或退还在国内各生产环节和流通环节按税法规定征收的增值税和消费税税，其他税不予免税、退税。

出口免税、退税是国际上通行的税收贸易惯例，也是世贸组织允许的促进出口措施。

我国自 1985 年开始实行出口退税。1994 年税制改革后，在《增值税暂行条例》《消费税暂行条例》中明确规定，对出口货物实行增值税零税率，并免征消费税，开始对出口货物的增值税、消费税实行比较规范的出口退税办法。

出口退（免）税和出口补贴有什么区别？出口货物退（免）税是国家返还企业的一项税收补贴吗？

二、出口退（免）税的适用范围

目前，我国税法规定，对出口的凡属于已征或应征增值税、消费税的货物，除国家明确规定不予退（免）税的货物和出口企业从小规模纳税人购进并持普通发票的部分货物和税法另有规定外，均属于出口货物退（免）税的货物范围。

这里所指的增值税、消费税的征收范围，包括除直接向农业生产者收购的免税农产品以外的所有增值税应税货物，以及烟、酒、高档化妆品等 15 类列举征收消费税的消费品。

（一）出口免税并退税政策适用范围

1. 出口免税并退税的货物

一般来说，可以退（免）税的出口货物应具备以下条件：

（1）必须是属于增值税、消费税征收范围内的货物。必须具备这一条件的原因主要在于出口货物退（免）税只能对已经征收过增值税、消费税的货物退还或免征其已纳税额和应纳税额。未征收增值税、消费税的货物（包括国家规定免税的货物）不能退税，以充分体现“未征不退”的原则。

所谓出口，即输出关口，是指报关离境，退（免）税是指退（免）增值税、消费税，对无进出口权的商贸公司，借权、挂靠企业不予退（免）税。出口包括自营出口和委托代理出口两种形式。

（2）必须是报关离境出口的货物。区别货物是否报关离境出口，是确定货物是否属于退（免）税范围的主要标准之一。凡在国内销售、不报关离境的货物，除另有规定者外，不论出口企业是以外汇还是以人民币结算，也不论出口企业在财务上如何处理，均不得视为出口货物予以退税。对在境内销售收取外汇的货物，如宾馆、饭店等收取外汇的货物等等，因其不符合离境出口条件，均不能给予退（免）税。

现行财务会计制度规定：出口商品陆运以取得承运货物收据或铁路联运运单，海运以取得出口货物装船提单，空运以取得空运单并向银行办理交单后作为销售收入的实现。出口货物销售价格一律以离岸价（FOB）折算人民币入账。

（3）必须是在财务上做出口销售处理的货物。出口货物只有在财务上做出口销售处理后，才能办理退（免）税。也就是说，出口退（免）税的规定只适用于贸易性的出口货物，而对非贸易性的出口货物，如对外捐赠的物品、在国内个人购买并自带出境的货物（另有规定者除外）、样品、展品、邮寄品等，因其一般在财务上不做销售处理，故按照现行规定不能退（免）税。

（4）必须是已收汇并经核销的货物。按照现行规定，出口企业申请办理退（免）税的出口货物，必须是已收外汇并经外汇管理部门核销的货物。

此外，出口企业或其他单位视同出口货物也适用出口货物的各项规定。视同出口货物具体是指：①出口企业对外援助、对外承包、境外投资的出口货物；②出口企业经海关报关进入国家批准的出口加工区、保税物流园区、保税港区、综合保税区等特殊区域并销售给特殊区域内单位或境外单位、个人的货物；③免税品经营企业销售的货物（国家规定不允许经营和限制出口的货物、卷烟和超出免税品经营企业《企业法人营业执照》规定经营范围的货物除外；④出口企业或其他单位销售给用于国际金融组织或外国政府贷款国际招标建设项目的中标机电产品；⑤生产企业向海上石油天然气开采企业销售的自产的海洋工程结构物；⑥出口企业或其他单位销售给国际运输企业用于国际运输工具上的货物；⑦出口企业或其他单位销售给特殊区域内生产企业生产耗用且不向海关报关而输入特殊区域的水（包括蒸汽）、电力、燃气。

2. 出口免税并退税的加工修理修配劳务

出口免税并退税的劳务是出口企业对外提供加工修理修配劳务，这是指对进境复出口货物或从事国际运输的运输工具进行的加工修理修配。

3. 出口免税并退税的服务、无形资产

出口免税并退税的服务、无形资产范围包括：国际运输服务；航天运输服务；向境外单位提供的完全在境外消费的研发服务、合同能源管理服务、设计服务、广播影视节目（作品）的制作和发行服务、软件服务、电路设计及测试服务、信息系统服务、业务流程管理服务、离岸服务外包业务、转让技术等。

国际运输服务是指：①在境内载运旅客或者货物出境。②在境外载运旅客或者货物入境。③在境外载运旅客或者货物。

离岸服务外包业务包括信息技术外包服务（ITO）、技术性业务流程外包服务（BPO）、技术性知识流程外包服务（KPO），其所涉及的具体业务活动，按照《销售服务、无形资产、不动产注释》相对应的业务活动执行。

（二）出口免税不退税政策适用范围

1. 出口免税不退税的货物劳务

（1）出口企业或其他单位出口符合规定的免征增值税的货物劳务。

（2）出口企业或其他单位视同出口符合规定的免征增值税的货物劳务。

（3）出口企业或其他单位未按规定申报或未补齐增值税退（免）税凭证、免征增值税的出口货物。

适用增值税免税政策的出口货物劳务，其进项税额不得抵扣和退税，应当转入成本。

2. 出口免税不退税的服务、无形资产

境内的单位和个人销售的规定范围内的服务和无形资产免征增值税，但财政部和国家税务总局规定适用零税率的除外。具体范围包括：

（1）应税服务范围：工程项目在境外的建筑服务；工程项目在境外的工程监理服务；工程、矿产资源在境外的工程勘察勘探服务；会议展览地点在境外的会议展览服务；存储地点在境外的仓储服务；标的物在境外使用的有形动产租赁服务；在境外提供的广播影视节目（作品）的播映服务；在境外提供的文化体育服务、教育医疗服务、旅游服务。

（2）为出口货物提供的邮政服务、收派服务、保险服务；为出口货物提供的保险服务（出口货物保险和出口信用保险）。

（3）向境外单位提供的完全在境外消费的服务和无形资产范围：电信服务；知识产权服务；物流辅助服务（仓储、收派服务除外）；鉴证咨询服务；专业技术服务；商务辅助服务；广告投放地在境外的广告服务；无形资产。

（4）以无运输工具承运方式提供的国际运输服务。

（5）为境外单位之间的货币资金融通及其他金融业务提供的直接收费金融服务，且该项服务与境内的货物、无形资产和不动产无关。

（6）财政部和国家税务总局的其他规定。

（三）出口不免税也不退税政策适用范围

出口不免税也不退税是指在国家限制或禁止出口的货物，出口环节照常征税，同时也不退还国内环节所负担的税款。下列出口货物劳务，不适用增值税退（免）税和免税政策，而适用增值税征税政策：

（1）出口企业出口或视同出口财政部和国家税务总局根据国务院决定，明确地取消出口退（免）税的货物（不包括来料加工复出口货物、中标机电产品、列名原材料、输入特殊区域的水电气、海洋工程结构物）。

（2）出口企业或其他单位销售给特殊区域内的生活消费用品和交通运输工具。

（3）出口企业或其他单位因骗取出口退税被税务机关停止办理增值税退（免）税期间出口的货物。

（4）出口企业或其他单位提供虚假备案单证的货物。

（5）出口企业或其他单位增值税退（免）税凭证有伪造或内容不实的货物。

（6）出口企业或其他单位未在国家税务总局规定期限内申报免税核销以及经主管税务机关审核不予免税核销的出口卷烟。

（7）出口企业或其他单位具有以下情形之一的出口货物劳务：

1）将空白的出口货物报关单、出口收汇核销单等退（免）税凭证交由除签有委托合同的货代公司、报关行，或由境外进口方指定的货代公司（提供合同约定或者其他相关证明）以外的其他单位或个人使用的。

2）以自营名义出口，其出口业务实质上是由本企业及其投资的企业以外的单位或个人借该出口企业名义操作完成的。

3）以自营名义出口，其出口的同一批货物既签订购货合同，又签订代理出口合同（或协议）的。

4）出口货物在海关验放后，自己或委托货代承运人对该笔货物的海运提单或其他运输单据等上的品名、规格等进行修改，造成出口货物报关单与海运提单或其他运输单据有关内容不符的。

5）以自营名义出口，但不承担出口货物的质量、收款或退税风险之一的，即出口货物发生质量问题不承担购买方的索赔责任（合同中有约定质量责任承担者除外）；不承担未按期收款导致不能核销的责任（合同中有约定收款责任承担者除外）；不承担因申报出口退（免）税的资料、单证等出现问题造成不退税责任的。

6）未实质参与出口经营活动、接受并从事由中间人介绍的其他出口业务，但仍以自营名义出口的。

（8）自2014年1月1日起，出口企业或其他单位发生增值税违法行为对应的出口货物劳务服务，视同内销，按规定征收增值税（骗取出口退税的按查处骗税的规定处理）。

三、出口退（免）税的方法

出口货物退（免）税的税种，只有增值税和消费税两种。由于纳税性质不同和会计处理不同，其具体的免税、退税方法也不相同。

（一）出口退（免）增值税的方法

根据增值税法规定，主要有三种：

1. 免税方法

对出口货物直接免征增值税和消费税，适用于来料加工等贸易形式和出口有特殊规定的指定货物（如卷烟）以及小规模纳税人出口货物等。对按国家统一规定免税的货物，不分是否出口销售一律给予免税，如出口企业直接收购农业生产者销售的自产农产品，古旧图书等，这类货物在国内生产、流通环节均已免税，因此出口后也不再退税。

"营改增"后部分跨境应税行为适用免税政策。境内的单位和个人销售的下列服务和无形资产免征增值税，但财政部和国家税务总局规定适用增值税零税率的除外：

（1）下列服务：

①工程项目在境外的建筑服务。

②工程项目在境外的工程监理服务。

③工程、矿产资源在境外的工程勘察勘探服务。

④会议展览地点在境外的会议展览服务。

⑤存储地点在境外的仓储服务。

⑥标的物在境外使用的有形动产租赁服务。

⑦在境外提供的广播影视节目（作品）的播映服务。

⑧在境外提供的文化体育服务、教育医疗服务、旅游服务。

（2）为出口货物提供的邮政服务、收派服务、保险服务（包括出口货物保险和出口信用保险）。

（3）向境外单位提供的完全在境外消费的服务（电信服务；知识产权服务；除仓储和收派服务外的物流辅助服务；鉴证咨询服务；专业技术服务；商务辅助服务；广告投放地在境外的广告服务）和无形资产。

（4）以无运输工具承运方式提供的国际运输服务。

（5）为境外单位之间的货币资金融通及其他金融业务提供的直接收费金融服务，且该服务与境内的货物、无形资产和不动产无关。

（6）财政部和国家税务总局规定的其他服务。

2．"免、退"税方法

不具有生产能力的出口企业（以下称外贸企业）或其他单位出口货物劳务，免征增值税，相应的进项税额予以退还。

3．"免、抵、退"税方法

生产企业出口自产货物和视同自产货物及对外提供加工修理修配劳务，以及列名生产企业出口非自产货物，免征增值税，相应的进项税额抵减应纳增值税税额（不包括适用增值税即征即退、先征后退政策的应纳增值税税额），未抵减完的部分予以退还。这里所说的生产企业，是指具有生产能力（包括加工修理修配能力）的单位或个体工商户。

持续经营以来从未发生骗取出口退税、虚开增值税专用发票或农产品收购发票、接受虚开增值税专用发票（善意取得虚开增值税专用发票除外）行为且符合特定条件的生产企业出口的外购货物，可视同自产货物适用"免、抵、退"税方法计算增值税退（免）税。

2016年全面实行"营改增"后，国际运输服务，航天运输服务，向境外单位提供的完全在境外消费的研发服务、合同能源管理服务、设计服务、广播影视节目（作品）的制作和发行服务、软件服务、电路设计及测试服务、信息系统服务、业务流程管理服务、离岸服务外包业务、转让技术等适用增值税零税率。对于境内的单位和个人提供适用增值税零税率的服务或者无形资产，如果属于适用简易计税方法的，实行免征增值税办法。如果属于适用增值税一般计税方法的，生产企业实行“免、抵、退”税办法，外贸企业外购服务或者无形资产出口实行免退税办法，外贸企业直接将服务或自行研发的无形资产出口，视同生产企业连同其出口货物统一实行“免、抵、退”税办法。

境内的单位和个人销售适用增值税零税率的服务或无形资产的，可以放弃适用增值税零税率，选择免税或按规定缴纳增值税。放弃适用增值税零税率后，36个月内不得再申请适用增值税零税率。境内的单位和个人销售适用增值税零税率的服务或无形资产，按月向主管退税的税务机关申报办理增值税退（免）税手续。

（二）出口货物退（免）消费税的方法

现行出口货物消费税，除规定不退税的应税消费品外，分别采取免征生产环节消费税，“先征后退”和退税三种办法，即一是对有进出口经营权的生产企业直接出口或委托外贸企业代理出口的应税消费品，一律免征消费税；二是对没有进出口经营权的其他生产企业委托出口的应税消费品，实行“先征后退”的办法；三是对外贸企业收购后出口的应税消费品实行退税。

出口企业出口或视同出口适用增值税退（免）税的货物，免征消费税，如果属于购进出口的货物，退还前一环节对其已征的消费税。

出口企业出口或视同出口适用增值税免税政策的货物，免征消费税，但不退还其以前环节已征的消费税，且不允许在内销应税消费品应纳消费税款中抵扣。

出口企业出口或视同出口适用增值税征税政策的货物，应按规定缴纳消费税，不退还其以前环节已征的消费税，且不允许在内销应税消费品应纳消费税款中抵扣。

四、增值税的出口退税率

1. 退税率的一般规定

除财政部和国家税务总局根据国务院决定而明确的增值税出口退税率（以下称“退税率”）外，出口货物的退税率为其适用税率。出口企业委托加工修理修配货物，其加工修理修配费用的退税率，为出口货物的退税率。增值税零税率应税服务的退税率为对应服务提供给境内单位适用的增值税税率。

国家税务总局根据上述规定将退税率通过出口货物劳务退税率文库予以发布，供征纳双方执行。退税率有调整的，除另有规定外，其执行时间以货物（包括被加工修理修配的货物）出口报关单（出口退税专用）上注明的出口日期为准。目前我国出口货物增值税的退税率主要有17%、15%、11%、9%、6%、5%等。

2. 退税率的特殊规定

（1）外贸企业购进按简易办法征税的出口货物、从小规模纳税人购进的出口货物，其退税率分别为简易办法实际执行的征收率、小规模纳税人征收率。上述出口货物取得增值税专用发票的，退税率按照增值税专用发票上的税率和出口货物退税率孰低的原则确定。

（2）中标机电产品、出口企业向海关报关进入特殊区域销售给特殊区域内生产企业生产耗用的列名原材料、输入特殊区域的水电气，其退税率为适用税率。如果国家调整列名原材料的退税率，列名原材料应当自调整之日起按调整后的退税率执行。

（3）海洋工程结构物退税率主要有15%和17%。

适用不同退税率的货物劳务，应分开报关、核算并申报退（免）税，未分开报关、核算或划分不清的，从低适用退税率。

此外，取消了部分资源性产品等出口退税政策，主要包括各种矿产品的精矿、原油、原木、针叶木板材、木制一次性筷子、软木及软木制品、木炭、纸板、纸浆、山羊绒、鳗鱼苗等。对这些产品中缴纳消费税的产品，同时也取消其消费税的出口免、退税。

五、境外旅客购物离境退税

（一）离境退税含义

离境退税是指境外旅客在离境口岸离境时，对其在退税商店购买的物品退还增值税的政策。境外旅客是指在我国境内连续居住不超过183天的外国人和港澳台同胞。

退税物品是指由境外旅客本人在退税商店购买且符合退税条件的个人物品，但不包括下列物品：《中华人民共和国禁止、限制进出境物品表》所列的禁止、限制出境物品；退税商店销售的适用增值税免税政策的物品；财政部、海关总署、国家税务总局规定的其他物品。

退税商店是指报省、自治区、直辖市和计划单列市国家税务局（以下简称省国税局）备案、境外旅客从其购买退税物品离境可申请退税的企业。

退税代理机构是指省国税局会同财政、海关等相关部门按照公平、公开、公正的原则选择的离境退税代理机构。

（二）离境退税的申请条件

境外旅客申请离境退税，应同时符合下列条件：

（1）同一境外旅客同一日在同一退税商店购买的退税物品金额达到500元人民币。

（2）退税物品尚未启用或消费。

（3）离境日距退税物品购买日不超过90天。

（4）所购退税物品由境外旅客本人随身携带或随行托运出境。

（三）离境退税的退税率、退税方式及应退税额计算

离境退税的增值税退税率统一为11%，退税方式包括现金退税和银行转账退税，退税额未达1万元的，可自行选择退税方式，退税额超过1万元的，以银行转账方式退税，退税币种为人民币。

离境退税的应退税额为退税物品销售发票含税金额和退税率的乘积。实际退还的增值税税额为应退增值税税额扣除退税代理机构办理退税手续费。

（四）离境退税的具体流程

境外旅客在退税商店购买退税物品并索取境外旅客离境退税申请单和销售发票，经海关验核确认签章，再由境外旅客向退税代理机构申请办理增值税退税，退税代理机构对相关信息审核无误后，为境外旅客办理和支付增值税退税，退税款可扣必要的退税手续费。退税代理机构应先行垫付退税资金，定期向省级（即省、自治区、直辖市、计划单列市）税务部门申请办理

增值税退税结算。

同学们，企业出口使用过的旧设备如何征税？

任务处理

1. 图 5－1 和图 5－2 分别是增值税专用发票的发票联和抵扣联，图 5－3 是转账支票存根，图 5－4 是收料单，说明：2016 年 12 月 3 日，浙江太平洋实业有限公司从万橡有限公司购进塑胶 80 吨，单价为 14 500 元，不含税价值 1 160 000 元，进项税 197 200 元。货款已支付、原料已入库。

2. 图 5－5、图 5－6 和图 5－7 说明：2016 年 12 月 18 日，浙江太平洋实业有限公司销售给绍兴金柯有限责任公司白坯布 5 000 米，开具增值税专用发票价款 500 000 元，销项税 85 000 元，货款已存入银行，商品已发货。

3. 图 5－8 是出口货物销售发票，图 5－9 是商品出库单，图 5－10 是银行收款证明，图 5－11是报关单，说明：2016 年 12 月 22 日，浙江太平洋实业有限公司向美国史密斯家纺公司出口产品一批，货款已收，商品已发货。

任务二　计算出口退（免）税

任务要求

（1）根据导引案例中给定的材料，分析相关经济业务；

（2）在分析相关经济业务的基础上计算浙江太平洋实业有限公司 2016 年 12 月出口退税情况。

知识准备

一、外贸企业退（免）税计算依据及方法

（一）外贸企业出口货物劳务应退增值税税额的计税依据及计算方法

1. 计税依据

（1）外贸企业出口货物（委托加工修理修配货物除外）增值税退（免）税的计税依据，为购进出口货物的增值税专用发票注明的金额或海关进口增值税专用缴款书注明的完税价格。

> 外贸企业是指从事对外贸易（进出口）的企业，在国家规定的注册企业的相关领域内，这些企业对合法产品有进出口经营权。它的业务往来重点在国外，通过市场的调研，把国外商品进口到国内来销售，或者收购国内商品销售到国外，从中赚取差价。

（2）外贸企业出口委托加工修理修配货物增值税退（免）税的计税依据，为加工修理修配费用增值税专用发票注明的金额。外贸企业应将加工修理

修配使用的原材料（进料加工海关保税进口料件除外）作价销售给受托加工修理修配的生产企业，受托加工修理修配的生产企业应将原材料成本并入加工修理修配费用开具发票。

海关保税进口料件是加工贸易企业在进行加工贸易经营活动时，从国外进口的免纳关税、增值税的料件。该料件受海关监管，须按规定生产成成品后复出口，同时进行报核。如因合理原因不能按计划复出口而需内销的，需要在当地主管海关进行补税手续，方可内销。

2. 计算方法

外贸企业出口货物劳务增值税退（免）税，依下列公式计算：

（1）外贸企业出口委托加工修理修配货物以外的货物：

增值税应退税额 = 增值税退（免）税计税依据 × 出口货物退税率

（2）外贸企业出口委托加工修理修配货物：

出口委托加工修理修配货物的增值税应退税额 = 委托加工修理修配的增值税退（免）税计税依据 × 出口货物退税率

（3）外贸企业兼营的零税率应税服务增值税免退税的计算：

外贸企业兼营的零税率应税服务应退税额 = 外贸企业兼营的零税率应税服务退（免）税计税依据 × 零税率应税服务增值税退税率

这里“外贸企业兼营的零税率应税服务退（免）税计税依据”是指从境内单位或者个人购进零税率应税服务的，取得的提供方开具的增值税专用发票上注明的金额；从境外单位或个人购进零税率应税服务的，为取得的解缴税款的海关税收缴款凭证上注明的金额。

（二）外贸企业出口货物应退消费税的计税依据及计算方法

出口货物的消费税应退税额的计税依据，按购进出口货物的消费税专用缴款书和海关进口消费税专用缴款书确定。

属于从价定率计征消费税的，为已征且未在内销应税消费品应纳税额中抵扣的购进出口货物金额；属于从量定额计征消费税的，为已征且未在内销应税消费品应纳税额中抵扣的购进出口货物数量；属于复合计征消费税的，按从价定率和从量定额的计税依据分别确定。

消费税应退税额 = 从价定率计征消费税的退税计税依据 × 比例税率 + 从量定额计征消费税的退税计税依据 × 定额税率

企业应将不同税率的出口消费品分别核算和申报，凡划分不清适用税率的，一律从低适用税率计算应退税额。

例 5－1 某进出口公司 3 月购入工艺品 5 000 件，增值税专用发票上注明的金额为 100 万元，出口至美国，FOB（离岸价）为 5 万美元（假定汇率为 1:6.2），工艺品退税率为 13%，试计算该公司当月应退税额。

该公司当月应退增值税税额 = 1 000 000 × 13% = 130 000（元）

例 5－2 某进出口公司 1 月购入无纺布料委托加工成服装出口美国，取得的布料增值税专用发票上注明金额为 50 000 元，取得的服装加工费计税金额为 5 000 元，受托加工企业将原材料成本并入加工修理修配费用并开具了增值税专用发票。假设增值税出口退税率为 17%，试计算该企业当月的应退税额。

该公司当月应退增值税税额 =(50 000 +5 000) ×17% =9 350 (元)

二、生产企业退(免)税计算依据及方法

(一)生产企业出口货物劳务增值税出口退税的计算

1. 计税依据

离岸价格又称"船上交货价格",英文缩写为FOB。是指从起运港至目的地的运输费和保险费等由买方承担,不计入结算价格之中的销货价格。它在国际贸易中被广泛采用。

(1)生产企业出口货物劳务(进料加工复出口货物除外)增值税退(免)税的计税依据,为出口货物劳务的实际离岸价格(FOB)。实际离岸价应以出口发票上的离岸价为准,但是如果出口发票不能真实反映实际离岸价,主管税务机关有权予以核定。

(2)生产企业进料加工复出口货物增值税退(免)税的计税依据,为出口货物的离岸价(FOB)扣除出口货物所含的海关保税进口料件的金额后的余额。

(3)生产企业国内购进无进项税额且不计提进项税额的免税原材料加工后出口的货物,其计税依据按照出口货物的离岸价(FOB)扣除出口货物所含的国内购进免税原材料的金额后确定。

2. 计算方法

(1)当期应纳税额的计算。

当期应纳税额 >0,说明以当期进项税额抵顶内销业务应纳税额之后,未抵顶完,还应缴纳一定金额的增值税,即不足抵顶。当期应纳税额 ≤0,则当期不需要纳税,即抵顶有余,可能存在退税。

当期应纳税额 = 当期销项税额 -(当期进项税额 - 当期不得免征和抵扣税额)

当期不得免征和抵扣税额 = 当期出口货物离岸价 × 外汇人民币折合率 ×(出口货物适用税率 - 出口货物退税率)- 当期不得免征和抵扣税额抵减额

当期不得免征和抵扣税额抵减额 = 当期免税购进原材料价格 ×(出口货物适用税率 - 出口货物退税率)

(2)当期"免、抵、退"税额的计算。

当期"免、抵、退"税额 = 当期出口货物离岸价 × 外汇人民币折合率 × 出口货物退税率 - 当期"免、抵、退"税额抵减额

当期"免、抵、退"税额抵减额 = 当期免税购进原材料价格 × 出口货物退税率

(3)当期应退税额和免抵税额的计算。

①当期期末留抵税额 ≤ 当期"免、抵、退"税额,则

当期应退税额 = 当期期末留抵税额

当期免抵税额 = 当期"免、抵、退"税额 - 当期应退税额

②当期期末留抵税额 > 当期"免、抵、退"税额,则

当期应退税额 = 当期"免、抵、退"税额

当期免抵税额 =0

当期期末留抵税额为当期增值税纳税申报表中"期末留抵税额"。

(4)当期免税购进原材料价格包括当期国内购进的无进项税额且不计提进项税额的免税原

材料的价格和当期进料加工保税进口料件的价格，其中当期进料加工保税进口料件的价格为组成计税价格。

当期进料加工保税进口料件的组成计税价格 = 当期进口料件到岸价格 + 海关实征关税 + 海关实征消费税

> 到岸价格：即 CIF，是指成本加保险费加运费，指当货物在装运港越过船舷时，卖方即完成交货。货物自装运港到目的港的运费、保险费等由卖方支付，但货物装船后发生的损坏及灭失的风险由买方承担。

①采用“实耗法”的，当期进料加工保税进口料件的组成计税价格为当期进料加工出口货物耗用的进口料件组成计税价格。其计算公式为

当期进料加工保税进口料件的组成计税价格 = 当期进料加工出口货物离岸价 × 外汇人民币折合率 × 计划分配率

计划分配率 = 计划进口总值 ÷ 计划出口总值 × 100%

实行电子账册的生产企业，计划分配率按前一期已核销的实际分配率确定；新启用电子账册的，计划分配率按前一期已核销的纸质手册或电子化手册的实际分配率确定。

②采用“购进法”的，当期进料加工保税进口料件的组成计税价格为当期实际购进的进料加工进口料件的组成计税价格。

若当期实际不得免征和抵扣税额抵减额大于当期出口货物离岸价 × 外汇人民币折合率 ×（出口货物适用税率 - 出口货物退税率）的，则

当期不得免征和抵扣税额抵减额 = 当期出口货物离岸价 × 外汇人民币折合率 ×（出口货物适用税率 - 出口货物退税率）

2014 年 1 月 1 日起，生产企业应根据“免、抵、退“税正式申报的出口销售额计算“免、抵、退”税不得免征和抵扣税额，并填报在当期“增值税纳税申报表附列资料（二）”的“免抵退税办法出口货物不得抵扣进项税额”栏（第 18 栏）、“免抵退税申报汇总表”的“免抵退税不得免征和抵扣税额”栏（第 25 栏）。

例 5-3 某生产企业的产品既有出口又有内销，出口实行“免、抵、退”办法，产品销售适用 17% 税率，出口退税率为 13%，出口产品 800 万美元（假定汇率为 1:6.2），当期可抵扣的进项税为 600 万元，另外当期免税进口价值 400 万美元的料件（已含关税等），专门用于出口产品的生产，该公司上期留抵税额为 0。

（1）假设当期企业内销货物不含税销售额为 3 000 万元。

①如果当期存在免税购入的原料或者进料加工免税进口料件，应先计算“‘免、抵、退’税不得免征和抵扣的进项税额抵减额”，再进一步计算“免、抵、退”税不得免征和抵扣的税额。不存在免税购进原材料或者进料加工免税进口料件时，可省略此步骤。

“免、抵、退”税不得免征和抵扣的进项税额抵减额

= 免税购进原材料价格 ×（进口货物征税率 - 出口货物退税率）

= 400 × 6.2 ×（17% - 13%）

= 99.2（万元）

②计算“免、抵、退”税不得免征和抵扣的税额，计算当期准予免税和抵扣的进项税额，进一步确定当期的应纳税额。

“免、抵、退”税不得免征和抵扣税额

= 出口货物离岸价 × 外汇人民币牌价 ×（出口货物征税率 - 出口货物退税率）-“免、抵、退”税不得免征和抵扣税额抵减额

$=800\times6.2\times(17\%-13\%)-99.2$

$=99.2$（万元）

③计算当期应纳税额。

当期应纳税额

=当期内销货物销项税额－(当期进项税额－当期“免、抵、退”税不得免征和抵扣税额)

$=3\,000\times17\%-(600-99.2)$

$=9.2$（万元）

④计算当期“免、抵、退”税额。

当期免抵退税额

=出口货物离岸价×外汇人民币牌价×出口货物退税率－“免、抵、退”税额抵减额

=出口货物离岸价×外汇人民币牌价×出口货物退税率－免税购进原材料价格×出口货物退税率

$=800\times6.2\times13\%-400\times6.2\times13\%$

$=322.4$（万元）

⑤比较确定当期应纳税额、应退税额、免抵额。

当期不需退税，当期实际抵顶税额＝当期“免、抵、退”税额＝322.4（万元）。

(2) 假设当期企业内销货物不含税销售额为2 000万元。

则前述①、②、④步骤及结果不变，③的计算结果变为：

当期应纳税额 $=2\,000\times17\%-(600-99.2)=-160.8$（万元）

⑤比较确定当期应纳税额，应退税额、免抵额、当期“免、抵、退”税不得免征和抵扣税额。

当期应纳税额≤0，要比较“当期期末留抵税额”与“当期‘免、抵、退’税额”，当期期末留抵税额即“免、抵、退”税额。

如当期期末留抵税额≤当期“免、抵、退”税额，则

当期应退税额＝当期期末留抵税额

当期免抵税额＝当期“免、抵、退”税额－当期应退税额

当期期末留抵税额＝－当期应纳税额160.8万元＜当期免抵退税额322.4万元，所以

当期应退税额＝当期期末留抵税额＝－当期应纳税额＝160.8（万元）

当期免抵税额＝当期“免、抵、退”税额－当期应退税额＝322.4－160.8＝161.6（万元）

期末实际留抵税额＝160.8－160.8＝0

(3) 假设当期企业内销货物不含税销售额为100万元。

则前述①、②、④步骤及结果不变，③的计算结果变为：

当期应纳税额 $=100\times17\%-(600-99.2)=-483.8$（万元）

⑤比较确定当期应纳税额、应退税额、免抵额。

当期应纳税额小于0时，要比较“当期期末留抵税额”与“当期‘免、抵、退’税额”，当期期末留抵税额即“免、抵、退”税额483.8万元，大于当期“免、抵、退”税额322.4万元。

如当期期末留抵税额＞当期“免、抵、退”税额，则

当期应退税额＝当期“免、抵、退”税额，因此：

当期应退税额＝当期“免、抵、退”税额＝322.4（万元）

当期免抵税额 = 当期“免、抵、退”税额 - 实际退税额 = 322.4 - 322.4 = 0

当期留抵税额 = 483.8 - 322.4 = 161.4（万元）

（二）生产企业消费税免税处理

生产企业直接出口或者委托外贸企业代理出口的应纳消费税货物，可以在出口时直接予以免税。免税后如发生退关或退货的，也可以暂不办理补税，待其转为国内销售时，再申报缴纳消费税。

三、增值税退（免）税其他相关规定

（一）增值税零税率应税行为的退（免）税

1. 计税依据

（1）实行“免、抵、退”税办法的计税依据：

1）以铁路运输方式载运旅客的，为按照铁路合作组织清算规则清算后的实际运输收入。

2）以铁路运输方式载运货物的，为按照铁路运输进款清算办法，对“发站”或“到站（局）”名称包含“境”字的货票上注明的运输费用以及直接相关的国际联运杂费清算后的实际运输收入。

3）以航空运输方式载运货物或旅客的，如果国际运输或港澳台运输各航段由多个承运人承运的，为中国航空结算有限责任公司清算后的实际收入；如果国际运输或港澳台运输各航段由一个承运人承运的，为提供航空运输服务取得的收入。

4）其他实行“免、抵、退”税办法的增值税零税率应税服务，为提供增值税零税率应税服务取得的收入。

（2）实行退（免）税办法的计税依据。

为购进应税服务的增值税专用发票或解缴税款的中华人民共和国税收缴款凭证上注明的金额。

2. 零税率应税服务增值税“免、抵、退”税的计算方法

（1）当期“免、抵、退”税额的计算：

当期零税率应税服务“免、抵、退”税额 = 当期零税率应税服务“免、抵、退”税计税依据 × 外汇人民币牌价 × 零税率应税行为增值税退税率

（2）当期应退税额和当期免抵税额的计算：

①当期期末留抵税额 ≤ 当期“免、抵、退”税额时：

当期应退税额 = 当期期末留抵税额

当期免抵税额 = 当期“免、抵、退”税额 - 当期应退税额

②当期期末留抵税额 > 当期“免、抵、退”税额时：

当期应退税额 = 当期“免、抵、退”税额

当期免抵税额 = 0

实行“免、抵、退”税办法的增值税零税率应税服务提供者如果同时出口货物劳务且未分别核算的，应一并计算免、抵、退税。税务机关在审批时，应按照增值税零税率应税服务、出口货物劳务“免、抵、退”税额的比例划分其退税额和免抵税额。

例 5-4 某企业运输公司已登记为增值税一般纳税人，企业退税实行“免、抵、退”税管理办法。企业 9 月承接的国际运输业务取得收入 500 000 元，企业期末留抵税额为 90 000 元。试计算企业当月的应退税额。

当期零税率应税服务“免、抵、退”税额 = 500 000 × 11% = 55 000（元）

又因为当期期末留抵税额 90 000 元 > 当期“免、抵、退”税额 55 000 元，所以当期应退税额 = 当期“免、抵、退”税额 = 55 000（元），退税申报后结转下期留抵的税额为 45 000 元（90 000 - 55 000）。

（二）几种特殊情况的计税依据

（1）出口进项税额未计算抵扣的已使用过（出口企业根据财务会计制度已经计提折旧）的设备增值税退（免）税的计税依据，其计算公式为

退（免）税计税依据 = 增值税专用发票上的金额或海关进口增值税专用缴款书注明的完税价格 × 已使用过的设备固定资产净值 ÷ 已使用过的设备原值

（2）中标机电产品增值税退（免）税的计税依据，生产企业为销售机电产品的普通发票的所列金额，外贸企业为购进货物的增值税专用发票注明的金额或海关进口增值税专用缴款书注明的完税价格。

（3）生产企业向海上石油天然气开采企业销售的自产的海洋工程结构物，其增值税退（免）税的计税依据为销售海洋工程结构物的普通发票所列金额。

海洋工程结构物的范围包括钢铁制桥梁及桥梁体段、钢铁制门窗及其框架门槛等 15 项内容。

（4）输入特殊区域的水电气增值税退（免）税的计税依据，为作为购买方的特殊区域内生产企业购进水（含蒸汽）、电力、燃气的增值税专用发票注明的金额。

（三）小规模纳税人出口退（免）税规定

小规模纳税人自营和委托出口（生产企业自产产品委托外贸企业代理出口或外贸企业委托外贸企业代理出口）的货物在货物报关离境并在财务上做销售后，应在次月 15 日前（逢节假日顺延），即增值税纳税申报期内办理增值税纳税申报和在出口退税申报期内免税申报。

不具有进出口经营权的小规模纳税人委托外贸企业代理出口的货物，一律在委托方退税。生产企业自营或委托外贸企业代理出口自产货物，除另有规定者外，增值税一律实行“免、抵、退”税管理。若委托方是生产企业（不论生产企业是否具有进出口经营权），其委托代理出口货物比照生产企业的自营出口货物，按“免、抵、退”办法计算退（免）税款。若委托方属于小规模纳税人，其委托代理出口的货物，一律免征增值税、消费税，其进项税额不予抵扣或退税。对不具有进出口经营权的小规模纳税人（生产企业），委托出口商出口自产产品应享受免征增值税、消费税，其依据为受托方已开具的“代理出口产品证明”；若不具有进出口经营权的小规模纳税人为商贸公司，委托外贸企业代理出口收购货物，则不予退税。

想一想

有人说“生产性企业出口应税消费品是免税的，而消费税是一次环节征收，因此不涉及出口退税问题。”这样的说法正确吗?

任务处理

浙江太平洋实业有限公司为具有出口许可证的生产企业，其出口商品实行“免、抵、退”的退（免）税政策。12 月浙江太平洋实业有限公司出口退税情况计算如下：

1. 当期“免、抵、退”税不得免征和抵扣税额的计算

当期“免、抵、退”税不得免征和抵扣税额

=当期出口货物离岸价×外汇人民币牌价×(出口货物征税率－出口货物退税率)－“免、抵、退”税不得免征和抵扣税额抵减额

=200 000×6.2127×（17%－16%）

=12 425.40（元）

本期应纳税额

=当期内销的销项税额－(当期进项税额－当期“免、抵、退”税不得免征和抵扣税额)－上期末留抵税额

=85 000－(192 700－12 425.40)

=－95 274.60（元）

因为计算结果是负数，则应退税（实际应退金额还要再根据当期应退税额和当期“免抵”税额判断)。

2.“免、抵、退”税额的计算

“免、抵、退”税额

=出口货物离岸价×外汇人民币牌价×出口货物退税率

=200 000×6.2127×16%

=198 806.40（元）

3. 当期应退税额和当期“免、抵、退”税额的计算

因为 12 月份的当期期末留抵税额（95 274.60)≤当期“免、抵、退”税额（198 806.40)，当期应退税额=当期期末留抵税额=95 274.60（元）

当期“免抵”税额

=当期“免、抵、退”税额 － 当期应退税额

=198 806.40－95 274.60

=103 531.80（元）

任务三　出口退（免）税会计处理

任务要求

（1）依据导引案例进行增值税会计处理。

（2）登记“应交税费——应交增值税”和“未交增值税”明细账。

知识准备

一、账户设置

（一）应交税费——应交增值税

出口企业（仅指增值税一般纳税人（下同））应在“应交税费”科目下设置“应交增值税”明细科目，借方发生额，反映出口企业购进货物或接受应税劳务支付的进项税额和实际支付已缴纳的增值税；贷方发生额，反映出口企业销售货物或提供应税劳务应缴纳的增值税税额、出口货物退税、转出已支付或应负担的增值税；期末借方余额，反映企业多缴或尚未抵扣的增值税；期末贷方余额，反映企业尚未缴纳的增值税。出口企业在“应交增值税”明细账中，应设置“进项税额”“销项税额抵减”“已交税金”“转出未交增值税”“减免税款”“出口抵减内销产品应纳税额”“销项税额”“出口退税”“进项税额转出”“转出多交增值税”等专栏。此部分内容已在本书“项目二增值税纳税实务”中“任务四增值税会计处理”中进行了详细介绍，此处不再赘述。以下仅介绍涉及出口退税核算的相关科目。

1. 出口抵减内销产品应纳税额

“出口抵减内销产品应纳税额”专栏，记录实行“免、抵、退”办法的一般纳税人按规定计算的出口货物的进项税抵减内销产品的应纳税额。

2. 出口退税

“出口退税”专栏，记录一般纳税人出口货物、加工修理修配劳务、服务、无形资产按规定退回的增值税税额。

3. 进项税额转出

“进项税额转出”专栏，记录一般纳税人购进货物、加工修理修配劳务、服务、无形资产或不动产等发生非正常损失以及其他原因而不应从销项税额中抵扣、按规定转出的进项税额。在计算出口退税时，“免、抵、退”不得免征和抵扣税额也计入本科目。

对按税法规定，不予退税的部分，应在做出口成本增加的同时，做“进项税额转出”处理。企业在核算出口货物免税收入的同时，对免税收入按征退税率之差的“不得抵扣税额”，借记“主营业务成本”，贷记本明细账户。当月“不得抵扣税额”发生额合计数应与本月申报的生产企业出口货物免、抵、退税申报明细表中的“不得抵扣税额”合计数一致。企业收到税务机关出具的生产企业进料加工贸易免税证明后，按“证明”注明的“不得抵扣税额抵减额”，以红字做出上述会计分录。企业支付国外运保费用时，按出口货物征退税率之差计算的分摊额，也做上述红字会计分录。

（二）应收出口退税款

为核算纳税人出口货物应收取的出口退税款，设置“应收出口退税款”科目，该科目借方反映销售出口货物按规定向税务机关申报应退回的增值税、消费税等，贷方反映实际收到的出口货物应退回的增值税、消费税等。期末借方余额，反映尚未收到的应退税额。

二、会计处理

未实行“免、抵、退”办法的一般纳税人出口货物按规定退税的，按规定计算的应收出口退税额，借记“应收出口退税款”科目，贷记“应交税费——应交增值税（出口退税）”科目，收到出口退税时，借记“银行存款”科目，贷记“应收出口退税款”科目；退税额低于购进时取得的增值税专用发票上的增值税税额的差额，借记“主营业务成本”科目，贷记“应交税费——应交增值税（进项税额转出）”科目。

实行“免、抵、退”办法的一般纳税人出口货物，在货物出口销售后结转产品销售成本时，按规定计算的退税额低于购进时取得的增值税专用发票上的增值税税额的差额，借记“主营业务成本”科目，贷记“应交税费——应交增值税（进项税额转出）”科目；按规定计算的当期出口货物的进项税抵减内销产品的应纳税额，借记“应交税费——应交增值税（出口抵减内销产品应纳税额）”科目，贷记“应交税费——应交增值税（出口退税）”科目。在规定期限内，内销产品的应纳税额不足以抵减出口货物的进项税额，不足部分按有关税法规定给予退税的，应在实际收到退税款时，借记“银行存款”科目，贷记“应交税费——应交增值税（出口退税）”科目。

（一）外贸企业出口退税的会计处理

1. 外贸企业增值税出口退税的会计处理

涉外企业按照规定退税率计算应收出口退税时，借记“应收出口退税款”，贷记“应交税费——应交增值税（出口退税）”；收到出口退税款时，借记“银行存款”，贷记“应收出口退税款”。按照出口货物购进时取得的增值税专用发票上记载的进项税额或应分摊的进项税额与按照国家规定的退税率计算的应退税额的差额，借记“主营业务成本——出口成本”，贷记“应交税费——应交增值税（进项税额转出）”。下面分以下几种类型企业说明其会计处理方法：

（1）出口货物单独保管、会计账目健全企业的账务处理。

例 5－5 某机械设备进出口公司出口货物采取单独保管和核算，8 月从某设备生产企业购进 A 设备 100 台，当月出口 80 台。相关会计资料显示：该企业当月共购入 A 设备 100 台，单价 5 000 元/台，总价 500 000 元，增值税税率 17% ，发生进货运费 7 770 元，取得运输业增值税专用发票，增值税税率为 11%，上述款项均已通过银行转账结清。另 8 月出口 A 设备 80 台，FOB 折算价 6 000 元/台，取得出口收入 480 000 元，出口退税率为 15%。

此项出口销售的过程与出口退税的会计处理为：

1）购进供出口的 A 设备时，根据有关凭证，做分录：

借：在途物资——A 设备　　500 000
　　应交税费——应交增值税（进项税额）　　85 000
　　贷：银行存款　　585 000

2）支付进货运费时，做分录：

借：销售费用　　7 000
　　应交税费——应交增值税（进项税额）　　770
　　贷：银行存款　　7 770

3）购进商品入库时，根据入库单做分录：

借：库存商品——出口商品　　500 000
　　贷：在途物资 A 设备　　500 000

4）出口 A 设备 80 台时：

借：应收账款——应收外汇账款　　480 000
　　贷：主营业务收入——出口收入　　480 000

5）收到出口结汇货款时，做分录：

借：银行存款　　480 000
　　贷：应收账款——应收外汇账款　　480 000

6）计算应退增值税款并做分录：

应退税额 = (500 000 × 80/100) × 15% + 770 × 80/100 = 60 616（元）

借：应收出口退税款　　60 616
　　贷：应交税费——应交增值税（出口退税）　　60 616

7）计算不予退税的税额，并做转入成本分录：

不予退税额 = (500 000 × 80/100) × (17% − 15%) + (770 − 616) = 8 154（元）

借：主营业务成本——出口成本　　8 154
　　贷：应交税费——应交增值税（进项税额转出）　　8 154

8）收到出口退税款时，做分录：

借：银行存款　　60 616
　　贷：应收出口退税款　　60 616

（2）分不清批次的出口企业的会计处理。

例 5－6 某经营零件进出口公司，库存货物规格、单件复杂，不便逐一核算，采用加权平均法计算销售成本，企业 8 月结存货物 200 套，单价 15 元/套，合计 3 000 元。9 月第一次按照单价 16 元购进 150 套，金额合计 2 400 元；9 月第二次按照单价 14 元购进 400 套，金额合计 5 600元。另 9 月出口销售货物 500 套，FOB 价折合收入 12 000 元。公司购进增值税税率 17%，退税率 13%。

此例有关购进、入库、增值税进项税的分录同例 5－5，从略。

1）月末计算库存出口商品平均单价、本月出口销售成本和本月应退增值税税额：

库存货物平均单位成本

= (200 × 15 + 150 × 16 + 400 × 14)/(200 + 150 + 400)

=14.67（元）

本月出口销售成本=500×14.67 =7 335（元）

本月应退税额=7 335×15% =1100.25（元）

本月不予抵扣税额=7 335×(17% −15%) =146.70（元）

2）申报退税，做分录：

借：应收出口退税款　　1 100.25

　　贷：应交税费——应交增值税（出口退税）　　1 100.25

3）将不予抵扣税款部分转入成本时，做分录：

借：主营业务成本——出口成本　　146.70

　　贷：应交税费——应交增值税（进项税额转出）　　146.70

（3）从小规模纳税人购进货物的会计处理。

国家明确规定不予退（免）税的货物和出口企业从小规模纳税人购进并持普通发票的部分货物不可以申请退税。出口企业从小规模纳税人购进并持普通发票的抽纱、工艺品、香料油、山货、草柳竹藤制品、渔网渔具、松香、五倍子、生漆、鬃尾、山羊板皮、纸制品等12类货物及从小规模纳税人购入的且取得税务机关代开的增值税专用发票的货物可以申请退税。

例5-7 某经营旅游纪念品进出口企业8月从小规模纳税人购入摆件一批，总进价45 000元，开具普通发票一张，9月份一次出口成交销售，折算为FOB价若干美元。该进出口公司出口业务完成后备齐全套单证，试进行会计处理。

该项出口业务的购进与出口销售与前述业务相同，此处从略，只做退税额计算和分录：

出口退税额=45 000/（1+3%）×3% =1 310.68（元）

借：应收出口退税款　　1 310.68

　　贷：应交税费——应交增值税（出口退税）　　1 310.68

例5-8 某该旅游纪念品出口公司2月购进工艺品3 000件，增值税专用发票上注明的金额为60万元，出口至美国，FOB离岸价为12万美元（假定汇率为1美元=6.2元人民币），工艺品退税率为11%，试计算退税额以及进行会计处理。

出口应退税额=600 000×11% =66 000（元）

转出增值税税额=600 000×17% −66 000 =36 000（元）

1）购入货物时：

借：在途物资　　600 000

　　应交税费——应交增值税（进项税额）　　102 000

　　贷：银行存款　　702 000

2）货物入库时：

借：库存商品——出口　　600 000

　　贷：在途物资　　600 000

3）出口报关销售时：

借：应收账款——应收外汇账款　　744 000

　　贷：主营业务收入——出口销售收入　　744 000

4）结转商品销售成本：

借：主营业务成本——出口成本　　　　600 000

　　贷：库存商品——出口　　　　600 000

5）进项税额转出：

借：主营业务成本——出口成本　　　　36 000

　　贷：应交税费——应交增值税（进项税额转出）　36 000

6）计算应收增值税出口退税：

借：应收出口退税款　　　　66 000

　　贷：应交税费——应交增值税（出口退税）　　66 000

7）收到增值税退税款：

借：银行存款　　　　66 000

　　贷：应收出口退税款　　　　66 000

2. 外贸企业消费税的出口退税的会计处理

外贸企业自营出口销售，在货物报关出口后申报退税时，按申请退税的金额借记“应收出口退税款”账户，贷记或者红字借记“主营业务成本——出口成本”账户。

例 5-9 光大进出口公司购进三轮摩托车 100 辆，单价 5 000 元（含厂方已缴纳消费税 50 000元，税率为 10%），总价款 500 000 元，增值税税率为 17%，计 85 000 元，价税付讫，货物出口销售申办消费税退税（不含增值税退税）时，做分录：

借：应收出口退税款　　　　50 000

　　借：主营业务成本——出口成本　　　　50 000

收到消费税退税时，做分录：

借：银行存款　　　　50 000

　　贷：应收出口退税款　　　　50 000

假设光大进出口公司上月已办完出口货物消费税退税 75 000 元，在本月发生退货时，该公司应按规定计算缴回已退消费税款，做分录：

借：主营业务成本——出口成本　　　　75 000

　　贷：应收出口退税款　　　　75 000

同时：

借：应收出口退税款　　　　75 000

　　贷：银行存款　　　　75 000

（二）生产企业出口退（免）税会计处理

1. 生产企业增值税出口退税的会计处理

实行出口“免、抵、退”办法的企业，购进用于出口货物的材料价款、运杂费等，借记“在途物资”“材料采购”等科目，按照增值税专用发票注明的进项税额借记“应交税费——应交增值税（进项税额）”科目，按照应付或实际支付的金额贷记“应付账款”“应付票据”“银行存款”等科目。货物出口销售后，结转主营业务成本时，借记“主营业务成本”，贷记“库存商品”；企业按规定不能免征和抵扣的税额，借记“主营业务成本”，贷记“应交税费——应交增值税（进项税额转出）”；月末对于当期应纳税额，如应纳税额为正数，则需纳税；无退税，借记“应交税费——应交增值税（转出未交增值税）”，贷记“应交税费——未交增值税”；如应纳税额为负数，则当期有退税，对按规定计算出的当期应退税额借记“应收出口退税款”，当期免抵税额借记“应交税费——应交增值税（出口抵减内销产品应纳税额）”，按当期计算的“免、抵、退”税额贷记“应交税费——应交增值税（出口退税）”。收到税务机关退回的增值税税额时，借记“银行存款”，贷记“应收出口退税款”科目。

例5-10 某通信设备厂8月份试制成功了一批新型手机100部，出口销售60部，内销40部，有关生产成本和内销、外销价格及有关会计资料为：当月共销售手机100部，其中国内销售40部，不含税价格5 000元/部，该手机单位成本3 800元/部；出口销售手机60部，价格500美元/部，当月发生进项增值税总计25 000元，当月美元汇率为6.27，企业增值税税率为17%，出口退税率为15%，期初无留抵增值税。

计算当月出口货物增值税“免、抵、退”税各项税额为

根据“免、抵、退”税正式申报的出口销售额计算“免、抵、退”不得免征和抵扣税额 =(30 000×6.27)×(17%-15%)=3 762（元）。

本月内销应纳税额=200 000×17%=34 000（元）

本月应纳税额=34 000-（25 000-3 762）=12 762（元）

本月应退税额=0

本月月末留抵税额=0

本月增值税进项税总计25 000元，已登记在账户中，此处略去其会计处理。

（1）内销取得销售收入：

借：银行存款（或应收账款）　　234 000

　　贷：主营业务收入——内销　　200 000

　　　　应交税费——应交增值税（销项税额）　　34 000

（2）外销货物取得销售收入：

借：应收账款　　188 100

　　贷：主营业务收入——外销　　188 100

（3）“免、抵、退”税不得免征和抵扣税额3 762元转入销售成本时：

借：主营业务成本——出口成本　　3 762

　　贷：应交税费——应交增值税（进项税转出）　　3 762

（4）“应交增值税”转入“未交增值税”时：

借：应交税费——应交增值税（转出未交增值税）　　12 762

　　贷：应交税费——未交增值税　　12 762

（5）实际缴纳税款时：

借：应交税费——未交增值税　　12 762

　　贷：银行存款　　12 762

又假设本例中内销40部手机的收入为金额50 000元，手机单位成本1 000元/部，其他会计资料不变，其有关增值税“免、抵、退”税额计算则为

本月内销销项税额 = 50 000 × 17% = 8 500（元）

根据“免、抵、退”税正式申报的出口销售额计算“免、抵、退”税不得免征和抵扣税额 = (30 000 × 6.27) × (17% − 15%) = 3 762（元）。

本月应纳税额 = 8 500 − (25 000 − 3 762) = −12 738元（本月留抵12 738元）

本月“免、抵、退”税额 = (30 000 × 6.27) × 15% = 28 215（元）

因为本月末留抵税额小于本月“免、抵、退”税额：

本月应退税额 = 本月末留底税额（12 738元）

本月“免抵”税额 = 本月“免、抵、退”税额 − 本月应退税额

= 28 215 − 12 738 = 15 477（元）

相应会计处理如下（内销时相关会计处理此处略去）：

（1）将不得免征和抵扣税额，转入本月销售成本：

借：主营业务成本——出口成本　　3 762

　　贷：应交税费——应交增值税（进项税转出）　　3 762

（2）申报出口退税时：

借：应收出口退税款　　12 738

　　应交税费——应交增值税（出口抵减内销产品应纳税额）　　15 477

　　贷：应交税费——应交增值税（出口退税）　　28 215

（3）收到退税款时：

借：银行存款　　12 738

　　贷：应交税费——应交增值税（出口退税）　　12 738

国家税务总局《关于调整出口退（免）税申报办法的公告》（国家税务总局公告2013年第61号）规定，生产企业应根据免、抵、退税正式申报的出口销售额（不包括该公告生效前已按原办法申报的单证不齐或者信息不齐的出口销售额）计算免、抵、退税不得免征和抵扣税额，并填报在当期“增值税纳税申报表附列资料（二）”的“免抵退税办法出口货物不得抵扣进项税额”栏（第18栏）、“免抵退税申报汇总表”的“免抵退税不得免征和抵扣税额”栏（第25栏）。

例5-11 某远洋运输公司（增值税一般纳税人），经营业务包含国际运输服务。11月向X国运输货物一批，取得国际运输收入100万元（人民币，下同），国内提供运输服务取得不含税收入400万元，当月进项税额为50万元。

当期应纳增值税 = 400 × 11% − 50 = −6（万元），期末留抵6万元。

当期“免、抵、退”税额 = 100 × 11% = 11（万元）> 6（万元）

当期应退增值税 = 6万元

当期免抵税额 = 11 − 6 = 5（万元）

内销业务和进项税额业务会计处理从略，外销及出口退税相关业务处理如下：

（1）取得国际运输收入：

借：银行存款　　1 000 000

贷：主营业务收入——国际运输收入　1 000 000

（2）申报“免、抵、退”税时，做会计处理：

借：应收出口退税款　60 000

应交税费——应交增值税（出口抵减内销产品应纳税额）　50 000

贷：应交税费——应交增值税（出口退税）　110 000

（3）收到退税款时：

借：银行存款　60 000

贷：应收出口退税款　60 000

2. 生产企业消费税出口退税的计算和会计处理

生产企业直接出口或委托出口自产应税消费品时，按税法规定免税，不计算应缴消费税。

任务处理

浙江太平洋实业有限公司 2016 年 12 月业务税务会计处理如下：

12 月 3 日

借：原材料　1 160 000

应交税费——应交增值税（进项税额）　197 200

贷：银行存款　1 357 200

12 月 18 日

借：银行存款　585 000

贷：主营业务收入——内销　500 000

应交税费——应交增值税（销项税额）　85 000

12 月 18 日

借：主营业务成本——内销　400 000

贷：库存商品——YH001　400 000

12 月 22 日

借：银行存款　1 242 540

贷：主营业务收入——外销　1 242 540

借：主营业务成本——外销　980 000

贷：库存商品——YH002　980 000

借：主营业务成本——外销　12 425. 40

应交税费——应交增值税（进项税额转出）　12 425. 40

借：应收出口退税款　95 274. 60

贷：应交税费——应交增值税（出口退税）　95 274. 60

借：应交税费——应交增值税（出口抵减内销产品应纳税额）　103 531. 80

贷：应交税费——应交增值税（出口退税）　103 531. 80

任务四　出口退（免）税申报

任务要求

（1）试根据浙江太平洋实业有限公司 2016 年 12 月的增值税出口退税计算结果填写增值税“免、抵、退”税申报表。

（2）模拟增值税出口退（免）税申报。

知识准备

一、出口退（免）税相关管理规定

1. 对外贸易经营者备案登记

从事货物进出口或者技术进出口的对外贸易经营者，应当向中华人民共和国商务部或商务部委托的机构办理备案登记；但是，法律、行政法规和商务部规定不需要备案登记的除外。对外贸易经营者未按照本办法办理备案登记的，海关不予办理进出口的报关验放手续。

2. 出口退（免）税资格的认定

出口企业应在办理对外贸易经营者备案登记或签订首份委托出口协议之日起 30 日内，到主管税务机关办理出口退（免）税资格认定。其他单位应在发生出口货物劳务业务之前，到主管税务机关办理出口退（免）税资格认定。

出口企业和其他单位在出口退（免）税资格认定之前发生的出口货物劳务，在办理出口退（免）税资格认定后，可以在规定的退（免）税申报期内按规定申报增值税退（免）税，以及消费税退（免）税。

二、出口退（免）税申报流程

出口退（免）税申报是指出口企业将货物报关出口后，以填报出口货物退税申请表为主体，向税务机关提出书面申报退税的一种法定手续。企业在货物报关出口并在账务上做销售处理后，按照规定填报出口货物退（免）税申报表，向税务机关申报退税。申报的主要内容包括：申报单位名称、出口货物报关单编号、货物计量单位、出口销售数量、出口货物销售金额、进项金额、税额、退税税种、适用税率、退税数额等。

企业出口货物劳务及适用增值税零税率的应税服务（以下简称出口货物劳务及服务），在正式申报出口退（免）税之前，应按现行申报办法向主管税务机关进行预申报，在主管税务机关确认申报凭证的内容与对应的管理部门电子信息无误后，方可提供规定的申报退（免）税凭证、资料及正式申报电子数据，向主管税务机关进行正式申报。

生产企业办理出口退（免）税业务流程如图 5－12 所示，外贸企业办理出口退（免）税业务流程如图 5－13 所示，出口退（免）税申报流程具体如图 5－14 所示。

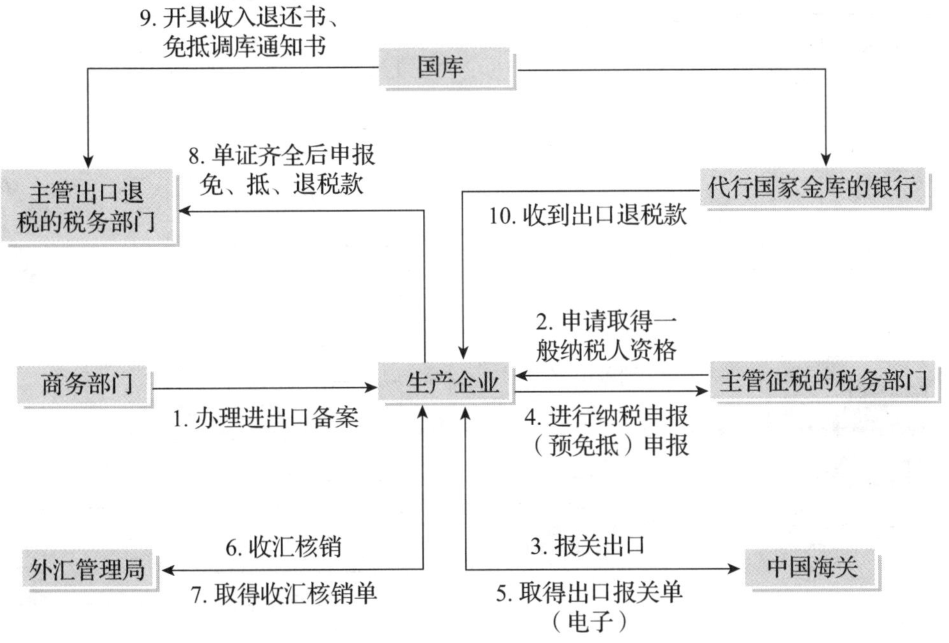

图5－12　生产企业办理出口退（免）税流程图

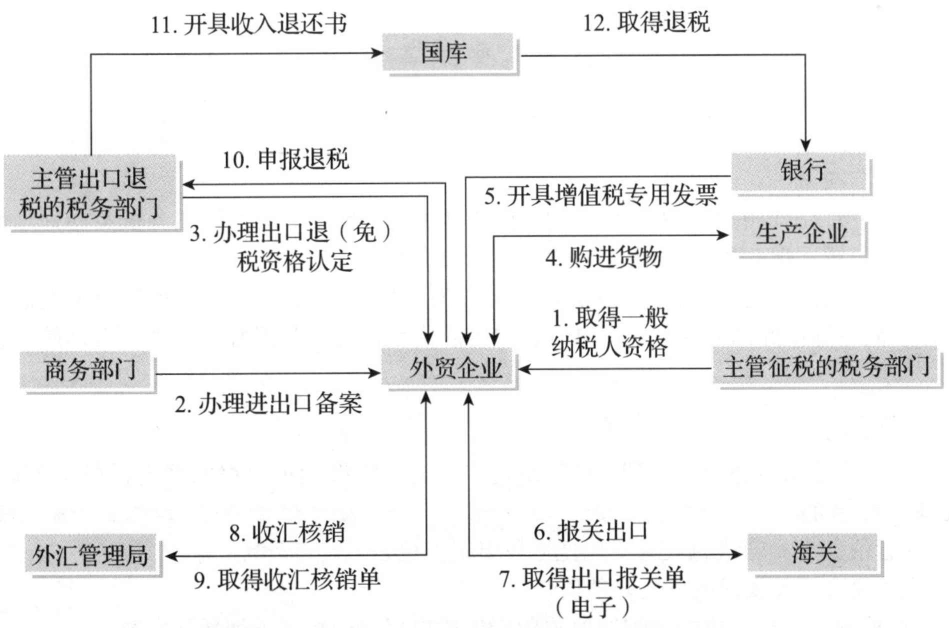

图5－13　外贸企业办理出口退（免）税流程图

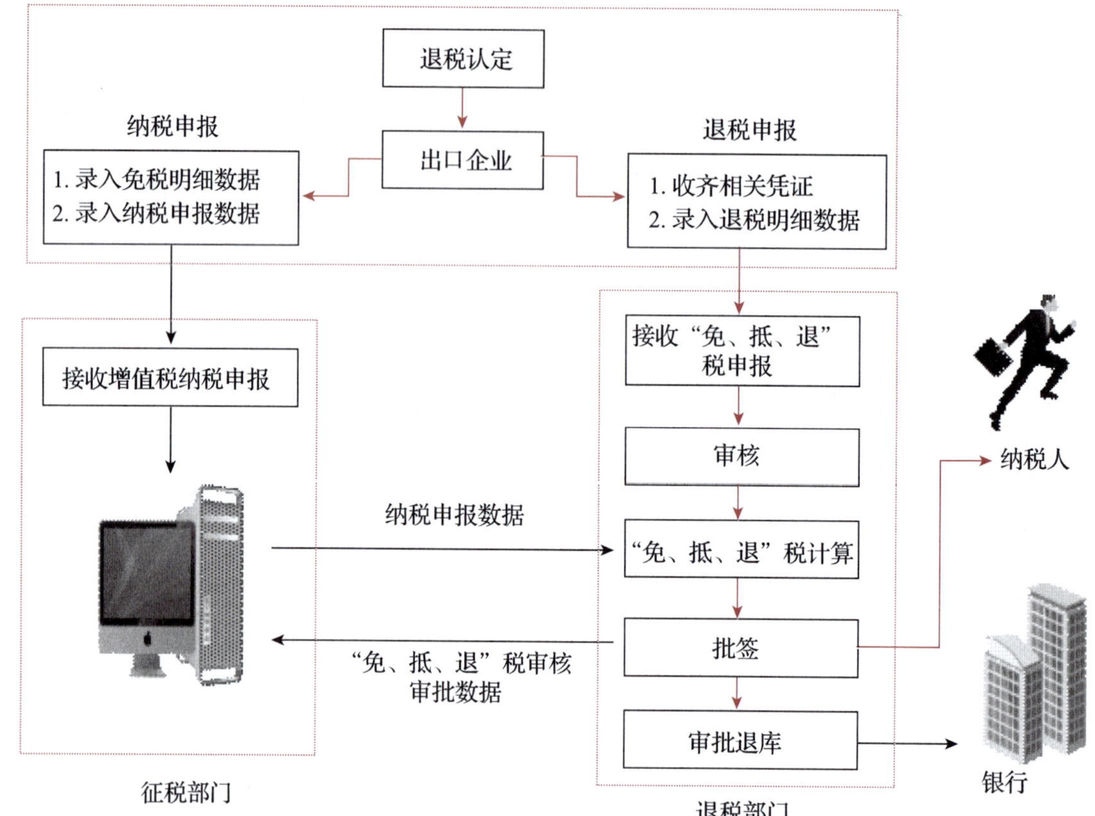

图 5-14 出口退（免）税申报流程

三、一般出口企业出口退(免) 税申报

(一) 生产企业出口货物“免、抵、退”税的申报

1. 申报程序和期限

生产企业当月出口的货物须在次月的增值税纳税申报期内，向主管税务机关办理增值税纳税申报、“免、抵、退”税相关申报及消费税免税申报。

生产企业应在货物报关出口之日次月起至次年 4 月 30 日前的各增值税纳税申报期内收齐有关凭证，向主管税务机关申报办理出口货物增值税免抵退税及消费税退税。逾期的，企业不得申报“免、抵、退”税。

2. 申报资料

(1) 企业向主管税务机关办理增值税纳税申报时，除按纳税申报的规定提供有关资料外，还应提供下列资料：

1) 主管税务机关确认的上期“免抵退税申报汇总表”。

2) 主管税务机关要求提供的其他资料。

(2) 企业向主管税务机关办理增值税免抵退税申报，应提供下列凭证资料：

1) “免、抵、退”税申报汇总表及其附表。

2) “免、抵、退”税申报资料情况表。

3) 生产企业出口货物“免、抵、退”税申报明细表。

4）出口货物退（免）税正式申报电子数据。

5）下列原始凭证：

①出口货物报关单（目前海关不在提供纸质报关单，相关数据海关直接传递给国家税务总局）。

②出口发票。

③委托出口的货物，还应提供受托方主管税务机关签发的代理出口货物证明，以及代理出口协议复印件。

④主管税务机关要求提供的其他资料。

（3）生产企业出口的视同自产货物以及列名生产企业出口的非自产货物，属于消费税应税消费品的，还应提供下列资料：

1）生产企业出口非自产货物消费税退税申报表。

2）“免、抵、退”税申报资料情况表。

3）消费税专用缴款书或分割单，海关进口消费税专用缴款书、委托加工收回应税消费品的代扣代收税款凭证原件或复印件。

（二）外贸企业出口货物免、退税的申报

1. 申报程序和期限

外贸企业当月出口的货物须在次月的增值税纳税申报期内，向主管税务机关办理增值税纳税申报，将适用退（免）税政策的出口货物销售额填报在增值税纳税申报表的“免税货物销售额”栏。

外贸企业应在货物报关出口之日次月起至次年4月30日前的各增值税纳税申报期内，收齐有关凭证，向主管税务机关办理出口货物增值税、消费税免退税申报。经主管税务机关批准的，企业在增值税纳税申报期以外的其他时间也可办理免退税申报。逾期的，企业不得申报免退税。

2. 申报资料

外贸企业出口退税主要提交的资料有：

（1）外贸企业出口退税汇总申报表。

（2）外贸企业出口退税进货明细申报表。

（3）外贸企业出口退税出口明细申报表。

（4）出口货物退（免）税正式申报电子数据。

（5）下列原始凭证：

1）出口货物报关单（目前海关不在提供纸质报关单，相关数据海关直接传递给国家税务总局）。

2）增值税专用发票（抵扣联）、出口退税进货分批申报单、海关进口增值税专用缴款书（提供海关进口增值税专用缴款书的，还需同时提供进口货物报关单）。

3）委托出口的货物，还应提供受托方主管税务机关签发的代理出口货物证明，以及代理出口协议副本。

4）属应税消费品的，还应提供消费税专用缴款书或分割单、海关进口消费税专用缴款书（提供海关进口消费税专用缴款书的，还需同时提供进口货物报关单）。

5）主管税务机关要求提供的其他资料。

四、增值税零税率应税服务退（免）税申报

向境外单位提供零税率范围的应税服务的，增值税零税率应税服务提供者申报退（免）税

时，应按规定办理出口退（免）税备案。增值税零税率应税服务提供者提供增值税零税率应税服务，应在财务做销售收入次月（按季度进行增值税纳税申报的为次季度首月，下同）的增值税纳税申报期内，向主管税务机关办理增值税纳税和退（免）税相关申报。

（一）“免、抵、退”税申报

1. 增值税零税率国际运输服务免抵退税申报资料

根据《国家税务总局关于发布<适用增值税零税率应税服务退（免）税管理办法>的公告》（国家税务总局公告2014年第11号）规定，实行“免、抵、退”税办法的增值税零税率国际运输服务提供者应按照下列要求向主管税务机关办理增值税“免、抵、退”税申报：

（1）填报“免、抵、退”税申报汇总表及其附表。

（2）提供当期增值税纳税申报表。

（3）提供免抵退税正式申报电子数据。

（4）提供增值税零税率应税服务所开具的发票（经主管税务机关认可，可只提供电子数据，原始凭证留存备查）。

（5）根据所提供的适用增值税零税率应税服务，提供以下对应资料凭证：

1）提供国际运输服务、港澳台运输服务的，需填报“增值税零税率应税服务（国际运输/港澳台运输）免抵退税申报明细表”，并提供下列原始凭证的原件及复印件：

①以水路运输、航空运输、公路运输方式的，提供增值税零税率应税服务的载货、载客舱单或其他能够反映收入原始构成的单据凭证。以航空运输方式且国际运输和港澳台运输各航段由多个承运人承运的，还需提供“航空国际运输收入清算账单申报明细表”。

②以铁路运输方式的，属于客运的，应当提供“国际客运（含香港直通车）旅客、行李包裹运输清算函件明细表”，并留存国际客运联运票据（入境除外）、铁路合作组织清算函件、香港直通车售出直通客票月报等原始凭证备查；属于货运的，应当提供“中国铁路总公司国际货物运输明细表”，或者提供列明本企业清算后的国际联运运输收入的“清算资金通知清单”。留存运输收入会计报表、货运联运运单、“发站”或“到站（局）”名称包含“境”字的货票等原始凭证备查。

③采用程租、期租、湿租服务方式租赁交通运输工具从事国际运输服务和港澳台运输服务的，还应提供程租、期租、湿租的合同或协议复印件。向境外单位和个人提供期租、湿租服务，按规定由出租方申报退（免）税的，可不提供第①项原始凭证。

上述①、②项除航空国际运输清算账单申报明细表》外的原始凭证，经主管税务机关批准，增值税零税率应税服务提供者可只提供电子数据，原始凭证留存备查。

2）提供当期增值税纳税申报表。

3）提供航天运输服务的，需填报“增值税零税率应税服务（航天运输）免抵退税申报明细表”，并提供下列资料及原始凭证的原件及复印件：

1）签订的提供航天运输服务的合同。

2）从与之签订航天运输服务合同的单位取得收入的收款凭证。

3）提供航天运输服务收讫营业款明细清单。

2. 向境外单位提供研发服务、设计服务等免抵退申报资料

根据《国家税务总局关于<适用增值税零税率应税服务退（免）税管理办法>的补充公告》（国家税务总局公告2015年第88号）规定，实行“免、抵、退”办法的增值税零税率应税服务提供者，向境外单位提供研发服务、设计服务、新纳入零税率范围（适用增值税零税率应税服务

的广播影视节目（作品）的制作和发行服务、技术转让服务、软件服务、电路设计及测试服务、信息系统服务、业务流程管理服务，以及合同标的物在境外的合同能源管理服务、离岸服务外包业务）的应税服务的，应在申报免抵退税时，向主管国税机关提供以下申报资料：

（1）增值税零税率应税服务“免、抵、退”税申报明细表。

（2）提供增值税零税率应税服务收讫营业款明细清单。

（3）“免、抵、退”税申报汇总表及其附表。

（4）当期增值税纳税申报表。

（5）“免、抵、退”税正式申报电子数据。

（6）下列资料及原始凭证的原件及复印件：

1）提供增值税零税率应税服务所开具的发票（经主管国税机关认可，可只提供电子数据，原始凭证留存备查）。

2）与境外单位签订的提供增值税零税率应税服务的合同。

提供软件服务、电路设计及测试服务、信息系统服务、业务流程管理服务，以及离岸服务外包业务的，同时提供合同已在商务部“服务外包及软件出口管理信息系统”中登记并审核通过，由该系统出具的证明文件；提供广播影视节目（作品）的制作和发行服务的，同时提供合同已在商务部“文化贸易管理系统”中登记并审核通过，由该系统出具的证明文件。

3）提供电影、电视剧的制作服务的，应提供行业主管部门出具的在有效期内的影视制作许可证明；提供电影、电视剧的发行服务的，应提供行业主管部门出具的在有效期内的发行版权证明、发行许可证明。

4）提供研发服务、设计服务、技术转让服务的，应提供与提供增值税零税率应税服务收入相对应的技术出口合同登记证及其数据表。

5）从与之签订提供增值税零税率应税服务合同的境外单位取得收入的收款凭证。

跨国公司经外汇管理部门批准实行外汇资金集中运营管理或经中国人民银行批准实行经常项下跨境人民币集中收付管理的，其成员公司在批准的有效期内，可凭银行出具给跨国公司资金集中运营（收付）公司符合下列规定的收款凭证，向主管国税机关申报退（免）税：

①收款凭证上的付款单位须是与成员公司签订提供增值税零税率应税服务合同的境外单位或合同约定的跨国公司的境外成员企业。

②收款凭证上的收款单位或附言的实际收款人须载明有成员公司的名称。

（7）主管国税机关要求提供的其他资料及凭证。

（二）免退税申报

实行免退税办法的增值税零税率应税服务提供者，应在申报免退税时，向主管国税机关提供以下申报资料：

（1）外贸企业外购应税服务出口明细申报表。

（2）外贸企业出口退税进货明细申报表（需填列外购对应的增值税零税率应税服务取得增值税专用发票情况）。

（3）外贸企业出口退税汇总申报表。

（4）免退税正式申报电子数据。

（5）从境内单位或者个人购进增值税零税率应税服务出口的，提供应税服务提供方开具的增值税专用发票；从境外单位或者个人购进增值税零税率应税服务出口的，提供取得的解缴税款的中华人民共和国税收缴款凭证。

（6）前文“免、抵、退”申报资料中第（6）项所列资料及原始凭证的原件及复印件。

五、出口退（免）税企业分类管理

为进一步优化出口退税管理，更好地发挥出口退税支持外贸发展的职能作用，推进社会信用体系建设，国家税务总局修订发布了新的《出口退（免）税企业分类管理办法》，对出口企业实行差异化管理。自2016年9月1日起，出口企业管理类别分为一类、二类、三类、四类。主管国税机关可为一类出口企业提供绿色办税通道（特约服务区），优先办理出口退税，并建立重点联系制度，及时解决企业有关出口退（免）税问题。

任务处理

浙江太平洋实业有限公司2016年12月增值税“免、抵、退”税申报表填制见表5-1。

表5-1　增值税出口退税纳税申报表

免抵退税申报汇总表

海关企业代码：
纳税人名称：　　　　（公章）　　　　所属期：2016 年12 月
纳税人识别号：91330601666888999X　　　　金额单位：元至角分

	项目	栏次	当期 (a)	本年累计 (b)	与增值税纳税申报表差额 (c)
一、出口额	免抵退出口货物劳务销售额(美元)	1=2+3	200000.00		—
	其中：免抵退出口货物销售额(美元)	2	200000.00		—
	应税服务免抵退税营业额(美元)	3			—
	免抵退出口货物劳务销售额	4	1242540.00		—
	支付给非试点纳税人营业价款	5			—
	免抵退出口货物劳务计税金额	6=4-5=7+8+9+10	1242540.00		
	其中：单证不齐或信息不齐出口货物销售额	7			—
	单证信息齐全出口货物销售额	8	1242540.00		—
	当期单证齐全应税服务免抵退税计税金额	9			—
	当期单证不齐应税服务免抵退税计税金额	10			—
	前期出口货物单证信息齐全销售额	11		—	—
	前期应税服务单证齐全免抵退税计税金额	12		—	—
	全部单证信息齐全出口货物销售额	13=8+11	1242540.00		—
	全部单证齐全应税服务免抵退税计税金额	14=9+12	0.00		—
	免税出口货物劳务销售额(美元)	15			—
	免税出口货物劳务销售额	16			—
	全部退（免）税出口货物劳务销售额(美元)	17=1+15	200000.00		—
	全部退（免）税出口货物劳务销售额	18			—
	不予退（免）税出口货物劳务销售额	19			—
二、不得免征和抵扣税额	出口销售额乘征退税率之差	20=21+22	12425.40		—
	其中：出口货物销售额乘征退税率之差	21	12425.40		—
	应税服务免抵退税计税金额乘征退税率之差	22			—
	上期结转免抵退税不得免征和抵扣税额抵减额	23		—	—
	免抵退税不得免征和抵扣税额抵减额	24			—
	免抵退税不得免征和抵扣税额	25(如20>23+24则为20-23-24,否则为0)	12425.40		0.00
	结转下期免抵退税不得免征和抵扣税额抵减额	26=23+24-20+25		—	—
三、应退税额和免抵税额	免抵退税计税金额乘退税率	27=28+29	198806.40		—
	其中：出口货物销售额乘退税率	28	198806.40		—
	应税服务免抵退税计税金额乘退税率	29			—
	上期结转免抵退税额抵减额	30		—	—
	免抵退税额抵减额	31			—
	免抵退税额	32(如27>30+31则为27-30-31,否则为0)	198806.40		—
	结转下期免抵退税额抵减额	33=30+31-27+32		—	—
	增值税纳税申报表期末留抵税额	34	95274.60	—	—
	计算退税的期末留抵税额	35=34-25c	95274.60	—	—
	当期应退税额	36=(如32>35则为35,否则为32)	95274.60		—
	当期免抵税额	37=32-36	103531.80		—

出口企业申明：	授权人申明	主管税务机关：
此表各栏填报内容是真实、合法的，与实际出口业务情况相符。此次申报的出口业务不属于“四自三不见”等违背正常出口经营程序的出口业务。否则，本企业愿意承担由此产生的相关责任。 办税人： 财务负责人： 法定代表人（负责人）：　　年　月　日	（如果你已委托代理申报人，请填写下列资料） 为代理出口货物退税申报事宜，现授权为本纳税人的代理申报人，任何与本申报表有关的往来文件都可寄与此人。 授权人签字　　（盖章） 年　月　日	经办人： 复核人： 负责人： 年　月　日

知识地图

出口退（免）税
税种
增值税
消费税
适用范围
适用企业范围
适用货物范围
退（免）税方法
免税
退、免税
免、抵、退
退税率
增值税退税率
消费税退税率
出口货物的退税率为其适用税率
其他如5%、9%、11%、14%、15%、16%
应服务提供给境内单位适用的增值税税率
退税期限
生产企业
货物报关出口之日起至次年4月30日前的各增值税纳税申报期内
外贸企业
货物报关出口之日起至次年4月30日前的各增值税纳税申报期内
境外旅客
距退税物品购买日不超过90天
退税地点
外贸企业自营（委托）出口货物
所在地国税机关
生产企业自营（委托）出口货物
主管国税单位
两个以上企业联营出口
报关单列明单位所在地国税机关
其他特殊情况

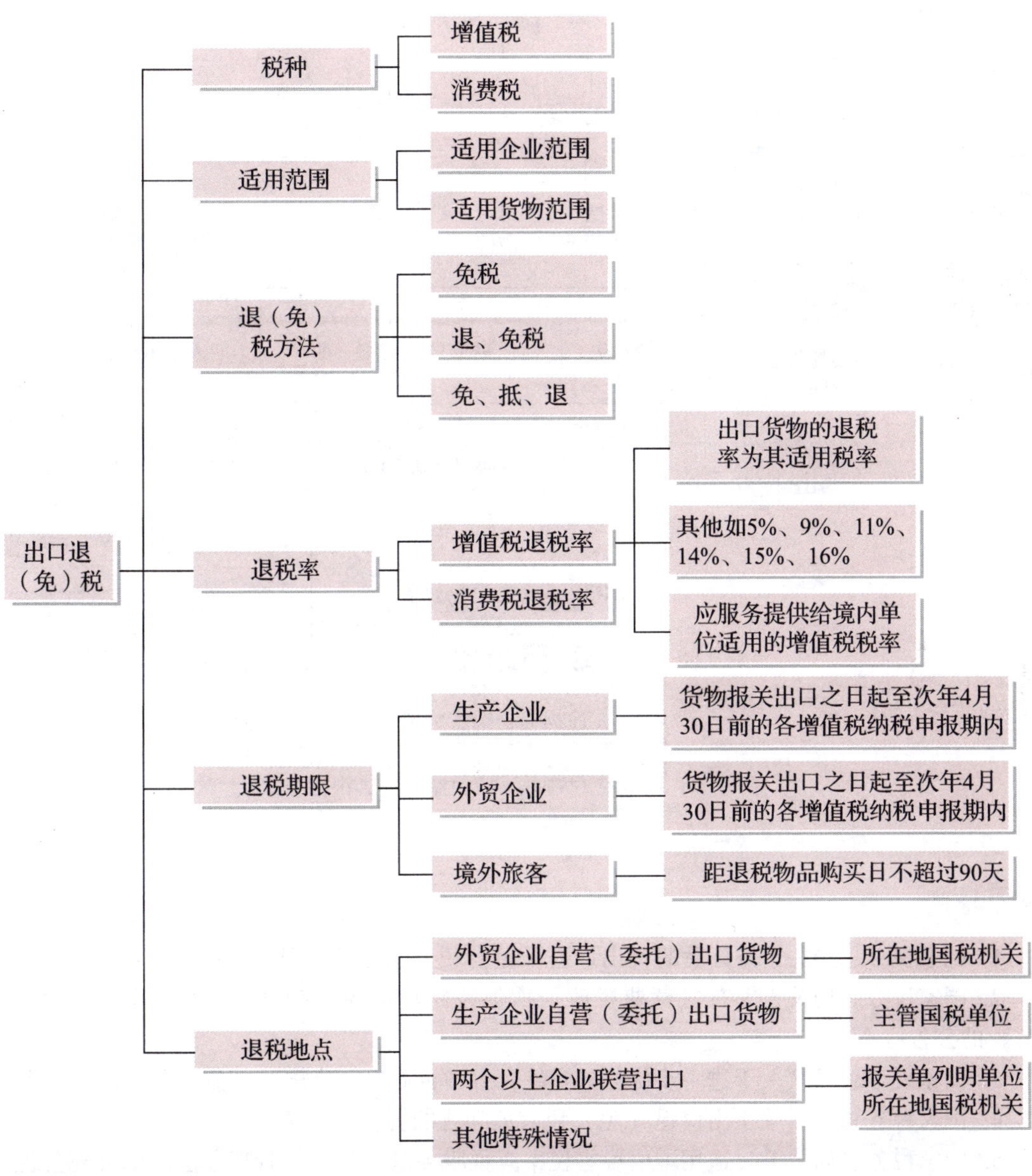

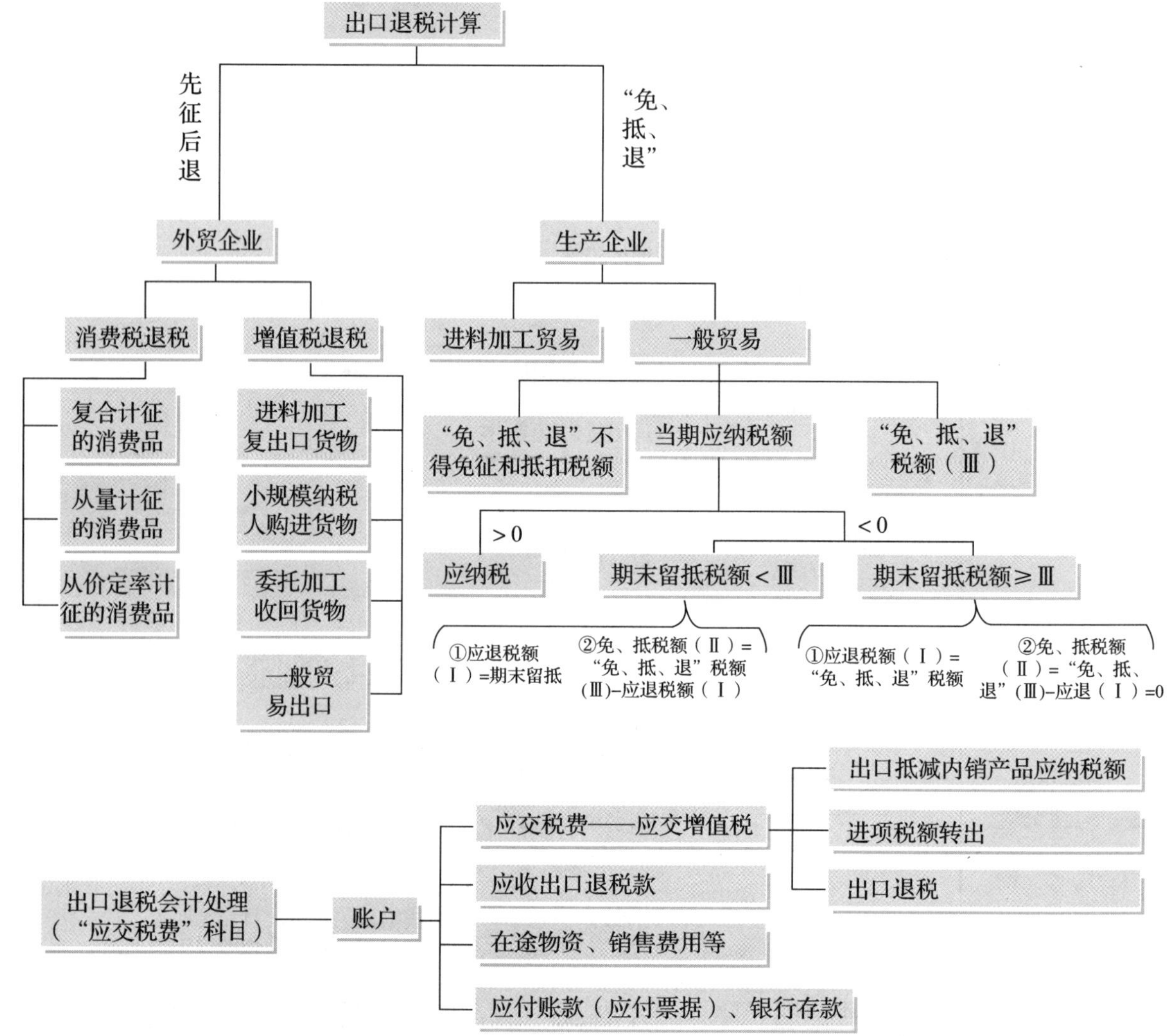

税法导读

1. 国家税务总局关于修订后的《出口退（免）税企业分类管理办法》的公告
2. 国家税务总局关于发布《营业税改征增值税跨境应税行为增值税免税管理办法（试行)》的公告
3. 国家税务总局《关于进一步优化外贸综合服务企业出口货物退（免）税管理的公告》
4. 国家税务总局《关于出口退（免）税有关问题的公告》
5. 国家税务总局关于《适用增值税零税率应税服务退（免）税管理办法》的补充公告
6. 国家税务总局关于发布《适用增值税零税率应税服务退（免）税管理办法》的公告
7. 国家税务总局关于《出口货物劳务增值税和消费税有关问题的公告》
8. 国家税务总局《关于调整出口退（免）税申报办法的公告》
9. 国家税务总局关于《出口货物劳务增值税和消费税管理办法》有关问题的公告
10. 财政部、国家税务总局关于出口货物劳务增值税和消费税政策的通知

知识拓展

出口企业的分类标准

一、一类出口企业的评定标准

（1）生产企业应同时符合下列条件：

1）企业的生产能力与上一年度申报出口退（免）税规模相匹配。

2）近 3 年（含评定当年，下同）未发生过虚开增值税专用发票或者其他增值税扣税凭证、骗取出口退税行为。

3）上一年度的年末净资产大于上一年度该企业已办理的出口退税额（不含免抵税额）。

4）评定时纳税信用级别为 A 级或 B 级。

5）企业内部建立了较为完善的出口退（免）税风险控制体系。

（2）外贸企业应同时符合下列条件：

1）近 3 年未发生过虚开增值税专用发票或者其他增值税扣税凭证、骗取出口退税行为。

2）上一年度的年末净资产大于上一年度该企业已办理出口退税额的 60%。

3）持续经营 5 年以上（因合并、分立、改制重组等原因新设立企业的情况除外）。

4）评定时纳税信用级别为 A 级或 B 级。

5）评定时海关企业信用管理类别为高级认证企业或一般认证企业。

6）评定时外汇管理的分类管理等级为 A 级。

7）企业内部建立了较为完善的出口退（免）税风险控制体系。

（3）外贸综合服务企业应同时符合下列条件：

1）近 3 年未发生过虚开增值税专用发票或者其他增值税扣税凭证、骗取出口退税行为。

2）上一年度的年末净资产大于上一年度该企业已办理出口退税额的 30%。

3）上一年度申报从事外贸综合服务业务的出口退税额，大于该企业全部出口退税额的 80%。

4）评定时纳税信用级别为 A 级或 B 级。

5）评定时海关企业信用管理类别为高级认证企业或一般认证企业。

6）评定时外汇管理的分类管理等级为 A 级。

7）企业内部建立了较为完善的出口退（免）税风险控制体系。

二、三类出口企业评定标准

（1）自首笔申报出口退（免）税之日起至评定时未满 12 个月。

（2）评定时纳税信用级别为 C 级，或尚未评价纳税信用级别。

（3）上一年度累计 6 个月以上未申报出口退（免）税（从事对外援助、对外承包、境外投资业务的，以及出口季节性商品或出口生产周期较长的大型设备的出口企业除外）。

（4）上一年度发生过违反出口退（免）税有关规定的情形，但尚未达到税务机关行政处罚标准或司法机关处理标准的。

（5）存在省国家税务局规定的其他失信或风险情形。

三、四类出口企业评定标准

（1）评定时纳税信用级别为 D 级。

（2）上一年度发生过拒绝向国税机关提供有关出口退（免）税账簿、原始凭证、申报资料、备案单证等情形。

（3）上一年度因违反出口退（免）税有关规定，被税务机关行政处罚或被司法机关处理过的。

（4）评定时企业因骗取出口退税被停止出口退税权，或者停止出口退税权届满后未满 2 年。

（5）四类出口企业的法定代表人新成立的出口企业。

（6）列入国家联合惩戒对象的失信企业。

（7）海关企业信用管理类别认定为失信企业。

（8）外汇管理的分类管理等级为 C 级。

（9）存在省国家税务局规定的其他严重失信或风险情形。

上述一类、三类、四类出口企业以外的出口企业，其出口企业管理类别应评定为二类。

项目六　其他税种纳税实务

知识目标

1. 理解其他税种的税务处理的基本概念。
2. 掌握其他税的计算和会计处理。
3. 掌握这些税种的纳税申报基础知识。

技能目标

1. 能根据经济业务进行税种判断。
2. 能够针对经济业务进行各小税种会计处理。
3. 能够完成各小税种纳税申报表的填制并进行纳税申报。

学习导航

本项目 PPT

任务一　处理城市维护建设税和教育费附加

导引案例

一、企业基本情况

杭州卡哇伊化妆品有限公司具有自营出口权，增值税率率17%，消费税率率15%。城市维护建设税计税基础为实缴的增值税与消费税，税率为7%。教育费附加计税基础为实缴的增值税与消费税，税率为3%；地方教育附加计税基础为实缴的增值税与消费税，税率为2%。

二、相关经济业务

2016年7月企业经济业务如图6-1～图6-6所示。

1. 2016年7月15日

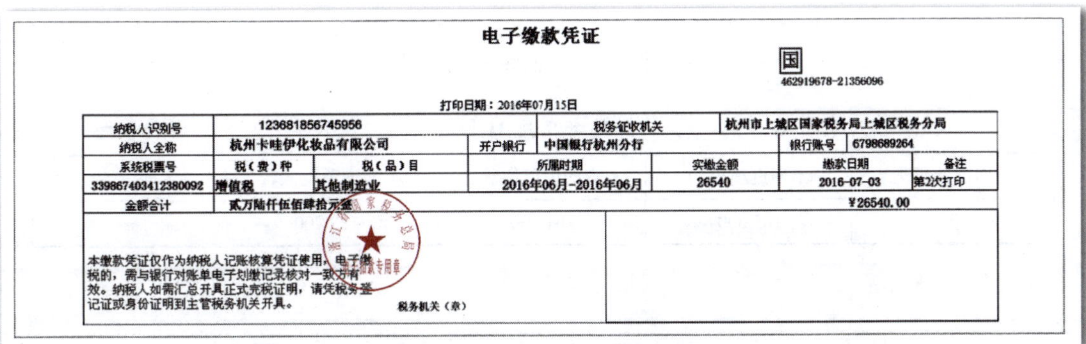

电子缴款凭证

国

462919678-21356096

打印日期：2016年07月15日

纳税人识别号	123681856745956			税务征收机关	杭州市上城区国家税务局上城区税务分局	
纳税人全称	杭州卡哇伊化妆品有限公司		开户银行	中国银行杭州分行	银行账号	6798689264
系统税票号	税（费）种	税（品）目	所属时期	实缴金额	缴款日期	备注
339867403412380092	增值税	其他制造业	2016年06月-2016年06月	26540	2016-07-03	第2次打印
金额合计	贰万陆仟伍佰肆拾元整				¥26540.00	

本缴款凭证仅作为纳税人记账核算凭证使用，电子缴税的，需与银行对账单电子划缴记录核对一致方有效。纳税人如需汇总开具正式完税证明，请凭税务登记证或身份证明到主管税务机关开具。

税务机关（章）

图6-1　增值税完税凭证

2. 2016 年 7 月 15 日

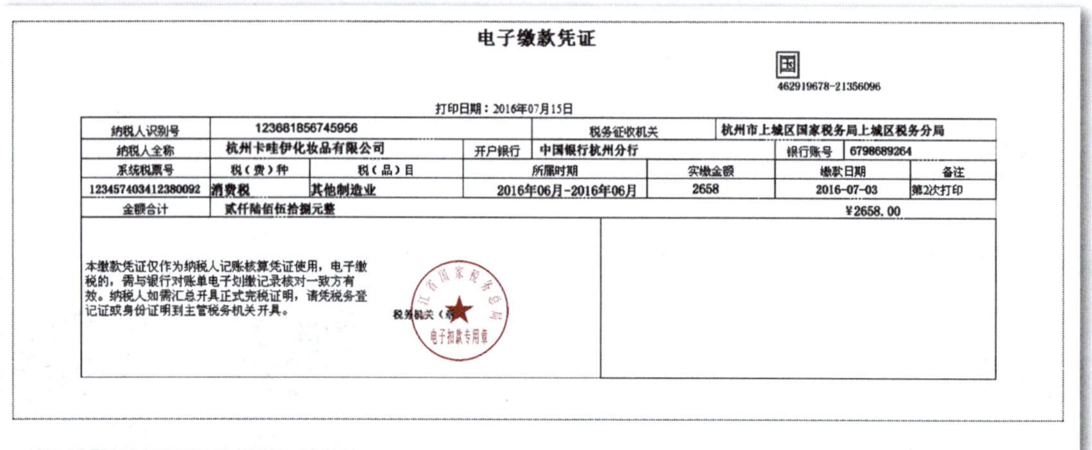

电子缴款凭证

国
462919678-21356096

打印日期：2016年07月15日

纳税人识别号	123681856745956			税务征收机关	杭州市上城区国家税务局上城区税务分局		
纳税人全称	杭州卡哇伊化妆品有限公司		开户银行	中国银行杭州分行		银行账号	6798689264
系统税票号	税(费)种	税(品)目	所属时期		实缴金额	缴款日期	备注
123457403412380092	消费税	其他制造业	2016年06月-2016年06月		2658	2016-07-03	第2次打印
金额合计	贰仟陆佰伍拾捌元整					¥2658.00	

本缴款凭证仅作为纳税人记账核算凭证使用，电子缴税的，需与银行对账单电子划缴记录核对一致方有效。纳税人如需汇总开具正式完税证明，请凭税务登记证或身份证明到主管税务机关开具。

税务机关（章） 电子扣款专用章

图 6-2　消费税完税凭证

3. 2016 年 7 月 4 日

电子缴税付款凭证

征收机关：杭州市地方税务局第一税务分局　　转账日期：2016年07月04日

纳税人名称	杭州卡哇伊化妆品有限公司		
纳税人识别号	123681856745956	收款国库(银行)名称	国家金库杭州市上城区金库
付款人全称	杭州卡哇伊化妆品有限公司		
付款人帐号	6798689264	付款人开户银行	中国银行杭州分行

税(费)种名称	税款所属期	实缴金额
城市维护建设税	2016.06.01-2016.06.30	2043.86
教育费附加	2016.06.01-2016.06.30	875.94
地方教育费附加	2016.06.01-2016.06.30	583.96

金额合计(大写)：叁仟伍佰零叁元柒角陆分　　小写¥：3503.76

本付款凭证与银行对账单付款记录一致方才有效　　上述款项已扣缴，请与银行对账单核对一致

征收机关(章)　　扣款单位(章)

打印密码：[illegible]　　打印日期：2016年07月15日

图 6-3　电子缴税付款凭证

4. 2016 年 7 月 31 日

应纳税额（增值税）计算单

2016 年 7 月 31 日　　单位：元

上期留抵税额	本期进项税额	本期销项税额	本期进项税额转出	本期应纳税额
0	185 600	264 300	32 700	

会计主管：侯赛莱　　制表：赵平

图 6-4　增值税计算单

5. 2016 年 7 月 31 日

应纳税额（消费税）计算单

2016 年 7 月 31 日　　单位：万元

应纳税额合计	已代扣代缴消费税	准许抵扣的已纳税款	实际应纳消费税额
3 200	0	0	3 200

会计主管：侯赛莱　　制表：赵平

图 6－5　消费税计算单

6. 2016 年 7 月 31 日

应交税费计算表

年　月　　单位：元

税种、税目	计 税 依 据	税　率	应 交 税 金	备　注
城建税				
教育费附加				
地方教育附加				
合　计				

会计主管：　　制表：

图 6－6　应交税费计算表

任务要求

（1）想想如何利用你所掌握的资源找到税法导读部分的税收法律和部门规章，并学习、了解我国的城市维护建设税和教育费附加制度。

（2）根据导引案例所给资料分析该公司的经济业务，并进行城市维护建设税和教育费附加的计算与处理。

知识准备

一、城市维护建设税

城市维护建设税（简称“城建税”）是国家对缴纳增值税、消费税的单位和个人，以其实际缴纳的增值税、消费税税额为计税依据而征收的一种税。

城市维护建设税从性质看，具有附加税性质。城建税以纳税人实际缴纳增值税、消费税税额为计税依据，其本身并没有特定的、独立的征税对象；从其用途看，属于特定目的税范畴。城建税是一种具有受益性质的特定目的税，其税款专款专用于城市的公用事业和公共设施的维护和建设。

（一）纳税义务人

城建税的纳税义务人是指负有缴纳增值税、消费税义务的单位和个人，包括国有企业、集体企业、私营企业、股份制企业、其他企业和行政单位、事业单位、军事单位、社会团体、其他单位，以及个体工商户及其他个人。

自 2010 年 12 月 1 日起，对外商投资企业、外国企业及外籍个人（以下简称外资企业）征收城建税。

对外资企业 2010 年 12 月 1 日（含）之后发生纳税义务的增值税、消费税、营业税（已停征）征收城市维护建设税；对外资企业 2010 年 12 月 1 日前发生的纳税义务的增值税、消费税，不征收城市维护建设税。

城市维护建设税的代扣代缴、代收代缴，一律比照增值税、消费税的有关规定办理。增值税、消费税的代扣代缴、代收代缴义务人同时也是城市维护建设税的代扣代缴、代收代缴义务人。

（二）税率

城建税的税率是指纳税人应缴纳的城建税税额与纳税人实际缴纳的增值税、消费税税额之间的比率。城建税按纳税人所在地的不同，设置了三档地区差别比例税率，除特殊规定外，即

（1）纳税人所在地为市区的，税率为 7%。

（2）纳税人所在地为县城、镇的，税率为 5%。

（3）纳税人所在地不在市区、县城或镇的，税率为 1%；开采海洋石油资源的中外合作油（气）田所在地在海上，其城市维护建设税适用 1% 的税率。

城建税的适用税率，应当按纳税人所在地的规定税率执行。但是，对下列两种情况，可按缴纳增值税、消费税所在地的规定税率就地缴纳城建税：

（1）由受托方代扣代缴、代收代缴增值税、消费税的单位和个人，其代扣代缴、代收代缴的城建税按受托方所在地适用税率执行。

（2）流动经营等无固定纳税地点的单位和个人，在经营地缴纳增值税、消费税的，其城建税的缴纳按经营地适用税率执行。

（三）计税依据

城建税的计税依据是指纳税人实际缴纳的增值税、消费税税额。纳税人违反增值税、消费税有关税法而加收的滞纳金和罚款，是税务机关对纳税人违法行为的经济制裁，不作为城建税的计税依据，但纳税人在被查补增值税、消费税和被处以罚款时，应同时对其偷漏的城建税进行补税、征收滞纳金和罚款。

城建税以增值税、消费税税额为计税依据并同时征收，如果要免征或者减征增值税、消费税，也就要同时免征或者减征城建税。

但对出口产品退还增值税、消费税的，不退还已缴纳的城建税。

2005 年 1 月 1 日起，经国家税务局正式审核批准的当期免抵的增值税税额应纳入城市维护建设税和教育费附加的计征范围，分别按规定的税（费）率征收城市维护建设税和教育费附加。2005 年 1 月 1 日前，已按免抵的增值税税额征收的城市维护建设税和教育费附加不再退还，未征的不再补征。

自2016年5月1日起，纳税人跨地区提供建筑服务、销售和出租不动产的，应在建筑服务发生地、不动产所在地预缴增值税时，以预缴增值税税额为计税依据，并按预缴增值税所在地的城市维护建设税适用税率和教育费附加征收率就地计算缴纳城市维护建设税和教育费附加。

预缴增值税的纳税人在其机构所在地申报缴纳增值税时，以其实际缴纳的增值税税额为计税依据，并按机构所在地的城市维护建设税适用税率和教育费附加征收率就地计算缴纳城市维护建设税和教育费附加。

（四）城建税的计算

城建税纳税人的应纳税额大小是由纳税人实际缴纳的增值税、消费税税额决定的，其计算公式为

应纳税额＝实际缴纳的增值税、消费税税额之和×适用税率

例6-1 某市市区一家企业3月实际缴纳增值税450 000元，缴纳消费税350 000元。计算该企业应纳的城建税税额。

应纳城建税税额＝（实际缴纳的增值税＋实际缴纳的消费税）×适用税率＝(450 000＋350 000)×7%＝800 000×7%＝56 000（元）

由于城建税法实行纳税人所在地差别比例税率，所以在计算应纳税额时，应注意根据纳税人所在地来确定适用税率。

（五）会计处理

企业应当在“应交税费”账户下设置“应交城市维护建设税”明细账户，专门用来核算企业城市维护建设税的发生和缴纳情况。该账户的贷方反映企业按税收政策法规计算出的应当缴纳的城市维护建设税，借方反映企业实际向税务机关缴纳的城市维护建设税，余额在贷方，反映企业应缴而未缴的城市维护建设税。

例6-2 某房地产开发公司5月31日计算出企业当月应缴的增值税2 060 000元。该企业地处某镇，城市维护建设税税率为5%。则当月应纳城市维护建设税为

应纳税额＝2 060 000×5%＝103 000（元）

在具体进行会计核算时，企业应当根据计算出的应纳税额做如下会计分录：

借：税金及附加　　103 000

　　贷：应交税费——应交城市维护建设税　　103 000

例6-3 某公司6月份实际缴纳消费税2 197 136.08元、增值税3 000 000.92元。该公司地处市区，城市维护建设税税率为7%。月末，公司根据当月实际缴纳消费税和增值税税额，计算出当月实际应纳城市维护建设税为

应纳税额＝（2 197 136.08＋3 000 000.92）×7%＝363 799.59（元）

则企业应做如下会计分录：

借：税金及附加　　363 799.59

　　贷：应交税费——应交城市维护建设税　　363 799.59

（六）税收优惠

城建税原则上不单独减免，但因城建税又具附加税性质，当主税发生减免时，城建税相应

发生税收减免。城建税的税收减免具体有以下几种情况：

(1) 城建税按减免后实际缴纳的增值税、消费税税额计征，即随增值税、消费税的减免而减免。

(2) 对于因减免税而需进行增值税、消费税退库的，城建税也可同时退库。

(3) 海关对进口产品代征的增值税、消费税，不征收城建税。

(4) 对增值税、消费税实行先征后返、先征后退、即征即退办法的，除另有规定外，对随增值税、消费税附征的城市维护建设税和教育费附加，一律不退（返）还。

(5) 为支持国家重大水利工程建设，对国家重大水利工程建设基金免征城市维护建设税。

例 6-4 下列关于城市维护建设税的说法中，正确的有（　　）。

A. 免征或减征增值税、消费税的，同时免征或减征城市维护建设税

B. 对于出口产品因减免增值税而发生的退税，同时退还已经缴纳的城市维护建设税

C. 经国家税务总局批准的当期免、抵增值税额是城建税的计税范围

D. 进口货物要征收城市维护建设税

【答案】ABC。提示：城建税“进口不征，出口不退”。

（七）纳税申报

1. 纳税地点

城建税以纳税人实际缴纳的增值税、消费税额为计税依据，因此纳税人缴纳增值税、消费税的地点，就是该纳税人缴纳城建税的地点。但属于下列情况的企业。单位纳税地点为例外：

(1) 对代扣、代缴增值税、消费税的单位和个人，其纳税地点为代扣、代缴地。

(2) 对跨省开采的油田，下属生产单位与核算单位不在同一省内的，其生产的原油，在油井所在地缴纳城建税。

(3) 管道局输油部门的收入，由取得收入的各管理局于所在地缴纳。

(4) 对流动经营等无固定纳税地点的单位和个人，应随同增值税、消费税在经营地缴纳城建税。

2. 纳税期限

城建税的纳税期限分别与增值税、消费税的纳税期限一致。根据有关法规规定，增值税、消费税的纳税期限均分别为1日、3日、5日、10日、15日或者1个月。增值税、消费税的纳税人的具体纳税期限，由主管税务机关根据纳税人应纳税额大小分别核定；不能按照固定期限纳税的，可以按次纳税。

二、教育费附加和地方教育附加

（一）征收范围和计征依据

教育费附加和地方教育附加对缴纳增值税、消费税的单位和个人征收，以其实际缴纳的增值税、消费税为计征依据，分别与增值税、消费税同时缴纳。

自2010年12月1日起，对外商投资企业、外国企业及外籍个人（以下简称外资企业）征收教育费附加。

> 对外资企业2010年12月1日（含）之后发生纳税义务的增值税、消费税、营业税（已停征）征收教育费附加；对外资企业2010年12月1日前发生的纳税义务的增值税、消费税，不征收教育费附加。

（二）计征比率及计算

现行教育费附加征收比率为3%。地方教育附加征收率统一为2%。

按照规定，教育费附加和地方教育附加应当与增值税、消费税同时缴纳。凡是办有职工子弟学校的单位，应当按规定缴纳教育费附加和地方教育附加，然后由教育部门根据其办学的情况酌情返还给办学单位，作为对其所办学校经费的补贴。

教育费附加和地方教育附加的计算公式为

应纳教育费附加或地方教育附加＝实际缴纳的增值税、消费税税额之和×征收比率（3%或2%）

例6－5 杭州市区一家企业3月实际缴纳增值税450 000元，缴纳消费税350 000元。计算该企业应缴纳的教育费附加和地方教育附加。

应纳教育费附加＝(实际缴纳的增值税＋实际缴纳的消费税)×征收比率

＝(450 000＋350 000)×3%＝800 000×3%＝24 000（元）

应纳地方教育附加＝(实际缴纳的增值税＋实际缴纳的消费税)×征收比率

＝(450 000＋350 000)×2%＝800 000×2%＝16 000（元）

（三）会计处理

企业应当在“应交税费”账户下设置“应交教育费附加”和“应交地方教育附加”明细账户，专门用来核算企业应交教育费附加和地方教育附加的发生和缴纳情况。该账户的贷方反映企业按法规计算出的应当缴纳的教育费附加和地方教育附加，借方反映企业实际向税务机关缴纳的教育费附加和地方教育附加，期末余额在贷方，反映企业应缴而未缴的教育费附加和地方教育附加。

例6－6 某房地产公司在4月1日、5月1日、6月1日按规定分别预缴增值税292 000元，则同时应预缴的教育费附加为

应纳教育费附加＝292 000×3%＝8 760（元）

同时应预缴的教育费附加为

应纳地方教育附加＝292 000×2%＝5 840（元）

在实际进行会计处理时，企业应按实际预缴的教育费附加和地方教育附加做如下会计分录

借：税金及附加　　14 600

　　贷：应交税费——应交教育费附加　　8 760

　　　　应交税费——应交地方教育附加　　5 840

借：应交税费——应交教育费附加　　8 760

　　应交税费——应交地方教育附加　　5 840

　　贷：银行存款　　14 600

6月末计算出本季度实际应纳增值税为1 060 000元，则计算出本月应缴纳的教育费附加为

应纳教育费附加＝1 060 000×3%＝31 800（元）

本月应缴纳的地方教育附加为

应纳地方教育附加＝1 060 000×2%＝21 200（元）

由此可得：

月末应补提的教育费附加 = 31 800 - 8 760 × 3 = 5 520（元）

月末应补提的地方教育附加 = 21 200 - 5 840 × 3 = 3 680（元）

会计分录如下：

借：税金及附加　　　　　　　　　　　9 200
　　贷：应交税费——应交教育费附加　　　　5 520
　　　　应交税费——应交地方教育附加　　　3 680

借：应交税费——应交教育费附加　　　5 520
　　应交税费——应交地方教育附加　　3 680
　　贷：银行存款　　　　　　　　　　　　9 200

（四）减免规定

（1）对海关进口的产品征收的增值税、消费税，不征收教育费附加。

（2）对由于减免增值税、消费税而发生退税的，可同时退还已征收的教育费附加。但对出口产品退还增值税、消费税的，不退还已征的教育费附加。

（3）对国家重大水利工程建设基金免征教育费附加。

（4）自 2016 年 2 月 1 日起，按月纳税的月销售额或营业额不超过 10 万元（按季度纳税的季度销售额或营业额不超过 30 万元）的缴纳义务人，免征教育费附加、地方教育附加、水利建设基金。

任务处理

1. 图 6 - 1 原始凭证信息显示，该企业于 7 月 3 日缴纳了 6 月份的增值税 26 540 元，账务处理如下：

借：应交税费——未交增值税　　　　26 540
　　贷：银行存款　　　　　　　　　　　26 540

2. 图 6 - 2 原始凭证信息显示，该企业于 7 月 3 日缴纳了 6 月份的增值税 2 658 元，账务处理如下：

借：应交税费——应交消费税　　　　2 658
　　贷：银行存款　　　　　　　　　　　2 658

3. 图 6 - 3 原始凭证信息显示，该企业于 7 月 4 日缴纳了 6 月份的城建税、教育费附加和地方教育附加，账务处理如下：

借：应交税费——应交城市维护建设税　　　2 043. 86
　　　　　　——教育费附加　　　　　　　　875. 94
　　　　　　——地方教育附加　　　　　　　583. 96
　　贷：银行存款　　　　　　　　　　　　　　3 503. 76

4. 图 6 - 4 是一张增值税计算单，该公司 7 月份应纳增值税额 = 26. 43 - 18. 56 + 3. 27 = 11. 14 万元，账务处理如下：

借：应交税费——应交增值税（转出未交增值税）　　111 400
　　贷：应交税费——未交增值税　　　　　　　　　　111 400

5. 图 6 - 5 是一张消费税计算单，该公司 7 月份应纳消费税额为 3 200 元，账务处理如下：

借：税金及附加　　3 200
　　贷：应交税费——应交消费税　　3 200

6. 图6-6是一张应交税费的计算单，城市维护建设税、教育费附加和地方教育附加作为一种“附加税”，以纳税人实际缴纳的增值税、消费税为计算依据。所以，根据图6-4与图6-5，可以计算该企业7月份有关税费情况：

应纳的城建税 = (111 400 + 3 200) × 7% = 8 022（元）

教育费附加 = (111 400 + 3 200) × 3% = 3 438（元）

地方教育附加 = (111 400 + 3 200) × 2% = 2 292（元）

账务处理如下：

借：税金及附加　　13 752
　　贷：应交税费——应交城市维护建设税　　8 022
　　　　应交税费——应交教育费附加　　3 438
　　　　应交税费——应交地方教育附加　　2 292

任务二　处理资源税

导引案例

某矿山开采铁矿石，并精选部分原矿，按资源税税目、税率表的规定，其适用的税率为5%。7月，税务稽查人员对该矿山上半年的纳税情况进行检查。将“主营业务收入——精矿销售收入”明细账上的销售数量，与该矿山缴纳资源税的纳税申报表上的销售数量相核对，发现数量不相符。而将原矿销售数量加上精矿销售数量，正好与纳税申报表上的数量相等。说明该矿山在计算缴纳资源税时，没有将原矿折算为精矿，而是直接按销售的原矿数量计算纳税（销售原矿250吨，每吨不含增值税价600元，经核定的选矿比例为1:1.4）。经查实，此属新任会计人员业务不熟悉造成的。

任务要求

(1) 想想如何利用你所掌握的资源找到税法导读部分的税收法律和部门规章，并学习、了解我国的资源税制度。

(2) 根据导引案例所给资料分析该矿山的经济业务，并进行资源税的计算与税务处理。

知识准备

一、纳税义务人和扣缴义务人

（一）纳税义务人

资源税是对在中华人民共和国领域及管辖海域从事应税矿产品开采和生产盐（以下称开采或者生产应税产品）的单位和个人课征的一种税。资源税的纳税人是指在中华人民共和国领域及管辖海域开采应税资源的矿产品或者生产盐的单位和个人。单位是指国有企业、集体企业、私有企业、股份制企业、其他企业和行政单位、事业单位、军事单位、社会团体及其他单位。个人是指个体经营者及其他个人。

（二）扣缴义务人

为了加强资源税的征管，适应税源小、零散、不定期开采、易漏税情形，我国《资源税暂行条例》还规定，收购未税矿产品的单位为资源税的扣缴义务人。扣缴义务人是指独立矿山、联合企业及其他收购未税矿产品的单位。其中“其他收购未税矿产品的单位”，也包括收购未税矿产品的个体户在内。

未税矿产品是指未缴纳资源税的矿产品。

二、税目、税率

（一）税目

资源税税目包括原油、天然气、煤炭等非金属矿和金矿、铁矿等金属矿，以及海盐等资源税税目，具体见表6-1。其中，原油指开采的天然原油，人造石油不征税；天然气指专门开采和与原油同时开采的天然气。

纳税人开采或者生产应税产品，自用于连续生产应税产品的，不缴纳资源税；自用于其他方面（包括用于非生产项目和生产非应税产品）的，视同销售，缴纳资源税。

自2016年7月1日起，在河北省率先实施水资源税改革试点。水资源税的征税对象为地表水和地下水。

级差调节是指运用资源税对因资源贮存状况、开采条件、资源优劣、地理位置等客观存在的差别而产生的资源级差收入，通过实施差别税额标准进行调节。资源条件好的，税率、税额高一些；资源条件差的，税率、税额低一些。

（二）税率

资源税采用从价定率或者从量定额征收。分别以应税产品的销售额乘以纳税人具体适用的比例税率或者以应税产品的销售数量乘以纳税人具体适用的定额税率计算，实施“级差调节”的原则。资源税税目、税率见表6-1。

表6-1　资源税税目、税率幅度表

序　号	税　目		征税对象	税率幅度
1	金属矿	铁矿	精矿	1%～6%
2		金矿	金锭	1%～4%
3		铜矿	精矿	2%～8%
4		铝土矿	原矿	3%～9%
5		铅锌矿	精矿	2%～6%
6		镍矿	精矿	2%～6%
7		锡矿	精矿	2%～6%
8		钨	精矿	6.5%
9		钼	精矿	11%

（续）

序　号	税　目		征税对象	税率幅度
10		未列举名称的其他金属矿产品	原矿或精矿	税率不超过20%
11	非金属矿	石墨	精矿	3%～10%
12		硅藻土	精矿	1%～6%
13		高岭土	原矿	1%～6%
14		萤石	精矿	1%～6%
15		石灰石	原矿	1%～6%
16		硫铁矿	精矿	1%～6%
17		磷矿	原矿	3%～8%
18		氯化钾	精矿	3%～8%
19		硫酸钾	精矿	6%～12%
20		井矿盐	氯化钠初级产品	1%～6%
21		湖盐	氯化钠初级产品	1%～6%
22		提取地下卤水晒制的盐	氯化钠初级产品	3%～15%
23		煤层（成）气	原矿	1%～2%
24		黏土、砂石	原矿	每吨或立方米0.1～5元
25		煤炭	原煤	2%～10%
26		原油	天然原油	5%～10%，现实际税率6%
27		天然气	原矿	5%～10%，现实际税率6%
28		轻稀土	精矿	内蒙古为11.5%、四川为9.5%、山东为7.5%
29		中重稀土	精矿	27%
30		未列举名称的其他非金属矿产品	原矿或精矿	从量税率每吨或立方米不超过30元；从价税率不超过20%
31	海盐		氯化钠初级产品	1%～5%

纳税人开采或者生产不同税目应税产品的，应当分别核算不同税目应税产品的销售额或者销售数量；未分别核算或者不能准确提供不同税目应税产品的销售额或者销售数量的，从高适用税率。

对表6-1中列举名称的资源品目，由省级人民政府在规定的税率幅度内提出具体适用税率建议，报财政部、国家税务总局确定核准。对未列举名称的其他金属和非金属矿产品，由省级人民政府根据实际情况确定具体税目和适用税率，报财政部、国家税务总局备案。

资源税扣缴义务人适用的税额（率）标准规定如下：

（1）独立矿山、联合企业收购未税资源税应税产品的单位，按照本单位应税产品税额（率）标准，依据收购的数量（金额）代扣代缴资源税。

（2）其他收购单位收购的未税资源税应税产品，按主管税务机关核定的应税产品税额

(率) 标准，依据收购的数量 (金额) 代扣代缴资源税。

收购数量 (金额) 的确定比照课税数量 (销售额) 的规定执行。

三、资源税的计算

(一) 计税依据

1. 从价计征的计税依据

实行从价计征的以销售额作为计税依据。销售额是指为纳税人销售应税产品向购买方收取的全部价款和价外费用，但不包括收取的增值税销项税额和运杂费用。

> 价外费用包括价外向购买方收取的手续费、补贴、基金、集资费、返还利润、奖励费、违约金、滞纳金、延期付款利息、赔偿金、代收款项、代垫款项、包装费、包装物租金、储备费、优质费、运输装卸费以及其他各种性质的价外费用。

运杂费用是指应税产品从坑口或洗选 (加工) 地到车站、码头或购买方指定地点的运输费用、建设基金以及随运销产生的装卸、仓储、港杂费用。运杂费用应与销售额分别核算，凡未取得相应凭据或不能与销售额分别核算的，应当一并计征资源税。

另外，纳税人以人民币以外的货币结算销售额的，应当折合成人民币计算。其销售额的人民币折合率可以选择销售额发生的当天或当月 1 日的人民币汇率中间价。纳税人应在事先确定采用何种折合率计算方法，确定后 1 年内不得变更。

2. 从量计征的计税依据

实行从量计征的以销售数量为计税依据。销售数量的具体规定如下：

(1) 销售数量，包括纳税人开采或者生产应税产品的实际销售数量和视同销售的自用数量。

(2) 纳税人不能准确提供应税产品销售数量的，以应税产品的产量或者主管税务机关确定的折算比换算成的数量为计征资源税的销售数量。

3. 关于原矿销售额与精矿销售额的换算或折算

为公平原矿与精矿之间的税负，对同一种应税产品，征税对象为精矿的，纳税人销售原矿时，应将原矿销售额换算为精矿销售额缴纳资源税；征税对象为原矿的，纳税人销售自采原矿加工的精矿，应将精矿销售额折算为原矿销售额缴纳资源税。换算比或折算率原则上应通过原矿售价、精矿售价和选矿比计算，也可通过原矿销售额、加工环节平均成本和利润计算。金矿以标准金锭为征税对象，纳税人销售金原矿、金精矿的，应比照上述规定将其销售额换算为金锭销售额缴纳资源税。

换算比或折算率应按简便可行、公平合理的原则，由省级财税部门确定，并报财政部、国家税务总局备案。

纳税人销售 (或者视同销售) 其自采原矿的，可采用成本法或市场法将原矿销售额换算为精矿销售额计算缴纳资源税。其中成本法公式为

$$精矿销售额 = 原矿销售额 + 原矿加工为精矿的成本 \times (1 + 成本利润率)$$

市场法公式为

$$精矿销售额 = 原矿销售额 \times 换算比$$

换算比 = 同类精矿单位价格 ÷ (原矿单位价格 × 选矿比)

选矿比 = 加工精矿耗用的原矿数量 ÷ 精矿数量

原矿销售额不包括从矿区到车站、码头或用户指定运达地点的运输费用。

以煤炭资源税为例，洗选煤折算率计算公式如下：

公式一：洗选煤折算率 = (洗选煤平均销售额 - 洗选环节平均成本 - 洗选环节平均利润) ÷ 洗选煤平均销售额 × 100%

洗选煤平均销售额、洗选环节平均成本、洗选环节平均利润可按照上年当地行业平均水平测算确定。

公式二：洗选煤折算率 = 原煤平均销售额 ÷ （洗选煤平均销售额 × 综合回收率） × 100%

原煤平均销售额、洗选煤平均销售额可按照上年当地行业平均水平测算确定。

综合回收率 = 洗选煤数量 ÷ 入洗前原煤数量 × 100%

洗选煤折算率一经确定，原则上在一个纳税年度内保持相对稳定，但在煤炭市场行情、洗选成本等发生较大变化时可进行调整。

4. 一些特殊情况销售额的确定

纳税人开采应税产品由其关联单位对外销售的，按其关联单位的销售额征收资源税。

纳税人既有对外销售应税产品，又有将应税产品自用于除连续生产应税产品以外的其他方面的，则自用的这部分应税产品，按纳税人对外销售应税产品的平均价格计算销售额征收资源税。

纳税人将其开采的应税产品直接出口的，按其离岸价格（不含增值税）计算销售额征收资源税。

（二）应纳税额的计算

资源税的应纳税额，按照从价计征或者从量计征的办法，分别以应税产品的销售额乘以纳税人具体适用的比例税率或者以应税产品的销售数量乘以纳税人具体适用的定额税率计算。

（1）实行从价计征的，根据应税产品的销售额和规定的适用税率计算应纳税额，具体计算公式为

应纳税额 = 销售额 × 适用税率

代扣代缴资源税 = 收购未税矿产品的金额 × 适用税率

例 6 - 7 某油田 7 月销售原油 20 000 吨，开具增值税专用发票取得销售额 10 000 万元、增值税额 1 700 万元，按资源税税目、税率表的规定，其适用的税率为 6%。请计算该油田 7 月应缴纳的资源税。

应纳税额 = 10 000 × 6% = 600（万元）

纳税人申报的应税产品销售额明显偏低并且无正当理由的、有视同销售应税产品行为而无销售额的，除财政部、国家税务总局另有规定外，按下列顺序确定销售额：

1）按纳税人最近时期同类产品的平均销售价格确定。

2）按其他纳税人最近时期同类产品的平均销售价格确定。

3）按组成计税价格确定。

组成计税价格为

组成计税价格 = 成本 × (1 + 成本利润率) ÷ (1 - 税率)

上述公式中的成本为应税产品的实际生产成本。公式中的成本利润率由省、自治区、直辖市税务机关确定。

（2）实行从量计征的，根据应税产品的课税数量和规定的单位税额计算应纳税额，具体计算公式为

应纳税额 = 课税数量 × 单位税额

代扣代缴资源税 = 收购未税矿产品的数量 × 适用的单位税额

例6-8 哇咔咔砂石场8月销售砂石50 000吨，该砂石场砂石属于三等，按规定适用3元/吨单位税额，请计算哇咔咔砂石场8月应纳资源税税额。

应纳税额 = 50 000 × 3 = 150 000（元）

四、会计处理

企业进行资源税会计处理时，应在“应交税费”科目下设置“应交资源税”明细账户，专门用来核算企业应交资源税的发生和缴纳情况。该科目贷方核算企业依法应缴纳的资源税，借方核算企业已缴纳或允许抵扣的资源税，期末余额在贷方，反映企业期末应缴未缴的资源税额。

由于企业资源税应纳税额的计算存在不同情况，因此其账务处理也应视具体情况分别处理。

（一）销售应税资源税产品账务处理

企业计算销售应税产品应缴纳的资源税时，借记“税金及附加”，贷记“应交税费——应交资源税”；在上缴资源税时，借记“应交税费——应交资源税”，贷记“银行存款”。

例6-9 某煤矿10月份开采原煤800 000吨，其中当月销售750 000吨，每吨不含增值税售价250元，增值税适用税率为17%，款项已通过银行收讫。按资源税税目、税率表的规定，其适用的税率为6%。则该项业务的账务处理如下：

（1）销售原煤，确认收入时：

借：银行存款　　219 375 000

　贷：主营业务收入　　187 500 000

　　应交税费——应交增值税（销项税额）　　31 875 000

（2）计算与提取资源税时：

应纳资源税税额 = 187 500 000 × 6% = 11 250 000（元）

借：税金及附加　　11 250 000

　贷：应交税费——应交资源税　　11 250 000

（3）实际缴纳资源税时：

借：应交税费——应交资源税　　11 250 000

　贷：银行存款　　11 250 000

（二）自产自用应纳资源税产品的账务处理

企业计算自产自用应税产品应缴纳的资源税时，借记“生产成本”“制造费用”等科目，贷记“应交税费——应交资源税”；在上缴资源税时，借记“应交税费——应交资源税”，贷记“银行存款”。

例6-10 某油田11月份开采原油800 000吨，其中当月销售400 000吨，每吨不含税售价180元；款项已通过银行收讫。另移送10吨原油用于车队，5吨原油用于职工食堂使用。按资

源税税目、税率表的规定，其适用的税率为6%。则该油田上述业务的账务处理如下：

（1）销售原油，确认收入时：

营业收入额 = 400 000 × 180 = 72 000 000（元）

应纳增值税销项税额 = 72 000 000 × 17% = 12 240 000（元）

借：银行存款　　84 240 000

　贷：主营业务收入　　72 000 000

　　应交税费——应交增值税（销项税额）　　12 240 000

（2）自产自用原油计提应纳增值税、资源税时：

应纳增值税销项税额 = (10 + 5) × 180 × 17% = 459（元）

应纳资源税税额 = (72 000 000 + 15 × 180) × 6% = 4 320 162（元）

借：税金及附加　　4 319 703

　制造费用　　414

　应付职工薪酬——职工福利　　207

　贷：应交税费——应交增值税（销项税额）　　459

　　——应交资源税　　4 320 162

（三）收购未税矿产品账务处理

收购未税矿产品时，按实际支付的收购款借记“在途物资”“材料采购”等科目，贷记“银行存款”等科目；按照代扣代缴的资源税，借记“在途物资”“材料采购”等科目，贷记“应交税费——应交资源税”科目；上缴资源税时，借记“应交税费——应交资源税”，贷记“银行存款”等科目。

例6-11　上海钢铁公司收购铁矿石作为原料冶炼钢铁。7月份收购某铁矿的未税铁矿石8 000吨，每吨不含增值税的购入价格为100元（含资源税）。按资源税税目、税率表的规定，其适用的税率为3%。款项已通过银行转账支付。则该公司收购业务的账务处理如下：

应代扣代缴的资源税税额 = 8 000 × 100 × 3% = 24 000（元）

可抵扣的增值税进项税额 = 8 000 × 100 × 17% = 136 000（元）

借：在途物资　　800 000

　应交税费——应交增值税（进项税额）　　136 000

　贷：应交税费——应交资源税　　24 000

　　银行存款　　912 000

五、税收优惠

（一）减税、免税项目

（1）开采原油过程中用于加热、修井的原油，免税。

（2）纳税人开采或者生产应税产品过程中，因意外事故或者自然灾害等原因遭受重大损失的，由省、自治区、直辖市人民政府酌情决定减税或者免税。

（3）铁矿石资源税减按40%征收资源税。

（4）尾矿再利用的，不再征收资源税。

（5）从2007年1月1日起，对地面抽采煤层气暂不征收资源税。煤层气是指赋存于煤层及其围岩中与煤炭资源伴生的非常规天然气，也称煤矿瓦斯。

（6）关于原油、天然气资源税优惠政策：

1）油田范围内运输稠油过程中用于加热的原油、天然气，免征资源税。

2）稠油、高凝油和高含硫天然气资源税暂减征 40%。

3）三次采油资源税减征 30%。

4）对低丰度油气田资源税暂减征 20%。

5）对深水油气田资源税减征 30%。

深水油气田，是指水深超过 300 米（不含）的油气田。

（7）对实际开采年限在 15 年以上的衰竭期矿山开采的矿产资源（不适用于原油、天然气、煤炭、稀土、钨、钼），资源税减征 30%。

对衰竭期煤矿开采的煤炭，资源税减征 30%。

衰竭期矿山是指剩余可采储量下降到原设计可采储量的 20%（含）以下或剩余服务年限不超过 5 年的矿山，以开采企业下属的单个矿山为单位确定。

（8）对依法在建筑物下、铁路下、水体下通过充填开采方式采出的矿产资源（不适用于原油、天然气、煤炭、稀土、钨、钼），资源税减征 50%。

（9）对鼓励利用的低品位矿、废石、尾矿、废渣、废水、废气等提取的矿产品，由省级人民政府根据实际情况确定是否减税或免税，并制定具体办法。

（10）国务院规定的其他减税、免税项目。

纳税人的减税、免税项目，应当单独核算课税数量；未单独核算或者不能准确提供课税数量的，不予减税或者免税。

（二）出口应税产品不退（免）资源税的规定

资源税仅对中国境内开采或生产应税产品的单位和个人征收，进口的矿产品和盐不征收资源税。由于对进口应税产品不征收资源税，相应地对出口应税产品也不免征或退还已纳资源税。

六、纳税申报

（一）纳税义务发生时间

资源税在应税产品的销售或自用环节计算缴纳。以自采原矿加工精矿产品的，在原矿移送使用时不缴纳资源税，在精矿销售或自用时缴纳资源税。

（1）纳税人销售应税产品，其纳税义务发生时间为：

1）纳税人采取分期收款方式结算的，其纳税义务发生时间为销售合同规定的收款日期当天。

2）纳税人采取预收款规定方式结算的，其纳税义务发生时间为发出应税产品的当天。

3）纳税人采取其他方式结算的，其纳税义务发生时间为收讫销售款或者取得索取销售款凭据的当天。

（2）扣缴义务人代扣代缴税款的纳税义务发生时间为支付货款的当天，具体为支付首笔货款或首次开具支付货款凭据的当天。

（3）纳税人自产自用应税产品的纳税义务发生时间为移送使用应税产品的当天。

（二）纳税期限

纳税期限是纳税人发生纳税义务的缴纳税款期限。资源税的纳税期限为1日、3日、5日、10日、15日或者1个月，由主管税务机关根据实际情况具体核定。不能按固定期限计算纳税的，可以按次计算纳税。

纳税人以1个月为一期纳税的，自期满之日起10日内申报纳税，以1日、3日、5日、10日或者15日为一期纳税的，自期满之日起5日内预缴税款，于次月1日起的10日内申报纳税并结清上月税款。

（三）纳税地点

具体纳税地点包括：

（1）凡是缴纳资源税的纳税人应当向应税产品的开采或者生产所在地主管税务机关缴纳。

（2）扣缴义务人代扣代缴资源税，应当向收购地主管税务机关缴纳。

（3）纳税人在本省、自治区、直辖市范围内开采或者生产应税产品，纳税地点的调整由省、直辖市、自治区税务机关确立。

（4）如果纳税人应纳的资源税属于跨省开采，下属生产单位与核算单位不在同一省、自治区、直辖市的，对其开采的矿产品一律在开采地纳税，其应纳税款由独立核算、自负盈亏的单位，按照开采地的实际销售量（或者自用量）及适用的单位税额计算划拨。

任务处理

按照最新资源税税目、税率幅度表，铁矿征税对象为精矿。征税对象为精矿的，纳税人销售原矿时，应将原矿销售额换算为精矿销售额缴纳资源税。该矿山直接按原矿销售数量计算缴纳资源税，使计税数量多计了71.43吨（250÷1.4－250），造成多缴纳资源税2 142.90元。

任务三　处理房产税

导引案例

长江市联运公司，系交通局下属的集体企业，注册资金368万元，现有职工274人，经营公路铁路联运，国内、国际集装箱和汽车客货运输。2016年度账面实现主营业务收入430万元。主营业务利润22万元，其他业务利润13万元，营业外收入42万元，利润总额53万元。

在2017年的日常税务稽查中，稽查人员发现该公司房租收入数额较大，但未及时申报缴纳房产税，且房租收入归类混乱，有些收入反映在“其他业务收入”账户，有些则反映在“营业外收入”账户。税务人员经查询得知，收入归类混乱是年度中间会计更换频繁所致。经核实，该公司2016年1月至9月期间共取得房租收入26万元，未申报房产税。

任务要求

（1）想想如何利用你所掌握的资源找到税法导读部分的税收法律和部门规章，并学习、了解我国的房产税制度。

（2）根据导引案例所给资料分析该公司的经济业务，并进行房产税的计算与税务处理。

知识准备

一、纳税义务人及征税范围

（一）纳税义务人

房产税是以房产为征税对象，按房产的计税余值或租金收入，向产权所有人征收的一种财产税。房产税以在征税范围内的房屋产权所有人为纳税人。其中：

（1）产权属于国家所有的，由经营管理的单位缴纳。产权属集体和个人所有的，由集体单位和个人纳税。

（2）产权出典的，由承典人缴纳。

> 产权出典是指产权所有人将房屋、生产资料等的产权，在一定期限内典当给他人使用，而取得资金的一种融资业务。这种业务大多发生于出典人急需用款，但又想保留产权回赎权的情况。

（3）产权所有人、承典人不在当地或者产权未确定及租典纠纷未解决的，由房产代管人或者使用人代缴。

（4）无租使用其他房产的问题。纳税单位和个人无租使用房产管理部门、免税单位及纳税单位的房产，应由使用人代为缴纳房产税。

（5）融资租赁的房产，由承租人自融资租赁合同约定开始日的次月起依照房产余值缴纳房产税。合同未约定开始日的，由承租人自合同签订的次月起依照房产余值缴纳房产税。

（6）自2009年1月1日起，外商投资企业、外国企业和组织以及外籍个人，依照《中华人民共和国房产税暂行条例》（以下简称《房产税暂行条例》）缴纳房产税。

（二）征税范围

房产税以房产为征税对象。房地产开发企业建造的商品房，在出售前，不征收房产税；但对出售前房地产开发企业已使用或出租、出借的商品房应按规定征收房产税。

“房产”是以房屋形态表现的财产。房屋是指有屋面和围护结构（有墙或两边有柱），能够遮风避雨，可供人们在其中生产、工作、学习、娱乐、居住或储藏物资的场所。独立于房屋之外的建筑物，如围墙、烟囱、水塔、变电塔、油池油柜、酒窖菜窖、酒精池、糖蜜池、室外游泳池、玻璃暖房、砖瓦石灰窑以及各种油气罐等，不属于房产。

房产税的征税范围为城市、县城、建制镇和工矿区。

房产税的征税范围不包括农村，这主要是为了减轻农民的负担。

二、税率、计税依据和应纳税额的计算

（一）税率

我国现行房产税采用的是比例税率。由于房产税的计税依据分为从价计征和从租计征两种形式，所以房产税的税率也有两种：①按房产原值一次减

> 这里所说的房产原值，是指纳税人按照会计制度的规定，在“固定资产”账簿中记载的房屋的原价。若“固定资产”账簿中没有记载房屋原价的，由房产所在地税务机关参考同类房产，确定房屋原值。

除10%～30%后的余值计征的，年税率为1.2%；②依照房产租金收入计征的，年税率为12%。从2001年1月1日起，对个人按市场价格出租的居民住房，用于居住的，可暂减按4%的税率征收房产税。自2008年3月1日起，对个人出租住房，不区分用途，按4%的税率征收房产税。

（二）计税依据

房产税的计税依据是房产的计税价值或房产的租金收入。按照房产计税价值征税的，称为从价计征；按照房产租金收入计征的，称为从租计征。

1. 从价计征

《房产税暂行条例》规定，房产税依照房产原值一次减除10%～30%后的余值计算缴纳。各地扣除比例由当地省、自治区、直辖市人民政府确定。

（1）在具体确定房产原值时，房产原值应当包括与房屋不可分割的各种附属设备或一般不单独计算价值的配套设施，包括：暖气、卫生、通风、照明、煤气等设备；各种管线，如蒸汽、压缩空气、石油、给水排水等管道，及电力、电信、电缆导线；电梯、升降机、过道、晒台等。

（2）纳税人对房屋进行改建、扩建的，要相应增加房产的原值。

自2010年12月21日起，对按照房产原值计税的房产，无论会计上如何核算，房产原值均应包含地价，包括为取得土地使用权支付的价款、开发土地发生的成本费用等。宗地容积率低0.5的，按房产建筑面积的2倍计算土地面积并据此确定计入房产原值的地价。

2. 从租计征

《房产税暂行条例》规定，房产出租的，以房产租金收入为房产税的计税依据。

对出租房产，租赁双方签订的租赁合同约定有免收租金期限的，免收租金期间由产权所有人按照房产原值缴纳房产税。

出租的地下建筑，按照出租地上房屋建筑的有关规定计算征收房产税。

> 房产的租金收入是房屋产权所有人出租房产使用权所得的报酬，包括货币收入和实物收入。
>
> 对于以劳务或其他形式作为报酬付房租收入的，应当根据当地同类房产的租金水平，确定一个标准租金，按规定计征房产税。

（三）应纳税额的计算

1. 地上建筑房产税的计算

根据有关规定，位于地上的建筑物房产税的计算方法有两种：

（1）按房产原值一次减除10%～30%后的余值（简称房产余值）计算。其计算公式为

年应纳税额＝房产账面原值×(1－10%～30%)×1.2%

对无租使用其他单位房产的应税单位和个人、产权出典的房产的承典人均按房产余值计算房产税。融资租赁的房产也按房产余值缴纳房产税。

对以房产投资联营，投资者参与投资利润分红、共担风险的，按房产余值作为计税依据计缴房产税。

对以房产投资收取固定收入、不承担经营风险的，实际上是以联营名义取得房屋租金，应以出租方取得的租金收入为计税依据计缴房产税。

（2）按租金收入计算，其计算公式为

$$年应纳税额 = 年租金收入 \times 适用税率\ (12\%)$$

以上方法是按年计征的，如分期缴纳，比如按半年缴纳，则以年应纳税额除以2；按季缴纳，则以年应纳税额除以4；按月缴纳，则以年应纳税额除以12。

2. 具备房屋功能的地下建筑房产税计算

凡在房产税征收范围内的具备房屋功能的地下建筑，包括与地上房屋相连的地下建筑以及完全建在地面以下的建筑、地下人防设施等，均应当依照有关规定征收房产税。上述具备房屋功能的地下建筑是指有屋面和维护结构，能够遮风避雨，可供人们在其中生产、经营、工作、学习、娱乐、居住或储藏物资的场所。

（1）自用的地下建筑，按以下方式计税：

1）工业用途房产，以房屋原价的50%～60%作为应税房产原值。

$$应纳房产税的税额 = 应税房产原值 \times [1-(10\% \sim 30\%)] \times 1.2\%$$

2）商业和其他用途房产，以房屋原价的70%～80%作为应税房产原值。

$$应纳房产税的税额 = 应税房产原值 \times [1-(10\% \sim 30\%)] \times 1.2\%$$

房屋原价折算为应税房产原值的具体比例，由各省、自治区、直辖市和计划单列市财政和地方税务部门在上述幅度内自行确定。

3）对于与地上房屋相连的地下建筑，如房屋的地下室、地下停车场、商场的地下部分等，应将地下部分与地上房屋视为一个整体按照地上房屋建筑的有关规定计算征收房产税。

（2）出租的地下建筑，按照出租地上房屋建筑的有关规定计算征收房产税。

例6-12 某出版社为自收自支事业单位，有营业楼两幢，“固定资产——房屋”账面原值为58 000 000元；另有两座写字楼，专门用于出租，每年收取租金收入12 000 000元。当地政府规定，按房产原值扣除30%后作为房产的计税余值。

按规定，对于事业单位自用房产，应以房产的计税余值为计税依据，适用税率1.2%计算纳税。则按房产余值计算的应纳税额为

$$年应纳税额 = 58\,000\,000 \times (1-30\%) \times 1.2\% = 487\,200\ (元)$$

$$月应纳税额 = 年应纳税额 \div 12 = 487\,200 \div 12 = 40\,600\ (元)$$

按照规定，对于出租房屋取得租金的房产，应按其租金收入适用12%的年税率纳税。

按租金收入计算的应纳税额为

$$年应纳税额 = 12\,000\,000 \times 12\% = 1\,440\,000\ (元)$$

$$月应纳税额 = 1\,440\,000 \div 12 = 120\,000\ (元)$$

$$每月合计应纳税额 = 40\,600 + 120\,000 = 160\,600\ (元)$$

例6-13 某企业2017年度自有生产用房原值5 000万元，账面已提折旧1 000万元。已知房产税税率为1.2%，当地政府规定计算房产余值的扣除比例为30%。根据房产税法律制度的规定，该企业2017年度应缴纳的房产税税额为（　　）万元。

A. 18　　B. 33.6　　C. 42　　D. 48

【答案】C。5 000×（1－30%）×1.2%＝42（万元）

三、会计处理

企业应当在“应交税费”账户下设置“应交房产税”明细账户，专门用来核算企业应缴房产税的发生和缴纳情况。该账户的贷方反映企业按税收政策法规计算出的应当缴纳的房产

税，借方反映企业实际向税务机关缴纳的房产税，余额在贷方反映企业应缴而未缴的房产税。

企业缴纳的房产税应该在“税金及附加”科目中列支，企业计算应缴房产税时，借记“税金及附加”科目，贷记“应交税费——应交房产税”科目；缴纳房产税时，借记“应交税费——应交房产税”科目，贷记“银行存款”科目。

例 6 - 14 接例 6 - 12，每月应进行如下会计处理：

（1）计算应交房产税时：

借：税金及附加　　160 600

　　贷：应交税费——应交房产税　　160 600

（2）实际缴纳房产税时：

借：应交税费——应交房产税　　160 600

　　贷：银行存款　　160 600

四、税收优惠

（1）国家机关、人民团体、军队自用的房产免征房产税。但上述免税单位的出租房产以及非自身业务使用的生产、营业用房，不属于免税范围。

（2）由国家财政部门拨付事业经费的单位，如学校、医疗卫生单位、托儿所、幼儿园、敬老院、文化、体育、艺术这些实行全额或差额预算管理的事业单位所有的，本身业务范围内使用的房产免征房产税。

根据《财政部、国家税务总局关于体育场馆房产税和城镇土地使用税政策的通知》（财税〔2015〕130 号）规定：

1）国家机关、军队、人民团体、财政补助事业单位、居民委员会、村民委员会拥有的体育场馆，用于体育活动的房产、土地，免征房产税和城镇土地使用税。

> 体育场馆是指用于运动训练、运动竞赛及身体锻炼的专业性场所。

2）企业拥有并运营管理的大型体育场馆，其用于体育活动的房产、土地，减半征收房产税和城镇土地使用税。

3）经费自理事业单位、体育社会团体、体育基金会、体育类民办非企业单位拥有并运营管理的体育场馆，同时符合下列条件的，其用于体育活动的房产、土地，免征房产税和城镇土地使用税：

①向社会开放，用于满足公众体育活动需要。

②体育场馆取得的收入主要用于场馆的维护、管理和事业发展。

③拥有体育场馆的体育社会团体、体育基金会及体育类民办非企业单位，除当年新设立或登记的以外，前一年度登记管理机关的检查结论为“合格”等条件的。

享受上述税收优惠体育场馆的运动场地用于体育活动的天数不得低于全年自然天数的 70%。体育场馆辅助用房及配套设施用于非体育活动的部分，不得享受上述税收优惠。

高尔夫球、马术、汽车、卡丁车、摩托车的比赛场、训练场、练习场，除另有规定外，不得享受房产税、城镇土地使用税优惠政策。各省、自治区、直辖市财政、税务部门可根据本地区情况适时增加不得享受优惠体育场馆的类型。

（3）宗教寺庙、公园、名胜古迹自用的房产免征房产税。

宗教寺庙自用的房产是指举行宗教仪式等的房屋和宗教人员使用的生活用房。

公园、名胜古迹自用的房产是指供公共参观游览的房屋及其管理单位的办公用房。

宗教寺庙、公园、名胜古迹中附设的营业单位，如影剧院、饮食部、茶社、照相馆等所使用的房产及出租的房产，不属于免税范围，应照章纳税。

（4）个人所有非营业用的房产免征房产税（不适用上海和重庆两市）。

> 对个人拥有的营业用房或者出租的房产，不属于免税房产，应照章纳税。
> 上海和重庆两地自2011年起试点对个人拥有住宅征收房产税。

（5）对行使国家行政管理职能的中国人民银行总行（含国家外汇管理局）所属分支机构自用的房产，免征房产税。

（6）经财政部批准免税的其他房产，主要有：

1）老年服务机构自用的房产。

2）自2016年1月1日至2018年12月31日，对高校学生公寓免征房产税。

3）自2016年1月1日至2018年12月31日，对专门经营农产品的农产品批发市场、农贸市场使用（包括自有和承租）的房产、土地，暂免征收房产税和城镇土地使用税。产品批发市场、农贸市场的行政办公区、生活区，以及商业餐饮娱乐等非直接为农产品交易提供服务的房产、土地，不属于优惠范围，应按规定征收房产税和城镇土地使用税。

4）自2016年1月1日至2018年12月31日，对符合条件的孵化器自用以及无偿或通过出租等方式提供给孵化企业使用的房产、土地，免征房产税和城镇土地使用税。

5）自2016年1月1日至2018年12月31日，对向居民供热而收取采暖费的供热企业，为居民供热所使用的厂房及土地免征房产税、城镇土地使用税；对供热企业其他厂房及土地，应当按规定征收房产税、城镇土地使用税。

五、征收管理

（一）纳税义务发生时间

（1）纳税人自建的房屋，自建成次月起征收房产税。

（2）纳税人委托施工企业建设的房屋，从办理验收手续的次日起征收房产税。纳税人在办理验收手续前已经使用或出租、出借的新建房屋，应从使用或出租、出借的当日起，缴纳房产税。

（3）纳税人将原有房产用于生产经营，从生产经营之日起，缴纳房产税。

（4）纳税人出租、出借房产，自交付出租、出借房产之次月起，缴纳房产税。

（5）纳税人购置新建商品房，自房屋交付使用之次月起缴纳房产税。

（6）融资租赁的房产，由承租人自融资租赁合同约定开始日的次月起依照房产余值缴纳房产税。合同未约定开始日的，由承租人自合同签订的次月起依照房产余值缴纳房产税。

（二）纳税期限

房产税实行按年计算，分期（半年或季度）缴纳的征收办法。具体纳税期限由省、自治区、直辖市人民政府确定。

（三）纳税地点

房产税应向房产所在地的地方税务机关缴纳。房产不在同一地方的纳税人，应按房产的坐落地分别向房产所在地的税务机关纳税。

（四）纳税申报

进行房产税纳税申报的纳税人，需要填报房产税纳税申报表、从价计征房产税税源明细表和从租计征房产税税源明细表各 2 份。首次申报或房产、土地信息发生变更时，应提供房屋产权证、土地使用权证或购房合同、发票等，证明房地产权属的材料、房屋租赁合同。

任务处理

1. 案例分析

根据《房产税暂行条例》第三条规定，房产出租的，以房产租金收入为房产税的计税依据；第四条规定，房产税的税率，依照房产租金收入计算缴纳的，税率为 12%。因此，该联运公司应补缴房产税 26 × 12% = 3.12（万元）。

从客观上看，该公司违反《会计法》有关规定在年度中间频繁更换会计，导致会计工作缺乏连续性，执行会计制度不严格，从而忽视了房产税的及时申报工作。

从主观上看，由于房产税是小税种，公司领导和会计以前接触较少，这方面的纳税意识薄弱，因此房租收入虽作为“其他业务收入”或“营业外收入”，却不及时申报纳税。

2. 税务处理调整

（1）提取房产税时：

借：税金及附加　　31 200

　　贷：应交税费——应交房产税　　31 200

（2）上缴税款时：

借：应交税费——应交房产税　　31 200

　　贷：银行存款　　31 200

任务四　处理土地增值税

导引案例

A 房地产开发公司土地增值税纳税情况进行审查，A 房地产开发公司 2017 年转让土地一块，销售收入 1 200 万元，申报缴纳土地增值税时，申报取得土地使用权及开发投资 400 万元，缴纳城建税及教育费附加 66 万元，开发费按购地款和开发成本的 10% 扣除，财政部规定的其他扣除项目可按取得土地使用权所支付的金额和房地产开发成本计算的金额之和，加计扣除 20%。

2017 年已缴纳土地增值税 150 万元，问还需补缴多少土地增值税？

任务要求

(1) 想想如何利用你所掌握的资源找到税法导读部分的税收法律和部门规章，并学习、了解我国的土地增值税制度。

(2) 根据导引案例所给资料分析该公司的经济业务，并进行土地增值税的计算与税务处理。

知识准备

土地增值税是对转让国有土地使用权、地上建筑物及其附着物并取得收入的单位和个人，就其转让房地产所取得的增值额征收的一种税。

一、纳税义务人

土地增值税的纳税义务人为转让国有土地使用权、地上的建筑及其附着物（以下简称“转让房地产”）并取得收入的单位和个人。单位包括各类企业、事业单位、国家机关和社会团体及其他组织。个人包括个体经营者。

二、征税范围

转让国有土地使用权、地上的建筑物及其附着物，并取得收入的行为，都是土地增值税的征税范围。纳税人将开发产品用于职工福利、奖励、对外投资、分配给股东或投资人、抵偿债务、换取其他单位和个人的非货币性资产等，发生所有权转移时应视同销售房地产。

(1) 对转让土地使用权的，只对转让国有土地使用权的行为征税，转让集体土地使用权的行为没有纳入征税范围。

(2) 转让房地产的，只对转让后取得的增值收入征税，虽然发生转让房地产行为，但没有增值收入，如通过继承、赠予等无偿转让房地产的行为不在土地增值税的征税范围。

(3) 只对转让房地产的征税，不转让的不征税。实际工作中，可以房地产权属是否发生转让，作为界定其是否属于土地增值税征税范围的标准。例如，出租房地产虽然取得了收入，但没有发生房地产产权的转让，所以，不属于土地增值税的征税范围。

三、税率

土地增值税实行30% ~60%的四级超率累进税率，它是以增值额与扣除项目金额的比率大小从低到高划分为四个级次。四级超率累进税率每级增值额未超过扣除项目金额的比例，均包括本比例数。超率累进税率表见表6－2。

表6－2 土地增值税四级超率累进税率表

级数	增值额与扣除项目金额的比率	税率/%	速算扣除系数/%
1	不超过50%的部分	30	0
2	超过50% ~100%的部分	40	5
3	超过100%% ~200%的部分	50	15
4	超过200%的部分	60	35

四、土地增值税的计算

土地增值税的计税依据为纳税人转让土地所得的增值额，即纳税人转让土地取得的收入减除规定扣除项目金额后的余额。即

土地增值额 = 转让房地产收入 − 法定扣除项目金额

（一）应税收入的确定

应税收入是指纳税人转让房产所取得的全部价款及有关的经济利益，包括货币收入、实物收入以及其他收入在内的全部收入。纳税人转让房地产取得的收入为不含增值税收入。纳税人转让房地产的土地增值税应税收入不含增值税。适用增值税一般计税方法的纳税人，其转让房地产的土地增值税应税收入不含增值税销项税额；适用简易计税方法的纳税人，其转让房地产的土地增值税应税收入不含增值税应纳税额。

为简化土地增值税预征税款计算，房地产开发企业采取预收款方式销售自行开发的房地产项目的，可按照以下方法计算土地增值税预征计征依据：土地增值税预征的计征依据 = 预收款 − 应预缴增值税税款。

对于县级及县级以上人民政府要求房地产开发企业在售房时代收的各项费用，如果代收费用是计入房价中向购买方一并收取的，可作为转让房地产所取得的收入计税；如果代收费用未计入房价中，而是在房价之外单独收取的，可以不作为转让房地产的收入。

对于代收费用作为转让收入计税的，在计算扣除项目金额时，可予以扣除，但不允许作为加计 20% 扣除的基数；对于代收费用未作为转让房地产的收入计税的，在计算增值额时不允许扣除代收费用。

（二）扣除项目的确定

计算转让房地产增值额的扣除项目具体包括：

（1）取得土地使用权所支付的金额，包括纳税人为取得土地使用权所支付的地价款和按国家统一规定缴纳的有关费用。

房地产开发企业为取得土地使用权所支付的契税，应视同“按国家统一规定缴纳的有关费用”，计入“取得土地使用权所支付的金额”中扣除。

> 取得土地使用权所支付的金额指：以出让方式取得土地使用权的，为支付的土地出让金；以行政划拨方式取得土地使用权的，为转让土地使用权时按规定补交的出让金；以转让方式取得土地使用权的，为支付的地价款。

（2）房地产开发（具体包括开发土地和新建房屋及配套设施）成本，包括土地征用及拆迁补偿费、前期工程费、建筑安装工程费、基础设施费、公共配套设施费、开发间接费用。

土地征用及拆迁补偿费包括土地征用费、耕地占用税、劳动力安置费及有关地上、地下附着物拆迁补偿的净支出、安置动迁用房支出等。

前期工程费包括规划、设计、项目可行性研究和水文、地质、勘察、测绘、“三通一平”等支出。

建筑安装工程费是指以出包方式支付给承包单位的建筑安装工程费，以自营方式发生的建筑安装工程费。

基础设施费包括开发小区内道路、供水、供电、供气、排污、排洪、通信、照明、环卫、绿化等工程发生的支出。

公共配套设施费包括不能有偿转让的开发小区内公共配套设施发生的支出。

开发间接费用是指直接组织、管理开发项目发生的费用，包括工资、职工福利费、折旧费、修理费、办公费、水电费、劳动保护费、周转房摊销等。

例 6-15 下列项目中，属于房地产开发成本的有（　　）。

A. 土地出让金　　B. 耕地占用税

C. 公共配套设施费　　D. 借款利息费用

【答案】BC。

“营改增”后，土地增值税纳税人接受建筑安装服务取得的增值税发票，应按照《国家税务总局关于全面推开营业税改征增值税试点有关税收征收管理事项的公告》（国家税务总局公告2016年第23号）规定，在发票的备注栏注明建筑服务发生地县（市、区）名称及项目名称，否则不得计入土地增值税扣除项目金额。

（3）房地产开发费用是指与房地产开发项目有关的销售费用、管理费用、财务费用。根据新会计制度的规定，与房地产开发有关的费用直接计入当年损益，不按房地产项目进行归集或分摊。故作为土地增值税扣除项目的房地产开发费用，不按纳税人房地产开发项目实际发生的费用进行扣除，而按《土地增值税暂行条例实施细则》（以下简称《实施细则》）的标准进行扣除。

《实施细则》规定，财务费用中的利息支出，凡能够按转让房地产项目计算分摊并提供金融机构证明的，可将不高于商业银行同类同期贷款利率所支付的利息据实扣除。其他房地产开发费用（即取得土地使用权所支付的金额和房地产开发成本）按上述（1）和（2）项计算的金额之和的5%以内计算扣除。

扣除项目中的利息支出另有专门规定：利息的上浮幅度按国家的有关规定执行，超过上浮幅度的部分不允许扣除；对于超过贷款期限的利息部分和加罚的利息不允许扣除。

允许扣除的房地产开发费用 = 利息 +（取得土地使用权所支付的金额 + 房地产开发成本）×5%

凡不能按转让房地产项目计算分摊利息支出或不能提供金融机构证明的，房地产开发费用按上述（1）和（2）项计算的金额之和的10%以内计算扣除。计算扣除的具体比例，由各省、自治区、直辖市人民政府确定。

允许扣除的房地产开发费用 =（取得土地使用权所支付的金额 + 房地产开发成本）×10%

（4）与转让房地产有关的税金。这是指在转让房地产时缴纳的城市维护建设税、印花税。因转让房地产缴纳的教育费附加，也可视同税金予以扣除。

“营改增”后，房地产开发企业实际缴纳的城市维护建设税、教育费附加，凡能够按清算项目准确计算的，允许据实扣除。凡不能按清算项目准确计算的，则按该清算项目预缴增值税时实际缴纳的城建税、教育费附加扣除。

其他转让房地产行为的城建税、教育费附加扣除比照上述规定执行。

（5）财政部规定的其他扣除项目。从事房地产开发的纳税人可按取得土地使用权所支付的金额和房地产开发成本计算的金额之和，加计20%扣除。其扣除方法采取项目年终结利和竣工清算税款时一并扣除的方法。

房地产开发企业逾期开发缴纳的土地闲置费不得扣除。

（6）旧房及建筑物的评估价格。纳税人转让旧房的，应按房屋及建筑物的评估价格、取得土地使用权所支付的地价款或出让金、按国家统一规定缴纳的有关费用和转让环节缴纳的税金作为扣除项目金额计征土地增值税。对取得土地使用权时未支付地价款或不能提供已支付的地价款凭据的，在计征土地增值税时不允许扣除。

1）旧房及建筑物的评估价格是指在转让已使用的房屋及建筑物时，由政府批准设立的房地产评估机构评定的重置成本价乘以成新度折扣率后的价格，即

评估价格 = 重置成本价 × 成新度折扣率

纳税人转让旧房及建筑物时因计算纳税的需要而对房地产进行评估，其支付的评估费用允许在计算增值额时予以扣除。对于纳税人隐瞒、虚报房地产成交价格，提供扣除项目金额不实以及转让房地产的成交价格低于房地产评估价格，又无正当理由的，按房地产评估价格计算征收土地增值税所发生的评估费用，不允许在计算土地增值税时予以扣除。

例 6－16 一栋房屋已使用近 15 年，建造时的造价为 1 500 万元，按转让时的建材及人工费用计算，建同样的新房需花费 6 500 万元，假定该房有五成新，则该房的评估价格为：6 500 × 50% = 3 250（万元）。

2）“营改增”后，纳税人转让旧房及建筑物，凡不能取得评估价格，但能提供购房发票的，扣除项目的金额按照下列方法计算：

①提供的购房凭据为“营改增”前取得的营业税发票的，按照发票所载金额（不扣减营业税）并从购买年度起至转让年度止每年加计 5% 计算。

②提供的购房凭据为“营改增”后取得的增值税普通发票的，按照发票所载价税合计金额从购买年度起至转让年度止每年加计 5% 计算。

③提供的购房发票为“营改增”后取得的增值税专用发票的，按照发票所载不含增值税金额加上不允许抵扣的增值税进项税额之和，并从购买年度起至转让年度止每年加计 5% 计算。

对纳税人购房时缴纳的契税，凡能提供契税完税凭证的，准予作为“与转让房地产有关的税金”予以扣除，但不作为加计 5% 的基数。

对于转让旧房及建筑物，既没有评估价格，又不能提供购房发票的，地方税务机关可以根据《中华人民共和国税收征收管理法》第三十五条的规定，实行核定征收。

（三）应纳税额的计算

土地增值税按照纳税人转让房地产所取得的增值额和规定的税率计算征收。

应纳税额 = 增值额 × 适用税率 − 允许扣除项目金额 × 速算扣除系数

计算程序如下：

（1）计算扣除项目金额。

（2）计算增值额。

增值额 = 转让收入额 − 扣除项目金额

（3）计算增值额占扣除项目金额的比重。

增值率 = 增值额 ÷ 扣除项目金额 × 100%

（4）依据增值率确定适用税率和速算扣除系数。

（5）依据适用税率计算应纳税额。

土地增值税税额 = 增值税 × 适用税率 − 扣除项目金额 × 速算扣除系数

例 6-17 华厦公司为从事房地产开发的公司，其转让一块已开发的土地使用权，取得转让收入 1 400 万元，为取得土地使用权所支付金额 320 万元，开发土地成本 65 万元，开发土地费用 21 万元，应纳有关税费 77 万元。计算该企业应纳土地增值税税额。

（1）扣除项目金额 =（320 + 65）×（1 + 20%）+ 21 + 77 = 560（万元）

（2）增值额 = 1 400 − 560 = 840（万元）

（3）增值额占扣除项目金额的比重 = 840 ÷ 560 = 150%

（4）由此可见，其适用的简便计算公式为

土地增值税税额 = 增值额 × 50% − 扣除项目金额 × 15%

（5）计算土地增值税税额 = 840 × 50% − 560 × 15% = 336（万元）

例 6-18 某工业企业 2016 年出售一幢新建办公楼取得收入 6 000 万元，该办公楼建造成本和相关费用 3 400 万元，缴纳与转让办公楼相关的税金 272.5 万元（其中印花税金 2.5 万元）。该企业应缴纳土地增值税（　　）。

A. 1 014.625 万元　　B. 1 114.625 万元　　C. 747.375 万元　　D. 1 116.725 万元

【答案】C。土地增值额 = 6 000 − 3 400 − 272.5 = 2 327.5（万元），增值额与扣除项目金额之比 = 2 327.5/(3 400 + 272.5) = 63.38%，根据土地增值税累进税率表，用第一档税率，则土地增值税额 = 2 327.5 × 40% − 3 672.5 × 5% = 747.375（万元）。

五、土地增值税的预征与清算

土地增值税以纳税人取得的预收款为计税依据，预收款包括预售款、定金、实物及其他经济利益。按下列公式计算预征税额：

土地增值税预征税额 = 预收款 × 预征率

除保障性住房外，东部地区省份预征率不得低于 2%，中部和东北地区省份不得低于 1.5%，西部地区省份不得低于 1%，各地要根据不同类型房地产确定适当的预征率。

土地增值税以国家有关部门审批的房地产开发项目为单位进行清算，对于分期开发的项目，以分期项目为单位清算。

开发项目中同时包含普通住宅和非普通住宅的，应分别计算增值额。

（一）土地增值税的清算条件

（1）符合下列情形之一的，纳税人应进行土地增值税的清算：

1）房地产开发项目全部竣工、完成销售的。

2）整体转让未竣工决算房地产开发项目的。

3）直接转让土地使用权的。

（2）符合下列情形之一的，主管税务机关可要求纳税人进行土地增值税清算：

1）已竣工验收的房地产开发项目，已转让的房地产建筑面积占整个项目可售建筑面积的比例在 85% 以上，或该比例虽未超过 85%，但剩余的可售建筑面积已经出租或自用的。

2）取得销售（预售）许可证满三年仍未销售完毕的。

3）纳税人申请注销税务登记但未办理土地增值税清算手续的。

4）省税务机关规定的其他情况。

（二）非直接销售和自用房地产的收入确定

（1）房地产开发企业将开发产品用于职工福利、奖励、对外投资、分配给股东或投资人、抵偿债务、换取其他单位和个人的非货币性资产等，发生所有权转移时应视同销售房地产，其收入按下列方法和顺序确认：

1）按本企业在同一地区、同一年度销售的同类房地产的平均价格确定。

2）由主管税务机关参照当地当年、同类房地产的市场价格或评估价值确定。

（2）房地产开发企业将开发的部分房地产转为企业自用或用于出租等商业用途时，如果产权未发生转移，不征收土地增值税，在税款清算时不列收入，不扣除相应的成本和费用。

（三）土地增值税的扣除项目

（1）房地产开发企业办理土地增值税清算时计算与清算项目有关的扣除项目金额，应根据前文“扣除项目的确定”部分内容处理。除另有规定外，扣除取得土地使用权所支付的金额、房地产开发成本、费用及与转让房地产有关税金，须提供合法有效凭证；不能提供合法有效凭证的，不予扣除。

（2）房地产开发企业办理土地增值税清算所附送的前期工程费、建筑安装工程费、基础设施费、开发间接费用的凭证或资料不符合清算要求或不实的，地方税务机关可参照当地建设工程造价管理部门公布的建安造价定额资料，结合房屋结构、用途、区位等因素，核定上述四项开发成本的单位面积金额标准，并据以计算扣除。具体核定方法由省税务机关确定。

（3）房地产开发企业开发建造的与清算项目配套的居委会和派出所用房、会所、停车场（库）、物业管理场所、变电站、热力站、水厂、文体场馆、学校、幼儿园、托儿所、医院、邮电通信等公共设施，按以下原则处理：

1）建成后产权属于全体业主所有的，其成本、费用可以扣除。

2）建成后无偿移交给政府、公用事业单位用于非营利性社会公共事业的，其成本、费用可以扣除。

3）建成后有偿转让的，应计算收入，并准予扣除成本、费用。

（4）房地产开发企业销售已装修的房屋，其装修费用可以计入房地产开发成本。

房地产开发企业的预提费用，除另有规定外，不得扣除。

（5）属于多个房地产项目共同的成本费用，应按清算项目可售建筑面积占多个项目可售总建筑面积的比例或其他合理的方法，计算确定清算项目的扣除金额。

（四）清算后再转让房地产的处理

在土地增值税清算时未转让的房地产，清算后销售或有偿转让的，纳税人应按规定进行土地增值税的纳税申报，扣除项目金额按清算时的单位建筑面积成本费用乘以销售或转让面积计算。

单位建筑面积成本费用＝清算时的扣除项目总金额÷清算的总建筑面积

六、会计处理

企业应当在“应交税费”账户下设置“应交土地增值税”明细账户，专门用来核算企业土地增值税的发生和缴纳情况。该账户的贷方反映企业按税收政策法规计算出的应当缴纳的土地增值税，借方反映企业实际向税务机关缴纳的土地增值税，期末余额在贷方，反映企业应缴而未缴的土地增值税。

由于土地增值税纳税人的经营内容不同，对土地增值税的会计处理也存在一定的差异。

（一）主营房地产业务的企业应纳土地增值税的账务处理

企业的主营业务是房地产开发和销售，因此，企业转让国有土地使用权、地上建筑物及其附着物，其收支均应通过“主营业务收入”“主营业务成本”“税金及附加”等账户进行核算。企业在取得房地产转让收入时，应借记“银行存款”“应收账款”等，贷记“主营业务收入”账户；按销售房地产取得的增值额和适用税率计算应纳土地增值税时，应借记“税金及附加”，贷记“应交税费——应交土地增值税”账户；实际缴纳土地增值税时，应借记“应交税费——应交土地增值税”，贷记“银行存款”账户。

例 6－19 接例 6－17，若房地产业务为华厦集团的主营业务，其账务处理如下：

（1）取得转让收入时：

借：银行存款　　14 000 000

　　贷：主营业务收入　　14 000 000

（2）计提土地增值税时：

借：税金及附加　　3 360 000

　　贷：应交税费——应交土地增值税　　3 360 000

（3）缴纳土地增值税时：

借：应交税费——应交土地增值税　　3 360 000

　　贷：银行存款　　3 360 000

（二）兼营房地产业务的企业应纳土地增值税的账务处理

兼营房地产业务的企业，转让国有土地使用权、地上建筑物及其附着物，其收支均应通过“其他业务收入”“其他业务成本”等账户进行核算。企业在取得房地产转让收入时，应借记“银行存款”“应收账款”等，贷记“其他业务收入”账户；按销售房地产取得的增值额和适用税率计算应纳土地增值税时，应借记“税金及附加”，贷记“应交税费——应交土地增值税”账户；实际缴纳土地增值税时，应借记“应交税费——应交土地增值税”，贷记“银行存款”账户。

例 6－20 接例 6－17，若房地产业务为广厦集团的兼营业务，其账务处理如下：

（1）取得转让收入时：

借：银行存款　　14 000 000

　　贷：其他业务收入　　14 000 000

（2）计提土地增值税时：

借：税金及附加　　3 360 000

　　贷：应交税费——土地增值税　　3 360 000

（3）缴纳土地增值税时：

借：应交税费——应交土地增值税　　3 360 000

　　贷：银行存款　　3 360 000

（三）企业转让房地产业务应纳土地增值税的账务处理

企业转让国有土地使用权连同地上建筑物及其附着物，一并在“固定资产”账户核算。企业转让房地产取得收入时，应借记“银行存款”等，贷记“固定资产清理”账户；转让房地产时计算应缴纳的土地增值税时，应借记“固定资产清理”，贷记“应交税费——应交土地增值税”账户。

企业转让以行政划拨方式取得的国有土地使用权，如仅转让国有土地使用权，其转让时应缴纳的土地增值税，借记“税金及附加”等，贷记“应交税费——应交土地增值税”账户；如国有土地使用权连同地上建筑物及其他附着物一并转让，其转让时应缴纳的土地增值税，借记“固定资产清理”账户，贷记“应交税费——应交土地增值税”账户。

七、税收优惠

（一）建造普通标准住宅的税收优惠

纳税人建造普通标准住宅出售，增值额未超过扣除项目金额20%的，免征土地增值税。“普通标准住宅”是指按所在地一般民用住宅标准建造的居住用住宅。高级公寓、别墅、度假村等不属于普通标准住宅。

2005年6月1日起，普通标准住宅应同时满足：住宅小区建筑容积率在1.0以上；单套建筑面积在120平方米以下；实际成交格低于同级别土地上住房平均交易价格1.2倍以下。

对于纳税人既建造普通标准住宅，又建造其他房地产开发的，应分别核算增值额。不分别核算增值额或不能准确核算增值额的，其建造的普通标准住宅不能适用这一免税规定。

对企事业单位、社会团体以及其他组织转让旧房作为公租房房源，且增值额未超过扣除项目金额20%的，免征土地增值税。

（二）国家征用收回的房地产的税收优惠

因国家建设需要依法征用、收回的房地产，免征土地增值税。

（三）因城市规划、国家建设需要而搬迁由纳税人自行转让原房地产的税收优惠

因城市实施规划、国家建设的需要而搬迁，由纳税人自行转让原房地产的，免征土地增值税。

（四）个人销售住房的税收优惠

自2008年11月1日起，对个人销售住房暂免征收土地增值税。

（五）企业改制重组有关土地增值税政策

按照《中华人民共和国公司法》的规定，非公司制企业整体改建为有限责任公司或者股份有限公司，有限责任公司（股份有限公司）整体改建为股份有限公司（有限责任公司），对改建前的企业将国有土地、房屋权属转移、变更到改建后的企业，暂不征土地增值税。

整体改建是指不改变原企业的投资主体，并承继原企业权利、义务的行为。

按照法律规定或者合同约定，两个或两个以上企业合并为一个企业，且原企业投资主体存续的，对原企业将国有土地、房屋权属转移、变更到合并后的企业，暂不征土地增值税。

按照法律规定或者合同约定，企业分设为两个或两个以上与原企业投资主体相同的企业，对原企业将国有土地、房屋权属转移、变更到分立后的企业，暂不征土地增值税。

单位、个人在改制重组时以国有土地、房屋进行投资，对其将国有土地、房屋权属转移、变更到被投资的企业，暂不征土地增值税。

上述改制重组有关土地增值税政策不适用于房地产开发企业。

（六）其他

对于一方出地，一方出资金，双方合作建房，建成后按比例分房自用的，暂免征收土地增值税；建成后转让的，应征收土地增值税。

对个人之间互换自有居住用房地产的，经当地税务机关核实，可以免征土地增值税。

八、纳税申报

（一）纳税义务发生的时间与地点

土地增值税由房地产所在地税务机关负责征收。纳税人应当自转让房地产合同签订之日起7日内，向房地产所在地主管税务机关办理纳税申报。因经常发生房地产转让行为而难以在每次转让后纳税申报的纳税人，经税务机关审核同意后，可以定期进行纳税申报，具体情况由税务机关根据情况确定。

纳税人转让的房地产坐落在两个或两个以上地区的，应按房地产所在地分别申报、缴纳土地增值税。

（二）其他

土地增值税的纳税申报人主要分为两大类：一类是从事房地产开发的纳税人，即房地产开发公司；另一类是其他纳税人，这两类纳税人的申报要求有所不同。

国家税务总局同时规定，纳税人必须按照税法的有关规定，向房地产所在地主管税务机关如实申报转让房地产所取得的收入、扣除项目金额以及应纳土地增值税税额，并按期缴纳税款。

（1）从事房地产开发的纳税人，对其开发项目在清算审核结束前所转让房地产取得的收入应报送：

① 土地增值税预缴纳税申报表（从事房地产开发的纳税人预缴适用）2份。

② 新开发的房地产开发项目，纳税人应在首次报送预缴纳税申报表时，附报房地产开发项目情况登记表等有关资料。

（2）非从事房地产开发的纳税人应报送：

① 土地增值税纳税申报表（非从事房地产开发的纳税人适用）2份。

② 房屋及建筑物产权、土地使用权证书原件及复印件。

③ 土地转让、房产买卖合同和发票原件及复印件。

④ 房地产评估报告及其他与转让房地产有关的资料。

（3）房地产企业土地增值税清算。

房地产开发项目全部竣工、完成销售的纳税人，须在满足清算条件之日起 90 日内到主管税务机关办理清算手续；整体转让未竣工决算房地产开发项目的纳税人，须在主管税务机关限定的期限内办理清算手续。

纳税人办理土地增值税清算应报送以下资料：

1）房地产开发企业清算土地增值税书面申请、土地增值税纳税申报表。

2）项目竣工决算报表、取得土地使用权所支付的地价款凭证、国有土地使用权出让合同、银行贷款利息结算通知单、项目工程合同结算单、商品房购销合同统计表等与转让房地产的收入、成本和费用有关的证明资料。

3）主管税务机关要求报送的其他与土地增值税清算有关的证明资料等。

纳税人委托税务中介机构审核鉴证的清算项目，还应报送中介机构出具的土地增值税清算税款鉴证报告。

任务处理

（1）转让国有土地使用权并取得收入的单位和个人，需要就其转让房地产取得的增值额缴纳土地增值税。从上述案例可以看出，该房地产公司 2017 年转让土地并取得收入，需要缴纳土地增值税。

（2）计算：

1）按照规定，土地增值额 = 转让房地产收入 − 法定扣除项目金额

上述案例中，转让房地产收入 = 1 200 万元

法定扣除项目总额为 586 万元，包括：

① 取得土地使用权所支付的金额以及开发投资成本共计 400 万元。

② 缴纳城建税及教育费附加 66 万元。

③ 房地产开发费 = 400 × 10% = 40（万元）。

④ 财政部规定的其他扣除项目 = 400 × 20% = 80（万元）。

所以，土地增值额 = 1 200 − 586 = 614（万元）。

增值率 = 614 ÷ 586 = 105%

2）土地增值税税额 = 增值额 × 适用税率 − 法定扣除项目金额 × 速算扣除系数 = 614 × 50% − 586 × 15% = 219.1（万元）。

3）2017 年已缴 150 万元，因此还需补缴 69.10 万元土地增值税。

（3）税务处理。

1）计提土地增值税时：

借：税金及附加　　691 000

　贷：应交税费——应交土地增值税　　691 000

2）实际缴纳时：

借：应交税费——应交土地增值税　　691 000

　贷：银行存款　　691 000

任务五　处理车船税

导引案例

一、企业基本情况

浙江富华农业有限公司是一家集桑葚种植、研究、加工和销售为一体的农业综合开发有限公司。拥有轿车一辆。

二、相关经济业务

2012 年 6 月的相关经济业务如图 6－7、图 6－8 所示。

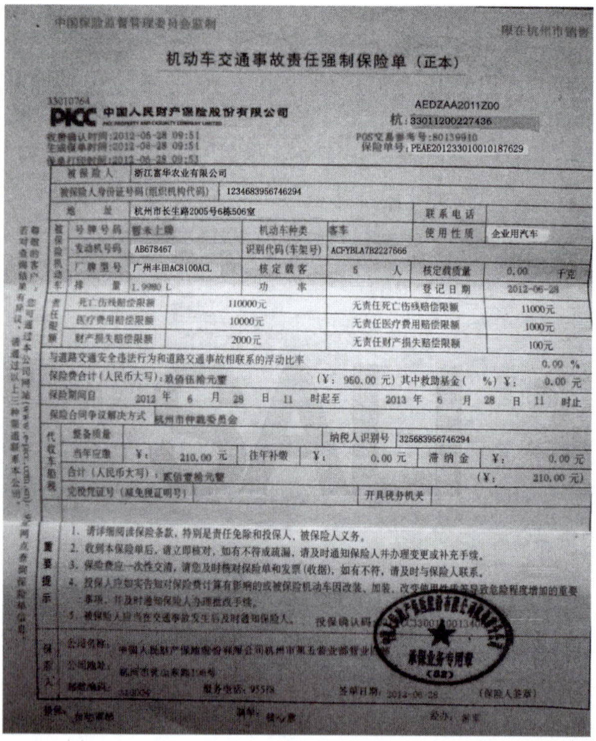
中国保险监督管理委员会监制　限在杭州市销售

机动车交通事故责任强制保险单（正本）

33010764
PICC 中国人民财产保险股份有限公司
收费确认时间：2012-06-28 09:51
生成保单时间：2012-06-28 09:51
保单打印时间：2012-06-28 09:53

AEDZAA2011Z00
杭：33011200227436
POS交易参考号：80139910
保险单号：PEAE201233010010187629

被保险人	浙江富华农业有限公司				
被保险人身份证号码（组织机构代码）	1234683956746294				
地址	杭州市长生路2005号6栋506室			联系电话	
号牌号码	暂未上牌	机动车种类	客车	使用性质	企业用汽车
发动机号码	AB678467	识别代码（车架号）	ACFYBLA7B2227666		
厂牌型号	广州丰田AC8100ACL	核定载客	5 人	核定载质量	0.00 千克
排量	1.9980 L	功率		登记日期	2012-06-28
死亡伤残赔偿限额	110000元	无责任死亡伤残赔偿限额	11000元		
医疗费用赔偿限额	10000元	无责任医疗费用赔偿限额	1000元		
财产损失赔偿限额	2000元	无责任财产损失赔偿限额	100元		
与道路交通安全违法行为和道路交通事故相联系的浮动比率	0.00 %				
保险费合计（人民币大写）：玖佰伍拾元整	（¥：960.00 元）其中救助基金（ %）¥：0.00 元				
保险期间自	2012 年 6 月 28 日 11 时起至 2013 年 6 月 28 日 11 时止				
保险合同争议解决方式	杭州市仲裁委员会				
整备质量		纳税人识别号	325683956746294		
当年应缴	¥：210.00 元	往年补缴	¥：0.00 元	滞纳金	¥：0.00 元
合计（人民币大写）：贰佰壹拾元整	（¥：210.00 元）				
完税凭证号（减免税证明号）		开具税务机关			

重要提示：
1. 请详细阅读保险条款，特别是责任免除和投保人、被保险人义务。
2. 收到本保险单后，请立即核对，如有不符或疏漏，请及时通知保险人并办理变更或补充手续。
3. 保险费应一次性交清，请您及时核对保险单和发票（收据），如有不符，请及时与保险人联系。
4. 投保人应如实告知对保险费计算有影响的或被保险机动车因改装、加装、改变使用性质等导致危险程度增加的重要事项，并及时通知保险人办理批改手续。
5. 被保险人应当在交通事故发生后及时通知保险人。　投保确认码：

保险人：服务电话：95518　签单日期：2012-06-28　（保险人签章）

承保业务专用章

图 6－7　机动车交通事故责任强制保险单

任务要求

（1）想想如何利用你所掌握的资源找到税法导读部分的税收法律和部门规章，并学习、了解我国车船税相关制度。

（2）根据导引案例所给资料分析该公司的经济业务，并进行车船税计算与处理。

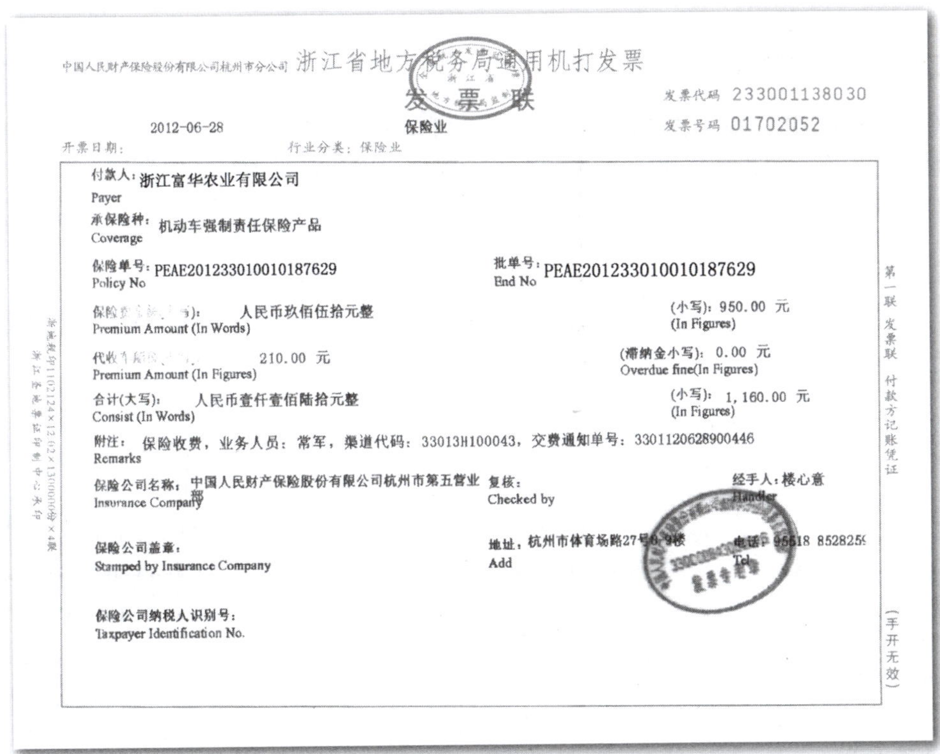

中国人民财产保险股份有限公司杭州市分公司 浙江省地方税务局通用机打发票

发票联

保险业

发票代码 233001138030

发票号码 01702052

开票日期：2012-06-28 行业分类：保险业

付款人：浙江富华农业有限公司
Payer

承保险种：机动车强制责任保险产品
Coverage

保险单号：PEAE201233010010187629
Policy No

批单号：PEAE201233010010187629
End No

保险费(大写)：人民币玖佰伍拾元整
Premium Amount (In Words)

(小写)：950.00 元
(In Figures)

代收车船税：210.00 元
Premium Amount (In Figures)

(滞纳金小写)：0.00 元
Overdue fine(In Figures)

合计(大写)：人民币壹仟壹佰陆拾元整
Consist (In Words)

(小写)：1,160.00 元
(In Figures)

附注：保险收费，业务人员：常军，渠道代码：33013H100043，交费通知单号：3301120628900446
Remarks

保险公司名称：中国人民财产保险股份有限公司杭州市第五营业部
Insurance Company

复核：
Checked by

经手人：楼心意
Handler

保险公司盖章：
Stamped by Insurance Company

地址：杭州市体育场路27号9楼
Add

电话：95518 85282…
Tel

保险公司纳税人识别号：
Taxpayer Identification No.

第一联 发票联 付款方记账凭证

（手开无效）

图 6-8 机动车交通事故责任强制保险和车船税完税凭证

一起帮阿肯先生解惑车船税

知识准备

一、纳税义务人及征税范围

（一）纳税义务人

车船税的纳税义务人是指在中华人民共和国境内，车辆、船舶（以下简称“车船”）的所有人或者管理人，应当依照《车船税法》的规定缴纳车船税。

如果发生车船的租赁关系，拥有者和使用人不一致时，则应由租赁双方协商确定纳税人；租赁双方未商定的，以使用人为纳税人。从事机动车交通事故责任强制保险业务的保险机构为机动车车船税的扣缴义务人。

（二）征税范围

车船税的征税范围是指在中华人民共和国境内属于车船税法所附车船税税目、税额表规定的车辆、船舶。车辆、船舶是指：

（1）依法应当在车船管理部门登记的机动车辆和船舶。

（2）依法不需要在车船登记管理部门登记的在单位内部场所行驶或者作业的机动车辆和船舶。

境内单位和个人租入外国籍船舶的，不征收车船税。境内单位和个人将船舶出租到境外的，应依法征收车船税。

二、税目与税率

车船税实行定额税率，根据车船的种类、性能、构造和使用情况，分别按辆、净吨位和载重吨位规定了不同的税额幅度。车船的适用税额，依照车船税税目、税额表（见表6－3）执行。车辆的具体适用税额由省、自治区、直辖市人民政府在规定的子税目税额幅度内确定。

乘用车以车辆登记管理部门核发的机动车登记证书或者行使证书所载的排气量毫升数确定税额区间。

表6－3　车船税税目、税额表

税目		计税单位	年基准税额	备注
乘用车〔按发动机气缸容量(排气量)分档〕	1.0升（含）以下的	辆	60～360元	核定载客人数9人（含）以下
	1.0升以上至1.6升（含）的		300～540元	
	1.6升以上至2.0升（含）的		360～660元	
	2.0升以上至2.5升（含）的		660～1 200元	
	2.5升以上至3.0升（含）的		1 200～2 400元	
	3.0升以上至4.0升（含）的		2 400～3 600元	
	4.0升以上的		3 600～5 400元	
商用车	客车	辆	480～1 440元	核定载客人数9人以上，包括电车
	货车	整备质量每吨	16～120元	包括半挂牵引车、三轮汽车和低速载货汽车等
挂车		整备质量每吨	按照货车税额的50%计算	
其他车辆	专用作业车	整备质量每吨	16～120元	不包括拖拉机
	轮式专用机械车		16～120元	
摩托车		辆	36～180元	
船舶	机动船舶	净吨位每吨	3～6元	拖船、非机动驳船分别按照机动船舶税额的50%计算
	游艇	艇身长度每米	600～2000元	

注：1．机动船舶具体适用税额

（1）吨位不超过200吨的，每吨3元；

（2）净吨位超过200吨但不超过2 000吨的，每吨4元；

（3）净吨位超过2 000吨但不超过10 000吨的，每吨5元；

（4）净吨位超过10 000吨的，每吨6元。

拖船按照发动机功率每1千瓦折合净吨位0.67吨计算征收车船税。

2. 游艇具体适用税额

(1) 艇身长度不超过 10 米的，每米 600 元；

(2) 艇身长度超过 10 米但不超过 18 米的，每米 900 元；

(3) 艇身长度超过 18 米但不超过 30 米的，每米 1 300 元；

(4) 艇身长度超过 30 米的，每米 2 000 元；

(5) 辅助动力帆艇，每米 600 元。

游艇艇身长度是指游艇的总长。

三、应纳税额的计算与代收代缴

纳税人按照纳税地点所在的省、自治区、直辖市人民政府确定的具体适用税额缴纳车船税。车船税由地方税务机关负责征收。

(1) 购置的新车船，购置当年的应纳税额自纳税义务发生的当月起按月计算。计算公式为

$$应纳税额 = (年应纳税额 \div 12) \times 应纳税月份数$$

(2) 在一个纳税年度内，已完税的车船被盗抢、报废、灭失的，纳税人可以凭有关管理机关出具的证明和完税证明，向纳税所在地的主管税务机关申请退还自被盗抢、报废、灭失月份起至该纳税年度终了期间的税款。

(3) 已办理退税的被盗抢车船，失而复得的，纳税人应当从公安机关出具相关证明的当月起计算缴纳车船税。

(4) 在一个纳税年度内，纳税人在非车辆登记地由保险机构代收代缴机动车车船税，且能够提供合法有效完税证明的，纳税人不再向车辆登记地的地方税务机关缴纳车船税。

(5) 已缴纳车船税的车船在同一纳税年度内办理转让过户的，不另纳税，也不退税。

《车船税法》及其《实施条例》涉及的整备质量、净吨位、艇身长度等计税单位，应以车船登记管理部门核发的车船登记证书或者行驶证所载数据为准。有尾数的一律按照含尾数的计税单位据实计算车船税应纳税额。计算得出的应纳税额小数点后超过两位的可四舍五入保留两位小数。

例 6-21 某运输公司拥有并使用以下车辆和船舶：

(1) 从事运输用的自重（即整备质量）为 2 吨的三轮汽车 5 辆。

(2) 自重 5 吨载货卡车 10 辆。

(3) 净吨位为 4 吨的拖船 5 辆。

(4) 2 辆客车，乘坐人数为 20 人/辆。

当地政府规定，载货汽车和载货三轮汽车的车辆税额为 60 元/吨，乘坐 20 人客车的税额为 500 元/辆，船舶每年税额 3 元/吨。

【**要求**】计算该公司当年应纳车船税。

(1) 从事运输用的自重为 2 吨的三轮汽车 5 辆。

$2 \times 60 \times 5 = 600$（元）

(2) 自重 5 吨载货卡车 10 辆。

$5 \times 60 \times 10 = 3\,000$（元）

(3) 净吨位为 4 吨的拖船 5 辆。

$4 \times 3 \times 50\% \times 5 = 30$（元）

(4) 2 辆客车，乘坐人数为 20 人/辆。

500 × 2 = 1 000（元）

该公司共应缴纳车船税 = 600 + 3 000 + 30 + 1 000 = 4 630（元）

四、会计处理

企业应当在“应交税费”账户下设置“应交车船税”明细科目，专门用来核算企业车船税的发生和缴纳情况。该账户的贷方反映企业按税收政策法规计算出的应当缴纳的车船税，借方反映企业实际向税务机关缴纳的车船税，期末余额在贷方，反映企业应缴而未缴的车船税。

企业缴纳的车船税应在“税金及附加”科目中列支。企业计算应缴车船税时，借记“税金及附加”等科目，贷记“应交税费——应交车船税”科目；缴纳车船税时，借记“应交税费——应交车船税”科目，贷记“银行存款”科目。

例 6-22 接例 6-21，假定该企业一次性缴纳上述车船税，则应做如下账务处理：

（1）计提车船税时：

借：税金及附加　　4 630

　　贷：应交税费——应交车船税　　4 630

（2）缴纳时：

借：应交税费——应交车船税　　4 630

　　贷：银行存款　　4 630

五、税收优惠

（一）法定减免

（1）捕捞、养殖渔船。

（2）军队、武警专用的车船。

（3）警用车船。

（4）依照法律规定应当予以免税的外国驻华使馆、领事馆和国际组织驻华机构及其有关人员的车船。

（5）自 2012 年 1 月 1 日起，对节约能源车船，减半征收车船税；对使用新能源车船，免征车船税。对受严重自然灾害影响纳税困难以及有其他特殊原因确需减税、免税的，可以减征或者免征车船税。

（6）省、自治区、直辖市人民政府根据当地实际情况，可以对公共交通车船，农村居民拥有并主要在农村地区使用的摩托车、三轮汽车和低速载货汽车定期减征或者免征车船税。

对不使用的车船或只在企业内部使用，不领取行驶执照、不上路行驶的车辆不征收车船税。

（二）特定减免

（1）经批准临时入境的外国车船和我国香港特别行政区、澳门特别行政区、台湾地区的车船，不征收车船税。

（2）按照规定缴纳船舶吨税的机动船舶，自《车船税法》实施之日起 5 年内免征车船税。

（3）依法不需要在车船登记管理部门登记的机场、港口、铁路站场内部行使或作业的车船，自《车船税法》实施之日起 5 年内免征车船税。

六、征收管理

（一）纳税期限

车船税属于行为税，车船税纳税义务发生时间为取得车船所有权或者管理权的当月。车船所有权或者管理权的当月，应当以购买车船的发票或者其他证明文件所载日期的当月为准。

（二）纳税申报

车船税按年申报，分月计算，一次性缴纳。纳税年度为公历1月1日至12月31日。具体的纳税期限由省、自治区、直辖市人民政府确立。车船税由地方税务机关负责征收。

不需要购买机动车交通事故责任强制保险的应税车辆和船舶，纳税人应在年度终了后15日内，向主管税务机关自行申报缴纳上一年度应缴的车船税。

（三）纳税地点

车船税的纳税地点为车船的登记地或者车船税扣缴义务人所在地。依法不需要办理登记的车船，车船税的纳税地点为车船的所有人或者管理人所在地。

扣缴义务人代收代缴车船税的，纳税地点为扣缴义务人所在地。

纳税人自行申报缴纳车船税的，纳税地点为车船登记地的主管税务机关所在地。

依法不需要办理登记的车船，纳税地点为车船所有人或者管理人主管税务机关所在地。

（四）其他管理规定

（1）纳税人在购买“交强险”时，由扣缴义务人代收代缴车船税的，凭注明已收税款信息的“交强险”保险单，车辆登记地的主管税务机关不再征收该纳税年度的车船税。再次征收的，车辆登记地主管税务机关应予退还。

（2）已经缴纳船舶车船税的船舶在同一纳税年度内办理转让过户的，在原登记地不予退税，在新登记地凭完税凭证不再纳税，新登记地海事管理机构应记录上述船舶的完税凭证号和出具该凭证的税务机关或海事管理机构名称，并将完税凭证的复印件存档备查。

（3）没有扣缴义务人的，纳税人应当向主管税务机关自行申报缴纳车船税。

任务处理

（1）图6-5是一份机动车交通事故责任强制保险单，单上显示代收车船税210元。从事机动车交通事故责任强制保险业务的保险机构为机动车车船税的扣缴义务人。

图6-6是一张机动车交通事故责任强制保险和缴纳的车船税发票，可以用作付款方记账凭证。

（2）计算：

根据当地政府的相关规定，小型客车（载客人数小于或等于9人）每年每辆360元。从保险单上可知，该车购置于2012年6月28日。购置的新车船，购置当年的应纳税额自纳税义务发生的当月起按月计算。应纳税额为年应纳税额除以12再乘以应纳税月份数，即360÷12×7=210（元）。

该公司2012年需要缴纳的车船税金额为210元。

（3）税务处理：

缴纳车船税（此处以新科目处理，在2012年时应计入“管理费用”）：

借：税金及附加　　　　　　　　　　210
　　贷：库存现金　　　　　　　　　　　210

任务六　处理印花税

导引案例

一、企业基本情况

浙江华贸农具有限公司创办于2005年7月，生产和销售甘蔗刀产品、农具、五金工具、园艺工具等。

二、相关经济业务

2017年7月企业经济业务如图6-9~图6-14所示。

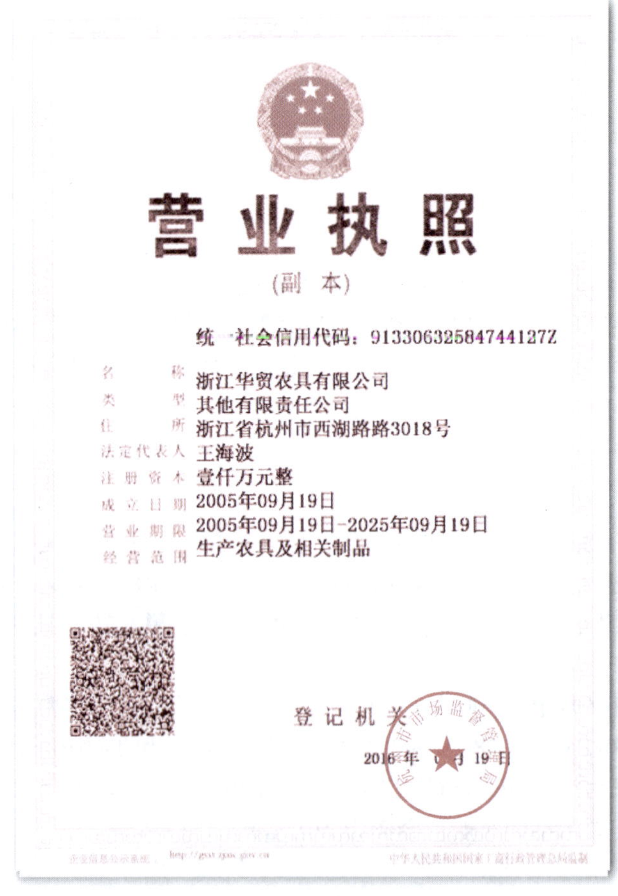

营业执照

（副　本）

统一社会信用代码：913306325847441277Z

名　　称　浙江华贸农具有限公司
类　　型　其他有限责任公司
住　　所　浙江省杭州市西湖路路3018号
法定代表人　王海波
注册资本　壹仟万元整
成立日期　2005年09月19日
营业期限　2005年09月19日-2025年09月19日
经营范围　生产农具及相关制品

登记机关　杭州市市场监督管理局

2016年　月　19日

图6-9　营业执照

图6－10　现金日记账簿

图6－11　银行存款日记账簿

图6－12　管理费用明细账簿

图6－13　库存商品明细账簿

图6－14　印花税票

相同的印花税票有 5 张。

任务要求

（1）想想如何利用你所掌握的资源找到税法导读部分的税收法律和部门规章，并学习、了解我国印花税相关制度。

（2）根据导引案例所给资料分析该公司的经济业务，并进行印花税计算与处理。

知识准备

印花税是对经济活动和经济交往中书立、使用、领受具有法律效力的凭证的单位和个人征收的一种税。它是一种具有行为税性质的凭证税，因其采取在凭证上粘贴印花税票完税而得名。

一、纳税义务人

印花税是对经济活动中书立、使用、领受应税凭证的行为征收的一种税。在我国境内书立、使用、领受应税范围内各种应税凭证的单位和个人，都是印花税的纳税义务人。它具体包括：

1. 立合同人

立合同人即合同的当事人，是指对凭证有直接权利义务关系的单位和个人，不包括保人、证人和鉴定人。

当事人的代理人有代理纳税的义务，他与纳税人负有同等的税收法律义务和责任。

2. 立账簿人

营业账簿的纳税人是立账簿人。所谓立账簿人，是指设立并使用营业账簿的单位和个人。例如，企业单位因生产、经营需要，设立了营业账簿，该企业即为纳税人。

3. 立据人

产权转移书据的纳税人是立据人，是指土地、房屋权属转移过程中买卖双方的当事人。

4. 领受人

权利、许可证照的纳税人是领受人。领受人是指领取或接受并持有该项凭证的单位和个人。例如，某人因其发明创造，经申请依法取得国家专利机关颁发的专利证书，该人即为纳税人。

5. 使用人

在国外书立、领受，但在国内使用的应税凭证，其使用人为纳税人。

6. 各类电子应税凭证的签订人

即以电子形式签订的各类应税凭证的当事人。

值得注意的是，对应税凭证，凡由两方或两方以上当事人共同书立的，其当事人各方都是印花税的纳税人，应各就其所持凭证的计税金额履行纳税义务。

二、税目与税率

（一）税目

印花税的税目是指印花税法明确规定的应当纳税的项目，它具体划定了印花税的征税范围。一般地说，列入税目的就要征税，未列入税目的就不征税。印花税共有13个税目，即：

（1）购销合同、加工承揽合同、建设工程勘察设计合同、建筑安装工程承包合同、财产租赁合同、货物运输合同、仓储保管合同、借款合同、财产保险合同、技术合同或者具有合同性质的凭证。

（2）产权转移书据。

（3）营业账簿。

（4）权利、许可证照。

（5）经财政部确定征税的其他凭证。

（二）税率

印花税实行“三自”缴纳的方法，即纳税人按照应税凭证的性质和适用的税目、税率自行计算，自行贴花。印花税税率见表6-4。

表6-4　印花税税率表

<table>
<tr><th rowspan="2">类　别</th><th rowspan="2">范　围</th><th rowspan="2">计税依据</th><th colspan="2">税　率</th><th rowspan="2">纳税义务人</th></tr>
<tr><th>比例</th><th>定额</th></tr>
<tr><td rowspan="10">各种合同</td><td>财产租赁合同</td><td>租赁金额</td><td rowspan="3">千分之一</td><td></td><td rowspan="10">立合同人</td></tr>
<tr><td>仓储保管合同（包括单据作为合同）</td><td>仓储保管费用</td><td></td></tr>
<tr><td>财产保险合同（包括单据作为合同）</td><td>保险费收入</td><td></td></tr>
<tr><td>加工承揽合同</td><td>加工或承揽收入</td><td rowspan="3">万分之五</td><td></td></tr>
<tr><td>建设工程勘察设计合同</td><td>收取的费用</td><td></td></tr>
<tr><td>货物运输合同（包括单据作为合同）</td><td>运输费用</td><td></td></tr>
<tr><td>购销合同</td><td>购销金额</td><td rowspan="3">万分之三</td><td></td></tr>
<tr><td>建筑安装工程承包合同（包括总包、分包、转包）</td><td>承包金额</td><td></td></tr>
<tr><td>技术合同</td><td>所载金额</td><td></td></tr>
<tr><td>借款合同（包括单据作为合同，含融资租赁）</td><td>借款金额</td><td>万分之零点五</td><td></td></tr>
<tr><td>产权转移书据</td><td>财产所有权和版权、商标专用权、专利权、专有技术使用权所载金额</td><td>所载金额</td><td>万分之五</td><td></td><td>立据人</td></tr>
<tr><td rowspan="2">营业账簿</td><td>记载资金账簿</td><td>实收资本和资本公积的合计</td><td>万分之五</td><td></td><td rowspan="2">立账簿人</td></tr>
<tr><td>其他账簿</td><td>按件贴花</td><td></td><td>5元</td></tr>
<tr><td>权利许可证照</td><td>房屋产权证、工商营业执照、商标注册证、专利证、土地使用证</td><td>按件贴花</td><td></td><td>5元</td><td>领受人</td></tr>
</table>

自2015年12月24日起，对开展融资租赁业务签订的融资租赁合同（含融资性售后回租），统一按照其所载明的租金总额依照“借款合同”税目，按万分之零点五的税率计税贴花。在融资性售后回租业务中，对承租人、出租人因出售租赁资产及购回租赁资产所签订的合同，不征收印花税。

另外，经国务院批准，财政部、国家税务总局决定从2008年4月24号，调整证券交易印花税税率，由3‰调整为1‰。所谓证券印花税，就是指股民从事证券买卖强制缴纳的一笔费用，根据一笔股票交易的成交金额计算征收。

从2008年9月19日起，对证券交易印花税政策进行调整，由双边征收改为单边征收，税率保持1‰。即对买卖、继承、赠予所书立的A股、B股股权转让书据，依据书立时证券交易当日实际成交价格计算的金额，由出让方按1‰的税率缴纳股票交易印花税，授让方不再征收。

三、应纳税额的计算

（一）适用比例税率的应税凭证

以凭证上所记载的金额为计税依据，计税公式为

应纳税额 = 计税金额 × 适用税率（按金额比例贴花）

（二）适用定额税率的应税凭证

以凭证件数为计税依据，计税公式为

应纳税额 = 计税数量 × 定额税率（按件定额贴花）

（三）应纳税额计算的特殊规定

（1）在计算税额时，若应纳税额在1角以上，其税额尾数不满5分的不计，满5分的按1角计算。财产租赁合同应纳税额在1角以上，但不足1元的按1元纳税。

（2）同一凭证因载有两个或两个以上经济事项而适用不同税目税率，如果分别记载金额，应分别记载应纳税额，相加后按合计金额贴花；未分别记载金额的，按税率高的计税贴花。

（3）有些合同，在签订时无法确定计税金额，在签订时先按定额5元贴花，以后结算时再按实际金额计税，补贴印花。

例6-23 某公司2016年5月开业，领受房产权证、工商营业执照、商标注册证、土地使用证各一件；订立产品购销合同两份，所载金额为100万元；订立借款合同一份，所载金额为50万元。此外，公司的营业账簿中，“实收资本”账户载有资金300万元，“资本公积”账户载有资金80万元，其他账簿8本。计算该公司5月份应纳印花税税额。

（1）公司领受权利、许可证照应纳税额 = 4 × 5 = 20（元）

（2）公司订立购销合同应纳税额 = 1 000 000 × 0.3‰ = 300（元）

（3）公司订立借款合同应纳税额 = 500 000 × 0.05‰ = 25（元）

（4）公司记载资金的账簿应纳税额 =（3 000 000 + 800 000）× 0.5‰ = 1 900（元）

（5）公司其他营业账簿应纳税额 = 8 × 5 = 40（元）

因此，该公司5月份应纳印花税税额 = 20 + 300 + 25 + 1 900 + 40 = 2 285（元）

四、会计处理

根据《财政部关于印发<增值税会计处理规定>的通知》（财会〔2016〕22号）规定，

“营业税金及附加”科目名称调整为“税金及附加”科目，该科目核算企业经营活动发生的消费税、城市维护建设税、资源税、教育费附加及房产税、城镇土地使用税、车船税、印花税等相关税费。

根据原《企业会计制度》的规定，印花税属于不需要预计应缴数的税金，因此不通过“应交税金”科目核算，而是在缴纳的当期直接计入“管理费用”科目。

根据2006年新颁布的《企业会计准则》有关规定：“‘应交税费’科目核算企业按照税法等规定计算应缴纳的各种税费，包括增值税、消费税、营业税、所得税、资源税、土地增值税、城市维护建设税、房产税、土地使用税、车船使用税、教育费附加、矿产资源补偿费等”。此规定虽然在列举中没有指明应交税费科目核算包括印花税，但并未像原《企业会计制度》中的规定，单独强调印花税不应在“应交税费”科目中核算。《小企业会计准则》也只是列举“应交税费”科目核算小企业按照税法等规定计算应缴纳的各种税费，包括增值税、消费税、营业税、所得税、资源税、土地增值税、城市维护建设税、房产税、土地使用税、车船使用税（注：上述《会计准则》中的“车船使用税”实为“车船税”）、教育费附加、矿产资源补偿费等，还有小企业代扣代缴的个人所得税等。也并未排除印花税计入“应交税费”科目。

《中华人民共和国企业所得税法实施条例》（以下简称《企业所得税法实施条例》）第九条规定：“企业应纳税所得额的计算，以权责发生制为原则，属于当期的收入和费用，不论款项是否收付，均作为当期的收入和费用；不属于当期的收入和费用，即使款项已经在当期收付，均不作为当期的收入和费用。”据此，企业缴纳的印花税应当计入发生应税行为，也就是申报纳税月份的当期费用。

实际工作中，一些企业是根据当地税务部门的规定，按购销金额的一定比例按月申报，月底计提，下月初进行纳税申报。然后在申报的下月一定期间内缴纳。因此，在“应交税费”科目下增设“应交印花税”明细科目，按月计提印花税并计入“税金及附加”，在下月缴纳时再冲减该科目。这样处理既符合《企业所得税法实施条例》规定的权责发生制原则，又不违背企业会计准则对“应交税费”科目使用的规定。

例 6-24　承例 6-23，该企业 5 月份缴纳印花税的会计处理如下：

借：税金及附加　　2 285

　贷：银行存款　　2 285

五、税收优惠

（1）对已缴纳印花税凭证的副本或者抄本免税。

（2）对财产所有人将财产赠给政府、社会福利单位、学校所立的书据免税。

（3）对国家指定的收购部门与村民委员会、农民个人书立的农副产品收购合同免税。

（4）对无息、贴息贷款合同免税。

（5）对外国政府或者国际金融组织向我国政府及国家金融机构提供优惠贷款所书立的合同免税。

（6）对房地产管理部门与个人签订的用于生活居住的租赁合同免税。

（7）对农牧业保险合同免税。

（8）对特殊货运凭证免税。

这类凭证有：①军事物资运输凭证，即附有军事运输命令或使用专用的军事物资运费结算凭证。②抢险救灾物资运输凭证，即附有县级以上（含县级）人民政府抢险救灾物资运输证明文件的运费结算凭证。③新建铁路的工程临管线运输凭证，即为新建铁路运输施工所需物料，使用工程临管线专用的运费结算凭证。

(9) 对与高校学生签订的高校学生公寓租赁合同，自2016年1月1日至2018年12月31日，继续免征印花税。

(10) 对公租房经营管理单位建造公租房涉及的印花税予以免征。

(11) 自2008年3月1日起，对个人出租、承租住房签订的租赁合同，免征印花税。自2008年11月1日起，对个人销售或购买住房暂免征收印花税。

六、征收管理

(一) 纳税办法

纳税人应当如实提供、妥善保存印花税应纳税凭证（以下简称“应纳税凭证”）等有关纳税资料，统一设置、登记和保管印花税应纳税凭证登记簿（以下简称登记簿），及时、准确、完整地记录应纳税凭证的书立、领受情况。

登记簿的内容包括：应纳税凭证种类、应纳税凭证编号、凭证书立各方（或领受人）名称、书立（领受）时间、应纳税凭证金额、件数等。

印花税的缴纳办法可采用自行贴花、汇贴或汇缴、委托代征三种办法。

1. 自行贴花办法

这是指纳税人根据应纳税凭证的性质和适用的科目、税率，自行计算应纳税额、自行购买印花税票、自行一次贴足印花税税票并加以注销或画销。这种办法适用于应税凭证较少或者贴花次数较少的纳税人。

多贴印花税票的，不得申请退税或者抵用。

2. 汇贴或汇缴办法

一份凭证应纳税额超过500元的，纳税人可以采取将税收缴款书、完税证明其中一联粘贴在凭证上或者由地方税务机关在凭证上加注完税标记代替贴花。

同一种类应纳税凭证，需频繁贴花的，可由纳税人根据实际情况自行决定是否采用按期汇总申报缴纳印花税的方式。汇总申报缴纳的期限不得超过一个月。

采用按期汇总申报缴纳方式的，一年内不得改变。

3. 委托代征办法

委托代征办法包括税务机关委托经由发放或者办理应纳税凭证的单位代为征收印花税税款。税务机关根据印花税征收管理的需要，可委托银行、保险、工商、房地产管理等有关部门，代征借款合同、财产保险合同、权利许可证照、产权转移书据、建设工程承包合同等的印花税。

(二) 纳税环节

印花税应当在书立或领受时贴花，具体是指在合同签订时、账簿启用时和证照领受时贴花。如果合同是在国外签订，并且不便在国外贴花的，应在将合同带入境时办理贴花纳税手续。

（三）纳税地点

印花税一般实行就地纳税。

（四）纳税申报

实行核定征收印花税的，纳税期限为一个月，税额较小的，纳税期限可为一个季度，具体由主管税务机关确定。纳税人应当自纳税期满之日起15日内，填写国家税务总局统一制定的纳税申报表申报缴纳核定征收的印花税。

采取汇总缴纳印花税的企业的应税合同，于每月终了后15天内申报纳税（外币的可以以签订应税合同当月最后一天的汇率折算贴花）。按次贴花的纳税人，于签订应税合同的次日贴花（申报纳税）。其他的应税项目贴花时间为：产权转移书据立据时；营业账簿启用时；权利许可证照领受时。

印花税的纳税人应按照条例的有关规定及时办理纳税申报，并如实填写印花税纳税申报表

任务处理

1．业务分析

通过对企业基本情况的了解以及查看相关的凭证，我们可以发现，该企业开业时领受了营业执照（图6-7），购买的现金日记账、银行存款日记账、管理费用明细账以及库存商品明细账等营业账簿（图6-8～图6-11），都需要按照《中华人民共和国印花税暂行条例》的规定，缴纳印花税。

2．业务处理

（1）按照《中华人民共和国印花税暂行条例》的规定，印花税分别实行比例税率和定额税率。题中涉及的营业执照属于权利、许可证照税目，应该按件贴花5元。题中涉及的营业账簿，按照规定，需要按件贴花5元。而且，该企业一共购买了5张5元的印花税票。

（2）贴花。印花税票可以贴在营业执照的空白处、营业账簿的右上角，不要盖住文字，然后画线缴销（作用类似于邮票的盖邮戳）。

（3）账务处理：

一共缴纳印花税金额＝5×5＝25（元）

借：税金及附加　25

　　贷：库存现金（银行存款）　25

任务七　处理城镇土地使用税

导引案例

浙江海平轻纺实业有限责任公司是一家中型生产性企业，地处绍兴市枫林西路1126号，公司2016年12月账面实际拥有土地面积15 000平方米，经税务机关核定，其中公司自办医院

用地 1 500 平方米，幼儿园占地 800 平方米，公司无偿提供给当地公安派出所一间平房使用，占地面积 400 平方米，且这些用地能与公司其他用地明确区分，当地政府规定的城镇土地使用税率为 2 元/平方米，并采取按年计征，分半年缴纳方式征收。

要求：计算该公司 2017 年应纳城镇土地使用税额并缴纳 2017 年下半年应纳城镇土地使用税款。

任务要求

（1）想想如何利用你所掌握的资源找到税法导读部分的税收法律和部门规章，并学习、了解我国城镇土地使用税相关制度。

（2）根据导引案例所给资料分析该公司的经济业务，并进行城镇土地使用税计算与处理。

知识准备

城镇土地使用税是对城市、县城、建制镇和工矿区范围内使用土地的单位和个人，按其实际占用的土地面积分等级定额征收的一种税。我国现行城镇土地使用税法规是国务院 2006 年年底修订颁布、2007 年 1 月 1 日起施行的《中华人民共和国城镇土地使用税暂行条例》。

一、纳税义务人

在城市、县城、建制镇和工矿区范围内使用土地的单位和个人，为城镇土地使用税的纳税人。

所称单位，包括国有企业、集体企业、私营企业、股份制企业、外商投资企业、外国企业以及其他企业和事业单位、社会团体、国家机关、军队以及其他单位；所称个人，包括个体工商户以及其他个人。具体来说，通常包括以下几类：

（1）拥有土地使用权的单位和个人。

（2）拥有土地使用权的单位和个人不在土地所在地的，其土地的实际使用人和代管人为纳税人。

（3）土地使用权未确定或权属纠纷未解决的，其实际使用人为纳税人。

（4）土地使用权共有的，共有各方都是纳税人，由共有各方分别纳税。

二、征税范围

城镇土地使用税的征税对象是土地，征税范围包括在城市、县城、建制镇和工矿区内的国家所有的土地和集体所有的土地。

建立在城市、县城、建制镇和工矿区以外的工矿企业则不需缴纳城镇土地使用税。对农林牧渔业用地和农民居住用房屋及土地，不征收房产税和土地使用税。

自 2009 年 1 月 1 日起，公园、名胜古迹内的索道公司经营用地，应按规定缴纳城镇土地使用税。

自 2009 年 12 月 1 日起，单独建造的地下建筑用地，按规定征收城填土地使用税。已取得地下土地使用权证的，按土地使用权证确认的土地面积计算应征税款；未取得地下土地使用权证或地下土地使用权证上未标明土地面积的，按地下建筑垂直投影面积计算应征税款。对上述地下建筑用地暂按应征税款的 50% 征收城镇土地使用税。

三、城镇土地使用税的税率

城镇土地使用税采用定额税率，即采用有幅度的差别税额，按大、中、小城市和县城、建制镇、工矿区分别规定每平方米土地使用税年应纳税额，具体标准见表6－5。

表6－5　城镇土地使用税税率表

级别	人口/人	每平方米税额/元
大城市	50万以上	1.5～30
中等城市	20万～50万	1.2～24
小城市	20万以下	0.9～18
县城、建制镇、工矿区		0.6～12

各省、自治区、直辖市人民政府可根据市政建设情况和经济繁荣程度在规定税额幅度内，确定所辖地区的适用税额幅度。经济落后地区，土地使用税的适用税额标准可适当降低，但降低额不得超过上述规定最低税额的30%。经济发达地区的适用税额标准可以适当提高，但须报财政部批准。

四、优惠政策

（一）法定免缴土地使用税的优惠

（1）国家机关、人民团体、军队自用的土地。

（2）由国家财政部门拨付事业经费的单位自用的土地。

（3）宗教寺庙、公园、名胜古迹自用的土地。

（4）市政街道、广场、绿化地带等公共用地。

（5）直接用于农、林、牧、渔业的生产用地。

（6）经批准开山填海整治的土地和改造的废弃土地，从使用的月份免缴土地使用税5年至10年。

（7）对非营利性医疗机构、疾病控制机构和妇幼保健机构等卫生机构自用的土地，免税。

（8）企业办的学校、医院、托儿所、幼儿园，其用地能与企业其他用地明确区分的，免税。

（9）免税单位无偿使用纳税单位的土地（如公安、海关等单位使用铁路、民航等单位的土地），免税。纳税单位无偿使用免税单位的土地，纳税单位应照章纳税。纳税单位与免税单位共同使用、共有使用权土地的多层建筑，对纳税单位可按其占用的建筑面积占建筑总面积的比例计税。

（二）财政部等规定的减免城镇土地使用税

对火电厂厂区围墙外的灰场、输灰管、输油（气）管道、铁路专用线用地，免征土地使用税；对水电站的发电厂房用地（包括坝内、坝外式厂房），生产、办公、生活用地，照章征收土地使用税；对其他用地给予免税照顾；对供电部门的输电线路用地、变电站用地，免征土地使用税。

自2013年7月4日起，对改造安置住房建设用地免征城镇土地使用税。

对政府部门和企事业单位、社会团体以及个人等社会力量投资兴办的福利性、非营利性的老年服务机构，暂免征收老年服务机构自用土地的城镇土地使用税。

自2016年1月1日至2018年12月31日，对专门经营农产品的农产品批发市场、农贸市场使用（包括自有和承租，下同）的房产、土地，暂免征收房产税和城镇土地使用税。对同时经营其他产品的农产品批发市场和农贸市场使用的房产、土地，按其他产品与农产品交易场地面积的比例确定免征房产税和城镇土地使用税。

自2016年1月1日至2018年12月31日，对符合条件的孵化器自用以及无偿或通过出租等方式提供给孵化企业使用的房产、土地，免征房产税和城镇土地使用税。

2016年1月1日至2018年12月31日，对城市公交站场、道路客运站场、城市轨道交通系统运营用地，免征城镇土地使用税。城市公交站场运营用地，包括城市公交首末车站、停车场、保养场、站场办公用地、生产辅助用地。道路客运站场运营用地，包括站前广场、停车场、发车位、站务用地、站场办公用地、生产辅助用地。城市轨道交通系统运营用地，包括车站（含出入口、通道、公共配套及附属设施）、运营控制中心、车辆基地（含单独的综合维护中心、车辆段）以及线路用地，不包括购物中心、商铺等商业设施用地。

自2016年1月1日至2018年12月31日，对向居民供热而收取采暖费的供热企业，为居民供热所使用的厂房及土地免征房产税、城镇土地使用税；对供热企业其他厂房及土地，应当按规定征收房产税、城镇土地使用税。

（三）省、自治区、直辖市地方税务局确定减免土地使用税的优惠

（1）下列土地由省级地方税务局确定减免土地使用税：个人所有的居住房屋及院落用地；免税单位职工家属的宿舍用地；集体和个人办的各类学校、医院、托儿所及幼儿园用地；民政部门举办的安置残疾人占一定比例的福利工厂用地；基建项目在建期间使用的土地以及城镇集贸市场用地；各类危险品仓库、厂房所需的防火、防爆、防毒等安全防范用地等。

（2）纳税人缴纳土地使用税确有困难需要定期减免的，由省、自治区、直辖市税务机关审核后，报国家税务局批准。

五、城镇土地使用税的计算

（一）计税依据的确定

城镇土地使用税以纳税人实际占用的土地面积为计税依据，计税单位为平方米。纳税人实际占用的土地面积按下列办法确定：

（1）由省、自治区、直辖市人民政府确定的单位组织测定土地面积的，以测定的面积为准。

（2）尚未组织测量，但纳税人持有政府部门核发的土地使用证书的，以证书确认的土地面积为准。

（3）尚未核发土地使用证书的，应由纳税人申报土地面积，据以纳税，待核发土地使用证后再做调整。

（二）应纳税额的计算

城镇土地使用税按纳税人实际占用的土地面积和规定的税额按年计算，分期纳税。

年度应纳税额 = 应税土地实际占用面积 × 适用单位税额

月（或季、半年）度应纳税额 = 年度应纳税额 ÷ 12（或 4、2）

例 6-25 某公司实际占地面积共计 20 000 平方米，其中 3 000 平方米为厂区以内的绿化区，企业内学校和医院共占地 1 500 平方米，出租面积 500 平方米的土地使用权给其他企业，出借 800 平方米土地给部队做训练场地，该企业所处地段适用年税额 2 元/平方米。该企业应缴纳的城镇土地使用税为多少元?

该公司实际占用土地面积 = 20 000 - 3 000 - 1 500 - 800 = 14 700（平方米）

应缴纳城镇土地使用税额 = 14 700 × 2 = 29 400（元）

六、会计处理

企业按规定计算出应缴纳的城镇土地使用税时，借记“税金及附加”科目，贷记“应交税费——应交城镇土地使用税”科目；实际缴纳时，借记“应交税费——应交城镇土地使用税”科目，贷记“银行存款”科目。

例 6-26 承例 6-25，该企业采取按年计征、分半年缴纳方式征收。每半年缴纳城镇土地使用税的会计处理如下：

计提时：

借：税金及附加　　14 700

　　贷：应交税费——应交城镇土地使用税　　14 700

实际缴纳时：

借：应交税费——应交城镇土地使用税　　14 700

　　贷：银行存款　　14 700

例 6-27 某火电厂总共占地面积为 80 万平方米，其中围墙内占地 40 万平方米，围墙外灰场占地 3 万平方米，厂区及办公楼占地 37 万平方米，已知该火电厂所在地适用的城镇土地使用税为每平方米年税额 1.5 元。该火电厂该年应缴纳的城镇土地使用税为（　）万元。

A. 55.5　　B. 60　　C. 115.5　　D. 120

【答案】C。本题考核城镇土地使用税的计算。对于围墙外灰场用地免征城镇土地使用税。应缴纳的城镇土地使用税 = (80 - 3) × 1.5 = 115.5（万元）。

七、征收管理

（一）纳税义务发生时间

（1）新征用的耕地，自批准征用之日起满 1 年时开始缴纳土地使用税。

（2）新征用的非耕地，自批准征用次月起缴纳土地使用税。

（3）以出让或转让方式有偿取得土地使用权的，应由受让方从合同约定交付土地时间的次月起缴纳城镇土地使用税；合同未约定交付土地时间的，由受让方从合同签订的次月起缴纳城镇土地使用税。

（4）购置新建商品房，自房屋交付使用之次月起计征城镇土地使用税。

（5）购置存量房，自办理房屋权属转移、变更登记手续，房地产权属登记机关签发房屋权属证书之次月起计征城镇土地使用税。

（6）出租、出借房产，自交付出租、出借房产之次月起计征城镇土地使用税。

（二）纳税期限

城镇土地使用税按年计算、分期缴纳，一般按月、季或半年征收一次。缴纳期限由省、自治区、直辖市人民政府确定。

（三）纳税地点

城镇土地使用税的纳税地点为土地所在地，由土地所在地地税机关负责征收。纳税人使用的土地不属于同一省（自治区、直辖市）管辖范围的，应由纳税人分别向土地所在地的地税机关缴纳土地使用税。在同一省（自治区、直辖市）管辖范围内，纳税人跨地区使用的土地，如何确定纳税地点，由各省、自治区、直辖市地方税务局确定。

（四）纳税申报

进行城镇土地使用税纳税申报的纳税人，需要填报城镇土地使用税纳税申报表及城镇土地使用税税源明细表各2份。首次申报或土地信息发生变化时，应提供土地使用权证或购房合同、发票等，证明土地使用权属的材料。

任务处理

1. 业务分析

海平轻纺实业有限责任公司实际拥有土地面积15 000平方米，其中公司自办医院用地1 500平方米，幼儿园占地800平方米，公司无偿提供给当地公安派出所一间平房使用，占地面积400平方米，这三项都是免税的。

2. 业务处理

（1）海平轻纺实业有限责任公司2017年应纳城镇土地使用税的计税依据，即

实际占用土地面积 = 15 000 − 1 500 − 800 − 400 = 12 300（平方米）

2017年全年应纳城镇土地使用税额 = 12 300 × 2 = 24 600（元）

（2）账务处理：

当地政府规定，城镇土地使用税采取按年计算、分半年缴纳方式征收，因此，2017年下半年公司应纳城镇土地使用税额 = 24 600 ÷ 2 = 12 300（元）

计提时：

借：税金及附加　　12 300

　　贷：应交税费——应交城镇土地使用税　　12 300

实际缴纳时：

借：应交税费——应交城镇土地使用税　　12 300

　　贷：银行存款　　12 300

任务八 处理政府性基金

导引案例

浙江海平轻纺实业有限责任公司是一家中型生产性企业，地处绍兴市枫林西路1126号，2016年10月公司应纳增值税额70 000元（其中进口商品应纳增值税15 000元），消费税额20 000元，教育费附加率为3%，公司在职职工人数为400人，其中残疾人员2人，当地上年度职工平均工资为28 000元，2016年10月取得营业收入400万元，残疾人所在地政府规定的安排比例为1.5%，水利建设专项基金征收比率为1‰，同时，在职职工每人按20元的标准缴纳水利建设专项基金。

要求：计算该公司当月应纳教育费附加、水利建设专项基金和残疾人就业保障基金，缴纳当月各项负担的政府性基金。

任务要求

（1）想想如何利用你所掌握的资源找到税法导读部分的税收法律和部门规章，并学习、了解我国政府向企业征收的各项政府性基金相关制度。

（2）根据导引案例所给资料分析该公司的经济业务，并进行政府性基金的计算与处理。

知识准备

一、基本概念

政府性基金是指政府及其所属部门根据法律、法规，为支持某项事业发展，按照国家规定程序批准，向公民、法人和其他组织征收的具有专项用途的资金，主要包括各种基金、资金、附加和专项收费。以下主要介绍常见的企业负担的政府性基金。

（一）水利建设基金

水利建设基金是按规定向国家机关、社会团体、企事业单位和在职职工征收的，用于防洪保安、重点水利工程建设的资金，由中央水利建设基金和地方水利建设基金组成。中央水利建设基金主要用于关系国民经济和社会发展全局的大江大河重点工程的维护和建设，地方水利建设基金主要用于城市防洪及中小河流、湖泊的治理、维护和建设。

根据财政部《关于取消、调整部分政府性基金有关政策的通知》，“十三五”期间，省、自治区、直辖市人民政府可以结合当地经济发展水平、相关公共事业和设施保障状况、社会承受能力等因素，自主决定免征、停征或减征地方水利建设基金。如浙江省经财政部同意已于2016年11月1日（费款所属期）起，暂停向企事业单位和个体经营者征收地方水利建设基金。

（二）残疾人就业保障基金

《中华人民共和国残疾人保障法》第三十三条规定：“国家机关、社会团体、企业事业单位、民办非企业单位应当按照规定的比例安排残疾人就业，并为其选择适当的工种和岗位。达不到规定比例的，按照国家有关规定履行保障残疾人就业义务。”《残疾人就业条例》第九条规定：“用人单位安排残疾人就业达不到其所在地省、自治区、直辖市人民政府规定比例的，应当缴纳残疾人就业保障金。”通过实行征缴残疾人就业保障金制度，既有利于推动和促进用人单位积极吸收残疾人就业，从根本上解决残疾人就业难问题；又有利于积累资金，加大对残疾人培训教育、自谋职业、扶贫救助、社会保障等工作的扶持力度，促进残疾人生活状况进一步改善，推进残疾人事业与经济社会协调发展。

（三）社会保险

1. 社会保险的概念

社会保险是指国家在既定的社会政策下，通过立法手段建立社会保险基金，在劳动者因年老、疾病、伤残、失业、生育及死亡等原因，暂时或永久失去劳动能力或劳动机会，从而失去全部或部分生活来源的时候，由国家或社会对其本人或家庭给予一定的物质帮助的社会保障制度。

2. 社会保险的主要种类

不同国家或地区社会保险险种的设置并不是统一的，无论是在名称上还是在内容上都表现出多样性。依据《中华人民共和国社会保险法》，我国建立基本养老保险、基本医疗保险、工伤保险、失业保险、生育保险等社会保险制度。建立社会保险基金，包括基本养老保险基金、基本医疗保险基金、工伤保险基金、失业保险基金和生育保险基金。

3. 社会保险的征缴范围

根据《社会保险法》规定，用人单位应当自用工之日起30日内为其职工向社会保险经办机构申请办理社会保险登记。未办理社会保险登记的，由社会保险经办机构核定其应当缴纳的社会保险费。用人单位应当自行申报、按时足额缴纳社会保险费，非因不可抗力等法定事由不得缓缴、减免。职工应当缴纳的社会保险费由用人单位代扣代缴。

基本养老保险费的征缴范围：国有企业、城镇集体企业、外商投资企业、城镇私营企业和其他城镇企业及其职工，实行企业化管理的事业单位及其职工。

基本医疗保险费的征缴范围：国有企业、城镇集体企业、外商投资企业、城镇私营企业和其他城镇企业及其职工，国家机关及其工作人员，事业单位及其职工，民办非企业单位及其职工，社会团体及其专职人员。

失业保险费的征缴范围：国有企业、城镇集体企业、外商投资企业、城镇私营企业和其他城镇企业及其职工，事业单位及其职工。

省、自治区、直辖市人民政府根据当地实际情况，可以规定将城镇个体工商户纳入基本养老保险、基本医疗保险的范围，并可以规定将社会团体及其专职人员、民办非企业单位及其职工以及有雇工的城镇个体工商户及其雇工纳入失业保险的范围。

根据《工伤保险条例》规定，我国境内的企业、事业单位、社会团体、民办非企业单位、基金会、律师事务所、会计师事务所等组织和有雇工的个体工商户应当依条例规定参加工伤保险，为本单位全部职工或者雇工缴纳工伤保险费。用人单位应当按时缴纳工伤保险费。职工个人不缴纳工伤保险费。工伤保险费的征缴按照《社会保险费征缴暂行条例》关于基本养老保险费、基本医疗保险费、失业保险费的征缴规定执行。

根据《企业职工生育保险试行办法》规定，由企业按照其工资总额的一定比例向社会保险经办机构缴纳生育保险费，建立生育保险基金。生育保险基金是由用人单位缴纳，职工个人不缴纳生育保险费。

依据《生育保险和职工基本医疗保险合并实施试点方案》，在河北省邯郸市、山西省晋中市、辽宁省沈阳市、江苏省泰州市、安徽省合肥市、山东省威海市、河南省郑州市、湖南省岳阳市、广东省珠海市、重庆市、四川省内江市、云南省昆明市开展生育保险和职工基本医疗保险合并实施试点。未纳入试点地区不得自行开展试点工作。2017 年 6 月底前启动试点，试点期限为一年左右。生育保险基金并入职工基本医疗保险基金，统一征缴。试点期间，可按照用人单位参加生育保险和职工基本医疗保险的缴费比例之和确定新的用人单位职工基本医疗保险费率，个人不缴纳生育保险费。

二、常见政府性基金的计征依据及征收率

（一）水利建设基金

中央水利建设基金主要从以下 3 个方面提取：①从车辆购置税收入中定额提取；②从铁路建设基金、港口建设费收入中提取 3%；③经国务院批准的其他可用于水利建设基金的资金。

地方水利建设基金主要从以下 4 个方面提取：①从地方收取的政府性基金和行政事业性收费收入中提取 3%；②经财政部批准，各省、自治区、直辖市向企事业单位和个体经营者征收的水利建设基金；③地方人民政府按规定从中央对地方成品油价格和税费改革转移支付奖金中足额安排资金，划入水利建设基金；④有重点防洪任务和水资源严重短缺的城市要从征收的城市维护建设税中划出不少于 15% 的资金，用于城市防洪和水源工程建设，具体比例由省、自治区、直辖市人民政府确定。

（二）残疾人就业保障基金

残疾人就业保障基金是指在实施分散按比例安排残疾人就业的地区，凡安排残疾人达不到省、自治区、直辖市人民政府规定比例的机关、团体、企业事业单位和城乡集体经济组织，根据地方有关法规的规定，按照年度差额人数和上年度本地区职工年平均工资计算缴纳用于残疾人就业的专项资金。其按属地原则缴纳，中央部门所属单位按照所在地地方法规的有关规定办理。机关、团体、企业事业单位和城乡集体经济组织，应当按照《中华人民共和国残疾人保障法》的有关规定，积极创造条件，逐步达到规定的安排比例。各地规定的安排比例不同，一般为从业人员总数的 1.5%。

自 2017 年 4 月 1 日起，用人单位在职职工年平均工资未超过当地社会平均工资（用人单位所在地统计部门公布的上年度城镇单位就业人员平均工资）3 倍（含）的，按用人单位在职职工年平均工资计征残疾人就业保障金；超过当地社会平均工资 3 倍以上的，按当地社会平均工资 3 倍计征残疾人就业保障金。

应缴残疾人就业保障基金 =（上年用人单位在职职工人数 × 所在地省、自治区、直辖市人民政府规定的安排残疾人就业比例（如 1.5%）－上年用人单位实际安排的残疾人就业人数）× 上年用人单位在职职工年平均工资

（三）社会保险基金

根据《关于阶段性降低社会保险费率的通知》（人社部发［2016］36 号）规定，从 2016

年5月1日起，企业职工基本养老保险单位缴费比例超过20%的省（区、市），将单位缴费比例降至20%；单位缴费比例为20%且2015年年底企业职工基本养老保险基金累计结余可支付月数高于9个月的省（区、市），可以阶段性将单位缴费比例降低至19%，降低费率的期限暂按两年执行。失业保险总费率在2015年已降低1个百分点基础上可以阶段性降至1%～1.5%，其中个人费率不超过0.5%，降低费率的期限暂按两年执行。具体方案由各省（区、市）确定。

自2015年10月1日起，不同工伤风险类别的行业执行不同的工伤保险行业基准费率。各行业工伤风险类别对应的全国工伤保险行业基准费率为：一类～八类分别控制在该行业用人单位职工工资总额的0.2%、0.4%、0.7%、0.9%、1.1%、1.3%、1.6%、1.9%左右，并根据行业风险程度细化基准费率档次，根据工伤发生率对单位（企业）适当上浮或下浮费率。将生育保险费率从不超过1%降到不超过0.5%

因为各地社会保险缴费基数和缴费比例不一致，下文仅以浙江省为例进行具体介绍。

1. 基本养老保险费的计费依据和费率

用人单位每月按照全部职工工资总额的一定比例缴纳基本养老保险费，缴费比例一般不得超过20%，并应当随着职工个人缴费比例的提高而逐步下降。具体比例按照国家和省人民政府规定的权限审批确定。职工个人每月按照本人上一年度月平均工资（以下简称缴费工资）的一定比例缴纳基本养老保险费，缴费比例根据经济发展水平和职工工资的增长逐步提高，最终达到本人缴费工资的8%。具体比例由省人民政府规定。职工缴费工资低于上一年度全省职工月平均工资60%的，按照60%确定；高于上一年度全省职工月平均工资300%的，按照300%确定。全省职工月平均工资以省统计部门定期公布的数字为准。城镇个体劳动者每月按照缴费工资的17%缴纳基本养老保险费，其缴费工资低于上一年度全省职工月平均工资60%的，按照60%确定；高于上一年度全省职工月平均工资300%的，按照300%确定。省人民政府可以根据本省实际，对城镇个体劳动者的缴费标准进行调整。

2. 基本医疗保险费的计费依据和费率

基本医疗保险费由用人单位和职工共同缴纳。用人单位缴费率应控制在职工工资总额的6%左右，职工缴费率一般为本人工资收入的2%。随着经济的发展，用人单位和职工缴费率可做相应调整。

3. 失业保险费的计费依据和费率

企业、事业单位、社会团体、民办非企业单位、城镇个体工商户，按照本单位全部职工工资总额的2%缴纳失业保险费；国家机关按照本单位劳动合同制职工工资总额的2%缴纳失业保险费。职工个人按照本人工资的1%缴纳失业保险费，其中农民合同制职工本人不缴纳失业保险费。

4. 工伤保险费的计费依据和费率

工伤保险费由企业按照职工工资总额的一定比例缴纳，职工个人不缴纳工伤保险费。工伤保险费根据各行业的伤亡事故风险和职业危害程度的类别实行差别费率。目前将行业分为三个类别：一类为风险较小行业，二类为中等风险行业，三类为风险较大行业。三类行业的基准费率分别控制在用人单位职工工资总额的0.5%左右、1.0%左右、2.0%左右。

5. 生育保险费的计费依据和费率

企业应按职工工资总额的0.5%～1%缴纳生育保险费，具体提取比例由当地根据计划内生育人数、应付的生育津贴、生育补偿和医疗费用等情况确定。职工个人不缴纳生育保险费。

三、政府性基金的优惠政策

(一) 水利建设基金的优惠政策

水利建设基金的减免政策各地规定不同，一般而言，面向企事业单位和个体经营者征收水利建设基金时下列收入、基金免缴水利建设基金：

(1) 关、停企业（须经同级财政部门审查批准）。

(2) 劳改、劳教部门取得的事业收入。

(3) 中小学的学杂费、勤工俭学收入；高等院校、中等专业学校和技工学校基金。在勤工俭学的校办企业中，凡国有和集体单位划归学校管理的企业、学校向外单位投资兴办的企业、学校与个人联营以及学校转租给外单位经营或承包给个人经营的企业不予减免。

(4) 林业部门的育林基金。

(5) 县、乡两级直接为农业服务的农、林、水、气技术推广或服务部门（包括农业科研、农技推广、植保、土肥、种子、林业、水产、畜牧兽医、农机站和农民专业技术协会）的事业收入。

(6) 农田灌溉水费收入。

(7) 民政部门管理的社会福利企事业单位和残疾人企事业单位的收入。

(8) 职工待业保险基金和退休养老基金。

(9) 事业单位经财政部门批准抵补经费不足部分的收入。

(10) 其他经省政府批准减免的项目。

(二) 残疾人就业保障基金的优惠政策

按照《残疾人就业条例》规定，国家对集中使用残疾人的用人单位依法给予税收优惠，并在生产、经营、技术、资金、物资、场地使用等方面给予扶持。凡是用人单位安排残疾人就业达到其所在地省、自治区、直辖市人民政府规定比例的，可以免缴当年度的残疾人就业保障金。

四、计算政府性基金

(一) 水利建设基金的计算

面向企事业单位和个体经营者征收的地方水利建设基金计算公式为

应缴纳的水利建设基金＝销售收入或营业收入×征收比例

(二) 残疾人就业保障基金的计算

残疾人就业保障基金计算公式为

应缴残疾人就业保障基金＝(用人单位上年度从业人员总数×所在地政府规定安排比例－

从业残疾职工数)×上年度当地从业人员年平均劳动报酬标准

企业、城乡集体经济组织缴纳的残疾人就业保障基金从管理费用中列支，机关、团体和事业单位缴纳的残疾人就业保障基金从单位预算经费包干结余或收支结余中列支。

例6-28 某单位2017年在职职工总数为50人，其在2017年8月31日安排1名残疾人就业，上年度当地从业人员年平均劳动报酬标准为41 712元，当地政府规定残疾人安排比例为1.7%，2017年应缴纳残疾人就业保障金是多少元?

2017年应缴纳残疾人就业保障金=41 712×(50×1.7% -1×5/12)=18 075.20 (元)

安排残疾人就业不满一年的，按安排残疾人就业的实际月份计算；不满一个月的，按一个月计算。

(三) 社会保险的计算

单位缴纳社会保险计算公式为

单位缴纳社会保险费用=单位缴纳基数×缴费率

以浙江省基本养老保险为例，单位缴纳职工基本养老保险按照当月全部职工工资总额的14%缴纳。在确定单位缴费基数时，职工个人当年月平均工资低于上一年度浙江省职工月平均工资60%的，按60%确定，高于300%的，按300%确定。

五、会计处理

企业按规定计算出应缴纳的水利建设基金，借记“管理费用——水利建设基金”科目，贷记“应交税费——应交水利建设基金”科目。实际上缴时，借记“应交税费——应交水利建设基金”科目，贷记“银行存款”科目。

企业按规定计算出应缴纳的残疾人就业保障金，借记“管理费用——残疾人就业保障金”科目，贷记“应交税费——应交残疾人就业保障金”科目。实际上缴时，借记“应交税费——应交残疾人就业保障金”科目，贷记“银行存款”科目。

根据企业会计准则，对于个人承担的社会保险费应计入“其他应付款——社会保险费(养老、医疗、失业保险)”科目，单位承担部分应计入“应付职工薪酬——社会保险费”科目。

计提养老、医疗、失业、生育、工伤保险（单位承担部分）的会计处理如下：

借：管理费用
　　销售费用
　　研发支出
　　制造费用
　　生产成本
　　贷：应付职工薪酬——养老保险
　　　　应付职工薪酬——医疗保险
　　　　应付职工薪酬——失业保险
　　　　应付职工薪酬——生育保险
　　　　应付职工薪酬——工伤保险

六、政府性基金的申报

（一）水利建设基金的申报

水利建设基金一般按月申报，与增值税、消费税、城市维护建设税和教育费附加一起进行申报，即每月15日前申报上月应缴纳的水利建设基金；在岗职工缴纳的水利建设基金在每年6月由所在单位代扣代缴。

（二）残疾人就业保障基金的申报

依法征缴残疾人就业保障基金，首先要做好用人单位按比例安排残疾人就业情况的申报。根据用人单位安排残疾人就业情况，核定应缴残疾人就业保障金额。各类用人单位要如实填报“单位基本情况表”，已安排残疾人的用人单位，还须填报“单位残疾职工名册”，并提交残疾职工的“残疾人证”复印件、与残疾职工签订的劳动合同、社会基本保险缴纳情况等相关资料。用人单位填写的申报表连同相关资料，应报送当地残疾人就业服务所。

（三）社会保险的申报

社会保险费的征收机构由省、自治区、直辖市人民政府规定，可以由税务机关征收，也可以由劳动保障行政部门按照国务院规定设立的社会保险经办机构征收。申报时需要填报社会保险费缴费申报表。

缴费单位必须按月向社会保险经办机构申报应缴纳的社会保险费数额，经社会保险经办机构核定后，在规定的期限内缴纳社会保险费。缴费单位和缴费个人应当以货币形式全额缴纳社会保险费。缴费个人应当缴纳的社会保险费，由所在单位从其本人工资中代扣代缴。社会保险费不得减免。

任务处理

（1）海平轻纺实业有限责任公司2016年10月应缴纳的水利建设专项基金为

应纳水利建设专项基金 =4 000 000 ×1‰ +400 ×20 =12 000（元）

（2）海平轻纺实业有限责任公司2016年10月应缴纳的残疾人就业保障基金为

应纳残疾人就业保障基金 =（400 ×1.5% −2）× 28 000 =112 000（元）

（3）账务处理：

每月应纳水利建设基金 =12 000 ÷12 =1 000（元）

每月应纳残疾人就业保障基金 =112 000 ÷12 =9 333.33（元）

计提时：

借：管理费用——水利建设基金　　1 000

　　　　　　——残疾人就业保障基金　　9 333.33

　贷：应交税费——应交水利建设基金　　1 000

　　　　　　　——应交残疾人就业保障基金　　9 333.33

实际缴纳时：

借：应交税费——应交水利建设基金　　1 000

　　　　　　——应交残疾人就业保障基金　　9 333.33

　贷：银行存款　　10 333.33

知识地图

其他税种
城市维护建设税
缴纳的增值税、消费税
税率7%、5%、1%
增值税、消费税税额之和×税率
应交税费——应交城市维护建设税
教育费附加和地方教育附加
缴纳的增值税、消费税
教育费附加3%，地方教育附加2%
增值税、消费税税额之和×税率
应交税费——应交教育费附加/地方教育附加
资源税
应税矿产品开采和生产盐
金属矿、非金属矿以及海盐
从价税率或从量税率
应交税费——应交资源税
销售额（销售数量）×税率（税额）
房产税
房屋
税率
1.2%
12%
应纳税额
房产余值×1.2%
租金×12%
应交税费——应交房产税
土地增值税
转让国有土地使用权、地上建筑物及其附着物
四级超率累进税率
增值税×适用税率-扣除项目金额×速算扣除系数
应交税费——应交土地增值税
车船税
车辆、船舶
不同的定额税率
辆（整备质量吨数、净吨位数）×适用单位税额
应交税费——应交车船税
印花税
应税合同、产权转移书据、营业账簿、权利许可证照
定额税率和从价税率
计税金额（数量）×适用税率（定额税率）
应交税费——应交印花税等
城镇土地使用税
城市、县城、建制镇和工矿区范围内使用土地
定额税率
应交税费——应交城镇土地使用税
应税土地实际占用面积×定额税率

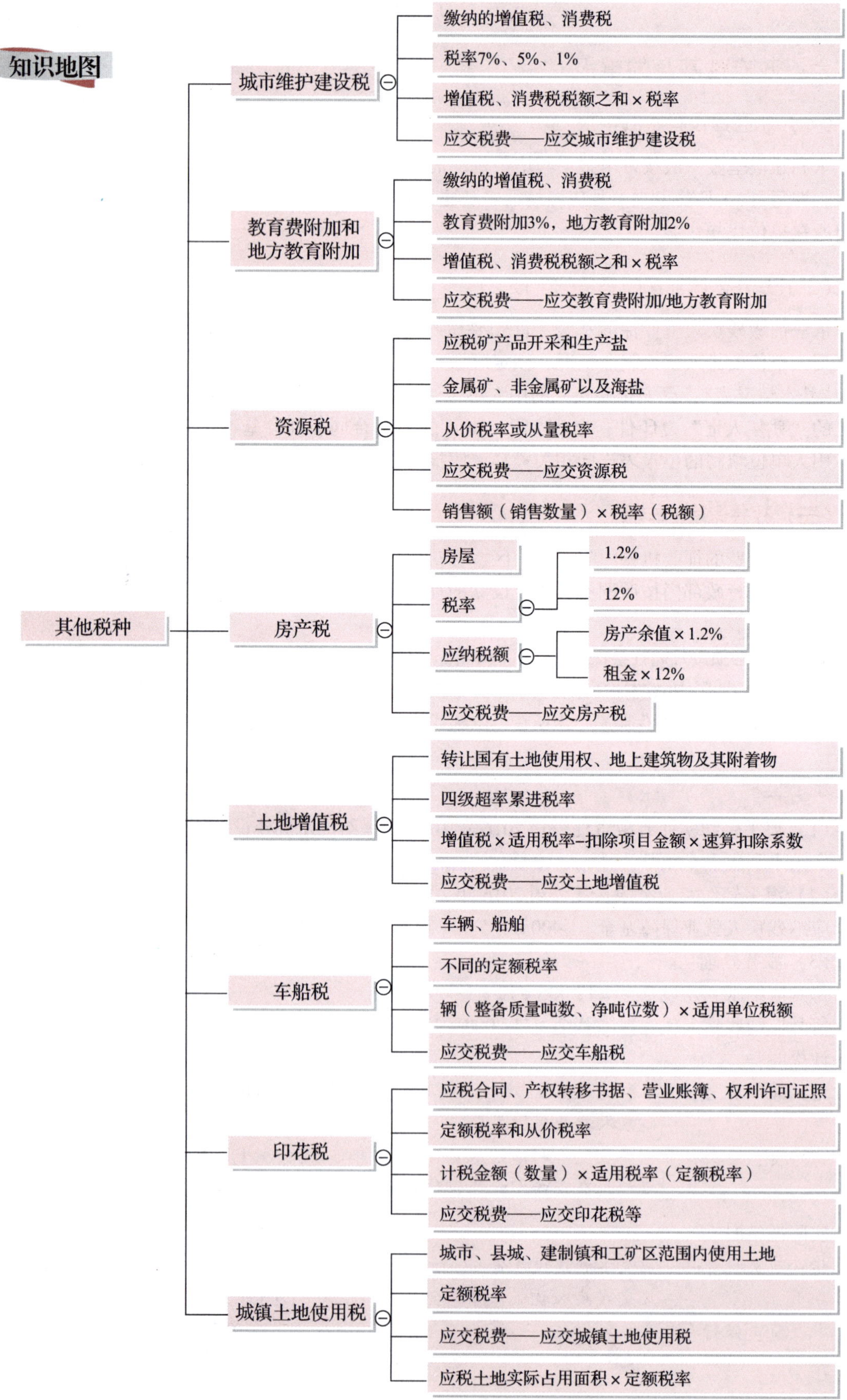

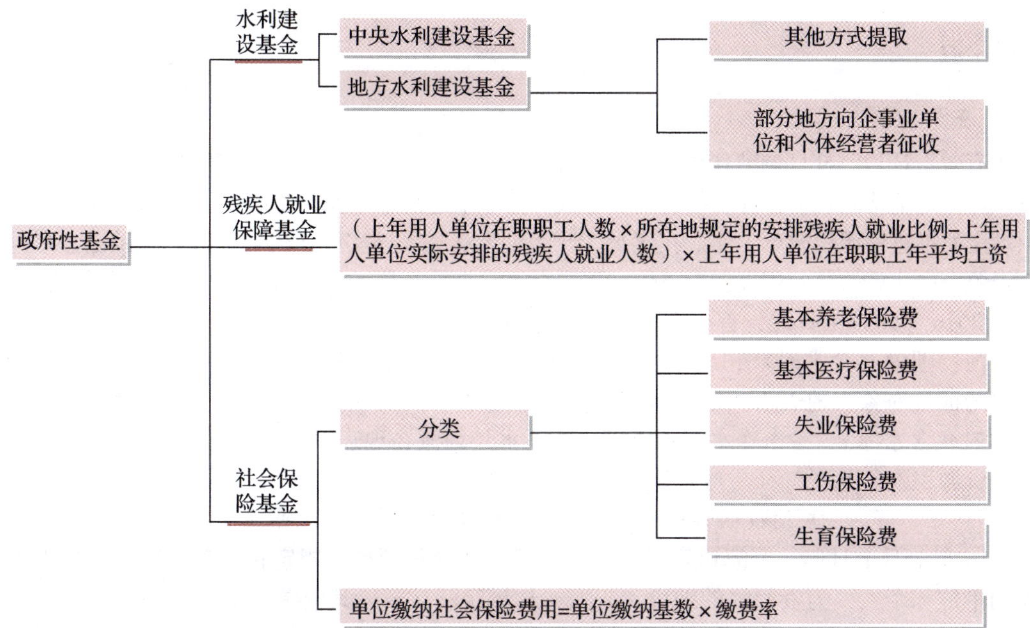

税法导读

1. 中华人民共和国城市维护建设税暂行条例
2. 财政部关于贯彻执行《中华人民共和国城市维护建设税暂行条例》几个具体问题的规定
3. 财政部、国家税务总局关于对外资企业征收城市维护建设税和教育费附加有关问题的通知
4. 国务院关于修改《中华人民共和国资源税暂行条例》的决定
5. 中华人民共和国资源税暂行条例实施细则
6. 财政部、国家税务总局关于全面推进资源税改革的通知
7. 财政部、国家税务总局关于资源税改革具体政策问题的通知
8. 中华人民共和国土地增值税暂行条例
9. 财政部、国家税务总局关于土地增值税一些具体问题规定的通知
10. 中华人民共和国土地增值税暂行条例实施细则
11. 财政部、国家税务总局关于土地增值税若干问题的通知
12. 国家税务总局关于营改增后土地增值税若干征管规定的公告
13. 国家税务总局关于房地产开发企业土地增值税清算管理有关问题的通知
14. 中华人民共和国房产税暂行条例
15. 财政部、国家税务总局关于房产税若干具体问题的解释和暂行规定
16. 中华人民共和国车船税法实施条例
17. 财政部、国家税务总局、工业和信息化部关于节约能源、使用新能源车船车船税政策的通知
18. 中华人民共和国印花税暂行条例
19. 中华人民共和国印花税暂行条例施行细则
20. 国家税务局关于印花税若干具体问题的规定
21. 财政部、国家税务总局关于金融机构与小型微型企业签订借款合同免征印花税的通知

知识拓展

1. 资源税改革问题

为有效发挥税收杠杆调节作用，促进资源行业持续健康发展，推动经济结构调整和发展方式转变，在坚持清费立税、合理负担、适度分权和循序渐进的基本原则基础上，从2016年开始，我国启动全面推进资源税改革工作。在煤炭、原油、天然气等已实施从价计征改革基础上，对其他矿产资源全面实施改革。积极创造条件，逐步对水、森林、草场、滩涂等自然资源开征资源税。

自2016年7月1日起，首先在河北省实施水资源税改革试点。利用取水工程或者设施直接从江河、湖泊（含水库）和地下取用地表水、地下水的单位和个人，为水资源税纳税人。水资源税的征税对象为地表水和地下水。地表水是陆地表面上动态水和静态水的总称，包括江、河、湖泊（含水库）、雪山融水等水资源。地下水是埋藏在地表以下各种形式的水资源。

水资源税实行从量计征。应纳税额计算公式为

$$应纳税额=取水口所在地税额标准\times实际取用水量。$$

2016年7月1日起，上海市定对黏土、矿泉水征收资源税，规定在上海市域开采黏土和矿泉水的单位和个人，为资源税的纳税人。实行从量定额计征，其资源税适用税率分别为：黏土适用税率为3元/立方米；开采矿泉水生产桶装或瓶装矿泉水的，适用税率为7元/吨；开采矿泉水生产啤酒的，适用税率为4元/吨。在上海市行政区域内开采黏土、矿泉水的纳税人，应按规定缴纳资源税。

2. 房产税改革

（1）重庆市房产税改革试点。

自2017年1月14日起，重庆市人民政府决定在部分区域开展对部分个人住房征收房产税改革试点。个人住房房产税的征收对象为个人拥有的独栋商品住宅，个人新购的高档住房，在重庆市同时无户籍、无企业、无工作的个人新购的第二套（含）以上的普通住房（自2017年1月14日起调整为“在重庆市同时无户籍、无企业、无工作的个人新购的首套及以上的普通住房”）。未列入征税范围的个人高档住房、多套普通住房，将适时纳入征税范围。

应税住房的计税价值为房产交易价，待条件成熟时按房产评估值征税。凡纳入征收对象的应税住房用于出租的，按试点相关规定征收缴纳房产税后，不再以租金收入计征房产税。

独栋商品住宅和高档住房建筑面积交易单价达到上两年主城九区新建商品住房成交建筑面积均价3倍以下的住房，税率为0.5%；3倍（含）至4倍的，税率为1%；4倍（含）以上的税率为1.2%。

在重庆市同时无户籍、无企业、无工作的个人新购第二套（含）以上的普通住房，税率为0.5%。

个人住房房产税应纳税额的计算公式为

$$应纳税额=应税建筑面积\times建筑面积交易单价\times税率$$

应税建筑面积是指纳税人应税住房的建筑面积扣除免税面积后的面积。纳税人在试点办法施行前拥有的独栋商品住宅，免税面积为180平方米；新购的独栋商品住宅、高档住房，免税面积为100平方米。免税面积以家庭为单位进行扣除，一个家庭只能对一套应税住房扣除免税面积。在重庆市同时无户籍、无企业、无工作的个人的应税住房均不扣除免税面积。

（2）上海市房产税改革试点。

从2011年1月28日起，上海市试点对本市居民家庭在本市新购且属于该居民家庭第二套及以上的住房（包括新购的二手存量住房和新建商品住房，下同）和非本市居民家庭在本市新购的住房（以下统称“应税住房”）征收房产税。居民家庭住房套数根据居民家庭（包括夫妻

双方及其未成年子女）在上海市拥有的住房情况确定。

计税依据为参照应税住房的房地产市场价格确定的评估值，评估值按规定周期进行重估。试点初期，暂以应税住房的市场交易价格作为计税依据。房产税暂按应税住房市场交易价格的70%计算缴纳。

适用税率暂定为0.6%。应税住房每平方米市场交易价格低于上海市上年度新建商品住房平均销售价格2倍（含2倍）的，税率暂减为0.4%。

3. 我国现行税制体系中的其他税种

（1）车辆购置税。

在中华人民共和国境内购置（包括购买、进口、自产、受赠、获奖或者以其他方式取得并自用应税车辆的行为）应税车辆（包括汽车、摩托车、电车、挂车、农用运输车）的单位和个人，为车辆购置税的纳税人，应当依法缴纳车辆购置税。车辆购置税的税率为10%，自2017年1月1日起至12月31日止，对购置1.6升及以下排量的乘用车减按7.5%的税率征收车辆购置税。自2018年1月1日起，恢复按10%的法定税率征收车辆购置税。

车辆购置税实行从价定率的办法计算应纳税额。应纳税额的计算公式为

$$应纳税额 = 计税价格 \times 税率$$

外国驻华使馆、领事馆和国际组织驻华机构及其外交人员自用的车辆，免税；中国人民解放军和中国人民武装警察部队列入军队武器装备订货计划的车辆，免税；设有固定装置的非运输车辆，免税；有国务院规定予以免税或者减税的其他情形的，按照规定免税或者减税。

自2017年1月1日起至12月31日止，对购置1.6升及以下排量的乘用车减按7.5%的税率征收车辆购置税。自2018年1月1日起，恢复按10%的法定税率征收车辆购置税。

车辆购置税由国家税务局征收。车辆购置税实行一车一申报制度。车辆购置税税款应当一次缴清。纳税人购买自用应税车辆的，应当自购买之日起60日内申报纳税；进口自用应税车辆的，应当自进口之日起60日内申报纳税；自产、受赠、获奖或者以其他方式取得并自用应税车辆的，应当自取得之日起60日内申报纳税。

（2）烟叶税。

在中华人民共和国境内收购烟叶（是指晾晒烟叶、烤烟叶）的单位为烟叶税的纳税人。烟叶税实行比例税率，税率为20%。

烟叶税应纳税额的计算公式为

$$应纳税额 = 烟叶收购金额 \times 税率$$

烟叶税由地方税务机关征收。烟叶税的纳税义务发生时间为纳税人收购烟叶的当天。纳税人收购烟叶，应当向烟叶收购地的主管税务机关申报纳税。纳税人应当自纳税义务发生之日起30日内申报纳税。

此外，2017年全国人大已将烟叶税法列入立法工作计划。

（3）船舶吨税。

自中华人民共和国境外港口进入境内港口的船舶（以下称应税船舶），应缴纳船舶吨税（以下简称吨税）。吨税设置优惠税率和普通税率。中华人民共和国籍的应税船舶，船籍国（地区）与中华人民共和国签订含有相互给予船舶税费最惠国待遇条款的条约或者协定的应税船舶，适用优惠税率。其他应税船舶，适用普通税率。吨税按照船舶净吨位和吨税执照期限征收。

吨税的应纳税额按照船舶净吨位乘以适用税率计算。

吨税由海关负责征收。吨税纳税义务发生时间为应税船舶进入港口的当日。

免征船舶吨税的情况包括：应纳税额在人民币50元以下的船舶；自境外以购买、受赠、继承等方式取得船舶所有权的初次进口到港的空载船舶；吨税执照期满后24小时内不上下客

货的船舶；非机动船舶（不包括非机动驳船）；捕捞、养殖渔船；避难、防疫隔离、修理、终止运营或者拆解，并不上下客货的船舶；军队、武装警察部队专用或者征用的船舶；依照法律规定应当予以免税的外国驻华使领馆、国际组织驻华代表机构及其有关人员的船舶；国务院规定的其他船舶免征吨税。

此外，2017 年全国人大已将船舶吨税法列入立法工作计划。

（4）耕地占用税。

为了合理利用土地资源，加强土地管理，保护耕地，我国规定占用耕地（是指用于种植农作物的土地）建房（包括建设建筑物和构筑物。农田水利占用耕地的，不征收耕地占用税）或者从事非农业建设的单位或者个人，为耕地占用税的纳税人，应当依法缴纳耕地占用税。

耕地占用税由地方税务机关负责征收。耕地占用税以纳税人实际占用的耕地面积为计税依据，按照规定的适用税额一次性征收。

耕地占用税的税额规定如下：人均耕地不超过 1 亩（1 亩 =666.6 平方米）的地区（以县级行政区域为单位，下同），每平方米为 10 元至 50 元；人均耕地超过 1 亩但不超过 2 亩的地区，每平方米为 8 元至 40 元；人均耕地超过 2 亩但不超过 3 亩的地区，每平方米为 6 元至 30 元；人均耕地超过 3 亩的地区，每平方米为 5 元至 25 元。经济特区、经济技术开发区和经济发达且人均耕地特别少的地区，适用税额可以适当提高。

军事设施占用耕地；学校、幼儿园、养老院、医院占用耕地等情形免征耕地占用税。铁路线路、公路线路、飞机场跑道、停机坪、港口、航道占用耕地，减按每平方米 2 元的税额征收耕地占用税。农村居民占用耕地新建住宅，按照当地适用税额减半征收耕地占用税。农村烈士家属、残疾军人、鳏寡孤独以及革命老根据地、少数民族聚居区和边远贫困山区生活困难的农村居民，在规定用地标准以内新建住宅缴纳耕地占用税确有困难的，经所在地乡（镇）人民政府审核，报经县级人民政府批准后，可以免征或者减征耕地占用税。

（5）契税。

在中华人民共和国境内转移土地、房屋权属（是指土地使用权、房屋所有权），承受（是指以受让、购买、受赠、交换等方式取得土地、房屋权属的行为）的单位和个人为契税的纳税人，应当依法缴纳契税。

转移土地、房屋权属是指：国有土地使用权出让；土地使用权转让，包括出售、赠予和交换；房屋买卖；房屋赠予；房屋交换。但不包括农村集体土地承包经营权的转移。

以土地、房屋权属作价投资、入股，以获奖方式承受土地、房屋权属，以预购方式或者预付集资建房款方式承受土地、房屋权属等情形，视同土地使用权转让、房屋买卖或者房屋赠予征税。土地使用权交换、房屋交换，交换价格不相等的，由多交付货币、实物、无形资产或者其他经济利益的一方缴纳税款。交换价格相等的，免征契税。而土地使用权与房屋所有权之间相互交换，应依法缴纳契税。

契税税率为3% ~5%。契税的适用税率，由省、自治区、直辖市人民政府在前款规定的幅度内按照本地区的实际情况确定，并报财政部和国家税务总局备案。

契税的计税依据具体规定如下：国有土地使用权出让、土地使用权出售、房屋买卖，为成交价格（是指土地、房屋权属转移合同确定的价格，包括承受者应交付的货币、实物、无形资产或者其他经济利益）；土地使用权赠予、房屋赠予，由征收机关参照土地使用权出售、房屋买卖的市场价格核定；土地使用权交换、房屋交换，为所交换的土地使用权、房屋的价格的差额。成交价格明显低于市场价格并且无正当理由的，或者所交换土地使用权、房屋的价格的差额明显不合理并且无正当理由的，由征收机关参照市场价格核定。

契税应纳税额计算公式为

应纳税额 = 计税依据 × 税率

契税优惠政策包括：国家机关、事业单位、社会团体、军事单位承受土地、房屋用于办公、教学、医疗、科研和军事设施的免征契税；城镇职工按规定第一次购买公有住房的；因不可抗力灭失住房而重新购买住房的，酌情准予减征或者免征；财政部规定其他减征、免征契税的项目。

（6）环境保护税。

为了保护和改善环境，减少污染物排放，推进生态文明建设，2016 年 12 月 25 日第十二届全国人民代表大会常务委员会第二十五次会议通过《中华人民共和国环境保护税法》，并自 2018 年 1 月 1 日起施行。

在中华人民共和国领域和中华人民共和国管辖的其他海域，直接向环境排放应税污染物（大气污染物、水污染物、固体废物和噪声）的企事业单位和其他生产经营者为环境保护税的纳税人，应当依法缴纳环境保护税。环境保护税的税目、税额，依照《中华人民共和国环境保护税法》所附“环境保护税税目税额表”执行。

企业事业单位和其他生产经营者向依法设立的污水集中处理、生活垃圾集中处理场所排放应税污染物的；以及在符合国家和地方环境保护标准的设施、场所储存或者处置固体废物的不属于直接向环境排放污染物，不缴纳相应污染物的环境保护税。

依法设立的城乡污水集中处理、生活垃圾集中处理场所超过国家和地方规定的排放标准向环境排放应税污染物的，应当缴纳环境保护税。企业事业单位和其他生产经营者储存或者处置固体废物不符合国家和地方环境保护标准的，应当缴纳环境保护税。

应税污染物的计税依据，按照下列方法确定：①应税大气污染物按照污染物排放量折合的污染当量数确定；②应税水污染物按照污染物排放量折合的污染当量数确定；③应税固体废物按照固体废物的排放量确定；④应税噪声按照超过国家规定标准的分贝数确定。

环境保护税应纳税额按照下列方法计算：

①应税大气污染物的应纳税额为污染当量数乘以具体适用税额；

②应税水污染物的应纳税额为污染当量数乘以具体适用税额；

③应税固体废物的应纳税额为固体废物排放量乘以具体适用税额；

④应税噪声的应纳税额为超过国家规定标准的分贝数对应的具体适用税额。

暂予免征环境保护税的情形包括：农业生产（不包括规模化养殖）排放应税污染物的；机动车、铁路机车、非道路移动机械、船舶和航空器等流动污染源排放应税污染物的；依法设立的城乡污水集中处理、生活垃圾集中处理场所排放相应应税污染物，不超过国家和地方规定的排放标准的；纳税人综合利用的固体废物，符合国家和地方环境保护标准的；国务院批准免税的其他情形。

环境保护税纳税义务发生时间为纳税人排放应税污染物的当日。纳税人应当向应税污染物排放地的税务机关申报缴纳环境保护税。

环境保护税按月计算，按季申报缴纳。纳税人按季申报缴纳的，应当自季度终了之日起 15 日内，向税务机关办理纳税申报并缴纳税款。纳税人按次申报缴纳的，应当自纳税义务发生之日起 15 日内，向税务机关办理纳税申报并缴纳税款。不能按固定期限计算缴纳的，可以按次申报缴纳。

4. 其他税种在会计考证中的要求

这些小税种在会计各类资格考试中的地位不断提高。初级会计资格考试中专门有“其他税收法律制度”一章，涉及房产税、土地增值税、城镇土地使用税、车船税、印花税、资源税、城市维护建设税与教育费附加以及其他相关税收的法律制度。要求考生掌握相关税种的纳税人、征税对象（征收范围）、税率（税目）、计税依据、应纳税额的计算；熟悉相关税种的征收优惠；了解相关税种的征收管理。

项目七　企业所得税纳税实务

知识目标

1. 理解企业所得税基本概念。
2. 理解企业所得税纳税义务人的划分依据。
3. 熟悉企业所得税征税范围及税率。
4. 掌握不同企业所得税纳税人的应纳税额计算方法。
5. 掌握企业所得税的会计处理方法。
6. 掌握企业所得税纳税申报基本知识和流程。

技能目标

1. 能根据经济业务进行企业所得税判断。
2. 能准确计算企业所得税并进行账务处理。
3. 能熟练填制企业所得税纳税申报表。
4. 能够进行企业所得税纳税申报操作。

学习导航

本项目 PPT

导引案例

企业基本情况

浙江百佳信息科技有限公司，法定代表人：赵平。财务负责人：王琦。社会统一信用代码：913300014567XX215G。公司主要经营范围为：计算机终端及外部设备、金融机具、电子产品、税控机具及商用电子设备、计量仪表、安防产品、通信及网络产品以及数字音频视频产品的开发、生产、销售与服务；计算机软件开发、系统集成和服务，电子产品及零部件加工制造等。

企业所得税税率 25%，增值税税率 17%。印花税（购销合同）的计税依据为主营业务收入的 60%，税率为 0.03%。水利建设基金的计税依据为主营业务收入，税率为 1‰。城市维护建设税计税基础为实缴的增值税，税率为 7%。教育费附加计税基础为实缴的增值税，税率为 3%。

以下是该公司 2016 年 7 月业务中部分原始资料：

1. 2016 年 7 月 15 日

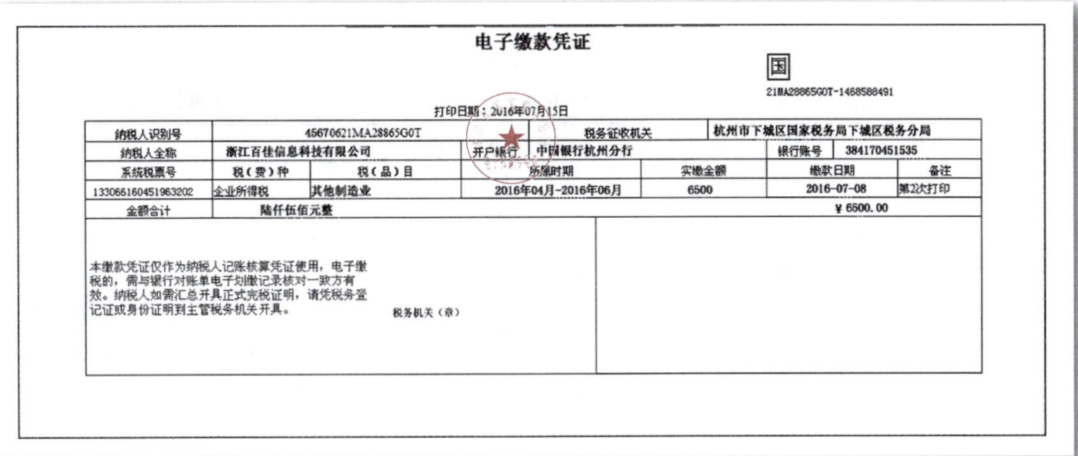

电子缴款凭证

国

21MA28865G0T-1468588491

打印日期：2016年07月15日

纳税人识别号	45670621MA28865G0T			税务征收机关	杭州市下城区国家税务局下城区税务分局	
纳税人全称	浙江百佳信息科技有限公司		开户银行	中国银行杭州分行	银行账号	384170451535
系统税票号	税（费）种	税（品）目	所属时期	实缴金额	缴款日期	备注
133066160451963202	企业所得税	其他制造业	2016年04月-2016年06月	6500	2016-07-08	第2次打印
金额合计	陆仟伍佰元整				¥6500.00	

本缴款凭证仅作为纳税人记账核算凭证使用，电子缴税的，需与银行对账单电子划缴记录核对一致方有效。纳税人如需汇总开具正式完税证明，请凭税务登记证或身份证明到主管税务机关开具。

税务机关（章）

图7-1　所得税完税凭证

2. 2016年7月31日

表7-1　应纳税额（增值税）计算单

2016年7月　　　　（单位：万元）

上期留抵税额	本期进项税额	本期销项税额	本期应纳税额
0	101.34	113.26	11.92

会计主管：王琦　　　　制表：王琦

表7-2　应交税费计算表

年　　月　　　　（单位：元）

税种、税目	计税依据	税　　率	应收税金	备　　注
城建税				
教育费附加				
印花税				
水利建设基金				
合　　计				

会计主管：　　　　制表：

3. 2016年7月31日

表 7－3　库存商品计算单

2016 年 7 月　　　　（单位：万元）

项　　目	计算机终端设备	计算机外部设备		合　　计
期初余额	189	56		245
本期完工	311	168		479
合计	500	224		724
本期销售	300	120		420
本期余额	200	104		304

会计主管：王琦　　　　制表：王琦

4. 2016 年 7 月 31 日

表 7－4　2016 年 7 月收入汇总表

（单位：万元）

项　　目	金　　额
计算机终端设备	800
计算机外部设备	120
主营业务收入小计	920
出租包装物	6
其他业务收入小计	6
企业债券利息收入	8
国库券利息收入	6
投资收益小计	14
处置固定资产	10
营业外收入小计	10
总　　计	950

制表：王琦　　　　会计主管：王琦

5. 2016 年 7 月 31 日

表 7－5　2016 年 7 月费用汇总表

（单位：万元）

项　　目	金　　额
销售费用	15
管理费用	60
财务费用	9
营业外支出	
总　　计	84

制表：王琦　　　　会计主管：王琦

任务一　认识企业所得税

任务要求

（1）想想如何利用你所掌握的资源找到税法导读部分的税收法律和部门规章，并学习、了解我国的企业所得税制度。

（2）根据导引案例所给资料分析浙江百佳信息科技有限公司2016年7月的经济业务，并进行企业所得税判断与分析。

知识准备

企业所得税是国家对我国境内的企业和其他取得收入的组织的生产经营所得和其他所得依法征收的一种直接税。它是国家参与企业利润分配的重要手段。

一、企业所得税的纳税人

在中华人民共和国境内，企业和其他取得收入的组织（以下统称企业）为企业所得税的纳税人。除个人独资企业、合伙企业不征收企业所得税外，其他企业均为企业所得税的纳税人。

> 为支持和鼓励个人投资兴办企业，促进国民经济持续、快速、健康发展，国务院决定，自2000年1月1日起，对个人独资企业和合伙企业停止征收企业所得税，其投资者的生产经营所得，比照个体工商户的生产、经营所得征收个人所得税。

缴纳企业所得税的企业分为居民企业和非居民企业。

居民企业是指依法在中国境内成立，或者依照外国（地区）法律成立但实际管理机构在中国境内的企业。例如，在我国注册成立的沃尔玛（中国）公司、通用汽车（中国）公司，就是我国的居民企业；在德国、法国等国家或地区注册的公司，但实际管理机构在我国境内，也是属于我国的居民企业。

> 实际管理机构是指对企业的生产经营、人员、财务、财产等实施实质性全面管理和控制的机构。

非居民企业是指依照外国（地区）法律成立且实际管理机构不在中国境内，但在中国境内设立机构、场所的，或者在中国境内未设立机构、场所，但有来源于中国境内所得的企业。例如，在我国设立代表处及其他分支机构等的外国企业。

例7－1 根据企业所得税法律制度的规定，下列各项中，不属于企业所得税纳税人的是（　　）。

A. 事业单位　　B. 合伙企业　　C. 社会团体　　D. 民办非企业单位

【答案】B。合伙企业缴纳个人所得税。

二、企业所得税的征税对象

企业所得税的征税对象是企业取得的生产经营所得和其他所得。企业所得税的应纳所得税所得包括来源于中国境内、境外的所得。

居民企业应当就其来源于中国境内、境外的所得缴纳企业所得税。

非居民企业在中国境内设立机构、场所的，应当就其所设机构、场所取得的来源于中国境内的所得，以及发生在中国境外但与其所设机构、场所有实际联系的所得，缴纳企业所得税。

实际联系是指非居民企业在中国境内设立的机构、场所拥有据以取得所得的股权、债券，以及拥有、管理、控制据以取得所得的财产等。

非居民企业在中国境内未设立机构、场所的，或者虽设立机构、场所，但取得的所得与其所设机构、场所没有实际联系的，应当就其来源于中国境内的所得缴纳企业所得税。

三、企业所得税的税率

企业所得税实行比例税率。比例税率简便易行，透明度高，不会因征税而改变企业间收入分配比例，有利于促进效率的提高。现行规定如下：

（一）基本税率

基本税率为25%，适用于居民企业和在中国境内设有机构、场所且所得与机构、场所有关联的非居民企业。

（二）低税率

低税率为20%，适用于在中国境内未设立机构、场所的，或者虽设立机构、场所但取得的所得与其所设机构、场所没有实际联系的非居民企业。但实际征税时适用10%税率。

此外，国家需要重点扶持的高新技术企业，按15%的税率征收企业所得税。

卡哇伊公司已经被认定为高新技术企业，请问该公司要享受15%的企业所得税税率需要经过税务机关审批吗?

四、企业所得税的税收优惠

税收优惠政策是指为了照顾某些纳税人的特殊情况而给予减征或免征所得税款的规定。税法规定的企业所得税的税收优惠方式包括免税、减税、加计扣除、加速折旧、减计收入、税额抵免等。

企业同时从事适用不同企业所得税待遇的项目的，其优惠项目应当单独计算所得，并合理分摊企业的期间费用；没有单独计算的，不得享受企业所得税优惠。

（一）免税与减税优惠

1. 从事农、林、牧、渔业项目的所得

企业（包括“公司＋农户”经营模式的企业）从事农、林、牧、渔业项目的所得，包括免征和减征两部分。

（1）企业从事下列项目的所得，免征企业所得税：①蔬菜、谷物、薯类、油料、豆类、棉花、麻类、糖料、水果、坚果的种植；②农作物新品种的选育；③中药材的种植；④林木的培育和种植；⑤牲畜、家禽的饲养；⑥林产品的采集；⑦灌溉、农产品初加工、兽医、农技推广、农机作业和维修等农、林、牧、渔服务业项目；⑧远洋捕捞。

（2）企业从事下列项目的所得，减半征收企业所得税：①花卉、茶以及其他饮料作物和香料作物的种植；②海水养殖、内陆养殖等。

2. 从事国家重点扶持的公共基础设施项目投资经营的所得

企业从事国家重点扶持的公共基础设施项目的投资经营的所得，自项目取得第一笔生产经营收入所属纳税年度起，第一年至第三年免征企业所得税，第四年至第六年减半征收企业所得税。

企业承包经营、承包建设和内部自建自用上述规定的项目，不得享受上述企业所得税优惠。

国家重点扶持的公共基础设施项目是指《公共基础设施项目企业所得税优惠目录》规定的港口码头、机场、铁路、公路、城市公共交通、电力、水利等项目。

3. 从事符合条件的环境保护、节能节水项目的所得

符合条件的环境保护、节能节水项目，包括公共污水处理、公共垃圾处理、沼气综合开发利用、节能减排技术改造、海水淡化等。

企业从事符合条件的环境保护、节能节水项目的所得，自项目取得第一笔生产经营收入所属纳税年度起，第一年至第三年免征企业所得税，第四年至第六年减半征收企业所得税。

依照规定享受减免税优惠的项目，在减免税期限内转让的，受让方自受让之日起，可以在剩余期限内享受规定的减免税优惠；减免税期限届满后转让的，受让方不得就该项目重复享受减免税优惠。

4. 符合条件的技术转让所得

（1）符合条件的技术转让所得免征、减征企业所得税，是指一个纳税年度内，居民企业转让技术所有权所得不超过500万元的部分，免征企业所得税；超过500万元的部分，减半征收所得税。

（2）技术转让的范围，包括居民企业转让专利技术、计算机软件著作权、集成电路布图设计权、植物新品种、生物医药新品种，以及财政部和国家税务总局确定的其他技术。

（3）技术转让应签订技术转让合同。其中，境内的技术转让须经省级以上（含省级）科技部门认定登记，跨境的技术转让须经省级以上（含省级）商务部门认定登记，涉及财政经费支持产生技术的转让，需省级以上（含省级）科技部门审批。

（4）居民企业技术出口应由有关部门按照商务部、科技部发布的《中国禁止出口限制出口技术目录》（商务部、科技部令2008年第12号）进行审查。居民企业取得禁止出口和限制出口技术转让所得，不享受技术转让减免企业所得税优惠政策。

（5）居民企业从直接或间接持有股权之和达到100%的关联方取得的技术转让所得，不享受技术转让减免企业所得税优惠政策。

例7-2 根据企业所得税法律制度的规定，企业从事下列项目的所得，免征企业所得税的有（　　）。

A. 中药材的种植　　B. 林木种植　　C. 花卉种植　　D. 香料作物的种植

【答案】AB。选项C和选项D减半征收企业所得税。

（二）高新技术企业优惠

国家需要重点扶持的高新技术企业减按15%的税率征收企业所得税。根据《高新技术企业认定管理办法》的通知（国科发火〔2016〕32号）规定，认定为高新技术企业须同时满足以下条件：

（1）企业申请认定时须注册成立一年以上。

（2）企业通过自主研发、受让、受赠、并购等方式，获得对其主要产品（服务）在技术上发挥核心支持作用的知识产权的所有权。

（3）对企业主要产品（服务）发挥核心支持作用的技术属于《国家重点支持的高新技术领域》规定的范围。

（4）企业从事研发和相关技术创新活动的科技人员占企业当年职工总数的比例不低于10%。

（5）企业近三个会计年度（实际经营期不满三年的按实际经营时间计算，下同）的研究开发费用总额占同期销售收入总额的比例符合如下要求：

1）最近一年销售收入小于5 000万元（含）的企业，比例不低于5%。

2）最近一年销售收入在5 000万元至2亿元（含）的企业，比例不低于4%。

3）最近一年销售收入在2亿元以上的企业，比例不低于3%。

其中，企业在中国境内发生的研究开发费用总额占全部研究开发费用总额的比例不低于60%。

（6）近一年高新技术产品（服务）收入占企业同期总收入的比例不低于60%。

（7）企业创新能力评价应达到相应要求。

（8）企业申请认定前一年内未发生重大安全、重大质量事故或严重环境违法行为。

（三）创投企业优惠

创业投资企业从事国家需要重点扶持和鼓励的创业投资，可以按投资额的一定比例抵扣应纳税所得额。

创投企业优惠是指创业投资企业采取股权投资方式投资于未上市的中小高新技术企业2年以上的，可以按照其投资额的70%在股权持有满2年的当年抵扣该创业投资企业的应纳税所得额；当年不足抵扣的，可以在以后纳税年度结转抵扣。2017年1月1日起，创业投资企业采取股权投资方式直接投资种子期、初创期科技型企业满2年（24个月）的，也适用上述政策。

（四）小型微利企业优惠

符合条件的小型微利企业减按20%的税率征收企业所得税。符合条件的小型微利企业，是指从事国家非限制和禁止行业，并符合下列条件的企业：

（1）工业企业，年度应纳税所得额不超过30万元，从业人数不超过100人，资产总额不超过3 000万元。

（2）其他企业，年度应纳税所得额不超过30万元，从业人数不超过80人，资产总额不超过1000万元。

上述“从业人数”按企业全年平均从业人数计算，“资产总额”按企业年初和年末的资产总额平均值计算。

自2017年1月1日至2019年12月31日，年应纳税所得额低于50万元的小型微利企业

(无论采取查账征收还是核定征收方式)，其所得减按 50% 计入应纳税所得额，并按 20% 优惠税率缴纳企业所得税。

小型微利企业是指企业的全部生产经营活动产生的所得均负有我国企业所得税纳税义务的企业。仅就来源于我国所得负有我国纳税义务的非居民企业，不适用上述规定。

(五) 加计扣除优惠

(1) 研究开发费是指企业为开发新技术、新产品和新工艺发生的开发费用，未形成无形资产计入当期损益的，在按照规定据实扣除的基础上，按照研究开发费用的 50% 加计扣除；形成无形资产的，按照无形资产成本的 150% 摊销。不适用税前加计扣除政策的行业有：烟草制造业；住宿和餐饮业；批发和零售业；房地产业；租赁和商务服务业；娱乐业；财政部和国家税务总局规定的其他行业。科技型中小企业开展研发活动中实际发生的研发费用，未形成无形资产计入当期损益的，在按规定据实扣除的基础上，在 2017 年 1 月 1 日至 2019 年 12 月 31 日期间，再按照实际发生额的 75% 在税前加计扣除；形成无形资产的，在上述期间按照无形资产成本的 175% 在税前摊销。

研发活动是指企业为获得科学与技术新知识，创造性运用科学技术新知识，或实质性改进技术、产品（服务）、工艺而持续进行的具有明确目标的系统性活动。

允许加计扣除的研发费用具体范围包括：

1）人员人工费用。

直接从事研发活动人员的工资薪金、基本养老保险费、基本医疗保险费、失业保险费、工伤保险费、生育保险费和住房公积金，以及外聘研发人员的劳务费用。

2）直接投入费用。

①研发活动直接消耗的材料、燃料和动力费用。

②用于中间试验和产品试制的模具、工艺装备开发及制造费，不构成固定资产的样品、样机及一般测试手段购置费，试制产品的检验费。

③用于研发活动的仪器、设备的运行维护、调整、检验、维修等费用，以及通过经营租赁方式租入的用于研发活动的仪器、设备租赁费。

3）折旧费用。

用于研发活动的仪器、设备的折旧费。

4）无形资产摊销。

用于研发活动的软件、专利权、非专利技术（包括许可证、专有技术、设计和计算方法等）的摊销费用。

5）新产品设计费、新工艺规程制定费、新药研制的临床试验费、勘探开发技术的现场试验费。

6）其他相关费用。

与研发活动直接相关的其他费用，如技术图书资料费、资料翻译费、专家咨询费、高新科技研发保险费，研发成果的检索、分析、评议、论证、鉴定、评审、评估、验收费用，知识产权的申请费、注册费、代理费，差旅费、会议费等。此项费用总额不得超过可加计扣除研发费用总额的 10%。

例 7－3 某企业 2016 年会计利润总额是 300 万元，企业当年开发新产品研发费用实际支出为 50 万元。则该企业 2016 年计算应纳税所得额时可以扣除的研发费用为（　　）。

A. 25 万元　　B. 50 万元　　C. 75 万元　　D. 100 万元

【答案】C。研发费用实际支出为 50 万元允许扣除外，可加计扣除 25 万元（50 × 50%）。

（2）企业安置残疾人员所支付的工资，是指企业安置残疾人员的，在按照支付给残疾职工工资据实扣除的基础上，按照支付给残疾职工工资的 100% 加计扣除。

企业享受安置残疾职工工资 100% 加计扣除应同时具备如下条件：

1）依法与安置的每位残疾人签订了 1 年以上（含 1 年）的劳动合同或服务协议，并且安置的每位残疾人在企业实际上岗工作。

2）为安置的每位残疾人按月足额缴纳了企业所在区县人民政府根据国家政策规定的基本养老保险、基本医疗保险、失业保险和工伤保险等社会保险。

3）定期通过银行等金融机构向安置的每位残疾人实际支付了不低于企业所在区县适用的经省级人民政府批准的最低工资标准的工资。

4）具备安置残疾人上岗工作的基本设施。

（六）加速折旧优惠

（1）对生物药品制造业，专用设备制造业，铁路、船舶、航空航天和其他运输设备制造业，计算机、通信和其他电子设备制造业，仪器仪表制造业，信息传输、软件和信息技术服务业等 6 个行业的企业 2014 年 1 月 1 日后新购进的固定资产，可缩短折旧年限或采取加速折旧的方法。

对上述 6 个行业的小型微利企业 2014 年 1 月 1 日后新购进的研发和生产经营共用的仪器、设备，单位价值不超过 100 万元的，允许一次性计入当期成本费用，并在计算应纳税所得额时扣除，不再分年度计算折旧；单位价值超过 100 万元的，可缩短折旧年限或采取加速折旧的方法。

（2）对所有行业企业 2014 年 1 月 1 日后新购进的专门用于研发的仪器、设备，单位价值不超过 100 万元的，允许一次性计入当期成本费用，并在计算应纳税所得额时扣除，不再分年度计算折旧；单位价值超过 100 万元的，可缩短折旧年限或采取加速折旧的方法。

（3）对所有行业企业持有的单位价值不超过 5 000 元的固定资产，允许一次性计入当期成本费用，并在计算应纳税所得额时扣除，不再分年度计算折旧。

（4）轻工、纺织、机械、汽车等四个领域重点行业（以下简称四个领域重点行业）企业 2015 年 1 月 1 日后新购进的固定资产（包括自行建造，下同），允许缩短折旧年限或采取加速折旧方法。

四个领域重点行业企业是指以上述行业业务为主营业务，其固定资产投入使用当年的主营业务收入占企业收入总额 50%（不含）以上的企业。所称收入总额，是指《中华人民共和国企业所得税法》（以下简称《企业所得税法》）第六条规定的收入总额。

对四个领域重点行业小型微利企业 2015 年 1 月 1 日后新购进的研发和生产经营共用的仪器、设备，单位价值不超过 100 万元（含）的，允许在计算应纳税所得额时一次性全额扣除；单位价值超过 100 万元的，允许缩短折旧年限或采取加速折旧方法。

上述规定缩短折旧年限的，最低折旧年限不得低于《企业所得税法实施条例》规定折旧年限的 60%；采取加速折旧方法的，可采取双倍余额递减法或者年数总和法。

（七）税额抵免优惠

税额抵免是指企业购置并实际使用《环境保护专用设备企业所得税优惠目录》《节能节水

专用设备企业所得税优惠目录》和《安全生产专用设备企业所得税优惠目录》规定的环境保护、节能节水、安全生产等专用设备的，该专用设备的投资额的10%可以从企业当年的应纳税额中抵免；当年不足抵免的，可以在以后5个纳税年度结转抵免。

(八) 减计收入

企业综合利用资源，生产符合国家产业政策规定的产品所取得的收入，可以在计算应纳税所得额时减计收入。

企业以《资源综合利用企业所得税优惠目录》规定的资源作为主要原材料，生产国家非限制和禁止并符合国家和行业相关标准的产品取得的收入，减按90%计入收入总额。

例7-4 根据企业所得税法律制度的规定，我国企业所得税的税收优惠包括（　　）。

A. 免税收入　　B. 加计扣除　　C. 减计收入　　D. 税额抵免

【答案】ABCD。

任务处理

1. 7月8日

图7-1是一张所得税的完税凭证，从原始凭证信息可知，企业于7月8日上缴纳了该企业4月份到6月份第二季度应该缴纳的所得税6 500元。

2. 7月31日

表7-1是企业应纳增值税的计算单，从原始凭证信息可知，该企业上月留抵税额为0，本期销项税额为113.26万元，本期进项税额为101.34万元，则本期应纳增值税税额为11.92万元。

表7-2是有关城建税、教育附加税、印花税以及水利建设基金的计算单。

3. 7月31日

表7-3是一张库存商品计算单，期初余额+本期完工-本期销售=本期结余，通过这张计算单，可以了解到企业的销售、结存情况。计算单表明该企业7月份共销售420万元产品，即表明该企业7月份主营业务成本为420万元。

4. 7月31日

表7-4是7月份的收入汇总表，通过这张表格，可以清楚地看到该企业7月份的主营业务收入、其他业务收入、投资收益以及营业外收入。月末，上述四项都需要转入本年利润的贷方。该企业7月份收入总额为950万元。

5. 7月31日

表7-5是该企业7月份的费用汇总表，从原始凭证信息可知，该企业7月份销售费用为15万元，管理费用为60万元，财务费用为9万元。月末，上述费用均应该转入本年利润的借方。

根据上述一系列原始凭证，运用所得税的相关知识，就可以计算出该企业7月份应缴的所得税（任务二将涉及具体的计算过程），并可以进行相应的账务处理（任务三将涉及账务处理过程）。

任务二 计算企业所得税

任务要求

根据导引案例计算该企业应纳所得税额。

知识准备

一、企业应纳税所得额的计算

应纳税所得额是企业所得税的计税依据，按照《企业所得税法》的规定，应纳税所得额为企业每一个纳税年度的收入总额，减除不征税收入、免税收入、各项扣除以及允许弥补的以前年度亏损后的余额。基本公式为

应纳税所得额 = 收入总额 - 不征税收入 - 免税收入 - 各项扣除 - 允许弥补的以前年度亏损

企业应纳税所得额的计算以权责发生制为原则，属于当期的收入和费用，不论款项是否收付，均作为当期的收入和费用；不属于当期的收入和费用，即使款项已经在当期收付，均不作为当期的收入和费用。应纳税所得额的正确计算直接关系到国家财政收入和企业的税收负担，并且同成本、费用核算关系密切。因此，《企业所得税法》对应纳税所得额计算做了明确规定，主要内容包括收入总额、扣除范围和标准、资产的税务处理、亏损弥补等。

（一）收入总额

企业的收入总额包括以货币形式和非货币形式从各种来源取得的收入。收入的具体构成如下：

1. 一般收入的确认

（1）销售货物收入。它是指企业销售商品、产品、原材料、包装物、低值易耗品以及其他存货取得的收入。企业销售商品同时满足下列条件的，应确认收入的实现：

1）商品销售合同已经签订，企业已将商品所有权相关的主要风险和报酬转移给购货方。

2）企业对已售出的商品既没有保留通常与所有权相联系的继续管理权，也没有实施有效控制。

3）收入的金额能够可靠地计量。

4）已发生或将发生的销售方的成本能够可靠地核算。

《企业会计准则》中有关货物收入确认的条件是怎样的？

（2）劳务收入。它是指企业从事建筑安装、修理修配、交通运输、仓储租赁、金融保险、邮电通信、咨询经纪、文化体育、科学研究、技术服务、教育培训、餐饮住宿、中介代理、卫生保健、社区服务、旅游、娱乐、加工以及其他劳务服务活动取得的收入。

企业在各个纳税期末，提供劳务交易的结果能够可靠估计的，应采用完工进度（完工百分比）法确认提供劳务收入。提供劳务交易的结果能够可靠估计，是指同时满足下列条件：

①收入的金额能够可靠地计量。

②交易的完工进度能够可靠地确定。

③交易中已发生和将发生的成本能够可靠地核算。

企业提供劳务完工进度的确定，可选用下列方法：

①已完成工作的测量。

②已提供劳务占劳务总量的比例。

③发生成本占总成本的比例。

企业应按照从接受劳务方已收或应收的合同或协议价款确定劳务收入总额，根据纳税期末提供劳务收入总额乘以完工进度扣除以前纳税年度累计已确认提供劳务收入后的金额，确认为当期劳务收入；同时，按照提供劳务估计总成本乘以完工进度扣除以前纳税期间累计已确认劳务成本后的金额，结转为当期劳务成本。

（3）转让财产收入。它是指企业转让固定资产、生物资产、无形资产、股权、债权等财产取得的收入。

企业转让股权收入，应于转让协议生效且完成股权变更手续时，确认收入的实现。转让股权收入扣除为取得该股权所发生的成本后，为股权转让所得。企业在计算股权转让所得时，不得扣除被投资企业未分配利润等股东留存收益中按该项股权所可能分配的金额。

（4）股息、红利等权益性投资收益。它是指企业因权益性投资从被投资方取得的收入。股息、红利等权益性投资收益，除国务院财政、税务主管部门另有规定外，按照被投资方做出利润分配决定的日期确认收入的实现。

被投资企业将股权（票）溢价所形成的资本公积转为股本的，不作为投资方企业的股息、红利收入，投资方企业也不得增加该项长期投资的计税基础。

（5）利息收入。它是指企业将资金提供给他人使用但不构成权益性投资，或者因他人占用本企业资金取得的收入，包括存款利息、贷款利息、债券利息、欠款利息等收入。利息收入应按照合同约定的债务人应付利息的日期确认收入的实现。

（6）租金收入。它是指企业提供固定资产、包装物或者其他有形资产的使用权取得的收入。租金收入应按照合同约定的承租人应付租金的日期确认收入的实现。

（7）特许权使用费收入。它是指企业提供专利权、非专利技术、商标权、著作权以及其他特许使用权取得的收入。特许权使用费收入应按照合同约定的特许权使用人应付特许权使用费的日期确认收入的实现。

（8）接受捐赠收入。它是指企业接受的来自其他企业、组织或者个人无偿给予的货币性资产、非货币性资产。接受捐赠收入按照实际收到捐赠资产的日期确认收入的实现。

（9）其他收入。它是指企业取得的除以上收入外的其他收入，包括企业资产溢余收入、逾期未退包装物押金收入、确实无法偿付的应付款项、已经做坏账损失处理后又收回的应收款项、债务重组收入、补贴收入、违约金收入、汇兑收益等。

企业取得财产（包括各类资产、股权、债权等）转让收入、债务重组收入、接受捐赠收入、无法偿付的应付款收入等，不论是以货币形式、还是非货币形式体现，除另有规定外，均应一次性计入确认收入的年度计算缴纳企业所得税。

2. 特殊收入的确认

(1) 以分期收款方式销售货物的，按照合同约定的收款日期确认收入的实现。

采取分期收款方式销售货物，增值税的纳税义务发生时间为书面合同约定的收款日期的当天；无书面合同或者书面合同没有约定收款日期的，为货物发出的当天。

(2) 企业受托加工制造大型机械设备、船舶、飞机，以及从事建筑、安装、装配工程业务或者提供其他劳务等，持续时间超过12个月的，按照纳税年度内完工进度或者完成的工作量确认收入的实现。

(3) 采取产品分成方式取得收入的，按照企业分得产品的日期确认收入的实现，其收入额按照产品的公允价值确定。

(4) 企业发生非货币性资产交换，以及将货物、财产、劳务用于捐赠、偿债、赞助、集资、广告、样品、职工福利或者利润分配等用途的，应当视同销售货物、转让财产或者提供劳务，但国务院财政、税务主管部门另有规定的除外。

(5) 采用售后回购方式销售商品，销售的商品按售价确认收入，回购的商品作为购进商品处理。有证据表明不符合销售收入确认条件的，如以销售商品方式进行融资，收到的款项应确认为负债。回购价格大于原售价的，差额应在回购期间确认为利息费用。

(6) 采取以旧换新方式销售商品，应当按照销售商品收入的确认条件确认收入，回收的商品作为购进商品处理。

(7) 采用支付手续费方式委托代销的，在收到代销清单时确认收入。

委托其他纳税人代销货物，增值税的纳税义务发生时间为收到代销单位的代销清单或者收到全部或者部分货款的当天；未收到代销清单及货款的，为发出代销货物满180天的当天。

(8) 采取商业折扣（折扣销售）条件销售商品：企业为促进商品销售而在商品价格上给予的价格扣除属于商业折扣，商品销售涉及商业折扣的，应当按照扣除商业折扣后的金额确定销售商品收入金额。

在计算增值税时，对于商业折扣，销售额和折扣额在同一张发票上的“金额”栏分别注明的，可按折扣后的销售额征收增值税；未在同一张发票上的“金额”栏注明折扣额，而仅在发票的“备注”栏注明折扣额的，折扣额不得从销售额中减除。

(9) 采取现金折扣（销售折扣）条件销售商品：债权人为鼓励债务人在规定的期限内付款而向债务人提供的债务扣除属于现金折扣，销售商品涉及现金折扣的，应当按扣除现金折扣前的金额确定销售商品收入金额，现金折扣在实际发生时作为财务费用扣除。

(10) 采取折让方式销售商品：企业因售出商品的质量不合格等原因而在售价上给予的减让属于销售折让；企业因售出商品质量、品种不符合要求等原因而发生的退货属于销售退回。企业已经确认销售收入的售出商品发生销售折让和销售退回，应当在发生当期冲减当期销售商品收入。

(11) 采取买一赠一等方式组合销售本企业商品的，不属于捐赠，应将总的销售金额按各项商品的公允价值的比例来分摊确认各项的销售收入。

3. 处置资产收入的确认

(1) 企业发生下列情形的处置资产，除将资产转移至境外以外，由于资产所有权属在形式和实质上均不发生改变，可作为内部处置资产，不视同销售确认收入，相关资产的计税基础延续计算：

①将资产用于生产、制造、加工另一产品。

②改变资产形状、结构或性能。

③改变资产用途（如自建商品房转为自用或经营）。

④将资产在总机构及其分支机构之间转移。

⑤上述两种或两种以上情形的混合。

⑥其他不改变资产所有权属的用途。

（2）企业将资产移送他人用于市场推广或销售、用于交际应酬、用于职工奖励或福利、用于股息分配、用于对外捐赠以及其他改变资产所有权属的用途的，因资产所有权属已发生改变而不属于内部处置资产，应按规定视同销售确定收入。

（3）企业发生第（2）条规定情形时，属于企业自制的资产，应按企业同类资产同期对外销售价格确定销售收入；属于外购的资产，可按购入时的价格确定销售收入。

（二）不征税收入和免税收入

1. 不征税收入

（1）财政拨款。财政拨款是指各级人民政府对纳入预算管理的事业单位、社会团体等组织拨付的财政资金，但国务院和国务院财政、税务主管部门另有规定的除外。

（2）依法收取并纳入财政管理的行政事业性收费、政府性基金。行政事业性收费是指依照法律法规等有关规定，按照国务院规定程序批准，在实施社会公共管理，以及在向公民、法人或者其他组织提供特定公共服务过程中，向特定对象收取并纳入财政管理的费用。政府性基金是指企业依照法律、行政法规等有关规定，代政府收取的具有专项用途的财政资金。

（3）国务院规定的其他不征税收入，是指企业取得的，由国务院财政、税务主管部门规定专项用途并经国务院批准的财政性资金。

财政性资金是指企业取得的来源于政府及其有关部门的财政补助、补贴，贷款贴息，以及其他各类财政专项资金，包括直接减免的增值税和即征即退、先征后退、先征后返的各种税收，但不包括企业按规定取得的出口退税款。

> 企业的不征税收入用于支出所形成的费用，不得在计算应纳税所得额时扣除；企业的不征税收入用于支出所形成的资产，其计算的折旧、摊销不得在计算应纳税所得额时扣除。

2. 免税收入

（1）国债利息收入。为鼓励企业积极购买国债，支援国家建设，税法规定，企业因购买国债所得的利息收入，免征企业所得税。

> 对企业取得的 2012 年及以后年度发行的地方政府债券利息收入，免征企业所得税。

（2）符合条件的居民企业之间的股息、红利等权益性收益，是指居民企业直接投资于其他居民企业取得的投资收益。

（3）在中国境内设立机构、场所的非居民企业从居民企业取得与该机构、场所有实际联系的股息、红利等权益性投资收益。该收益都不包括连续持有居民企业公开发行并上市流通的股票不足12个月取得的投资收益。

（4）符合条件的非营利组织的收入。具体是指：①接受其他单位或者个人捐赠的收入。②除财政拨款以外的其他政府补助收入，但不包括因政府购买服务取得的收入。③按照省级以上民政、财政部门规定收取的会费。④不征税收入和免税收入孳生的银行存款利息收入。⑤财政部、国家税务总局规定的其他收入。不包括其从事营利性活动取得的收入，但国务院财政、税务主管部门另有规定的除外。

符合条件的非营利组织是指：

①依法履行非营利组织登记手续。

②从事公益性或者非营利性活动。

③取得的收入除用于与该组织有关的、合理的支出外，全部用于登记核定或者章程规定的公益性或者非营利性事业。

④财产及其孳生息不用于分配。

⑤按照登记核定或者章程规定，该组织注销后的剩余财产用于公益性或者非营利性目的，或者由登记管理机关转赠给与该组织性质、宗旨相同的组织，并向社会公告。

⑥投入人对投入该组织的财产不保留或者享有任何财产权利。

⑦工作人员工资福利开支控制在规定的比例内，不变相分配该组织的财产。

⑧国务院财政、税务主管部门规定的其他条件。

例7-5 根据企业所得税法律制度的规定，下列各项中，属于免税收入的是（　　）。

A. 企业接受社会捐赠收入　　B. 转让企业债券取得的收入

C. 已做坏账损失处理后又收回的应收账款　　D. 国债利息收入

【答案】D。

例7-6 根据企业所得税法律制度的规定，下列各项中，属于不征税收入的是（　　）。

A. 财政拨款　　B. 国债利息收入

C. 接受捐赠收入　　D. 转让股权收入

【答案】A。

（三）扣除原则和范围

1. 税前扣除项目的原则

企业申报的扣除项目和金额要真实、合法。所谓真实是指能提供证明有关支出确属已经实际发生；合法是指符合国家税法的规定，若其他法规规定与税收法规规定不一致，应以税收法规的规定为标准。除税收法规另有规定外，税前扣除一般应遵循以下原则：

（1）权责发生制原则，是指企业费用应在发生的所属期扣除，而不是在实际支付时确认扣除。

（2）配比原则，是指企业发生的费用应当与收入配比扣除。除特殊规定外，企业发生的费用不得提前或滞后申报扣除。

（3）相关性原则，是指企业可扣除的费用从性质和根源上必须与取得应税收入直接相关。

（4）确定性原则，是指企业可扣除的费用不论何时支付，其金额必须是确定的。

（5）合理性原则，是指符合生产经营活动常规，应当计入当期损益或者有关资产成本的必要和正常的支出。

2. 扣除项目的范围

《企业所得税法》规定，企业实际发生的与取得收入有关的、合理的支出，包括成本、费用、税金、损失和其他支出，准予在计算应纳税所得额时扣除。在实际中，计算应纳税所得额时还应注意三方面的内容：①企业发生的支出应当区分收益性支出和资本性支出。收益性支出在发生当期直接扣除；资本性支出应当分期扣除或者计入有关资产成本，不得在发生当期直接扣除。②企业的不征税收入用于支出所形成的费用或者财产，不得扣除或者计算对应的折旧、摊销扣除。③除《企业所得税法》和《企业所得税法实施条例》另有规定外，企业实际发生的成本、费用、税金、损失和其他支出，不得重复扣除。

(1) 成本。它是指企业在生产经营活动中发生的销售成本、销货成本、业务支出以及其他耗费，即企业销售商品（产品、材料、下脚料、废料、废旧物资等）、提供劳务、转让固定资产、无形资产（包括技术转让）的成本。

(2) 费用。它是指企业每一个纳税年度为生产、经营商品和提供劳务等所发生的销售（经营）费用、管理费用和财务费用。已经计入成本的有关费用除外。

(3) 税金。它是指企业发生的除企业所得税和允许抵扣的增值税以外的企业缴纳的各项税金及其附加。

(4) 损失。它是指企业在生产经营活动中发生的固定资产和存货的盘亏、毁损、报废损失，转让财产损失，呆账损失，坏账损失，自然灾害等不可抗力因素造成以及其他损失。

企业发生的损失，减除责任人赔偿和保险赔款后的余额，依照国务院财政、税务主管部门的规定扣除。

企业已经作为损失处理的资产，在以后纳税年度又全部收回或者部分收回时，应当计入当期收入。

(5) 其他支出。它是指除成本、费用、税金、损失外，企业在生产经营活动中发生的与生产经营活动有关的、合理的支出。

3. 扣除项目及其标准

在计算应纳税所得额时，下列项目可按照实际发生额或者规定的标准扣除。

(1) 工资、薪金支出。它是指企业每一纳税年度支付给在本企业任职或者受雇的员工的所有现金形式或者非现金形式的劳动报酬，包括基本工资、奖金、津贴、补贴、年终加薪、加班工资，以及与员工任职或者受雇有关的其他支出。企业发生的合理的工资薪金支出，准予扣除。

> 工资、薪金总额是指企业按照有关规定实际发放的工资薪金总额，不包括企业的职工福利费、职工教育经费、工会经费以及养老保险费、医疗保险费、失业保险费、工伤保险费、生育保险费等社会保险费和住房公积金。

(2) 职工福利费、工会经费、职工教育经费。

1) 企业发生的职工福利费支出，不超过工资薪金总额14%的部分准予扣除。

2) 企业拨缴的工会经费，不超过工资薪金总额2%的部分准予扣除。

3) 除国务院财政、税务主管部门或者省级人民政府规定外，企业发生的职工教育经费支出，不超过工资薪金总额2.5%的部分准予扣除，超过部分准予结转以后纳税年度扣除。

4) 软件企业职工培训费可以全额扣除，扣除职工培训费后的职工教育经费的余额应按照工资、薪金的2.5%的比例扣除。

例7-7 甲企业2016年发生合理的工资薪金支出100万元，发生职工福利费18万元，职工教育经费1.5万元。已知，在计算企业所得税应纳税所得额时，职工福利费支出、职工教育经费支出的扣除比例分别为不超过工资、薪金总额的14%和2.5%。根据企业所得税法律制度的规定，甲企业计算2016年企业所得税应纳税所得额时，准予扣除的职工福利费和职工教育经费金额合计为（　　）。

A. $100\times14\%+1.5=15.5$（万元）　　B. $14+100\times2.5\%=16.5$（万元）

C. $18+1.5=19.5$（万元）　　D. $18+100\times2.5\%=20.5$（万元）

【答案】A。

（3）社会保险费。

1）企业依照国务院有关主管部门或者省级人民政府规定的范围和标准为职工缴纳的“五险一金”，即基本养老保险费、基本医疗保险费、失业保险费、工伤保险费、生育保险费等基本社会保险费和住房公积金，准予扣除。

2）企业为投资者或者职工支付补充养老保险费、补充医疗保险费，在国务院财政、税务主管部门规定的范围和标准内，准予扣除。企业依照国家有关规定为特殊工种职工支付的人身安全保险费和符合国务院财政、税务主管部门规定可以扣除的商业保险费准予扣除。

3）企业参加财产保险，按照规定缴纳的保险费，准予扣除，企业为投资者或者职工支付的商业保险费，不得扣除。

（4）利息费用。企业在生产、经营活动中发生的利息费用，按下列规定扣除：

1）非金融企业向金融企业借款的利息支出、金融企业的各项存款利息支出和同业拆借利息支出、企业经批准发行债券的利息支出可据实扣除。

2）非金融企业向非金融企业借款的利息支出，不超过按照金融企业同期同类贷款利率计算的数额的部分可据实扣除，超过部分不许扣除。

企业支付关联方利息所得税前扣除政策见本任务特别纳税调整部分内容。

（5）借款费用。

1）企业在生产经营活动中发生的合理的不需要资本化的借款费用，准予扣除。

2）企业为购置、建造固定资产、无形资产和经过12个月以上的建造才能达到预定可销售状态的存货发生借款的，在有关资产购置、建造期间发生的合理的借款费用，应予以资本化，作为资本性支出计入有关资产的成本；有关资产交付使用后发生的借款利息，可在发生当期扣除。

（6）汇兑损失。企业在货币交易中以及纳税年度终了时将人民币以外的货币性资产、负债按照期末即期人民币汇率中间价折算为人民币时产生的汇兑损失，除已经计入有关资产成本以及向所有者进行利润分配外，准予扣除。

（7）业务招待费。企业发生的与生产经营活动有关的业务招待费支出，按照发生额的60%扣除，但最高不得超过当年销售（营业）收入的5‰。

对从事股权投资业务的企业（包括集团公司总部、创业投资企业等），其从被投资企业所分配的股息、红利以及股权转让收入，可以按规定的比例计算业务招待费扣除限额。

> 在计算业务招待费、广告费和业务宣传费的扣除限额时，销售（营业）收入包括销售货物收入、提供劳务收入、租金收入、视同销售收入等，即包括会计核算中的“主营业务收入”“其他业务收入”和会计上不确认收入但税法上确认的“视同销售收入”，但不包括“营业外收入。”。
>
> 销售收入为不含增值税的收入。

（8）广告费和业务宣传费。企业发生的符合条件的广告费和业务宣传费支出，除国务院财政、税务主管部门另有规定外，不超过当年销售（营业）收入15%的部分，准予扣除；超过部分，准予结转以后纳税年度扣除。烟草企业的烟草广告费和业务宣传费一律不得扣除。2016年11月1日～2020年12月31日对化妆品制造或销售、医药制造和饮料制造（不含酒类制造）企业广告宣传费扣除标准为30%。

例7－8 2016年甲企业取得销售收入3 000万元，广告费支出400万元，上年结转广告费60万元。根据企业所得税法律制度的规定，甲企业2016年准予扣除的广告费是（　　）万元。

A. 460　　B. 510　　C. 450　　D. 340

【答案】C。400＜3 000×15%＝450（万元），当年最多允许扣除广告费450万元。400万元全额扣除，另可从上年结转广告费60万元中扣除50万元。

（9）环境保护专项资金。企业依照法律、行政法规有关规定提取的用于环境保护、生态恢复等方面的专项资金，准予扣除。专项资金提取后改变用途的，不得扣除。

（10）保险费。企业参加财产保险，按照规定缴纳的保险费，准予扣除。

（11）租赁费。企业根据生产经营活动的需要租入固定资产支付的租赁费，按照下列方法扣除：

1）以经营租赁方式租入固定资产发生的租赁费支出，按照租赁期限均匀扣除。

2）以融资租赁方式租入固定资产发生的租赁费支出，按照规定构成融资租入固定资产价值的部分应当提取折旧费，分期扣除。

> 所谓经营租赁，是指所有权不转移的租赁。
>
> 所谓融资租赁，是指实质上转移了与资产所有权有关的全部风险和报酬的租赁。

例7－9 甲企业2016年利润总额为2 000万元，工资薪金支出为1 500万元，已知在计算企业所得税应纳税所得额时，公益性捐赠支出、职工福利费支出、职工教育经费支出的扣除比例分别为不超过12%、14%和2.5%。下列支出中，允许在计算2016年企业所得税应纳税所得额时全额扣除的有（　　）。

A. 公益性捐赠支出200万元

B. 职工福利费支出160万元

C. 职工教育经费支出40万元

D. 2016年7月至2017年6月期间的厂房租金支出50万元

【答案】AB。公益性捐赠扣除限额2 000×12%＝240（万元）；职工福利费扣除限额1 500×14%＝210（万元）；职工教育经费扣除限额1 500×2.5%＝37.5（万元）。选项C超过限额标准，不能全额扣除；选项D，应按规定分别在2016年和2017年扣除，不能全部在2016年的企业所得税前扣除。

（12）劳动保护费。企业发生的合理的劳动保护支出，准予扣除。

（13）公益性捐赠支出。公益性捐赠是指企业通过公益性社会团体或者县级以上（含县级）人民政府及其部门，用于《中华人民共和国公益事业捐赠法》规定的公益事业的捐赠。企业发生的公益性捐赠支出，在年度利润总额12%以内的部分，准予在计算应纳税所得额时扣除。超过年度利润总额12%的部分，准予结转以后三年内在计算应纳税所得额时扣除。

> 年度利润总额是指企业依照国家统一会计制度的规定计算的年度会计利润。
>
> 纳税人“直接”向受赠人的捐赠不允许税前扣除。

例7－10 某企业2016年度利润总额80万元，

通过公益性社会团体向某灾区捐赠2万元，直接向某学校捐款5万元。根据企业所得税法律制度的规定，该企业在计算企业所得税应纳税所得额时，可以扣除捐赠支出（　　）万元。

A. 2　　B. 5　　C. 7　　D. 9.6

【答案】 A。企业发生的公益性捐赠支出，不超过年度利润总额12%以内的部分，准予在计算应纳税所得额时扣除。可以扣除的公益性捐赠的限额 = 80 × 12% = 9.6（万元），2万元没有超过限额，可以完全扣除；直接向学校捐赠5万元不可以扣除。

（14）有关资产的费用。企业转让各类固定资产发生的费用，允许扣除。企业按规定计算的固定资产折旧费、无形资产和递延资产的摊销费，准予扣除。

（15）总机构分摊的费用。非居民企业在中国境内设立的机构、场所，就其中国境外总机构发生的与该机构、场所生产经营有关的费用，能够提供总机构出具的费用汇集范围、定额、分配依据和方法等证明文件，并合理分摊的，准予扣除。

（16）资产损失。企业当期发生的固定资产和流动资产盘亏、毁损净损失，由其提供清查盘存资料，经主管税务机关审核后，准予扣除；企业因存货盘亏、毁损、报废等原因不得从销项税中抵扣的进项税，应视同企业财产损失，准予与存货损失一起在所得税前按规定扣除。

（17）依照有关法律、行政法规和国家有关税法规定准予扣除的其他项目，如会员费、合理的会议费、差旅费、违约金、诉讼费用等。

（18）手续费及佣金支出。

1）企业发生的与生产经营有关的手续费及佣金支出，不超过以下规定计算限额以内的部分，准予扣除；超过部分，不得扣除：

①保险企业：财产保险企业按当年全部保费收入扣除退保金等后余额的15%（含本数，下同）计算限额；人身保险企业按当年全部保费收入扣除退保金等后余额的10%计算限额。

②其他企业：按与具有合法经营资格中介服务机构或个人（不含交易双方及其雇员、代理人和代表人等）所签订服务协议或合同确认的收入金额的5%计算限额。

2）企业应与具有合法经营资格中介服务企业或个人签订代办协议或合同，并按国家有关规定支付手续费及佣金。除委托个人代理外，企业以现金等非转账方式支付的手续费及佣金不得在税前扣除。企业为发行权益性证券支付给有关证券承销机构的手续费及佣金不得在税前扣除。

3）企业不得将手续费及佣金支出计入回扣、业务提成、返利、进场费等费用。

4）企业已计入固定资产、无形资产等相关资产的手续费及佣金支出，应当通过折旧、摊销等方式分期扣除，不得在发生当期直接扣除。

5）企业支付的手续费及佣金不得直接冲减服务协议或合同金额，并如实入账。

6）企业应当如实向当地主管税务机关提供当年手续费及佣金计算分配表和其他相关资料，并依法取得合法真实凭证。

（19）电信企业在发展客户、拓展业务等过程中委托销售电话入网卡、电话充值卡所发生的手续费及佣金支出，不超过企业当年收入总额5%的部分，准予在企业所得税前据实扣除。

4. 不得扣除的项目

在计算应纳税所得额时，下列支出不得扣除：

（1）向投资者支付的股息、红利等权益性投资收益款项。

（2）企业所得税税款。

（3）税收滞纳金，是指纳税人违反税收法规，被税务机关处以的滞纳金。

(4) 罚金、罚款和被没收财物的损失，是指纳税人违反国家有关法律、法规规定，被有关部门处以的罚款，以及被司法机关处以的罚金和被没收财物的损失，不包括纳税人按照经济合同规定支付的违约金（包括银行罚息）、罚款和诉讼费用。

(5) 不符合扣除条件的捐赠支出。

(6) 赞助支出，是指企业发生的与生产经营活动无关的各种非广告性质支出。

(7) 未经核定的准备金支出，是指不符合国务院财政、税务主管部门规定的各项资产减值准备、风险准备等准备金支出。

(8) 企业之间支付的管理费、企业内营业机构之间支付的租金和特许权使用费，以及非银行企业内营业机构之间支付的利息，不得扣除。

(9) 与取得收入无关的其他支出。

例 7-11 根据企业所得税法律制度的规定，下列支出中，在计算企业所得税应纳税所得额时，允许按照税法规定的标准扣除的是（　　）。

A. 税收滞纳金　　B. 企业拨缴的工会经费

C. 非广告性质的赞助支出　　D. 企业所得税税款

【答案】B。

（四）亏损弥补

亏损是指企业依照企业所得税法的规定，将每一纳税年度的收入总额减除不征税收入、免税收入和各项扣除后小于零的数额。税法规定，企业某一纳税年度发生的亏损可以用下一年度的所得弥补，下一年度的所得不足以弥补的，可以逐年延续弥补，但最长不得超过 5 年。企业在汇总计算缴纳所得税时，其境外营业机构的亏损不得抵减境内营业机构的盈利。

> 5 年内不论是盈利或者亏损，都作为实际弥补期限计算；亏损弥补期限自亏损年度的下一个年度起连续 5 年不间断地计算。

企业筹办期间不计算为亏损年度，企业自开始生产经营的年度，为开始计算企业损益的年度。企业从事生产经营之前进行筹办活动期间发生筹办费用支出，不得计算为当期的亏损，企业可以在开始经营之日的当年一次性扣除，也可以按照新税法有关长期待摊费用的处理规定处理，但一经选定，不得改变。

（五）资产的税务处理

税法规定，纳入税务处理范围的资产形式主要有固定资产、生物资产、无形资产、长期待摊费用、投资资产、存货等，均以历史成本为计税基础。历史成本是指企业取得该项资产时实际发生的支出。企业持有各项资产期间资产增值或者减值，除国务院财政、税务主管部门规定可以确认损益外，不得调整该资产的计税基础。

1. 固定资产的税务处理

固定资产是指企业为生产产品、提供劳务、出租或者经营管理而持有的、使用时间超过 12 个月的非货币性资产，包括房屋、建筑物、机器、机械、运输工具以及其他与生产经营活动有关的设备、器具、工具等。

(1) 固定资产计税基础。

固定资产按照以下方法确定计税基础：

1）外购的固定资产，以购买价款和支付的相关税费以及直接归属于使该资产达到预用途发生的其他支出为计税基础。

2）自行建造的固定资产，以竣工结算前发生的支出为计税基础。

3）融资租入的固定资产，以租赁合同约定的付款总额和承租人在签订租赁合同过程中发生的相关费用为计税基础，租赁合同未约定付款总额的，以该资产的公允价值和承租人在签订租赁合同过程中发生的相关费用为计税基础。

4）盘盈的固定资产，以同类固定资产的重置完全价值为计税基础。

5）通过捐赠、投资、非货币性资产交换、债务重组等方式取得的固定资产，以该资产的公允价值和支付的相关税费为计税基础。

6）改建的固定资产，除已足额提取折旧的固定资产和租入的固定资产以外的其他固定资产，以改建过程中发生的改建支出增加计税基础。

外购固定资产若有增值税进项税，该进项税是否计入固定资产的计税基础？购买汽车缴纳的车辆购置税和牌照费是否计入固定资产原值计提折旧？

《中华人民共和国企业所得税法实施条例》（中华人民共和国国务院令第512号）第58条规定："固定资产按照以下方法确定计税基础：外购的固定资产，以购买价款和支付的相关税费以及直接归属于使该资产达到预定用途发生的其他支出为计税基础。"由于车辆购置税和牌照费是汽车达到预定用途前发生的支出，因此应当计入固定资产原值计提折旧。

（2）固定资产折旧的范围。

在计算应纳税所得额时，企业按照规定计算的固定资产折旧，准予扣除。下列固定资产不得计算折旧扣除：

1）"房屋、建筑物以外"未投入使用的固定资产。

2）以经营租赁方式租入的固定资产。

3）以融资租赁方式租出的固定资产。

4）已提足折旧继续使用的固定资产。

5）与经营活动无关的固定资产。

6）单独估价作为固定资产入账的土地。

7）其他不得计提折旧扣除的固定资产。

> 经营租赁：由出租人计提折旧。融资租赁：由承租人计提折旧。

例7-12 根据企业所得税法律制度的规定，下列固定资产中，在计算企业所得税应纳税所得额时，准予扣除折旧费的是（　　）。

A. 未投入使用的房屋　　B. 以经营租赁方式租入的固定资产

C. 未投入使用的机器设备　　D. 以融资租赁方式租出的固定资产

【答案】A。

（3）固定资产折旧的计提方法。

1）企业应当自固定资产投入使用月份的次月起计算折旧；停止使用的固定资产，应当自停止使用月份的次月起停止计算折旧。

2）企业应当根据固定资产的性质和使用情况，合理确定固定资产的预计净残值。固定资产的预计净残值一经确定，不得变更。

3）固定资产按照直线法计算的折旧，准予扣除。

（4）固定资产折旧的计提年限。

1）房屋、建筑物，为20年。

2）飞机、火车、轮船、机器、机械和其他生产设备，为10年。

3）与生产经营活动有关的器具、工具、家具等，为5年。

4）飞机、火车、轮船以外的运输工具，为4年。

5）电子设备，为3年。

> 由于技术进步，产品更新换代较快的固定资产，或者常年处于强震动、高腐蚀状态的固定资产，可以采取缩短折旧年限或者采取加速折旧的方法：
>
> （1）采取缩短折旧年限方法的，最低折旧年限不得低于法定折旧年限的60%。
>
> （2）采取加速折旧方法的，可以采取双倍余额递减法或者年数总和法。

（5）固定资产改扩建的税务处理。

自2011年7月1日起，企业对房屋、建筑物固定资产在未足额提取折旧前进行改扩建的，如属于推倒重置的，该资产原值减除提取折旧后的净值，应并入重置后的固定资产计税成本，并在该固定资产投入使用后的次月起，按照税法规定的折旧年限，一并计提折旧；如属于提升功能、增加面积的，该固定资产的改扩建支出，并入该固定资产计税基础，并从改扩建完工投入使用后的次月起，重新按税法规定的该固定资产折旧年限计提折旧，如该改扩建后的固定资产尚可使用的年限低于税法规定的最低年限的，可以按尚可使用的年限计提折旧。

2. 生物资产的税务处理

生物资产是指有生命的动物和植物。生物资产分为消耗性生物资产、生产性生物资产和公益性生物资产。消耗性生物资产是指为出售而持有的、或在将来收获为农产品的生物资产，包括生长中的农田作物、蔬菜、用材林以及存栏待售的牲畜等。生产性生物资产是指为产出农产品、提供劳务或出租等目的而持有的生物资产，包括经济林、薪炭林、产畜和役畜等。公益性生物资产是指以防护、环境保护为主要目的的生物资产，包括防风固沙林、水土保持林和水源涵养林等。

（1）生物资产的计税基础。

生产性生物资产按照以下方法确定计税基础：

1）外购的生产性生物资产，以购买价款和支付的相关税费为计税基础。

2）通过捐赠、投资、非货币性资产交换、债务重组等方式取得的生产性生物资产，以该资产的公允价值和支付的相关税费为计税基础。

（2）生物资产的折旧方法和折旧年限。

生产性生物资产按照直线法计算的折旧，准予扣除。企业应当自生产性生物资产投入使用月份的次月起计算折旧；停止使用的生产性生物资产，应当自停止使用月份的次月起停止计算折旧。

企业应当根据生产性生物资产的性质和使用情况，合理确定生产性生物资产的预计净残值。生产性生物资产的预计净残值一经确定，不得变更。

生产性生物资产计算折旧的最低年限如下：

1）林木类生产性生物资产，为10年。

2）畜类生产性生物资产，为3年。

3. 无形资产的税务处理

无形资产是指企业长期使用但没有实物形态的资产，包括专利权、商标权、著作权、土地使用权、非专利技术、商誉等。

（1）无形资产的计税基础。

无形资产按照以下方法确定计税基础：

1）外购的无形资产，以购买价款和支付的相关税费以及直接归属于使该资产达到预定用途发生的其他支出为计税基础。

2）自行开发的无形资产，以开发过程中该资产符合资本化条件后至达到预定用途前发生的支出为计税基础。

3）通过捐赠、投资、非货币性资产交换、债务重组等方式取得的无形资产，以该资产的公允价值和支付的相关税费为计税基础。

（2）无形资产摊销的范围。

在计算应纳税所得额时，企业按照规定计算的无形资产摊销费用，准予扣除。下列无形资产不得计算摊销费用扣除：

1）自行开发的支出已在计算应纳税所得额时扣除的无形资产。

2）自创商誉。

3）与经营活动无关的无形资产。

4）其他不得计算摊销费用扣除的无形资产。

（3）无形资产的摊销方法及年限。

无形资产的摊销，采取直线法计算。无形资产的摊销年限不得低于 10 年。作为投资或者受让的无形资产，有关法律规定或者合同约定了使用年限的，可以按照规定或者约定的使用年限分期摊销。外购商誉的支出，在企业整体转让或者清算时，准予扣除。

4. 长期待摊费用的税务处理

长期待摊费用是指企业发生的应在 1 个年度以上或几个年度进行摊销的费用。在计算应纳税所得额时，企业发生的下列支出作为长期待摊费用，按照规定摊销的，准予扣除：

（1）已足额提取折旧的固定资产的改建支出。

（2）租入固定资产的改建支出。

（3）固定资产的大修理支出。

（4）其他应当作为长期待摊费用的支出。

企业的固定资产修理支出可在发生当期直接扣除。企业的固定资产改良支出，如果有关固定资产尚未提足折旧，可增加固定资产价值；如有关固定资产已提足折旧，可作为长期待摊费用，在规定的期间内平均摊销。

固定资产的改建支出是指改变房屋或者建筑物结构、延长使用年限等发生的支出。已足额提取折旧的固定资产的改建支出，按照固定资产预计尚可使用年限分期摊销；租入固定资产的改建支出，按照合同约定的剩余租赁期限分期摊销；改建的固定资产延长使用年限的，除已足额提取折旧的固定资产、租入固定资产的改建支出外，其他的固定资产发生改建支出，应当适当延长折旧年限。

大修理支出，按照固定资产尚可使用年限分期摊销。

企业所得税法所指固定资产的大修理支出，是指同时符合下列条件的支出：

（1）修理支出达到取得固定资产时的计税基础50%以上。

（2）修理后固定资产的使用年限延长2年以上。

其他应当作为长期待摊费用的支出，自支出发生月份的次月起，分期摊销，摊销年限不得低于3年。

5. 存货的税务处理

存货是指企业持有以备出售的产品或者商品、处在生产过程中的在产品、在生产或者提供劳务过程中耗用的材料和物料等。

（1）存货的计税基础。

存货按照以下方法确定成本：

1）通过支付现金方式取得的存货，以购买价款和支付的相关税费为成本。

2）通过支付现金以外的方式取得的存货，以该存货的公允价值和支付的相关税费为成本。

3）生产性生物资产收获的农产品，以产出或者采收过程中发生的材料费、人工费和分摊的间接费用等必要支出为成本。

（2）存货的成本计算方法。

企业使用或者销售的存货的成本计算方法，可以在先进先出法、加权平均法、个别计价法中选用一种。计价方法一经选用，不得随意变更。

企业转让以上资产，在计算企业应纳税所得额时，资产的净值允许扣除。其中，资产的净值是指有关资产、财产的计税基础减除已经按照规定扣除的折旧、折耗、摊销、准备金等后的余额。

6. 投资资产的税务处理

投资资产是指企业对外进行权益性投资和债权性投资而形成的资产。

（1）投资资产的成本。

1）通过支付现金方式取得的投资资产，以购买价款为成本。

2）通过支付现金以外的方式取得的投资资产，以该资产的公允价值和支付的相关税费为成本。

（2）投资资产成本的扣除方法。

企业对外投资期间，投资资产的成本在计算应纳税所得额时不得扣除，企业在转让或者处置投资资产时，投资资产的成本准予扣除。

（3）投资企业撤回或减少投资的税务处理。

自2011年7月1日起，投资企业从被投资企业撤回或减少投资，其取得的资产中，相当于初始出资的部分，应确认为投资收回；相当于被投资企业累计未分配利润和累计盈余公积按减少实收资本比例计算的部分，应确认为股息所得；其余部分确认为投资资产转让所得。

被投资企业发生的经营亏损，由被投资企业按规定结转弥补；投资企业不得调整减低其投资成本，也不得将其确认为投资损失。

（六）特别纳税调整

与企业在资金、经营、购销等方面存在直接或者间接的控制关系；直接或者间接地同为第三者控制；在利益上具有相关联的其他关系等三种关系之一的企业、其他组织或者个人，称为企业关联方。

> 独立交易原则是指没有关联关系的交易各方，按照公平成交价格和营业常规进行业务往来遵循的原则。

企业与其关联方之间的业务往来，不符合独立交易原则而减少企业或者其关联方应纳税收入或者所得额的，税务机关有权按照合理方法调整，具体包括：

（1）可比非受控价格法，是指按照没有关联关系的交易各方进行相同或者类似业务往来的价格进行定价的方法。

（2）再销售价格法，是指按照从关联方购进商品再销售给没有关联关系的交易方的价格，减除相同或者类似业务的销售毛利进行定价的方法。

（3）成本加成法，是指按照成本加合理的费用和利润进行定价的方法。

（4）交易净利润法，是指按照没有关联关系的交易各方进行相同或者类似业务往来取得的净利润水平确定利润的方法。

（5）利润分割法，是指将企业与其关联方的合并利润或者亏损在各方之间采用合理标准进行分配的方法。

（6）其他符合独立交易原则的方法。

企业与其关联方共同开发、受让无形资产，或者共同提供、接受劳务发生的成本，在计算应纳税所得额时应当按照独立交易原则进行分摊。

预约定价安排是指企业就其未来年度关联交易的定价原则和计算方法，向税务机关提出申请，与税务机关按照独立交易原则协商、确认后达成的协议。

企业可以向税务机关提出与其关联方之间业务往来的定价原则和计算方法，税务机关与企业协商、确认后，达成预约定价安排。

企业从其关联方接受的债权性投资与权益性投资的比例超过规定标准而发生的利息支出，不得在计算应纳税所得额时扣除。

①企业实际支付给关联方的利息支出，不超过以下规定比例和税法及其实施条例有关规定计算的部分，准予扣除，超过的部分不得在发生当期和以后年度扣除。

企业实际支付给关联方的利息支出，除符合下面第②条规定外，其接受关联方债权性投资与其权益性投资比例为：金融企业，为5:1；其他企业，为2:1。

企业同时从事金融业务和非金融业务，其实际支付给关联方的利息支出，应按照合理方法分开计算；没有按照合理方法分开计算的，一律按上述有关其他企业的比例计算准予税前扣除的利息支出。

②企业如果能够按照税法及其实施条例的有关规定提供相关资料，并证明相关交易活动符合独立交易原则的；或者该企业的实际税负不高于境内关联方的，其实际支付给境内关联方的利息支出，在计算应纳税所得额时准予扣除。

不具有合理商业目的是指以减少、免除或者推迟缴纳税款为主要目的。

企业实施其他不具有合理商业目的的安排而减少其应纳税收入或者所得额的，税务机关有权按照合理方法调整。

税务机关根据税收法律、行政法规的规定，对企业做出特别纳税调整的，应当对补征的税款，自税款所属纳税年度的次年6月1日起至补缴税款之日止的期间，按日加收利息。加收的利息，不得在计算应纳税所得额时扣除。该利息应当按照税款所属纳税年度中国人民银行公布的与补税期间同期的人民币贷款基准利率加5个百分点计算。

企业与其关联方之间的业务往来，不符合独立交易原则，或者企业实施其他不具有合理商业目的的安排的，税务机关有权在该业务发生的纳税年度起10年内，进行纳税调整。

二、应纳所得税税额的计算

（一）居民企业应纳税额的计算

居民企业应缴纳所得税额等于应纳税所得额乘以适用税率，基本计算公式为

应纳税额 = 应纳税所得额 × 适用税率 – 减免税额 – 抵免税额

根据计算公式可以看出，应纳税额的多少，取决于应纳税所得额和适用税率两个因素。在实际过程中，应纳税所得额的计算一般有两种方法。

1. 间接计算法

在间接计算法下，在会计利润的基础上加上或减去按照税法规定调整的项目金额后，即为应纳税所得额。其计算公式为

应纳税所得额 = 会计利润总额 ± 纳税调整项目金额

纳税调整项目金额包括两方面的内容，①企业的财务会计处理和税法规定不一致的应予以调整的金额；②企业按税法规定准予扣除的金额。

2. 直接计算法

在直接计算法下，企业每一纳税年度的收入总额减除不征税收入、免税收入、各项扣除以及允许弥补的以前年度亏损后的余额为应纳税所得额。其计算公式为

应纳税所得额 = 收入总额 – 不征税收入 – 免税收入 – 各项扣除金额 – 弥补亏损

例 7－13 某企业为居民企业，2016 年发生经营业务如下：

（1）取得产品销售收入 3 800 万元。

（2）发生产品销售成本 2 200 万元。

（3）发生销售费用 770 万元（其中广告费 650 万元）；管理费用 460 万元（其中业务招待费 25 万元）；财务费用 70 万元。

（4）销售税金 170 万元（含增值税 120 万元）。

（5）营业外收入 100 万元，营业外支出 50 万元（含通过公益性社会团体向贫困山区捐款 30 万元，支付税收滞纳金 8 万元）。

（6）计入成本、费用中的实发工资总额 150 万元、拨缴职工工会经费 5 万元、发生职工福利费 30 万元、发生职工教育经费 5.75 万元。

【要求】计算该企业 2016 年度实际应纳的企业所得税。

【答案】（1）会计利润总额 = 3 800 – 2 200 – 770 – 460 – 70 – 50 + 100 – 50 = 300（万元）

（2）广告费和业务宣传费调增所得额 = 650 – 3 800 × 15% = 650 – 570 = 80（万元）

（3）业务招待费调增所得额 = 25 – 25 × 60% = 25 – 15 = 10（万元）

3 800 × 5‰ = 19（万元）> 25 × 60% = 15（万元），因此税法只允许抵扣 15（万元）

（4）捐赠支出 30 万元 < 300 × 12% = 36（万元），所以不用调整。

（5）工会经费应调增所得额 = 5 – 150 × 2% = 2（万元）

（6）职工福利费应调增所得额 = 30 – 150 × 14% = 9（万元）

（7）职工教育经费应调增所得额 = 5.75 – 150 × 2.5% = 2（万元）

（8）应纳税所得额 = 300 + 80 + 10 + 2 + 9 + 2 = 403（万元）

（9）2016 年应缴企业所得税 = 403 × 25% = 100.75（万元）

（二）境外所得抵扣税额的计算

企业取得的下列所得已在境外缴纳的所得税税额，可以从其当期应纳税额中抵免，抵免限额为该项所得依照企业所得税法规定计算的应纳税额；超过抵免限额的部分，可以在以后5个年度内，用每年度抵免限额抵免当年应抵税额后的余额进行抵补：

（1）居民企业来源于中国境外的应税所得。

（2）非居民企业在中国境内设立机构、场所，取得发生在中国境外但与该机构、场所有实际联系的应税所得。

居民企业从其直接或者间接控制的外国企业分得的来源于中国境外的股息、红利等权益性投资收益，外国企业在境外实际缴纳的所得税税额中属于该项所得负担的部分，可以作为该居民企业的可抵免境外所得税税额，在企业所得税法规定的抵免限额内抵免。

> 直接控制是指居民企业直接持有外国企业20%以上股份。
>
> 间接控制是指居民企业以间接持股方式持有外国企业20%以上股份。

已在境外缴纳的所得税税额，是指企业来源于中国境外的所得依照中国境外税收法律以及相关规定应当缴纳并已经实际缴纳的企业所得税性质的税款。

抵免限额是指企业来源于中国境外的所得，依照企业所得税法和实施条例的规定计算的应纳税额。除国务院财政、税务主管部门另有规定外，该抵免限额应当分国（地区）不分项计算，计算公式为

抵免限额＝中国境内、境外所得依照企业所得税法和条例规定计算的应纳税总额×来源于某国（地区）的应纳税所得额÷中国境内、境外应纳税所得总额

该公式可以简化为

抵免限额＝来源于某国的（税前）应纳税所得额×我国法定税率

例7－14 某企业2016年度境内应纳税所得额为150万元，适用25%的企业所得税税率。另外，该企业分别在A、B两国设有分支机构（我国与A、B两国已经缔结避免双重征税协定），在A国分支机构的应纳税所得额为80万元，A国税率为30%；在B国的分支机构的应纳税所得额为50万元，B国税率为21%。假设该企业在A、B两国所得按我国税法计算的应纳税所得额和按A、B两国税法计算的应纳税所得额一致，两个分支机构在A、B两国分别缴纳了24万元和10.5万元的企业所得税。

【要求】计算该企业汇总时在我国应缴纳的企业所得税税额。

（1）该企业按我国税法计算的境内、境外所得的应纳税额：

应纳税额＝(150＋80＋50)×25%＝70（万元）

（2）A、B两国的扣除限额：

A国扣除限额＝70×[80÷(150＋80＋50)]＝20（万元）

B国扣除限额＝70×[50÷(150＋80＋50)]＝12.5（万元）

在A国缴纳的所得税为24万元，高于扣除限额20万元，其超过扣除限额的部分4万元当年不能扣除。

在B国缴纳的所得税为10.5万元，低于扣除限额12.5万元，可全额扣除。

（3）汇总时在我国应缴纳的所得税＝70－20－10.5＝39.5（万元）

（三）居民企业核定征收应纳税额的计算

1. 核定征收企业所得税的范围

核定征收办法适用于居民企业纳税人具有下列情形之一的，核定征收企业所得税：

（1）依照法律、行政法规的规定可以不设置账簿的。

（2）依照法律、行政法规的规定应当设置但未设置账簿的。

（3）擅自销毁账簿或者拒不提供纳税资料的。

（4）虽设置账簿，但账目混乱或者成本资料、收入凭证、费用凭证残缺不全，难以查账的。

（5）发生纳税义务，未按照规定的期限办理纳税申报，经税务机关责令限期申报，逾期仍不申报的。

（6）申报的计税依据明显偏低，又无正当理由的。

特殊行业、特殊类型的纳税人和一定规模以上的纳税人不适用核定征收办法。上述特定纳税人由国家税务总局另行明确。

自 2012 年 1 月 1 日起，专门从事股权（股票）投资业务的企业，不得核定征收企业所得税。

2. 核定征收的办法

税务机关应根据纳税人具体情况，对核定征收企业所得税的纳税人，核定应税所得率或者核定应纳所得税额。

（1）具有下列情形之一的，核定其应税所得率：

1）能正确核算（查实）收入总额，但不能正确核算（查实）成本费用总额的。

2）能正确核算（查实）成本费用总额，但不能正确核算（查实）收入总额的。

3）通过合理方法，能计算和推定纳税人收入总额或成本费用总额的。

实行核定应税所得率征收办法的，应纳所得税税额的计算公式如下：

应纳所得税额 = 应纳税所得额 × 适用税率

应纳税所得额 = 应税收入额 × 应税所得率

或：　应纳税所得额 = 成本（费用）支出额 ÷（1 − 应税所得率）× 应税所得率

实行应税所得率方式核定征收企业所得税的纳税人，经营多业的，无论其经营项目是否单独核算，均由税务机关根据其主营项目确定适用的应税所得率。主营项目应为纳税人所有经营项目中，收入总额或者成本（费用）支出额或者耗用原材料、燃料、动力数量所占比重最大的项目。

应税所得率应按表 7－6 规定的幅度标准执行。

表 7－6　应税所得率的幅度标准

行　业	应税所得率（%）	行　业	应税所得率（%）
农、林、牧、渔业	3～10	建筑业	8～20
制造业	5～15	饮食业	8～25
批发和零售贸易业	4～15	娱乐业	15～30
交通运输业	7～15	其他行业	10～30

（2）税务机关采用下列方法核定征收企业所得税：

1）参照当地同类行业或者类似行业中经营规模和收入水平相近的纳税人的税负水平核定。

2）按照应税收入额或成本费用支出额定率核定。

3）按照耗用的原材料、燃料、动力等推算或测算核定。

4）按照其他合理方法核定。

纳税人的生产经营范围、主营业务发生重大变化，或者应纳税所得额或应纳税额增减变化达到20%的，应及时向税务机关申报调整已确定的应纳税额或应税所得率。

例7-15 2016年某居民企业向主管税务机关申报收入总额120万元，成本费用支出总额127.5万元，全年亏损7.5万元。经税务机关检查，成本费用支出核算准确，但收入总额不能确定。税务机关对该企业采取核定征税办法，应税所得率为25%。2016年度该企业应缴纳企业所得税（　　）万元。

A. 10.07　　B. 10.15　　C. 10.5　　D. 10.63

【答案】D。127.5÷(1－25%)×25%×25%＝10.63（万元）

（四）非居民企业应纳税额的计算

对于在中国境内未设立机构、场所的，或者虽设立机构、场所但取得的所得与其所设机构、场所没有实际联系的非居民企业的所得，按照下列方法计算应纳税所得额：

（1）股息、红利等权益性投资收益和利息、租金、特许权使用费所得，以收入全额为应纳税所得额。

营业税改征增值税试点中的非居民企业，应以不含增值税的收入全额作为应纳税所得额。

（2）转让财产所得，以收入全额减除财产净值后的余额为应纳税所得额。

（3）其他所得，参照前两项规定的方法计算应纳税所得额。

财产净值是指财产的计税基础减除已经按照规定扣除的折旧、折耗、摊销、准备金等后的余额。

非居民企业的应纳税额计算公式为

应纳税额＝年应纳税所得额×税率（减按10%）

例7-16 A国的甲企业在中国境内未设立机构、场所，但在2016年度从中国境内取得了下列所得：股息100万元、利息80万元、特许权使用费120万元。同时，该企业转让了其在中国境内的财产，转让收入为280万元，该财产的净值为220万元。要求：计算甲企业2016年度在中国境内应纳的企业所得税税额。

【解析】该企业取得的股息、利息和特许权使用费的应纳税所得额＝100＋80＋120＝300（万元）

该企业取得财产转让所得的应纳税所得额＝280－220＝60（万元）

该企业在2016年度应纳所得税税额＝(300＋60)×10%＝36（万元）

（五）非居民企业所得税核定征收办法

非居民企业因会计账簿不健全，资料残缺难以查账，或者其他原因不能准确计算并据实申报其应纳税所得额的，税务机关有权采取以下方法核定其应纳税所得额。

（1）按收入总额核定应纳税所得额：适用于能够正确核算收入或通过合理方法推定收入总

额，但不能正确核算成本费用的非居民企业。计算公式为

应纳税所得额 = 收入总额 × 经税务机关核定的利润率

（2）按成本费用核定应纳税所得额：适用于能够正确核算成本费用，但不能正确核算收入总额的非居民企业。计算公式为

应纳税所得额 = 成本费用总额 ÷ (1 − 经税务机关核定的利润率) × 经税务机关核定的利润率

（3）按经费支出换算收入核定应纳税所得额：适用于能够正确核算经费支出总额，但不能正确核算收入总额和成本费用的非居民企业。计算公式为

应纳税所得额 = 本期经费支出额 ÷ (1 − 核定利润率) × 核定利润率

（4）税务机关可按照以下标准确定非居民企业的利润率：

1）从事承包工程作业、设计和咨询劳务的，利润率为15% ~ 30%。

2）从事管理服务的，利润率为30% ~50%。

3）从事其他劳务或劳务以外经营活动的，利润率不低于15%。

税务机关有根据认为非居民企业的实际利润率明显高于上述标准的，可以按照比上述标准更高的利润率核定其应纳税所得额。

（5）采取核定征收方式征收企业所得税的非居民企业，在中国境内从事适用不同核定利润率的经营活动，并取得应税所得的，应分别核算并适用相应的利润率计算缴纳企业所得税；凡不能分别核算的，应从高适用利润率，计算缴纳企业所得税。

任务处理

（1）图7 − 1这张所得税完税凭证显示的是所缴纳的第二季度的所得税6 500元。

（2）根据表7 − 1 ~ 表7 − 4的数据资料以及企业基本情况，计算表7 − 2中的相关税金。具体计算过程如下：

城建税和教育费附加是根据所缴纳的增值税来缴纳的。

计税依据 = 119 200（元）

城建税 = 119 200 × 7% = 8 344（元）

教育费附加 = 119 200 × 3% = 3 576（元）

印花税 = 9 200 000 × 60% × 0.03% = 1 656（元）

水利建设基金 = 9 200 000 × 1‰ = 9 200（元）

应交税费计算表合计数为22 776元，表7 − 2填列结果见表7 − 7。

表7 − 7　应交税费计算表

2016年7月　　单位：元

税种、税目	计税依据	税　率	应收税金	备　注
城建税	119 200	7%	8 344	
教育费附加	119 200	3%	3 576	
印花税	5 520 000	0.03%	1 656	
水利建设基金	9 200 000	1‰	9 200	
合　计			22 776	

会计主管：　　制表：王琦

（3）综合根据表7－3、表7－4、表7－5中各数据，可以计算该企业7月份的应纳税所得额，具体计算过程如下：

应纳税所得额＝应税收入总额－准予扣除项目金额

＝(9 500 000－60 000)－(4 200 000＋840 000＋22 776)＝4 377 224（元）

应纳所得税额＝应纳税所得额×适用税率＝4 377 224×25%＝1 094 306（元）

任务三 企业所得税会计处理

任务要求

依据导引案例进行所得税会计处理。

知识准备

由于会计制度和税法规定所遵循的原则不同，尤其是收益、费用和损失的确认和计量原则不同，会造成按会计制度规定与按税法规定计算的利润产生差异。而税法要求在申报所得税时应当以税法认定的利润口径进行申报，因此需要将会计利润根据税法的相关规定进行纳税调整，将调整后的应纳税所得额作为所得税的计税依据。财政部于2006年发布的新《企业会计准则》改变了原先的所得税会计处理方法，要求企业一律采用资产负债表债务法核算递延所得税。

采用资产负债表债务法进行所得税费用核算时通常遵循以下几个步骤：①确定一项资产或负债的账面价值；②确定一项资产或负债的计税基础；③分析、计算暂时性差异；④确定递延所得税资产和递延所得税负债的期末余额；⑤确定递延所得税资产和递延所得税负债的本期发生额；⑥确定利润表中的所得税费用。

一、资产的计税基础

资产的计税基础是指企业计算可回收资产账面价值的过程，计算应税所得额时按照税法规定可以从应税经济利益中抵扣的金额，即某一项资产在未来期间计税时可税前扣除的金额。从税收角度考虑，资产的计税基础是假定企业按照税法规定进行核算所提供的资产负债表中资产的应有金额。

通常情况下，资产在取得时其入账价值与计税基础是相同的，后续计量过程中因企业会计准则规定与税法规定不同，可能造成计税基础与其账面价值不同，常见的有以下资产项目。

（一）固定资产

> 固定资产账面价值＝实际成本－会计累计折旧－固定资产减值准备
>
> 固定资产计税基础＝实际成本－税法累计折旧

以各种方式取得的固定资产，初始确认时入账价值基本上是被税法认可的，即取得时其入账价值一般等于计税基础，但固定资产在持有期间进行后续计量时，会计与税收处理因折旧方法、折旧年限的不同以及固定资产减值准备的提取等方面会产生差异。

（1）因折旧方法、折旧年限不同产生的差异。《企业会计准则》规定，企业可以根据消耗固定资产经济利益的方式合理选择折旧方法，例如，可以按直线法计提折旧，也可以按照双倍余额递减法、年数总和法等计提折旧，前提是有关的方法能够反映固定资产为企业带来经济利益的实现方式。税法一般规定固定资产的折旧方法，除某些按照规定可以加速折旧的情况外，基本上可以税前扣除的是按照直线法计提的折旧。

（2）因计提固定资产减值准备产生的差异。持有固定资产的期间内，在对固定资产计提了减值准备以后，因所计提的减值准备不允许税前扣除，账面价值下降，但计税基础不会随资产减值准备的提取而发生变化，也会造成其账面价值与计税基础的差异。

例 7－17 黄海公司 2014 年 12 月 31 日取得某项机器设备，原价为 2 000 万元，预计使用年限为 10 年，会计处理时按照年限平均法计提折旧；税法处理时允许采用加速折旧法计提折旧，黄海公司在计税时对该项资产采用双倍余额递减法计提折旧，会计和税法估计的预计净残值均为零。计提了两年的折旧后，2016 年 12 月 31 日，黄海公司对该项固定资产计提了 160 万元的固定资产减值准备。2016 年 12 月 31 日，该项固定资产的计税基础为（　　）万元。

A. 1 280　　B. 1 440　　C. 160　　D. 0

【答案】A。

（二）无形资产

在无形资产后续计量和内部研究开发形成无形资产的初始确认方面，其入账价值与税法规定的成本之间会存在一定差异。

（1）对于内部研究开发形成的无形资产，《企业会计准则》规定有关研究开发支出区分两个阶段，研究阶段的支出应当费用化计入当期损益，而开发阶段符合资本化条件以后发生的支出应当资本化作为无形资产的成本；税法规定，企业为开发新技术、新产品、新工艺发生的研究开发费用，未形成无形资产计入当期损益的，在按照规定据实扣除的基础上，按照研究开发费用的 50% 加计扣除；形成无形资产的，按照无形资产成本的 150% 摊销。

> 使用寿命有限的无形资产账面价值＝实际成本－会计累计摊销－无形资产减值准备
>
> 使用寿命不确定的无形资产账面价值＝实际成本－无形资产减值准备
>
> 计税基础＝实际成本－税法累计摊销

（2）无形资产在后续计量时，会计与税法的差异主要产生于对无形资产是否需要摊销，无形资产摊销方法、摊销年限的不同以及无形资产减值准备的计提。

例 7－18 H 公司当期发生研究开发支出共计 500 万元，其中研究阶段支出 100 万元，开发阶段不符合资本化条件的支出 120 万元，开发阶段符合资本化条件的支出 280 万元，假定 H 公司开发形成的无形资产在当期达到预定用途，并在当期摊销 20 万元。H 公司当期期末无形资产的计税基础为（　　）万元。

A. 0　　B. 260　　C. 130　　D. 390

【答案】D。（280－20）×150%＝390（万元）

（三）以公允价值计量且其变动计入当期损益的金融资产

按照《企业会计准则第22号——金融工具确认和计量》的规定，对于以公允价值计量且其变动计入当期损益的金融资产，其于某一会计期末的账面价值为公允价值；税法规定按照企业会计准则确认的公允价值变动损益在计税时不予考虑，即有关金融资产在某一会计期末的计税基础为其取得成本。这就造成该类金融资产账面价值与其计税基础之间的差异。

> 公允价值计量且其变动计入当期损益的金融资产账面价值：期末按公允价值计量，公允价值变动计入当期损益（公允价值变动损益）
> 计税基础：取得时成本。

（四）其他资产

因企业会计准则规定与税法规定不同，企业持有的其他资产，可能造成其账面价值与计税基础之间存在差异。

（1）投资性房地产。对于采用公允价值模式进行后续计量的投资性房地产，其期末账面价值为公允价值；而如果税法规定不认可该类资产在持有期间因公允价值变动产生的利得或损失，则其计税基础应以取得时支付的历史成本为基础计算确定，从而会造成账面价值与计税基础之间的差异。

（2）其他计提资产减值准备的各项资产。有关资产计提减值准备以后，其账面价值会随之下降，税法规定，资产的减值准备在转化为实质性损失之前，不允许税前扣除，即其计税基础不会因减值准备的提取而发生变化，从而造成资产的账面价值与其计税基础之间的差异。

二、负债的计税基础

负债的计税基础是指负债的账面价值减去未来期间计算应纳税所得额时按照税法规定可予以抵扣的金额。

负债的计税基础＝负债的账面价值－将来负债在兑付时允许扣税的金额

（一）预计负债

按照《企业会计准则第13号——或有事项》的规定，企业应将预计提供售后服务发生的支出在销售当期确认为费用，同时确认预计负债。税法规定，有关的支出实际发生时可全额税前扣除，该事项产生的预计负债在期末的计税基础为其账面价值与未来期间可税前扣除的金额之间的差额等于0，即计税基础为0。

因其他事项确认的预计负债，应按照税法规定的计税原则确定其计税基础。某些情况下，因有些事项确认的预计负债，如果税法规定其支出无论是否实际发生均不允许税前扣除，即未来期间按照税法规定可予抵扣的金额为0，其账面价值与计税基础相同。

例7-19 A公司2015年12月31日“预计负债——产品质量保证费用”科目贷方余额为200万元，2016年实际发生产品质量保证费用210万元，2016年12月31日预提产品质量保证费用120万元。税法规定，产品质量保证费用在实际发生时允许税前扣除，则2016年12月31日该项负债的计税基础为（　　）万元。

A. 0　　B. 120　　C. 200　　D. 210

【答案】A。

（二）预收账款

企业在收到客户预付款项时，因不符合收入确认条件，会计上将其确认为负债。税法中对于收入的确认原则一般与会计规定相同，即会计上未确认收入时，计税时一般也不计入应纳税所得额，该部分经济利益在未来期间计税时可予税前扣除的金额为0，计税基础等于账面价值。

如果不符合《企业会计准则》规定的收入确认条件，但按照税法规定应计入当期应纳税所得额时，预收账款的计税基础为0，即因其产生时已经计算缴纳所得税，未来期间可全额税前扣除，计税基础为账面价值减去在未来期间可全额税前扣除的金额，即其计税基础为0。

例7-20 H公司2016年12月31日收到客户预付的款项800万元。

（1）若预收的款项计入当期应纳税所得额：

2016年12月31日预收账款的账面价值为800万元；因按税法规定预收的款项已计入当期应纳税所得额，所以在以后年度减少预收账款确认收入时，由税前会计利润计算应纳税所得额时应将其扣除。

2016年12月31日预收账款的计税基础=账面价值800-可从未来经济利益中扣除的金额800=0。

（2）若预收的款项不计入当期应纳税所得额：

2016年12月31日预收账款的账面价值为800万元；2016年12月31日预收账款的计税基础=账面价值800-可从未来经济利益中扣除的金额0=800（万元）。

三、暂时性差异

暂时性差异是指资产或负债的账面价值与其计税基础之间的差额。对于某些未作为资产和负债确认的项目，按照税法规定可以确定其计税基础的，该计税基础与其账面价值之间的差额也属于暂时性差异。

按照对未来期间应税金额的影响，暂时性差异可分为应纳税暂时性差异和可抵扣暂时性差异。

（一）应纳税暂时性差异

应纳税暂时性差异是指在确定未来回收资产或清偿负债期间的应纳税所得额时，将导致产生应税金额的暂时性差异。该差异在未来期间转回时，会增加转回期间的应纳税所得额，即未来期间不考虑该事项影响的应纳税所得额的基础上，由于该暂时性差异的转回，会进一步增加转回期间的应纳税所得额和应纳所得税金额。在该暂时性差异产生当期，应当确认相关的递延所得税负债。

应纳税暂时性差异一般产生于以下几种情况：

1. 资产的账面价值大于其计税基础

一项资产的账面价值代表的是企业在持续使用及最终出售该项资产时会取得的经济利益的总额，而计税基础代表的是一项资产在未来期间可予税前抵扣的总金额。资产的账面价值大于其计税基础，该项资产未来期间产生的经济利益不能全部税前抵扣，两者之间的差额需要纳税，产生应纳税暂时性差异。

2. 负债的账面价值小于其计税基础

一项负债的账面价值为企业预计在未来期间清偿该项负债时的经济利益的流出，而其计税基础代表的是账面价值在扣除税法规定未来期间允许税前扣除的金额后的差额。因负债的账面价值与其计税基础不同产生的暂时性差异实质上是税法规定就该项负债在未来期间可以税前扣除的金额。负债的账面价值小于其计税基础，则意味着就该项负债在未来期间可以税前抵扣的金额为负数，即应在未来期间应纳税所得额的基础上调增，增加应纳税所得额和应纳所得税金额，产生应纳税暂时性差异。

例 7-21 A 公司为增值税一般纳税人，适用的增值税税率为 17%。2014 年 12 月 31 日购入一台不需要安装的设备，购买价款为 200 万元，增值税税额为 34 万元，购入当日即投入使用，预计使用年限为 5 年，预计净残值为零，会计采用年限平均法计提折旧。税法规定采用双倍余额递减法计提折旧，折旧年限及残值与会计估计相同，A 公司适用的所得税税率为 25%。2016 年 12 月 31 日该设备应纳税暂时性差异余额为（　　）万元。

A. 120　　B. 48　　C. 72　　D. 12

【答案】B。

（二）可抵扣暂时性差异

可抵扣暂时性差异是指在确定未来收回资产或清偿债务期间的应纳税所得额时将导致产生可抵扣金额的暂时性差异。该差异在未来期间转回时会减少转回期间的应纳税所得额，减少未来期间的应缴所得税。在该暂时性差异产生当期，应当确认相关的递延所得税资产。

可抵扣暂时性差异一般产生于以下几种情况：

1. 资产的账面价值小于其计税基础

从经济含义来看，资产在未来期间产生的经济利益少，按照税法规定允许税前扣除的金额多，则企业在未来期间可以减少应纳税所得额并减少应纳所得税，形成可抵扣暂时性差异。

2. 负债的账面价值大于其计税基础

负债产生的暂时性差异实质上是税法规定就该项负债可以在未来期间税前扣除的金额。一项负债的账面价值大于其计税基础，意味着未来期间按照税法规定构成负债的全部或部分金额可以自未来应税经济利益中扣除，减少未来期间的应纳税所得额和应纳所得税，产生可抵扣暂时性差异。

四、资产负债表债务法的会计处理

（一）会计科目的设置

（1）“所得税费用”科目，核算企业根据所得税准则确认的应从当期利润总额中扣除的所得税费用。按照“当期所得税费用”“递延所得税费用”进行明细核算。资产负债表日，企业按照税法计算确定的当期应纳所得税金额，借记本科目（当期所得税费用），贷记“应交税费——应交所得税”科目；根据所得税准则应予确认的递延所得税资产大于“递延所得税资产”科目余额的差额，借记“递延所得税资产”科目，贷记本科目（递延所得税费用）、“资本公积——其他资本公积”等科目；应予确认的递延所得税资产小于“递延所得税资产”科目余额的差额，做相反的会计分录。期末，应将本科目的余额转入“本年利润”科目，结转后本科目应无余额。

（2）“应交税费——应交所得税”科目，核算企业按税法规定同税务部门进行结算的所得税。借方登记预缴或缴纳结算的所得税额，贷方登记按应纳税所得额计算的应缴所得税额。借方余额表示多缴的所得税额，贷方的余额表示欠缴的所得税额。

（3）“递延所得税资产”科目，核算企业确认的可抵扣暂时性差异产生的递延所得税资产。本科目期末余额在借方，反映企业确认的递延所得税资产。

（4）“递延所得税负债”科目，核算企业确认的应纳税暂时性差异产生的递延所得税负债。资产负债表日，企业确认的递延所得税负债，借记“所得税费用——递延所得税费用”科目，贷记本科目。资产负债表日，递延所得税负债的应有余额大于其账面余额的，应按其差额确认，借记“所得税费用——递延所得税费用”科目，贷记本科目；资产负债表日递延所得税负债的应有余额小于其账面余额的，做相反的会计分录。本科目期末余额在贷方，反映企业已确认的递延所得税负债。

（二）递延所得税资产的确认

（1）递延所得税资产的确认应以未来期间可能取得的应纳税所得额为限。资产、负债的账面价值与其计税基础不同产生可抵扣暂时性差异的，在估计未来期间能够取得足够的应纳税所得额用以利用该可抵扣暂时性差异时，应当以很可能取得用来抵扣可抵扣暂时性差异的应纳税所得额为限，确认相关的递延所得税资产；在可抵扣暂时性差异转回的未来期间内，若企业无法产生足够的应纳税所得额用以抵减可抵扣暂时性差异的影响时，使得与递延所得税资产相关的经济利益无法实现的，该部分递延所得税资产不应确认。

（2）按照税法规定可以结转以后年度的未弥补亏损和税款抵减，应视同可抵扣暂时性差异处理。在预计可利用可弥补亏损或税款抵减的未来期间内能够取得足够的应纳税所得额时，应当以很可能取得的应纳税所得额为限，确认相应的递延所得税资产，同时减少确认当期的所得税费用。

（3）适用税率的确定。确认递延所得税资产时，应估计相关可抵扣暂时性差异的转回时间，采用转回期间适用的所得税税率为基础计算确定。无论相关的可抵扣暂时性差异转回期间如何，递延所得税资产均不予折现。

（4）资产负债表日，企业应当对递延所得税资产的账面价值进行复核。如果未来期间很可能无法取得足够的应纳税所得额用以利用递延所得税资产的利益，应当减记递延所得税资产的账面价值。递延所得税资产的账面价值减记以后，继后期间根据新的环境和情况判断能够产生足够的应纳税所得额利用可抵扣暂时性差异，使得递延所得税资产包含的经济利益能够实现的，应相应恢复递延所得税资产的账面价值。

递延所得税资产的计算公式为

递延所得税资产的余额＝该时点可抵扣暂时性差异×当时的所得税税率

当期递延所得税资产变动额＝（年末可抵扣暂时性差异－年初可抵扣暂时性差异）×所得税税率

如果所得税税率发生变化，则

当期递延所得税资产变动额＝年末可抵扣暂时性差异×新的所得税税率－年初可抵扣暂时性差异×新的所得税税率

递延所得税资产的增加在借方，减少在贷方。当其增加时（年末数 > 年初数）应该做如下处理：

借：递延所得税资产

　　贷：所得税费用

> 所得税费用在贷方，表示收益增加。
>
> 所得税费用在借方，表示费用增加。

递延所得税资产的减少（年末数 < 年初数）与上述情况正好相反，做相反的分录。

借：所得税费用

　　贷：递延所得税资产

（三）递延所得税负债的确认

（1）应纳税暂时性差异在转回期间将增加未来期间企业的应纳税所得额和应纳所得税，导致企业经济利益的流出，从其发生当期看，构成企业应支付税金的义务，应作为递延所得税负债确认。除直接计入所有者权益的交易或事项以及企业合并外，在确认递延所得税负债的同时，应增加利润表中的所得税费用。

（2）递延所得税负债应以相关应纳税暂时性差异转回期间适用的所得税税率计量。在确认递延所得税负债时，以现行适用税率为基础计算确定，递延所得税负债的确认不要求折现。

递延所得税负债的计算公式为

递延所得税负债的余额 = 该时点应纳税暂时性差异 × 当时的所得税税率

当期递延所得税负债变动额 =（年末应纳税暂时性差异 − 年初应纳税暂时性差异）× 所得税税率

如果所得税税率发生变化，则

当期递延所得税负债变动额 = 年末应纳税暂时性差异 × 新的所得税税率 − 年初应纳税暂时性差异 × 旧的所得税税率

递延所得税负债的增加在贷方，减少在借方，当期增加时（年末数 > 年初数）应该做如下处理：

借：所得税费用

　　贷：递延所得税负债

递延所得税负债的减少（年末数 < 年初数）与上述情况正好相反，做相反的分录。

借：递延所得税负债

　　贷：所得税费用

（四）所得税费用的确定和计量

采用资产负债表债务法核算所得税的情况下，利润表中的所得税费用 = 当期所得税费用 + 递延所得税费用（− 递延所得税收益）。

当期所得税费用即当期应纳所得税金额。

当期应纳所得税金额 = 应纳税所得额 × 所得税税率

应纳税所得额 = 税前会计利润 + 纳税调整增加额 − 纳税调整减少额

递延所得税费用（或收益）= 当期递延所得税负债的增加 + 当期递延所得税资产的减少 − 当期递延所得税负债的减少 − 当期递延所得税资产的增加

如果某项交易或事项按照企业会计准则规定应计入所有者权益，由该交易或事项产生的递延所得税资产或递延所得税负债及其变化也应计入所有者权益，不构成利润表中的递延所得税费用（或收益）。

例 7－22 甲公司递延所得税负债年初数为 400 000 元，年末数为500 000元，递延所得税资产年初数为 250 000 元，年末数为 200 000 元。当期应纳所得税 5 000 000 元。甲公司的会计处理如下：

（1）当期应纳所得税：

借：所得税费用——当期所得税费用　　5 000 000

　　贷：应交税费——应交所得税　　5 000 000

（2）递延所得税：

借：所得税费用——递延所得税费用　　100 000

　　贷：递延所得税负债　　100 000

借：所得税费用——递延所得税费用　　50 000

　　贷：递延所得税资产　　50 000

（3）甲公司所得税费用的计算如下：

递延所得税费用＝(500 000－400 000)＋(250 000－200 000)＝借方 100 000＋借方 50 000＝借方 150 000（元）

利润表中的所得税费用＝当期所得税费用＋递延所得税费用＝借方 5 000 000＋借方 150 000＝借方 5 150 000（元）

甲公司将上述三个会计分录合并后如下：

借：所得税费用　　5 150 000

　　贷：应交税费——应交所得税　　5 000 000

　　　　递延所得税负债　　100 000

　　　　递延所得税资产　　50 000

五、应付税款法

应付税款法是将本期税前会计利润与应纳税所得额之间的差异造成的影响纳税的金额直接计入当期损益，而不递延到以后各期。在应付税款法下，当期计入损益的所得税费用等于当期应缴的所得税。

《小企业会计准则》规定小企业应当按照企业所得税法规定计算的当期应纳税额，确认所得税费用。

企业按照税法规定计算应缴的所得税时做如下会计分录：

借：所得税费用

　　贷：应交税费——应交所得税

企业按规定预缴应纳所得税税额时，做如下会计分录：

借：应交税费——应交所得税

　　贷：银行存款

任务处理

（1）图 7－1 这张所得税完税凭证显示，企业缴纳了第二季度的所得税 6 500 元。

具体会计处理如下：

借：应交税费——应交所得税　　6 500

　　贷：银行存款　　6 500

（2）相关账务处理。

1）根据表 7－1 进行增值税的账务处理，具体如下：

借：应交税费——应交增值税（转出未交增值税）　　119 200

　　贷：应交税费——未交增值税　　119 200

2）进行城建税、教育费附加、印花税以及水利建设基金等税费的账务处理（数据来自任务二的计算，以下按新会计科目编写），具体如下：

借：税金及附加　　22 776

　　贷：应交税费——应交城建税　　8 344

　　　　——应交教育费附加　　3 576

　　　　——水利建设基金　　9 200

　　　　——应交印花税　　1 656

（3）根据表 7－3，需要把销售产品的成本结转到本年利润账户的借方，具体如下：

借：主营业务成本　　4 200 000

　　贷：库存商品——计算机终端设备　　3 000 000

　　　　——计算机外部设备　　1 200 000

（4）根据表 7－4，需要把本期发生的收入结转到本年利润账户的贷方，具体如下：

借：主营业务收入　　9 200 000

　　其他业务收入　　60 000

　　投资收益　　140 000

　　营业外收入　　100 000

　　贷：本年利润　　9 500 000

（5）根据表 7－5，需要把本期发生的费用以及之前核算的成本、税金结转到本年利润账户的借方，具体如下：

借：本年利润　　5 062 776

　　贷：主营业务成本　　4 200 000

　　　　税金及附加　　22 776

　　　　管理费用　　600 000

　　　　销售费用　　150 000

　　　　财务费用　　90 000

（6）本期所得税核算的账务处理如下：

借：所得税费用　　1 094 306

　　贷：应交税费——应交所得税　　1 094 306

任务四　企业所得税纳税申报

任务要求

（1）试根据任务一、二、三处理的结果填写所得税纳税申报表。

（2）模拟所得税纳税申报。

知识准备

一、纳税地点

企业所得税由纳税人向其所在地主管税务机关缴纳。

（1）除税收法律、行政法规另有规定外，居民企业以企业登记注册地确定纳税地点，但登记注册地在境外的，以实际管理机构所在地为纳税地点。企业注册登记地是指企业依照国家有关规定登记注册的所在地。

（2）居民企业在中国境内设立不具有法人资格的营业机构的，应当汇总计算并缴纳企业所得税。企业汇总计算并缴纳企业所得税时，应当统一核算应纳税所得额，具体办法由国务院财政、税务主管部门另行制定。

（3）非居民企业在中国境内设立机构、场所的，应当就其所设机构、场所取得的来源于中国境内的所得，以及发生在中国境外但与其所设机构、场所有实际联系的所得，以机构、场所所在地为纳税地点。非居民企业在中国境内设立两个或者两个以上机构、场所的，经税务机关审核批准，可以选择由其主要机构、场所汇总缴纳企业所得税。非居民企业经批准汇总缴纳企业所得税后，需要增设、合并、迁移、关闭机构、场所或者停止机构、场所业务的，应当事先由负责汇总申报缴纳企业所得税的主要机构、场所向其所在地税务机关报告；需要变更汇总缴纳企业所得税的主要机构、场所的，依照前款规定办理。

（4）对非居民企业在中国境内未设立机构、场所的，或者虽设立机构、场所但取得的所得与其所设机构、场所没有实际联系的，以扣缴义务人所在地为纳税地点。

（5）除国务院另有规定外，企业之间不得合并缴纳企业所得税。

二、纳税期限

企业所得税按年计征，分月或者分季预缴，年终汇算清缴，多退少补。

企业所得税的纳税年度，自公历1月1日起至12月31日止。企业在一个纳税年度的中间开业，或者由于合并、关闭等原因终止经营活动，使该纳税年度的实际经营期不足12个月的，应当以其实际经营期为1个纳税年度。企业清算时，应当以清算期间作为1个纳税年度。

自年度终了之日起5个月内，向税务机关报送年度企业所得税纳税申报表，并汇算清缴，结清应缴应退税款。

企业在年度中间终止经营活动的，应当自实际经营终止之日起60日内，向税务机关办理当期企业所得税汇算清缴。

三、纳税申报

（一）企业所得税预缴纳税申报表

按月或按季预缴的，应当自月份或者季度终了之日起15日内，向税务机关报送预缴企业所得税纳税申报表，预缴税款。

查账征收企业所得税的居民纳税人及在中国境内设立机构的非居民纳税人在月（季）度预缴企业所得税时应填制“中华人民共和国企业所得税月（季）度预缴纳税申报表（A类）”；实行核定征收管理办法（包括核定应税所得率和核定税额征收方式）缴纳企业所得税的纳税人在月（季）度申报缴纳企业所得税时应填制“中华人民共和国企业所得税月（季）度预缴纳税申报表（B类）”。

企业在报送企业所得税纳税申报表时，应当按照规定附送财务会计报告和其他有关资料。

（二）企业所得税年度纳税申报表

查账征收企业所得税的纳税人在年度汇算清缴时，无论盈利或亏损，都必须在规定的期限内进行纳税申报，填写企业所得税纳税年度申报表及其有关附表。

企业应当在办理注销登记前，就其清算所得向税务机关申报并依法缴纳企业所得税。

依照企业所得税法缴纳的企业所得税，以人民币计算。所得以人民币以外的货币计算的，应当折合成人民币计算并缴纳税款。

四、企业所得税网上申报

2013年5月，国务院发布了《关于取消和下放一批行政审批项目等事项的决定》，其中包含取消了“对纳税人申报方式核准”税务行政审批项目，纳税人可以自主选择申报方式。随着网络和信息化的发展，纳税人的申报绝大多数采用电子申报方式。在此主要以浙江省为例说明。

进行网络申报，纳税人首先需携带税务登记证副本、公章、办理人身份证到国税部门开户并安装相关软件，同时还要到电信营业厅，申请开通国税VPDN网上申报。在报税电脑上安装相关软件。然后在申报期内用VPDN拨号软件拨号登录到浙江省国税网站www.zjtax.gov.cn进行网上申报，网上申报系统登录的用户名为纳税人识别号，初始密码为纳税人识别号末6位，登录后即可按页面提示进行申报（如图7－2、图7－3所示），国税已实现所有税种的网上申报。

企业所得税网上申报流程具体如下：

因企业性质不同，所得税的申报性质也会有差异，有季度申报和月度申报，也有在地税和国税的区别，现以国税、查账征收为例。

第一步，不管申报哪一项，必须要先完成资产负债表和利润表的填写，现金流量表可报可不报，但若申报过一次，之后就必须申报。

第二步，在申报所得税报表之前，最好先填报一般纳税人申报表。

第三步，所得税申报时，有些企业会跳出减免申报表，若非零申报，则要先填报减免申报表。

图 7－2　浙江省网上申报入口

图 7－3　浙江省国地税联合电子税务局（www. zjds-etax. cn）

第四步，在填制所得税申报表时，如果一直是盈利企业，则按正常程序申报，如果以前有亏损有盈利，而本期申报者又刚好盈利，则要考虑弥补亏损问题。

五、源泉扣缴

非居民企业在中国境内未设立机构、场所的，或者虽设立机构、场所但取得的所得与其所设机构、场所没有实际联系的，应当就其来源于中国境内的所得缴纳企业所得税，并实行源泉扣缴，以支付人为扣缴义务人。税款由扣缴义务人在每次支付或者到期应支付时，从支付或者到期应支付的款项中扣缴。

对非居民企业在中国境内取得工程作业和劳务所得应缴纳的所得税，税务机关可以指定工程价款或者劳务费的支付人为扣缴义务人。可以指定扣缴义务人的情形，包括：

（1）预计工程作业或者提供劳务期限不足一个纳税年度，且有证据表明不履行纳税义务的。

（2）没有办理税务登记或者临时税务登记，且未委托中国境内的代理人履行纳税义务的。

（3）未按照规定期限办理企业所得税纳税申报或者预缴申报的。

上述规定的扣缴义务人，由县级以上税务机关指定，并同时告知扣缴义务人所扣税款的计算依据、计算方法、扣缴期限和扣缴方式。

以上应当扣缴的所得税，扣缴义务人未依法扣缴或者无法履行扣缴义务的，由纳税人在所得发生地缴纳。纳税人未依法缴纳的，税务机关可以从该纳税人在中国境内其他收入项目的支付人应付的款项中，追缴该纳税人的应纳税款。

扣缴义务人每次代扣的税款，应当自代扣之日起七日内缴入国库，并向所在地的税务机关报送扣缴企业所得税报告表。

任务处理

根据任务一、二、三的处理结果，该企业于7月10日到所在地主管税务机关办理二季度企业所得税预缴申报。企业所得税纳税申报表填制见表7-8。

表7-8 中华人民共和国企业所得税月（季）度预缴纳税申报表（A类，2015年版）

税款所属期间：2016年4月1日至2016年6月30日

纳税人识别号：913300014567××215G

纳税人名称：浙江百佳信息科技有限公司　　　　金额单位：人民币元（列至角分）

行次	项　　目	本期金额	累计金额
1	一、按照实际利润额预缴		
2	营业收入	9 260 000. 00	
3	营业成本	4 200 000. 00	
4	利润总额	4 437 224. 00	
5	加：特定业务计算的应纳税所得额	0. 00	
6	减：不征税收入和税基减免应纳税所得额（请填附表1）	60 000. 00	
7	固定资产加速折旧（扣除）调减额（请填附表2）	0. 00	
8	弥补以前年度亏损	0. 00	
9	实际利润额（4行+5行-6行-7行-8行）	4 377 224. 00	
10	税率（25%）		
11	应纳所得税额（9行×10行）	1 094 306. 00	
12	减：减免所得税额（请填附表3）	0. 00	
13	实际已预缴所得税额	—	
14	特定业务预缴（征）所得税额		
15	应补（退）所得税额（11行-12行-13行-14行）	—	1 094 306. 00
16	减：以前年度多缴在本期抵缴所得税额		

（续）

<table>
<tr><th>行次</th><th colspan="2">项　　目</th><th>本期金额</th><th>累计金额</th></tr>
<tr><td>17</td><td colspan="2">本月（季）实际应补（退）所得税额</td><td>—</td><td>1 094 306. 00</td></tr>
<tr><td>18</td><td colspan="4">二、按照上一纳税年度应纳税所得额平均额预缴</td></tr>
<tr><td>19</td><td colspan="2">上一纳税年度应纳税所得额</td><td>—</td><td></td></tr>
<tr><td>20</td><td colspan="2">本月（季）应纳税所得额（19 行 × 1/4 或 1/12）</td><td></td><td></td></tr>
<tr><td>21</td><td colspan="2">税率（25%）</td><td></td><td></td></tr>
<tr><td>22</td><td colspan="2">本月（季）应纳所得税额（20 行 × 21 行）</td><td></td><td></td></tr>
<tr><td>23</td><td colspan="2">减：减免所得税额（请填附表 3）</td><td></td><td></td></tr>
<tr><td>24</td><td colspan="2">本月（季）实际应纳所得税额（22 行 − 23 行）</td><td></td><td></td></tr>
<tr><td>25</td><td colspan="4">三、按照税务机关确定的其他方法预缴</td></tr>
<tr><td>26</td><td colspan="2">本月（季）税务机关确定的预缴所得税额</td><td></td><td></td></tr>
<tr><td>27</td><td colspan="4">总分机构纳税人</td></tr>
<tr><td>28</td><td rowspan="4">总机构</td><td>总机构分摊所得税额（15 行或 24 行或 26 行 × 总机构分摊预缴比例）</td><td></td><td></td></tr>
<tr><td>29</td><td>财政集中分配所得税额</td><td></td><td></td></tr>
<tr><td>30</td><td>分支机构分摊所得税额（15 行或 24 行或 26 行 × 分支机构分摊比例）</td><td></td><td></td></tr>
<tr><td>31</td><td>其中：总机构独立生产经营部门应分摊所得税额</td><td></td><td></td></tr>
<tr><td>32</td><td rowspan="2">分支机构</td><td>分配比例</td><td></td><td></td></tr>
<tr><td>33</td><td>分配所得税额</td><td></td><td></td></tr>
<tr><td colspan="5">是否属于小型微利企业：　　是 □　　否 ☑</td></tr>
<tr><td colspan="5">谨声明：此纳税申报表是根据《中华人民共和国企业所得税法》《中华人民共和国企业所得税法实施条例》和国家有关税收规定填报的，是真实的、可靠的、完整的。
法定代表人（签字）：赵平　　2017 年 7 月 15 日</td></tr>
<tr><td colspan="2">纳税人公章：浙江百佳信息科技有限公司
会计主管：王琦
填表日期：2016 年 7 月 15 日</td><td colspan="2">代理申报中介机构公章：
经办人：
经办人执业证件号码：
代理申报日期：　年　月　日</td><td>主管税务机关受理专用章：
受理人：
受理日期：　年　月　日</td></tr>
</table>

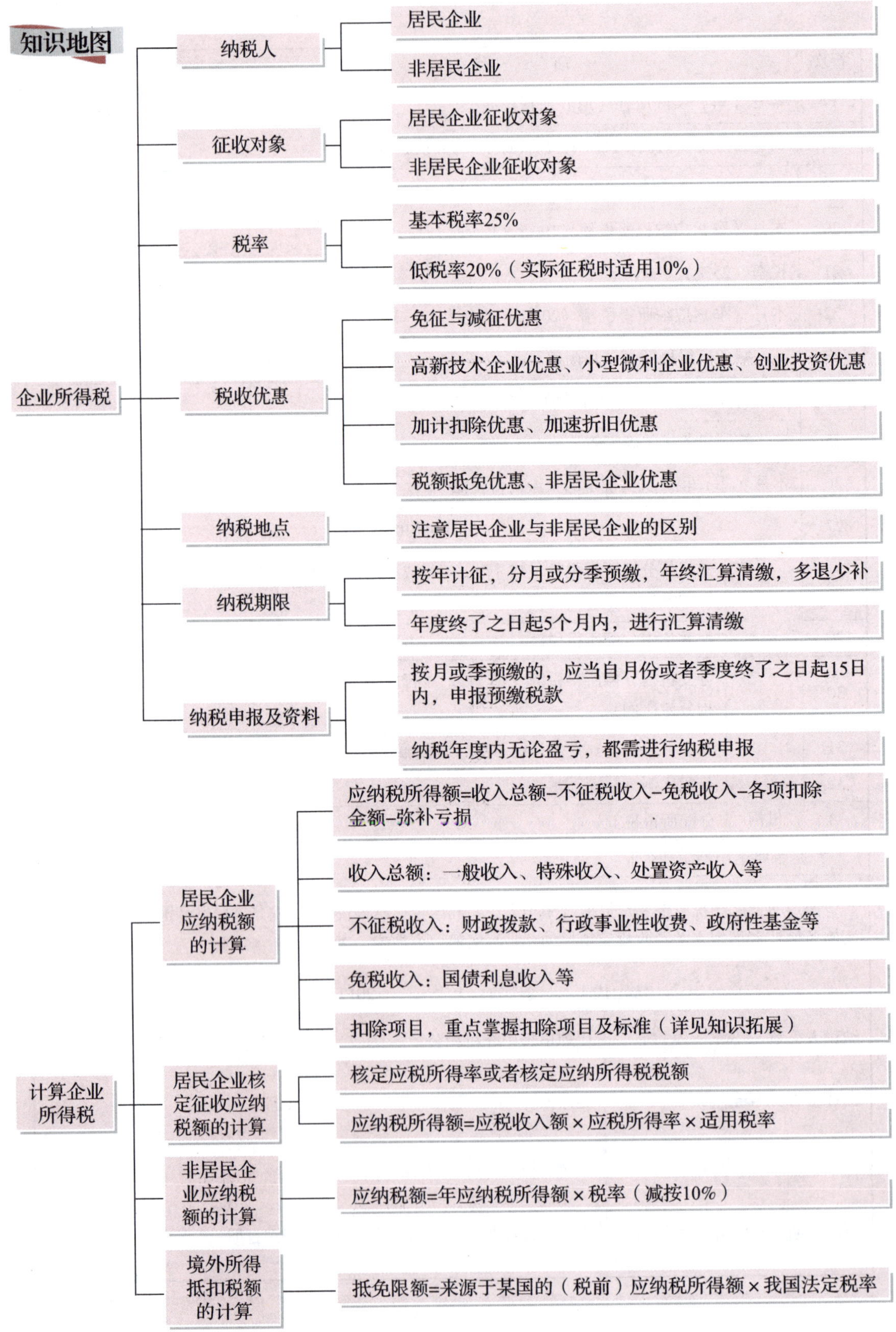
知识地图
企业所得税
纳税人
居民企业
非居民企业
征收对象
居民企业征收对象
非居民企业征收对象
税率
基本税率25%
低税率20%（实际征税时适用10%）
税收优惠
免征与减征优惠
高新技术企业优惠、小型微利企业优惠、创业投资优惠
加计扣除优惠、加速折旧优惠
税额抵免优惠、非居民企业优惠
纳税地点
注意居民企业与非居民企业的区别
纳税期限
按年计征，分月或分季预缴，年终汇算清缴，多退少补
年度终了之日起5个月内，进行汇算清缴
纳税申报及资料
按月或季预缴的，应当自月份或者季度终了之日起15日内，申报预缴税款
纳税年度内无论盈亏，都需进行纳税申报
计算企业所得税
居民企业应纳税额的计算
应纳税所得额=收入总额-不征税收入-免税收入-各项扣除金额-弥补亏损
收入总额：一般收入、特殊收入、处置资产收入等
不征税收入：财政拨款、行政事业性收费、政府性基金等
免税收入：国债利息收入等
扣除项目，重点掌握扣除项目及标准（详见知识拓展）
居民企业核定征收应纳税额的计算
核定应税所得率或者核定应纳所得税税额
应纳税所得额=应税收入额×应税所得率×适用税率
非居民企业应纳税额的计算
应纳税额=年应纳税所得额×税率（减按10%）
境外所得抵扣税额的计算
抵免限额=来源于某国的（税前）应纳税所得额×我国法定税率

税法导读

1. 中华人民共和国企业所得税法
2. 中华人民共和国企业所得税法实施条例
3. 国家税务总局关于印发《企业所得税核定征收办法》(试行) 的通知
4. 国家税务总局关于确认企业所得税收入若干问题的通知
5. 国家税务总局关于企业所得税减免税管理问题的通知
6. 国家税务总局关于印发《非居民企业所得税源泉扣缴管理暂行办法》的通知
7. 财政部、国家税务总局关于小型微利企业所得税优惠政策的通知
8. 财政部、国家税务总局关于完善固定资产加速折旧企业所得税政策的通知
9. 财政部、国家税务总局关于小型微利企业所得税优惠政策有关问题的通知
10. 国家税务总局关于技术转让所得减免企业所得税有关问题的公告
11. 国家税务总局关于执行软件企业所得税优惠政策有关问题的公告
12. 国家税务总局关于进一步加强企业所得税汇算清缴工作的通知
13. 国家税务总局关于营业税改征增值税试点中非居民企业缴纳企业所得税有关问题的公告
14. 国家税务总局关于企业所得税核定征收有关问题的公告
15. 财政部、国家税务总局关于广告费和业务宣传费支出税前扣除政策的通知
16. 财政部、国家税务总局关于企业关联方利息支出税前扣除标准有关税收政策问题的通知
17. 财政部、国家税务总局关于安置残疾人员就业有关企业所得税优惠政策问题的通知
18. 财政部、国家税务总局、科技部关于完善研究开发费用税前加计扣除政策的通知
19. 国家税务总局关于贯彻落实进一步扩大小型微利企业减半征收企业所得税范围有关问题的公告
20. 财政部、国家税务总局关于进一步扩大小型微利企业所得税优惠政策范围的通知

知识拓展

企业所得税法是指国家制定的用以调整企业所得税征收与缴纳之间权利及义务关系的法律规范。现行企业所得税法的基本规范，是 2007 年 3 月 16 日第十届全国人民代表大会第五次全体会议通过的《中华人民共和国企业所得税法》(以下简称《企业所得税法》) 和 2007 年 11 月 28 日国务院第 197 次常务会议通过的《中华人民共和国企业所得税法实施条例》(以下简称《实施条例》)。

企业所得税是对我国境内的企业和其他取得收入的组织的生产经营所得和其他所得征收的一种税。企业所得税的计税依据是应纳税所得，它以利润为主要依据，但不是直接意义上的会计利润，更不是收入总额。在计算所得税时，计税依据的计算涉及纳税人的成本、费用、税收激励或限制措施等各个方面，因此所得税计税依据的计算较为复杂。

企业所得税扣除项目的基本规定见表 7－9，应纳税所得额的计算见表 7－10。

表 7-9 扣除项目的基本规定

扣除项目		应重点关注的项目
成本	生产经营成本	工资薪金总额、企业支付给残疾职工的工资
费用	销售费用	广告费和业务宣传费、销售佣金
	管理费用	业务招待费、职工福利费、工会经费、职工教育经费、研究开发费用
	财务费用	利息支出、借款费用
税金	税金及附加	消费税、资源税、城市维护建设税、教育费附加及房产税、土地使用税、车船税、印花税等相关税费
	不得扣除的税金	增值税、企业所得税
损失		净损失（企业发生的损失，减除责任人赔偿和保险赔款后的余额）
营业外支出	禁止扣除的项目	税收滞纳金、罚金、罚款、非广告性质的赞助支出
	捐赠支出	公益性捐赠支出

表 7-10 应纳税所得额的计算

扣除项目		扣除限额	特殊规定
有扣除限额，超过部分应调增	业务招待费	① 业务招待费实际发生额 ×60% ② 销售（营业）收入 ×5‰	允许扣除额为两个指标的较小者
	广告费和业务宣传费	销售（营业）收入 ×15%	超过部分，准予在以后纳税年度结转扣除。化妆品制造或销售、医药制造、饮料制造（不含酒类制造）和烟草企业除外
	职工福利费	工资薪金总额 ×14%	
	工会经费	工资薪金总额 ×2%	
	职工教育经费	工资薪金总额 ×2.5%	超过部分，准予在以后纳税年度结转扣除
	公益性捐赠支出	年度会计利润总额 ×12%	超过年度利润总额 12% 的部分，准予结转以后三年内在计算应纳税所得额时扣除
	非金融企业向非金融企业借款的利息支出	按照金融企业同期同类贷款利率计算的数额	
加计扣除，调减应纳税所得额	研究开发费用	未形成无形资产计入当期损益，实际发生额 ×50%；形成无形资产的按 150% 摊销	
	支付给残疾职工的工资	按照支付给残疾职工的工资 ×100%	

（续）

扣除项目		扣除限额	特殊规定
抵扣应纳税所得额	创业投资企业	投资额×70%	在股权持有满2年的当年抵扣，不足抵扣的，可以在以后纳税年度结转抵扣
抵免应纳税额	购置并实际使用“符合条件的环境保护、节能节水、安全生产”等专用设备	投资额×10%	当年不足抵免的，可以在以后5个纳税年度结转抵免
不得扣除，应全额调增	税收滞纳金、未经核定的准备金支出、非广告性质的赞助支出、企业之间支付的管理费、纳税人直接向受赠人的捐赠支出		
	罚金、罚款和被没收财物的损失		不包括纳税人按照经济合同规定支付的违约金、银行罚息、罚款和诉讼费
准予全额扣除，无须进行纳税调整	合理的工资薪金支出、合理的劳动保护支出、企业按规定为职工缴付的“五险一金”和财产保险费、非金融企业向金额企业借款的利息支出、企业经批准发行债券的利息支出、企业在生产经营活动中发生的合理的不需要资本化的借款费用		

初级会计资格考试中初级会计实务和经济法基础科目对企业所得税的考核点非常多，涉及收入的确认、成本费用的扣除、纳税的调整、所得税费用的确认等，要求考生全面熟悉所得税基础知识并掌握分析及运用。

项目八　个人所得税纳税实务

知识目标

1. 理解个人所得税基本内涵。
2. 掌握个人所得税纳税义务人的界定。
3. 掌握个人所得税征税范围及税率。
4. 掌握不同所得项目的个人所得税计算。
5. 掌握个人所得税的会计处理方法。
6. 掌握个人所得税纳税申报基本知识。

学习导航

本项目 PPT

技能目标

1. 能根据经济业务进行个人所得税判断。
2. 能够计算个人所得税。
3. 能够针对个人发生的不同经济业务进行个人所得税会计处理。
4. 能够完成个人所得税纳税申报表的填制并进行纳税申报。

导引案例

葛岁（中国国籍，身份证号码：3301101984010××××），住址：浙江省绍兴市滨海新区中心路88－1号（312000），联系电话：1310634××××；工作单位：浙江弄潮实业有限公司（社会信用代码：91330621666888999A）。2016年相关收入情况如下：

（1）工资、薪金所得明细表见表8－1。

表8－1　工资、薪金所得明细表

月份	基本工资	岗位工资	津贴	住房补贴	交通补贴	应发合计	三险一金
1	4 000	1 280	600	1 000	200	7 080	1 650
2	4 000	1 280	600	1 000	200	7 080	1 650
3	4 000	1 280	800	1 000	200	7 280	1 650
4	4 000	1 280	700	1 000	200	7 180	1 650
5	4 000	1 280	600	1 000	200	7 080	1 650
6	4 000	1 280	600	1 000	200	7 080	1 650
7	4 000	1 280	500	1 000	200	6 980	1 650
8	4 000	1 280	600	1 000	200	7 080	1 650
9	4 000	1 280	600	1 000	200	7 080	1 650
10	4 000	1 280	600	1 000	200	7 080	1 650
11	4 000	1 280	800	1 000	200	7 280	1 650
12	4 000	1 280	900	1 000	200	7 380	1 650

另：2016 年 6 月取得半年奖 5 000 元，12 月取得 2016 年度年终奖 15 000 元，除房屋出租外其他项目个人所得税均已被代扣代缴。

（2）2016 年 3—5 月担任绍兴禹顺有限公司兼职培训讲师，每月做两次讲座，每次收入 3 000元。

（3）2016 年 4 月起，将其市区一套房屋按市场价格出租，租金为 2 000 元/月，7 月因台风影响，房屋受损，发生修缮费用 1 000 元。

（4）2016 年 6 月出版一本专著，获得稿酬收入 15 000 元，后因十分畅销，加印了 2 000 册，取得加印的稿酬 6 000 元。

（5）2016 年 7 月购买福利彩票，获的奖金 50 000 元，当即向绍兴市红十字会捐款5 000元。

（6）2016 年 8 月参加商场国庆抽奖活动，获得价值 8 000 元的液晶电视一台。

任务一　认识个人所得税

任务要求

（1）想想如何利用你所掌握的资源找到税法导读部分的税收法律和部门规章，并学习、了解我国的个人所得税制度。

（2）根据导引案例所给资料分析纳税人葛岁 2016 年度的个人所得收入，并进行个人所得税判断与分析。

知识准备

一、个人所得税概述

个人所得税是国家对本国公民、居住在本国境内的个人的所得和境外个人来源于本国的所得征收的一种所得税。

> 公民指具有某一国国籍，并根据该国法律规定享有权利和承担义务的人。
>
> 所得税又称所得课税、收益税，指国家对法人、自然人和其他经济组织在一定时期内的各种所得征收的一类税收。

二、纳税人

个人所得税的纳税义务人及纳税对象为中国公民、个体工商户、个人独资企业投资者、合伙企业投资者、在中国有所得的外籍人员和中国香港、澳门、台湾同胞。上述纳税人依据住所和居住时间两个标准，区分为居民和非居民，分别承担不同的纳税义务。居民纳税人员有无限纳税义务。其取得的应纳税所得，无论是来源于中国境内还是中国境外的任何地方，都要在中国缴纳个人所得税。

> 《民法通则》规定：公民以他的户籍所在地的居住地为住所，经常居住地与户籍所在地不一致的，经常居住地视为住所。

居民纳税义务人是指在中国境内有住所，或者无住所而在中国境内居住满一年的个人。所谓在中国境内有住所的个人，是指因户籍、家庭、经济利益关系而在中国境内习惯性居住的个人；所谓在境内居住满一年，是指在一个纳税年度内，在中国境内居住满365日。在计算居住天数时，对临时离境应视同在华居住，不扣减其在华居住天数。

> 所谓习惯性居住，是判定纳税义务人是居民或非居民的一个法律意义上的标准，不是指实际居住或在某一个特定时期内的居住地。如因学习、工作、探亲、旅游等而在中国境外居住的，在其原因消除之后，必须回到中国境内居住的个人，则中国即为该纳税人习惯性居住地。

> 一次不超过30日或多次累计不超过90日的离境，属于临时离境。

非居民纳税义务人是指不符合居民纳税义务人判定标准的纳税义务人，非居民纳税人承担有限纳税义务，即仅就其来源于中国境内的所得，向中国缴纳个人所得税。

境外人士获取中国境内所得是否征收个人所得税的情况见表8－2。

从2000年1月1日起，个人独资企业和合伙企业投资者也为个人所得税的纳税义务人。

表8－2　境外人士获取所得是否征收个人所得税一览表

在中国境内居住时间	雇员职位	境内所得境内支付或负担	境内所得境外支付或负担	境外所得境内支付或负担	境外所得境外支付或负担
不超过90日或183日	一般雇员	征税	不征税	不征税	不征税
	高层管理人员	征税	不征税	征税	不征税
超过90日或183日	一般雇员	征税	征税	不征税	不征税
	高层管理人员	征税	征税	征税	不征税
满1年但不满5年	所有人	征税	征税	征税	不征税
超过5年	所有人	征税	征税	征税	征税

注：1. 高层管理人员是指公司正、副（总）经理、各职能总师、总监及其他类似管理人员。
2. 183天的免税期适用中国与其他国家或地区签订的避免双重征税和防止偷漏税的协定或安排的情形。

居民纳税义务人和非居民纳税义务人纳税义务的区别。

例8－1 来自美国的教授麦克于2016年1月1日来华授课，2016年度多次出入境，先后共离境5次，离境时间分别为23日、29日、19日、18日和15日。麦克教授在2016年度是否为我国居民纳税人？

提示 麦克教授共离境天数＝23＋29＋19＋18＋15＝104（日）>90（日）。

麦克虽然每次离境未超过30日，但多次离境累计超过了90日，属于我国非居民纳税义务人。

三、征税范围

现行个人所得税的应税所得共11项：

（一）工资、薪金所得

工资、薪金所得是指个人因任职或受雇而取得的工资、薪金、奖金、年终加薪、劳动分红、津贴、补贴以及与任职或者受雇有关的其他所得。这就是说，个人取得的所得，只要是与任职、受雇有关，不管其是通过单位的资金开支渠道或以现金、实物、有价证券等形式支付的，都是工资、薪金所得项目的课税对象。

按照税法规定，年终加薪、劳动分红不分种类和取得情况，一律按工资、薪金所得课税。下列项目不属于工资、薪金性质的补贴、津贴，不予征收个人所得税。这些项目包括：①独生子女补贴。②执行公务员工资制度未纳入基本工资总额的补贴、津贴差额和家属成员的副食补贴。③托儿补助费。④差旅费津贴、误餐补助。误餐补助是指按照财政部规定，个人因公在城区、郊区工作，不能在工作单位或返回就餐的，根据实际误餐顿数，按规定的标准领取的误餐费。单位以误餐补助名义发给职工的补助、津贴不包括在内。

关于工资、薪金所得的特殊规定：

(1) 内部退养取得一次性收入征税问题。

企业减员增效和行政、事业单位、社会团体在机构改革过程中实行内部退养的人员，在办理内部退养手续后从原任职单位取得的一次性收入，应按办理内部退养手续至法定离退休年龄之间的所属月份进行平均，并与领取当月的“工资、薪金所得”合并后减除当月费用扣除标准，以余额为基数确定适用税率，再将当月工资、薪金加上取得的一次性收入，减去费用扣除标准，按适用税率计征个人所得税。

个人在办理内部退养手续后至法定退休年龄之间重新就业取得的“工资、薪金所得”，应与其从原任职单位取得的同一月份的“工资、薪金所得”合并，并依法自行向主管税务机关申报缴纳个人所得税。

(2) 提前退休取得一次性补贴收入征税问题。

机关、企事业单位对未达到法定退休年龄、正式办理提前退休手续的个人，按照统一标准向提前退休工作人员支付一次性补贴，不属于免税的离退休工资收入，应按照“工资、薪金所得”项目征收个人所得税。

个人因办理提前退休手续而取得的一次性补贴收入，应按照办理提前退休手续至法定退休年龄之间所属月份平均分摊计算个人所得税，计税公式为

应纳所得税额＝{[（一次性补贴收入÷办理提前退休手续至法定退休年龄的实际月份数）－费用扣除标准]×适用税率－速算扣除数}×提前办理退休手续至法定退休年龄的实际月份数

(3) 个人因与用人单位解除劳动关系而取得的一次性补偿收入征税问题。

个人因与用人单位解除劳动关系而取得的一次性补偿收入（包括用人单位发放的经济补偿金、生活补助费和其他补助费用），其收入超过当地上年职工平均工资3倍数额部分的一次性补偿收入，可视为一次取得数月的工资、薪金收入，允许在一定期限内平均计算。

(4) 退休人员再任职取得的收入征税问题。

退休人员再任职取得的收入，符合相关条件的，在减除按税法规定的费用扣除标准后，按“工资、薪金所得”应税项目缴纳个人所得税。

(5) 离退休人员从原任职单位取得补贴等征税问题。

离退休人员除按规定领取离退休工资或养老金外，另从原任职单位取得的各类补贴、奖金、实物，不属于免税的退休工资、离休工资、离休生活补助费，应按“工资、薪金所得”应

税项目的规定缴纳个人所得税。

(6) 单位低价向职工售房有关个人所得税。

单位按低于购置或建造成本价格出售住房给职工，职工因此而少支出的差价部分，属于个人所得税应税所得，应按照“工资、薪金所得”项目缴纳个人所得税。比照全年一次性奖金的征税办法，计算征收个人所得税，即先将全部所得数额除以12，按其商数并根据个人所得税法规定的税率表确定适用的税率和速算扣除数，再根据全部所得数额、适用的税率和速算扣除数，按照税法规定计算征税。

差价部分是指职工实际支付的购房价款低于该房屋的购置或建造成本价格的差额。

(7) 关于个人取得公务交通、通信补贴收入征税问题。

个人因公务用车和通信制度改革而取得的公务用车、通信补贴收入，扣除一定标准的公务费用后，按照“工资、薪金所得”项目计征个人所得税。按月发放的，并入当月“工资、薪金所得”计征个人所得税；不按月发放的，分解到所属月份并与该月份“工资、薪金所得”合并后计征个人所得税。

因公务用车制度改革而以现金、报销等形式向职工个人支付的收入，均应视为个人取得公务用车补贴收入，按照“工资、薪金所得”项目计征个人所得税。

公务费用的扣除标准，由省级地方税务局根据纳税人公务交通、通信费用的实际发生情况调查测算，报经省级人民政府批准后确定，并报国家税务总局备案。

(二) 个体工商户的生产、经营所得

1. 个体工商户从事生产、经营的所得

(1) 经工商行政管理部门批准开业并领取营业执照的城乡个体工商户，从事工业、手工业、建筑业、交通运输业、商业、饮食业、服务业、修理业以及其他行业的生产、经营取得的所得。

(2) 个人经政府有关部门批准，取得执照，从事办学、医疗、咨询以及其他有偿服务活动取得的所得。

(3) 其他个人从事个体工商业生产、经营取得的所得，即个人临时从事生产、经营活动取得的所得。

(4) 个人因从事彩票代销业务而取得的所得，应按照“个体工商户生产、经营所得”项目计征个人所得税。

2. 个人独资企业和合伙企业的生产、经营所得

合伙企业以每一个合伙人为纳税义务人。合伙企业合伙人是自然人的，缴纳个人所得税。合伙企业生产经营所得和其他所得采取“先分后税”的原则。生产经营所得和其他所得，包括合伙企业分配给所有合伙人和企业当年留存的所得（利润）。

3. 个人投资者以企业（包括个人独资企业、合伙企业和其他企业）资金为本人家庭成员及其相关人员支付消费性支出及购买家庭财产的处理问题

个人独资企业、合伙企业的个人投资者以企业资金为本人、家庭成员及其相关人员支付与企业生产经营所得无关的消费性支出及购买汽车、住房等财产性支出，视为企业对个人投资者利润分配，并入投资者个人的生产经营所得，依照“个体工商户的生产、经营所得”项目计征

个人所得税。

4. 其他规定

个体工商户和从事生产、经营的个人，取得与生产、经营活动无关的其他各项应税所得，应分别按照有关规定，计算征收个人所得税。

（三）对企事业单位的承包经营、承租经营所得

对企事业单位的承包经营、承租经营所得，是指个人承包经营、承租经营以及转包、转租取得的所得，包括个人按月或者按次取得的工资、薪金性质的所得。根据其经营形式和分配方式，大体可分为两类：

一类是个人承包、承租企业经营后，如果企业的工商登记未变，主要看是否拥有经营成果所有权。若承包、承租人对企业经营成果不拥有经营成果所有权，仅是按合同（协议）规定，完成各项指标后取得一定所得的，其取得的所得应按“工资、薪金所得”项目计税；若承包、承租人按合同（协议）的规定只向发包、出租方缴纳一定金额，企业经营成果归承包、承租人所有的，承包、承租取得的所得，包括按月或按次取得的工资、薪金所得，按“对企事业单位的承包经营、承租经营所得”项目计税。

另一类是个人承包、承租企业经营后，如果企业的工商登记改变为个体工商户的，则应依照“个体工商户的生产、经营所得”项目计算纳税。

（四）劳务报酬所得

劳务报酬所得是指个人从事设计、装潢、安装、制图、化验、测试、医疗、法律、会计、咨询、讲学、新闻、广播、翻译、审稿、书画、雕刻、影视、录像、演出、表演、广告、展览、技术服务、介绍服务、经纪服务、代办服务以及其他劳务取得的所得。

劳务报酬所得的特别项目：

（1）个人担任董事职务所取得的董事费收入性质的界定。

按照董事与公司的关系来划分，可分为内部董事和外部董事。

1）内部董事，担任公司董事的同时在公司任职、受雇，其因任职受雇而取得的报酬是工资、薪金所得。

2）外部董事，指不在本公司任职、受雇的董事，其取得的董事费所得，属于劳务报酬所得。

（2）在校学生因参与勤工俭学活动（包括参与学校组织的勤工俭学活动）而取得属于《个人所得税法》规定的应税所得项目所得，应依法缴纳个人所得税。

（3）自2004年1月20日起，对商品营销活动中，企业和单位对营销业绩突出的非雇员以培训班研讨会、工作考察等名义组织旅游活动，通过免收差旅费、旅游费对个人实行的营销业绩奖励（包括实物、有价证券等），应根据所发生费用的全额作为营销人员当期的劳务收入所得，按“劳务报酬所得”征收个人所得税，并由提供上述费用的企业和单位代扣代缴。

（4）个人兼职取得的收入，应按照“劳务报酬所得”项目缴纳个人所得税。

（5）演员参加非任职单位组织的演出取得的报酬，应按“劳务报酬所得”项目，按次计算纳税；演员参加任职单位组织的演出取得的报酬，应按“工资、薪金所得”项目，按月计算纳税。演员取得的报酬中，要规定上交给单位和文化行政部门的管理费及收入分成，经主管税务机关确认后，可以在计算应纳税所得额时扣除。

想一想

劳务报酬所得与工资、薪金所得的区别。

（五）稿酬所得

稿酬所得是指个人因其作品以图书、报刊形式出版、发表而取得的所得。这里所说的“作品”，是指包括中外文字、图片、乐谱等能以图书、报刊方式出版、发表的作品；“个人作品”，包括本人的著作、翻译的作品等。个人取得遗作稿酬，应按稿酬所得项目计税。

网络稿费收入属于稿酬所得税目吗？

（六）特许权使用费所得

特许权使用费所得是指个人提供专利权、著作权、商标权、非专利技术以及其他特许权的使用权取得的所得。提供著作权的使用权取得的所得，不包括稿酬所得。作者将自己文字作品手稿原件或复印件公开拍卖（竞价）取得的所得，应按特许权使用费所得项目计税。

作者将自己的文字作品手稿原件或复印件拍卖取得的所得，按照“特许权使用费所得”项目缴纳个人所得税。

个人取得特许权的经济赔偿收入，应按“特许权使用费所得”项目缴纳个人所得税，税款由支付赔偿的单位或个人代扣代缴。

从2002年5月1日起，编剧从电视剧的制作单位取得的剧本使用费，不再区分剧本的使用方是否为其任职单位，统一按“特许权使用费所得”项目征收个人所得税。

（七）利息、股息、红利所得

利息、股息、红利所得是指个人拥有债权、股权而取得的利息、股息、红利所得。

利息是指个人的存款利息、贷款利息和购买各种债券和利息。股息也称股利，是指股票持有人根据股份制公司章程规定，凭股票定期从股份公司取得的投资盈利。红利也称公司（企业）分红，是指股份公司或企业根据应分配的利润按股份分配超过股息部分的利润。

股份制企业以股票形式向股东个人支付的股息、红利即派发红股，应以派发红股的股票面额为收入额计税。

除个人独资企业、合伙企业以外的其他企业的个人投资者，以企业资金为本人、家庭成员及其相关人员支付与企业生产经营无关的消费性支出及购买汽车、住房等财产性支出，视为企业对个人投资者的红利分配，依照“利息、股息、红利所得”项目计税，且企业的上述支出不得在税前扣除。

纳税年度个人投资者从其投资企业（个人独资企业、合伙企业除外）借款，在该纳税年度终了后不归还又未用于企业生产经营的，其未归还的借款可以视为企业对个人投资者的红利分配，依照“利息、股息、红利所得”项目计税。

（八）财产租赁所得

财产租赁所得是指个人出租建筑物、土地使用权、机器设备、车船以及其他财产取得的所得。财产包括动产和不动产。

（九）财产转让所得

财产转让所得是指个人将有价证券、股权、建筑物、土地使用权、机器设备、车船以及其他自有财产转让给他人或单位而取得的所得，包括转让动产和不动产而取得的所得。对个人取得的各项财产转让所得，除股票转让所得外，都要征收个人所得税。

（1）股票转让所得。

根据条例规定，对股票转让所得征收个人所得税的办法，由财政部另行制定。

自 2010 年 1 月 1 日起，对个人转让限售股取得的所得，按照“财产转让所得”缴纳个人所得税。

（2）量化资产股份转让。

集体所有制企业在改制为股份合作制企业时，对职工个人以股份形式取得的拥有所有权的企业量化资产，暂不征收个人所得税；待个人将股份转让时，就其转让收入额，减除个人取得该股份时实际支付的费用支出和合理转让费用后的余额，按“财产转让所得”项目计征个人所得税。

（3）个人拍卖除文字作品原稿及复印件外的其他财产，应以其转让收入额减除财产原值和合理费用后的余额为应纳税所得额，按照“财产转让所得”项目适用 20% 税率缴纳个人所得税。

（4）个人出售自有住房。

1）自 2010 年 10 月 1 日起，对出售自有住房并在 1 年内重新购房的纳税人不再减免个人所得税。

2）对个人转让自用 5 年以上，并且是家庭唯一生活用房取得的所得，继续免征个人所得税。

（5）个人将投资于在中国境内成立的企业或组织（不包括个人独资企业和合伙企业）的股权或股份，转让给其他个人或法人的行为，按照“财产转让所得”项目，依法计算缴纳个人所得税，具体包括以下情形：

1）出售股权。

2）公司回购股权。

3）发行人首次公开发行新股时，被投资企业股东将其持有的股份以公开发行方式一并向投资者发售。

4）股权被司法或行政机关强制过户。

5）以股权对外投资或进行其他非货币性交易。

6）以股权抵偿债务。

7）其他股权转移行为。

（6）个人因各种原因终止投资、联营、经营合作等行为，从被投资企业或合作项目、被投资企业的其他投资者以及合作项目的经营合作人取得股权转让收入、违约金、补偿金、赔偿金及以其他名目收回的款项等，均属于个人所得税应税收入，应按照“财产转让所得”项目适用的规定计算缴纳个人所得税。

(7) 个人以非货币性资产投资，属于个人转让非货币性资产和投资同时发生。对个人转让非货币性资产的所得，应按照“财产转让所得”项目，依法计算缴纳个人所得税。

(8) 个人通过招标、竞拍或其他方式购置债权以后，通过相关司法或行政程序主张债权而取得的所得，应按照“财产转让所得”项目缴纳个人所得税。

(9) 个人通过网络收购玩家的虚拟货币，加价后向他人出售取得的收入，属于个人所得税应税所得，应按照“财产转让所得”项目计算缴纳个人所得税。

(十) 偶然所得

偶然所得是指个人取得的所得是非经常性的，属于各种机遇性所得，包括得奖、中奖、中彩以及其他偶然性质的所得（含奖金、实物和有价证券）。

企业对累积消费达到一定额度的顾客，给予额外抽奖机会，个人的获奖所得，属于“偶然所得”。

去美国拉斯维加斯旅游取得的博彩收入，回国后需要缴纳个人所得税吗？

(十一) 经国务院财政部门确定征税的其他所得

其他所得是指除上述列举的各项个人应税所得外，其他确有必要征税的以及难以界定应税项目的个人所得。

对于个人因任职单位缴纳有关保险费用而取得的无赔款优待收入，按照“其他所得”应税项目计征个人所得税；企业在业务宣传、广告等活动中，随机向本单位以外的个人赠送礼品，对个人取得的礼品所得，属于“其他所得”项目；企业在年会、座谈会、庆典以及其他活动中向本单位以外的个人赠送礼品，对个人取得的礼品所得，也属于“其他所得”。根据《财政部、国家税务总局关于企业促销展业赠送礼品有关个人所得税问题的通知》（财税〔2011〕50号）规定，企业在销售商品（产品）和提供服务过程中向个人赠送礼品，属于下列情形之一的，不征收个人所得税：①企业通过价格折扣、折让方式向个人销售商品（产品）和提供服务；②企业在向个人销售商品（产品）和提供服务的同时给予赠品，如通信企业对个人购买手机赠话费、入网费，或者购话费赠手机等；③企业对累积消费达到一定额度的个人按消费积分反馈礼品。

个人取得的所得，如果难以界定是哪一项应税所得项目，由主管税务机关审查确定。

(十二) 特殊情形下个人所得税征收规定

企业出资购买房屋及其他财产，将所有权登记为投资者个人、投资者家庭成员或企业其他人员的；或者企业投资者个人、投资者家庭成员或企业其他人员向企业借款用于购买房屋及其他财产，将所有权登记为投资者、投资者家庭成员或企业其他人员，且借款年度终了后未归还借款的，不论所有权人是否将财产无偿或有偿交付企业使用，其实质均为企业对个人进行了实物性质的分配，应依法计征个人所得税。

对个人独资企业、合伙企业的个人投资者或其家庭成员取得的上述所得，视为企业对个人投资者的利润分配，按照“个体工商户的生产、经营所得”项目计征个人所得税；对除个人独资企业、合伙企业以外其他企业的个人投资者或其家庭成员取得的上述所得，视为企业对个人投资者的红利分配，按照“利息、股息、红利所得”项目计征个人所得税；对企业其他人员取得的上述所得，按照“工资、薪金所得”项目计征个人所得税。

四、税目及税率

现行个人所得税法的税率设计有超额累进税率和比例税率两种形式。

（一）工资、薪金所得

工资、薪金所得适用3% ~45%的七级超额累进税率，扣除标准为3 500元/月，工资、薪金所得适用税率表见表8－3。

表8－3　工资、薪金所得适用税率表

级数	全月应纳税所得额（含税）	全月应纳税所得额（不含税）	税率（%）	速算扣除数
1	不超过1 500元的	不超过1 455元的	3	0
2	超过1 500元至4 500元的部分	超过1 455元至4 155元的部分	10	105
3	超过4 500元至9 000元的部分	超过4 155元至7 755元的部分	20	555
4	超过9 000元至35 000元的部分	超过7 755元至27 255元的部分	25	1 005
5	超过35 000元至55 000元的部分	超过27 255元至41 255元的部分	30	2 775
6	超过55 000元至80 000元的部分	超过41 255元至57 505元的部分	35	5 505
7	超过80 000元的部分	超过57 505的部分	45	13 505

（二）个体工商户的生产、经营所得和对企事业单位承包、承租经营所得

个体工商户的生产、经营所得和对企事业单位承包、承租经营所得适用5% ~35%的五级超额累进税率，每一级距指每一纳税年度的收入总额减除成本、费用以及损失的余额。具体所得税税率见表8－4。

表8－4　个体工商户的生产、经营所得和对企事业单位承包、承租经营所得适用税率表

级数	全年应纳税所得额（含税级距）	全年应纳税所得额（不含税级距）	税率（%）	速算扣除数
1	不超过15 000元的部分	不超过14 250元的	5	0
2	超过15 000元至30 000元的部分	超过14 250元至27 750元的部分	10	750
3	超过30 000元至60 000元的部分	超过27 750元至51 750元的部分	20	3 750
4	超过60 000元至100 000元的部分	超过51 750元至79 750元的部分	30	9 750
5	超过100 000元的部分	超过79 750元的部分	35	14 750

（三）劳务报酬所得

劳务报酬所得适用20%的比例税率，对劳务报酬一次收入畸高的，实行加成征收。劳务报酬所得一次收入畸高是指个人一次取得劳务报酬，其应纳税所得额超过20 000元。对应纳税所

得额超过20 000元至50 000元的部分，依照税法法规计算应纳税额后再按照应纳税额加征五成；超过50 000元的部分，加征十成。具体见表8－5。

表8－5 劳务报酬所得适用税率表

级 距	劳务报酬所得额	税率	速算扣除
1	不超过20 000 的部分	20%	0
2	超过20 000～50 000 元部分	30%	2 000
3	超过50 000 元的部分	40%	7 000

（四）稿酬所得、特许权使用费所得、财产租赁所得

每次收入不超过4 000元的，减除费用800元；4 000元以上的，减除20%的费用，然后就其余额按比例税率20%征收。

稿酬所得应纳税额可减征30%，实际税率为14%的比例税率。

对居民个人按市价出租居住用房取得的租金所得按10%的税率计税。

（五）财产转让所得

财产转让所得减除财产原值和合理费用后的余额，按比例税率20%征收。

（六）利息、股息、红利所得，偶然所得和其他所得

利息、股息、红利所得，偶然所得和其他所得全额计税无扣除，均适用20%的比例税率。

五、优惠政策

（一）免征额

免征额是税法规定的扣税对象全部数额中免予征税的数额。这里的免征额指的是个人所得税免征额。工资、薪金所得的扣除标准即免征额是3 500元/月。

对在我国境内无住所而在我国境内取得工资、薪金所得的纳税人和在我国境内有住所而在我国境外任职或受雇而取得工资、薪金所得的纳税人，可以根据其平均收入水平、生活水平以及汇率变化情况，在减除3 500元费用的基础上，确定附加减除费用。附加减除费用的标准为每月1 300元。其适用的范围为：

（1）在中国境内外商投资企业和外国企业中工作的外籍人员。

（2）应聘在中国境内的企业、事业单位、社会团体、国家机关中工作的外籍专家。

（3）在中国境内有住所而在中国境外任职或受雇而取得工资、薪金所得的个人。

（4）财政部确定的其他人员。

（5）上述人员包括华侨和港、澳、台同胞。

免征额和起征点是一样的吗？

（二）免税项目

根据《中华人民共和国个人所得税法》（以下简称《个人所得税法》）、《中华人民共和国个人所得税法实施条例》和相关的文件法规的规定，免征个人所得税的项目有如下情形：

（1）省级人民政府、国务院部委和中国人民解放军军以上单位，以及外国组织、国际组织颁发的科学、教育、技术、文化、卫生、体育、环境保护等方面的奖金。

（2）国债和国家发行的金融债券利息。

（3）按照国家统一规定发给的补贴、津贴。这是指国务院规定发给的政府特殊津贴、院士（指中国科学院和工程院院士）津贴、资深院士津贴，以及国务院规定免纳个人所得税的其他补贴、津贴。

（4）福利费、抚恤金、救济金。福利费是指根据国家有关规定，从企业、事业单位、国家机关、社会团体提留的福利费或者工会经费中支付给个人的生活补助费；救济金是指国家民政部门支付给个人的生活困难补助费。

（5）保险赔款。

（6）军人的转业费、复员费。

（7）按照国家统一规定发给干部、职工的安家费、退职费、退休工资、离休工资、离休生活补助费。

（8）依照我国有关法律规定应予免税的各国驻华使馆、领事馆的外交代表、领事官员和其他人员的所得。

（9）中国政府参加的国际公约、签订的协议中规定免税的所得。

（10）经国务院财政部门批准免税的所得。具体包括以下几方面：

1）国务院《对储蓄存款利息所得征收个人所得税的实施办法》第五条规定："对个人取得的教育储蓄利息所得以及财政部门确定的其他专项储蓄存款或者储蓄性专项基金存款的利息所得，免征个人所得税。"按照国家或省级地方政府规定的比例缴付的住房公积金、医疗保险金、基本养老保险金、失业保险基金存入银行个人账户所取得的利息收入，免征个人所得税。在中国工商银行开设教育存款专户，并享受利率优惠的存款，其所取得的利息免征个人所得税。

2）2009年以后年度发行的地方政府债券利息收入，免征个人所得税。

3）企业依照国家有关法律规定宣告破产，企业职工从该破产企业取得的一次性安置费收入，免征个人所得税。

4）个人因与用人单位解除劳动关系而取得的一次性补偿收入（包括用人单位发放的经济补偿金、生活补助费和其他补助费用），其收入在当地上年职工平均工资3倍数额以内的部分，免征个人所得税。

5）对被拆迁人按照国家有关城镇房屋拆迁管理办法规定的标准取得的拆迁补偿款，免征个人所得税。

6）乡、镇以上（含乡、镇）人民政府或经县以上（含县）人民政府主管部门批准成立的有机构、有章程的见义勇为基金会或类似组织，奖励见义勇为者的奖金或者奖品，经主管税务机关批准，免征个人所得税。

7）对个人按规定取得的廉租住房货币补贴，免征个人所得税。

8）生育妇女按照县级以上人民政府根据国家有关规定制定的生育保险办法，取得的生育津贴、生育医疗费或其他属于生育保险性质的津贴、补贴，免征个人所得税。

9）对工伤职工及其近亲属按照《工伤保险条例》规定取得的工伤保险待遇，免征个人所得税。

10）对个人在上海证券交易所、深圳证券交易所转让从上市公司公开发行和转让市场取得的上市公司股票所得，免征个人所得税。

11）企事业单位按照国家或省（自治区、直辖市）人民政府规定的缴费比例或办法实际缴付的基本养老保险费、基本医疗保险费和失业保险费，免征个人所得税。个人实际领（支）取原提存的基本养老保险金、基本医疗保险金、失业保险金和住房公积金时，免征个人所得税。

（三）减税项目

（1）残疾、孤老人员和烈属的所得。此处所得仅限于：工资、薪金所得，个体户的生产、经营所得，对企事业单位的承包经营、承租经营所得，劳务报酬所得，稿酬所得和特许权使用费所得。

（2）因严重自然灾害造成重大损失的。

（3）其他经国务院财政部门批准减税的。

上述减税项目的减征幅度和期限，由省、自治区、直辖市人民政府规定。

（4）稿酬所得可以按照应纳税额减征 30%。

（四）暂免征税项目

（1）2008 年 10 月 9 日起，储蓄存款利息所得暂免征收个人所得税；对证券市场个人投资者取得的证券交易结算资金利息所得，暂免征收个人所得税。

（2）个人购买社会福利有奖募捐奖券、中国体育彩票，一次中奖收入不超过 10 000 元的，免征个人所得税，超过 10 000 元的，应以全额按偶然所得项目计税。

（3）个人转让自用达 5 年以上，并且是唯一的家庭生活用房取得的所得，暂免征收个人所得税。

（4）个人举报、协查各种违法、犯罪行为而获得的奖金。

（5）个人办理代扣代缴税款手续，按规定取得的扣缴手续费。

（6）达到离休、退休年龄，但确因工作需要，适当延长离休、退休年龄的专家（指享受国家发放的政府特殊津贴的专家、学者），其在延长离休、退休期间的工资、薪金所得，视同离休、退休工资免征个人所得税。

（7）外籍个人取得有关补贴规定免征个人所得税的范围：

1）对外籍个人以非现金形式或实报实销形式取得的合理的住房补贴、伙食补贴和洗衣费免征个人所得税。

2）对外籍个人因到中国任职或离职，以实报实销形式取得的搬迁收入免征个人所得税。

3）对外籍个人按合理标准取得的境内、外出差补贴免征个人所得税。

4）对外籍个人取得的探亲费免征个人所得税。

5）对外籍个人取得的语言培训费和子女教育费补贴经当地税务机关审核批准为合理的部分免征个人所得税。

6）外籍个人从外商投资企业取得的股息、红利所得。

（8）凡符合下列条件之一的外籍专家取得的工资、薪金所得可免征个人所得税：

1）根据世界银行专项贷款协议由世界银行直接派往我国工作的外国专家。

2）联合国组织直接派往我国工作的专家。

3）为联合国援助项目来华工作的专家。

4）援助国派往我国专为该国无偿援助项目工作的专家。

5）根据两国政府签订文化交流项目来华工作两年以内的文教专家，其工资、薪金所得由该国负担的。

6）根据我国大专院校国际交流项目来华工作两年以内的文教专家，其工资、薪金所得由该国负担的。

7）通过民间科研协定来华工作的专家，其工资、薪金所得由该国政府机构负担的。

（9）个人取得单张有奖发票奖金所得不超过800元（含）的，暂免征收个人所得税。

（10）自2009年5月25日（含）起，以下情形的房屋产权无偿赠予的，对当事双方不征收个人所得税：

1）房屋产权所有人将房屋产权无偿赠予配偶、父母、子女、祖父母、外祖父母、孙子女、外孙子女、兄弟姐妹。

2）房屋产权所有人将房屋产权无偿赠予对其承担直接抚养或者赡养义务的抚养人或者赡养人。

3）房屋产权所有人死亡，依法取得房屋产权的法定继承人、遗嘱继承人或者受遗赠人。

（11）个体工商户、个人独资企业和合伙企业或个人从事种植业、养殖业、饲养业、捕捞业取得的所得，暂不征收个人所得税。

（12）自2015年9月8日起，个人从公开发行和转让市场取得的上市公司股票，持股期限在1个月以内（含1个月）的，其股息红利所得全额计入应纳税所得额；持股期限在1个月以上至1年（含1年）的，暂减按50%计入应纳税所得额。

（13）企业和事业单位（以下统称单位）根据国家有关政策规定的办法和标准，为在本单位任职或者受雇的全体职工缴付的企业年金或职业年金（统称年金）单位缴费部分，在计入个人账户时，个人暂不缴纳个人所得税。

个人根据国家有关政策规定缴付的年金个人缴费部分，在不超过本人缴费工资计税基数的4%标准内的部分，暂从个人当期的应纳税所得额中扣除。

年金基金投资运营收益分配计入个人账户时，个人暂不缴纳个人所得税。

（五）商业健康保险在个人所得税前扣除

2017年7月1日起，对个人购买符合规定的商业健康保险产品的支出，允许在当年（月）计算应纳税所得额时予以税前扣除，扣除限额为2 400元/年（200元/月）。单位统一为员工购买符合规定的商业健康保险产品的支出，应分别计入员工个人工资薪金，视同个人购买，按上述限额予以扣除。2 400元/年（200元/月）的限额扣除为个人所得税法规定减除费用标准之外的扣除。

适用商业健康保险税收优惠政策的纳税人，是指取得工资、薪金所得和连续性劳务报酬所得的个人，以及取得个体工商户生产经营所得、对企事业单位的承包承租经营所得的个体工商户业主、个人独资企业投资者、合伙企业合伙人和承包承租经营者。个人购买符合规定的健康保险产品的支出，具体扣除规定如下：

（1）单位统一组织为员工购买或者单位和个人共同负担购买符合规定的商业健康保险产品，单位负担部分应当实名计入个人工资、薪金明细清单，视同个人购买，并自购买产品次月起，在不超过200元/月的标准内按月扣除。一年内保费金额超过2 400元的部分，不得税前扣除。以后年度续保时，按上述规定执行。个人自行退保时，应及时告知扣缴单位。个人相关退保信息保险公司应及时传递给税务机关。

（2）取得工资、薪金所得或连续性劳务报酬所得的个人，自行购买符合规定的商业健康保险产品的，应当及时向代扣代缴单位提供保单凭证。扣缴单位自个人提交保单凭证的次月起，在不超过200元/月的标准内按月扣除。一年内保费金额超过2 400元的部分，不得税前扣除。以后年度续保时，按上述规定执行。个人自行退保时，应及时告知扣缴义务人。

（3）个体工商户业主、企事业单位承包承租经营者、个人独资和合伙企业投资者自行购买符合条件的商业健康保险产品的，在不超过2 400元/年的标准内据实扣除。一年内保费金额超过2 400元的部分，不得税前扣除。以后年度续保时，按上述规定执行。

保险公司销售商业健康保险产品时，应在符合税收优惠条件的保单上注明税优识别码。个人购买商业健康保险未获得税优识别码的，其支出金额不得税前扣除。

任务处理

（1）表8－1及其附注反映的是葛岁2016年度的工资薪金所得，需按“工资、薪金所得”税目计征个人所得税。

（2）该项收入属于葛岁的劳务报酬所得，需按“劳务报酬所得”税目计征个人所得税。

（3）该项收入属于葛岁的财产租赁所得，需按“劳务报酬所得”税目计征个人所得税。

（4）该项收入属于葛岁的稿酬所得，需按“稿酬所得”税目计征个人所得税。

（5）该项收入属于葛岁的偶然所得，需按“偶然所得”税目计征个人所得税。

（6）该项收入属于葛岁的偶然所得，需按“偶然所得”税目计征个人所得税。

任务二　计算个人所得税

任务要求

（1）根据导引案例中给定的材料，分析相关经济业务。

（2）在分析相关经济业务的基础上计算纳税人葛岁2016年度应纳税个人所得额及应纳税额。

知识准备

一、工资、薪金所得应纳税额的计算

（一）一般工资、薪金所得应纳税额的计算

工资薪金所得以个人每月收入额减除3 500或4 800元后的余额，为应纳税所得额。用公式表示为

每月应纳税所得额 = 月工资、薪金收入 - 3 500 或 4 800

工资、薪金所得应纳的个人所得税税额，按其应纳税所得额适用七级超额累进税率计算，用公式表示为

应纳税额 = 应纳税所得额 × 适用税率 - 速算扣除数

例 8-2 某企业一职工本月工资单上扣除“三险一金”后的收入为 4 300 元，其中包括因出差 1 天误餐补贴 100 元，试计算该职工应纳的个人所得税额。

当月应纳税所得额 = 4 300 - 100 - 3 500 = 700 （元）

月当应纳税额 = 700 × 3% - 0 = 21 （元）

另有在境内某公司受聘的美籍专家杰克逊（非居民纳税人），2016 年 2 月从公司取得工资收入计人民币 20 800 元。杰克逊 2 月份应纳的个人所得税税额为多少？

当月应纳税所得额 = 20 800 - 4 800 = 16 000 （元）

月当应纳税额 = 16 000 × 25% - 1 005 = 2 995 （元）

（二）取得全年一次性奖金的个人所得税计算

全年一次性奖金（包括年终加薪、实行年薪制和绩效工资办法的单位根据考核兑现的年薪和绩效工资）应单独作为一个月工资、薪金所得计算纳税，不得减除任何费用，全额作为应纳税所得额。具体计算过程如下：

（1）先将雇员当月内取得的全年一次性奖金，除以 12 个月，按其商数确定适用税率和速算扣除数。

若在发放年终一次性奖金的当月，雇员当月工资薪金所得低于税法规定的费用扣除额，应将全年一次性奖金减除“雇员当月工资薪金所得与费用扣除额”后的余额，按照上述办法确定全年一次性奖金的适用税率和速算扣除数。

（2）将雇员个人当月取得的全年一次性奖金，按照（1）项确定的适用税率和速算扣除数计算征税，计算公式如下：

1）若雇员当月工资薪金所得高于（等于）税法规定的费用扣除额，适用的计算公式为

应纳税额 = 雇员当月取得全年一次性奖金 × 适用税率 - 速算扣除数

2）若雇员当月工资薪金所得低于税法规定的费用扣除额，适用的计算公式为

应纳税额 =（雇员当月取得全年一次性奖金 - 雇员当月工资薪金所得与费用扣除额的差额）× 适用税率 - 速算扣除数

例 8-3 某中国公民 2016 年 2 月份工资收入为 5 300 元，当月取得全年奖金 24 000 元。试计算该公民 2 月份应纳的个人所得税税额。

2 月份工资收入应纳税额 =（5 300 - 3 500）× 10% - 105 = 75 （元）

奖金应纳税额 = 24 000 ÷ 12 = 2 000，适用 10% 的税率，速算扣除数为 105。

2 月份全年一次性奖金收入应纳税额 = 24 000 × 10% - 105 = 2 295 （元）

2 月份应纳税总额 = 75 + 2 295 = 2 370 （元）

需要注意的是在一个纳税年度内，对每一个纳税人，一次性奖金的优惠算法只允许采用一次。雇员取得除全年一次性奖金以外的其他各种名目奖金，如半年奖、季度奖、加班奖和考勤奖等，一律与当月工资、薪金所得合并，按照税法规定缴纳个人所得税。

例 8-4 某中国公民 8 月份工资收入为 6 000 元，当月取得上半年的奖金 15 000 元。试计

算该公民8月份应纳的个人所得税税额。

8月份应纳税额所得额=6 000+15 000-3 500=17 500（元），适用25%的税率，速算扣除数为1 005。

8月份应纳税额=17 500×25%-1 005=3 370（元）

（三）不满一个月的工资、薪金所得应纳个人所得税计算

在中国境内无住所的个人，凡在中国境内居住不满一个月并仅就不满一个月期间的工资、薪金所得申报纳税的，应按其全月工资、薪金所得计算当月应纳税额，再按实际工作日数换算计税。计算公式为

应纳税额=(当月工资、薪金应纳税所得额×适用税率-速算扣除数)×当月实际在华天数/当月天数

例8-5 美国某公司派其雇员汤姆（美国公民）于2016年3月份来境内某合资企业履职，其工资由美方企业支付，每月5 100美元（假定汇率为1:6）。来华工作时间为7个月，但其中4月份在华工作20天。则汤姆4月份应纳个人所得税税额为多少？

4月份全月应纳税所得额=5 100×6-4 800=25 800（元）

4月份全月应纳税额=25 800×25%-1 005=5 445（元）

4月份实际应纳税额=5 445×20/30=3 630（元）

（四）解除劳动关系取得的一次性补偿收入个人所得税计算

对于个人因解除劳动合同而取得一次性经济补偿收入，应按“工资、薪金所得”项目计征个人所得税。个人因与用人单位解除劳动关系而取得的一次性补偿收入，其收入超过在当地上年职工平均工资3倍数额的部分应缴纳个人所得税。具体办法为：以个人取得的一次性经济补偿收入，除以个人在本企业的工作年限数，以其商数作为个人的月工资、薪金收入，按照税法规定计算缴纳个人所得税。个人在本企业的工作年限数按实际工作年限数计算，超过12年的按12计算。按照上述方法计算的个人所得税税款，由支付单位在支付时一次性代扣，并于次月7日内缴入国库。

个人按国家和地方政府规定比例实际缴纳的住房公积金、医疗保险金、基本养老保险金、失业保险基金在计税时应予以扣除。

个人在解除劳动合同后又再次任职、受雇的，对个人已缴纳个人所得税的一次性经济补偿收入，不再与再次任职、受雇的工资、薪金所得合并计算补缴个人所得税。

例8-6 施某和郑某均于2016年12月31日与同一家企业解除劳动合同。施某和郑某在该企业工作年限分别为10年和15年，施某领取经济补偿金200 000元，郑某领取经济补偿300 000元，其所在地区上年职工平均工资为50 000元，计算施某和郑某应缴纳的个人所得税。

施某应纳税部分=200 000-3×50 000=50 000（元），折成月工资=50 000/10=5 000（元）

施某应纳个人所得税=[(5 000-3 500)×3%]×10=450（元）

郑某应纳税部分=300 000-3×50 000=150 000（元），折成月工资=150 000/12=12 500（元）

郑某应纳个人所得税=[(12 500-3 500)×20%-555]×12=14 940（元）

（五）从年薪制企业取得的工资、薪金的应纳个人所得税计算

年薪制指企业经营者平时按规定领取基本工资，年度结束后，根据其经营业绩的考核结果，再确定其效益收入。个人从年薪制企业按月领取的基本收入，在扣除 3 500 元的费用后，按适用税率计算税款并预缴，年度终了领取效益收入后，合计全年基本收入和效益收入，再按 12 个月平均计算实际应纳的税款。计算公式为

全年实际应纳税额 = [（每月基本收入 + 效益收入/12 − 3 500）× 适用税率 − 速算扣除数] × 12

例 8-7 某中国公民在境内某实行年薪制企业受雇，每月基本收入 5 000 元，2016 年年末经考核取得效益收入 25 200 元。试计算该公民个人所得税税额。

每月预缴税款 =（5 000 − 3 500）× 3% = 45（元）

全年应纳税额 = [（5 000 + 25 200/12 − 3 500）× 10% − 105] × 12 = 3 060（元）

2016 年底，应补缴税款 = 3 060 − 45 × 12 = 2 520（元）

（六）雇用和派遣单位分别支付工资、薪金的税额计算

雇用和派遣单位分别支付工资、薪金的费用扣除。在外商投资企业、外国企业和外国驻华机构中工作的中方人员取得的工资、薪金收入，凡是由雇用和派遣单位分别支付的，则由雇用单位在支付工资、薪金时，按税法规定减除费用，计算扣缴税款；派遣单位支付的工资、薪金不再减除费用，以支付全额直接确定适用税率计算扣缴税款。

雇用单位将部分工资、薪金上交派遣单位的费用扣除。对于外商投资企业、外国企业和外国驻华机构发给中方工作人员的工资、薪金所得，应全额计税。但对可以提供有效合同或者有关凭证，能够证明其工资、薪金所得的一部分按有关规定上交派遣单位的，可扣除其实际上交的部分，按其余额计征个人所得税。

境内、外分别取得工资、薪金所得的费用扣除。纳税人能够提供在境内、境外同时任职或者受雇及其工资、薪金标准的有效证明文件，可判定其所得是分别来自境内和境外的，分别减除费用计算纳税。

在中国境内两处或两处以上取得工资、薪金所得的，应合并计算纳税。

例 8-8 某中国公民受雇于某外商投资企业，2016 年 6 月份取得雇佣单位工资 7 800 元，取得派遣单位工资 3 000 元。该公民应纳个人所得税计算如下：

雇佣单位代扣代缴税额 =（7 800 − 3 500）× 10% − 105 = 325（元）

派遣单位代扣代缴税额 = 3 000 × 10% − 105 = 195（元）

实际应纳税额 =（7 800 + 3 000 − 3 500）× 20% − 555 = 905（元）

应补缴税额 = 905 − 325 − 195 = 385（元）

例 8-9 某公司职员甲、乙二人，2016 年 2 月的月薪分别为 5 400 和 2 800 元。2 月份工资发放的全年一次性奖金，甲、乙职员的全年一次性奖金分别为 20 000 元和 8 000 元，另外职员甲当月还取得了进步奖 500 元，试计算公司 2 月应为职员甲、乙申报缴纳个人所得税税额。

职员甲当月工资收入超过了费用扣除额，职员乙当月工资收入未达到费用扣除额，其差额应从全年一次性奖金中扣除。另外职员甲当月取得进步奖应和当月工资收入合并计税，具体计算过程如下：

职员甲 2 月工资以及进步奖收入应纳税额

$=(5\,400+500-3\,500)\times10\%-105=135$（元）

职员甲2月取得全年一次性奖金应纳税额

$=20\,000\times10\%-105=1\,895$（元）

（$20\,000\div12=1\,666.67$，查询七级超额累进税率，适用税率为10%，速算扣除数105。）

职员甲2月应申报缴纳个人所得税税额合计$=135+1\,895=2\,030$（元）

职员乙2月工资收入未超过免征额，无须纳税。

职员乙2月取得全年一次性奖金应纳税额

$=[8\,000-(3\,500-2\,800)]\times3\%-0=219$（元）（查找税率方法同上）

职员乙2月应申报缴纳个人所得税税额为219元。

二、个体工商户、个人独资企业和合伙企业的生产、经营所得应纳税额的计算

（一）个体工商户生产、经营所得额的确定

（1）计税基本规定。

对于按规定建账建制，能准确提供有关纳税资料的个体工商户，实行查账征收，其生产经营所得或应纳税所得额是每一纳税年度的收入总额，减除准予扣除成本、费用、损失和税金后的余额。计算公式为

应纳税所得额＝收入总额－成本－费用－税金－损失－其他支出－允许弥补的以前年度亏损

个体工商户从事生产、经营以及与生产、经营有关的活动取得的货币形式和非货币形式的各项收入，为收入总额，包括销售货物收入、提供劳务收入、转让财产收入、利息收入、租金收入、接受捐赠收入、其他收入。

成本、费用是指个体工商户从事生产经营所发生的各项直接成本、间接成本以及销售费用、管理费用、财务费用等期间费用，其中包括纳税人支付给生产经营从业人员的工资。

损失是指个体工商户在生产经营活动中发生的固定资产和存货的盘亏、毁损、报废损失，转让财产损失，坏账损失，自然灾害等不可抗力因素造成的损失以及其他损失。个体工商户发生的损失，减除责任人赔偿和保险赔款后的余额，参照财政部、国家税务总局有关企业资产损失税前扣除的规定扣除。

税金是指个体工商户在生产经营活动中发生的除个人所得税和允许抵扣的增值税以外的各项税金及其附加，如消费税、城市维护建设税、资源税、土地使用税、土地增值税、房产税、车船税、印花税、耕地占用税以及视同税金的教育费附加等。

其他支出是指除成本、费用、税金、损失外，个体工商户在生产经营活动中发生的与生产经营活动有关的、合理的支出。

（2）不得在所得税税前列支的项目：

1）个人所得税税款。

2）税收滞纳金。

3）罚金、罚款和被没收财物的损失。

4）不符合扣除规定的捐赠支出。

5）赞助支出。

6）用于个人和家庭的支出。

7）与取得生产经营收入无关的其他支出。

8）国家税务总局规定不准扣除的支出。

（3）个体工商户生产经营活动中，应当分别核算生产经营费用和个人及家庭的费用。对于生产经营和个人家庭生活费用混用难以分清的，其40%视为与生产经营有关费用，准予扣除。

（4）个体工商户纳税年度发生的亏损，准予向以后年度结转，用以后年度的生产经营所得弥补，但结转年限最长不得超过5年。

亏损，是指个体工商户依照有关办法规定计算的应纳税所得额小于零的数额。

（5）采用查账征税的个人独资企业和合伙企业的生产经营所得，应按《个体工商户个人所得税计税办法》的规定确定，但下列项目的扣除应根据以下规定执行：

1）投资者本人的费用扣除标准，应按照其实际经营月份数，以每月3 500元的减除标准确定。

2）个体工商户实际支付给从业人员的、合理的工资、薪金支出，准予扣除。个体工商户业主的费用扣除标准，依照相关法律、法规和政策规定执行。个体工商户业主的工资、薪金支出不得税前扣除。

3）个体工商户按照国务院有关主管部门或者省级人民政府规定的范围和标准为其业主和从业人员缴纳的基本养老保险费、基本医疗保险费、失业保险费、生育保险费、工伤保险费和住房公积金，准予扣除。

个体工商户为从业人员缴纳的补充养老保险费、补充医疗保险费，分别在不超过从业人员工资总额5%标准内的部分据实扣除；超过部分，不得扣除。个体工商户业主本人缴纳的补充养老保险费、补充医疗保险费，以当地（地级市）上年度社会平均工资的3倍为计算基数，分别在不超过该计算基数5%标准内的部分据实扣除；超过部分，不得扣除。

个体工商户向当地工会组织拨缴的工会经费、实际发生的职工福利费支出、职工教育经费支出分别在工资薪金总额的2%、14%、2.5%的标准内据实扣除。

工资、薪金总额是指允许在当期税前扣除的工资、薪金支出数额。

职工教育经费的实际发生数额超出规定比例当期不能扣除的数额，准予在以后纳税年度结转扣除。

个体工商户业主本人向当地工会组织缴纳的工会经费、实际发生的职工福利费支出、职工教育经费支出，以当地（地级市）上年度社会平均工资的3倍为计算基数，在上述规定比例内据实扣除。

4）个体工商户每一纳税年度发生的与其生产经营活动直接相关的广告费和业务宣传费不超过当年销售（营业）收入15%的部分，可以据实扣除；超过部分，准予在以后纳税年度结转扣除。

5）个体工商户发生的与生产经营活动有关的业务招待费，按照实际发生额的60%扣除，但最高不得超过当年销售（营业）收入的5‰。

业主自申请营业执照之日起至开始生产经营之日止所发生的业务招待费，按照实际发生额的60%计入个体工商户的开办费。

6）投资者及其家庭发生的生活费用不允许在税前扣除。投资者及其家庭发生的生活费用与企业生产经营费用混合在一起，并且难以划分的，应全部视作投资者个人及其家庭发生的生活费用，不允许在税前扣除。

7）个体工商户在生产经营活动中发生的合理的不需要资本化的借款费用，准予扣除。个体工商户为购置、建造固定资产、无形资产和经过12个月以上的建造才能达到预定可销售状态的存货发生借款的，在有关资产购置、建造期间发生的合理的借款费用，应当作为资本性支出计入有关资产的成本，并依照本办法的规定扣除。

个体工商户在生产经营活动中发生的下列利息支出，准予扣除：

①向金融企业借款的利息支出。

②向非金融企业和个人借款的利息支出，不超过按照金融企业同期同类贷款利率计算的数额的部分。

8）个体工商户代其从业人员或者他人负担的税款，不得税前扣除。

9）个体工商户按照规定缴纳的摊位费、行政性收费、协会会费等，按实际发生数额扣除。

10）个体工商户通过公益性社会团体或者县级以上人民政府及其部门，用于《中华人民共和国公益事业捐赠法》规定的公益事业的捐赠，捐赠额不超过其应纳税所得额30%的部分可以据实扣除。财政部、国家税务总局规定可以全额在税前扣除的捐赠支出项目，按有关规定执行。个体工商户直接对受益人的捐赠不得扣除。

11）个体工商户根据生产经营活动的需要租入固定资产支付的租赁费，按照以下方法扣除：

①以经营租赁方式租入固定资产发生的租赁费支出，按照租赁期限均匀扣除。

②以融资租赁方式租入固定资产发生的租赁费支出，按照规定构成融资租入固定资产价值的部分应当提取折旧费用，分期扣除。

个体工商户自申请营业执照之日起至开始生产经营之日止所发生符合本办法规定的费用，除为取得固定资产、无形资产的支出，以及应计入资产价值的汇兑损益、利息支出外，作为开办费，个体工商户可以选择在开始生产经营的当年一次性扣除，也可自生产经营月份起在不短于3年期限内摊销扣除，但一经选定，不得改变。

开始生产经营之日为个体工商户取得第一笔销售（营业）收入的日期。

个体工商户根据生产经营活动的需要租入固定资产支付的租赁费，按照以下方法扣除：

①以经营租赁方式租入固定资产发生的租赁费支出，按照租赁期限均匀扣除。

②以融资租赁方式租入固定资产发生的租赁费支出，按照规定构成融资租入固定资产价值的部分应当提取折旧费用，分期扣除。

个体工商户研究开发新产品、新技术、新工艺所发生的开发费用，以及研究开发新产品、新技术而购置单台价值在10万元以下的测试仪器和试验性装置的购置费准予直接扣除；单台价值在10万元以上（含10万元）的测试仪器和试验性装置，按固定资产管理，不得在当期直接扣除。

（6）采用核定征税的个人独资企业和合伙企业的生产经营所得，定额征收的，由税务机关按一定标准、程序和方法，直接核定纳税人年度应纳税所得额和应纳个人所得税额，由纳税人按规定进行申报缴纳；核定应税所得率征收的，由税务机关按一定标准、程序和方法，预先核定纳税人的应税所得率（见表8－6），由纳税人根据纳税年度内的收入总额或成本费用等项目的实际发生额，按预先核定的应税所得率计算应纳税所得额，据以计算应纳所得税额。

$$应纳税所得额=收入总额\times应税所得率$$

或

$$应纳税所得额=成本费用支出额/(1-应税所得率)\times应税所得率$$

表 8-6　应税所得率表（适用于核定征收）

序号	行业	应税所得率（%）
1	工业、交通运输业、商业	5~20
2	建筑业、房地产开发业	7~20
3	饮食服务业	7~25
4	娱乐业	20~40
5	其他行业	10~30

企业经营多业的，无论其经营项目是否单独核算，均应根据其主营项目确定其适用的应税所得率。

（二）个体工商户生产、经营所得应纳个人所得税的计算

（1）个体工商户生产、经营所得的个人所得税应纳税额，按其应纳税所得额，适用五级超额累进税率计算，计算公式为

全年应纳税额 = 全年应纳税所得额 × 适用税率 − 速算扣除数

例 8-10　某体经营户，2016 年实现销售收入 140 万元，耗用原材料 80 万元，支付 5 名雇工工资计 4 万元（符合当地税务机关规定标准），缴纳房租、水电费等 3 万元，发生业务招待费 2 万元，通过国家机关捐赠“希望工程”12 万元。

该个体工商户 2016 年应纳个人所得税额为

1）业务招待费扣除额：140 × 0.5% = 0.7（万元）< 2 × 60% = 1.2（万元）

准予扣除的业务招待费限额 = 0.7 万元

2）捐赠前应纳税所得额 = 140 − 80 − 4 − 3 − 0.7 − 4.2 = 48.1（万元）

3）准予扣除公益救济性捐赠限额 = 12（万元）< 48.1 × 30% = 14.43（万元），12 万元的捐赠可以税前全部扣除。

4）应纳税所得额 = 48.1 − 12 = 36.1（万元）

5）应纳个人所得税税额 = 36.1 × 35% − 1.475 = 11.16（万元）

（2）由于个体工商户生产、经营所得的应纳税额实行按年计算、分月或分季预缴、年终汇算清缴、多退少补的方法，所以在实际工作中，需要分别计算按月预缴税额和年终汇算清缴税额，其计算公式如下：

全年应纳税所得额 = 当月累计应纳税所得额 ×（全年月份 ÷ 当月月份）

全年应纳税额 = 全年应纳税所得额 × 适用税率 − 速算扣除数

当月累计应纳税额 = 全年应纳税额 ×（当月月份 ÷ 全年月份）

本月应预缴税额 = 当月累计应纳税额 − 上月累计已预缴税额

例 8-11　某酒店为个体工商户，账证比较健全，2016 年 12 月营业额为 146 000 元，购进菜、肉、蛋、面粉、大米等原料费用为 64 000 元，缴纳水电费、房租等费用为 16 000 元，缴纳其他税费合计为 6 600 元。当月支付给员工工资为 6 000 元。1—11 月累计应纳税所得额为 56 000 元，1—11 月累计已预缴个人所得税为 15 380 元。试计算该个体户 12 月份应缴纳的个人所得税。

（1）12 月应纳税所得额 = 146 000 − 64 000 − 16 000 − 6 600 − 6 000 − 3 500 = 49 900（元）

（2）全年累计应纳税所得额 = 56 000 + 49 900 = 105 900（元）

（3）12 月份应缴纳个人所得税 = 105 900 × 35% − 14 750 − 15 380 = 6 935（元）

例 8-12 张某为个体工商户，2016 年 6 月实现营业收入 11 200 元，各项税前允许扣除的金额为 5 600 元。该个体户 2016 年前 5 个月累计应纳税所得额为 21 000 元，已缴纳个人所得税 3 000元。试计算张某 6 月应缴纳的个人所得税。

2016 年 6 月改革个体工商户应纳个人所得税计算如下：

（1）2016 年 6 月应纳税所得额 = 11 200 − 5 600 = 5 600（元）

（2）全年应纳税所得额 = (21 000 + 5 600) × (12 ÷ 6) = 53 200（元）

（3）全年应纳税额 = 53 200 × 20% − 3 750 = 6 890（元）

（4）2016 年 6 月累计应纳税额 = 6 890 × (6 ÷ 12) = 3 445（元）

（5）2016 年 6 月应纳税额 = 3 445 − 3 000 = 445（元）

（三）个人独资企业和合伙企业投资人个人所得税的计算

个人独资企业和合伙企业投资人个人所得税的计算比照“个体工商户生产、经营所得”应税项目计征个人所得税。

个人独资企业的投资者以全部生产经营所得为应纳税所得额。合伙企业的投资者按照合伙企业的全部生产经营所得和合伙协议约定的分配比例，确定应纳税所得额；合伙协议没有约定分配比例的，以全部生产经营所得和合伙人数量平均计算每个投资者的应纳税所得额。

2014 年度开始，个体工商户、个人独资企业和合伙企业因在纳税年度中间开业、合并、注销及其他原因，导致该纳税年度的实际经营期不足 1 年的，对个体工商户业主、个人独资企业投资者和合伙企业自然人合伙人的生产经营所得计算个人所得税时，以其实际经营期为 1 个纳税年度。计算公式如下：

应纳税所得额 = 该年度收入总额 − 成本、费用及损失 − 当年投资者本人的费用扣除额

当年投资者本人的费用扣除额 = 月减除费用（3 500 元/月）× 当年实际经营月份数

应纳税额 = 应纳税所得额 × 税率 − 速算扣除数

三、对企事业单位的承包经营、承租经营所得个人所得税计算

对企事业单位承包、承租经营所得是以每一纳税年度的收入总额，减除必要费用后的余额，为应纳税所得额。其中收入总额是指纳税人按照承包、承租经营合同规定分得的经营利润和工资、薪金的所得；减除必要费用是指按每月减除 3 500 元。

应纳税所得额 = 纳税年度承包、承租经营收入总额 − 每月 3 500 元 × 实际承包或承租月数

承包经营、承租经营所得适用五级超额累进税率，以其应纳税额按适用税率计算应纳税额，具体公式表示为

应纳税额 = 应纳税所得额 × 适用税率 − 速算扣除数

例 8-13 2016 年 1 月 1 日，张某与公司签订承包经营招待所的合同，承包期为 3 年，2016 年招待所实现承包经营利润总额 109 600 元。按合同规定：承包期内张某每月向公司领取生活费 700 元，张某每年从承包利润中上交承包费 2 万元。

2016 年张某应纳个人所得税计算如下：

应纳税所得额 = [(109 600 − 20 000) + 700 × 12] − 3 500 × 12 = 56 000（元）

应纳税额 = 56 000 × 20% − 3 750 = 7 450（元）

四、劳务报酬所得的个人所得税计算

劳务报酬所得以个人每次取得的收入，定额或定率减除规定费用后的余额为应纳税所得额。每次收入未超过 4 000 元的，定额减除费用 800 元；每次收入在 4 000 元以上的，定率减除费用为每次收入的 20%。在计算纳税时应该注意：凡属于只有一次收入的，以完成一次劳务取得的该项收入为一次；凡属于同一项目连续性收入的，以同一地方同一个月内取得的全部收入为一次。

劳务报酬所得实际按三级超额累进税率和应纳税所得额计算应纳税额。用公式表示如下：

每次收入不超过 4 000 元时：

应纳税所得额 = 每次收入额 − 800 元

每次收入在 4 000 元以上时：

应纳税所得额 = 每次收入额 × (1 − 20%)

应纳税额 = 应纳税所得额 × 适用税率 − 速算扣除数

例 8 − 14 某演员 2016 年 5 月，分别在同一县的两个企业单位参加大型文艺活动，主办单位分别支付报酬 1 500 元和 2 500 元。试计算该演员的演出报酬应纳个人所得税。

应纳所得税额 = (1 500 + 2 500) − 800 = 3 200（元）

应纳税额 = 3 200 × 20% = 640（元）

例 8 − 15 林某应邀为某公司（非任职单位）进行销售培训。

(1) 若报酬为 12 000 元，试计算林某应纳个人所得税税额。

林某应纳个人所得税税额 = 12 000 × (1 − 20%) × 20% = 1 920（元）。

(2) 若报酬为 40 000 元，试计算林某应纳个人所得税税额。

林某应纳个人所得税税额 = 40 000 × (1 − 20%) × 30% − 2 000 = 7 600（元）。

五、稿酬所得个人所得税的计算

稿酬所得个人所得税计算公式如下：

每次收入不超过 4 000 元时：

应纳税所得额 = 每次收入额 − 800 元

每次收入在 4 000 元以上时：

应纳税所得额 = 每次收入额 × (1 − 20%)

应纳税额 = 应纳税所得额 × 20% × (1 − 30%)

= 应纳税所得额 × 14%

稿酬所得按此征税，以每次出版、发表取得的收入为一次，每次取得的收入按如下规定确定：

(1) 个人每次以图书、报刊方式出版，发表同一作品（文字作品、书画作品、摄影作品以及其他作品），不论出版单位是预付还是分笔支付稿酬，或者加印该作品后再付稿酬，均应合并其稿酬所得按一次计征个人所得税。

(2) 在两处或两处以上出版，发表或再版（改版）同一作品而取得稿酬所得，则可分别各处取得的所得或再版（改版）所得按分次（两处或两处以上）所得计征个人所得税。

（3）个人的同一作品在报刊上连载，应合并其因连载而取得的所有稿酬所得为一次，按税法规定计征个人所得税。在其连载之后又出书取得稿酬所得，或先出书后连载取得稿酬所得，应视同再版稿酬分次计征个人所得税。

（4）作者去世后，对取得其遗作稿酬的个人，按稿酬所得征收个人所得税。

例 8－16 2016 年 4 月某作者的作品由人民出版社出版，该社支付稿酬 13 000 元。试计算该作者应纳个人所得税税额。

应纳税额＝13 000×(1－20%)×14%＝1 456（元）

例 8－17 作家于某出版一部小说，获得稿酬 50 000 元，后因小说畅销，出版社又加印若干册，并支付加印小说的稿酬 6 000 元，该部小说还同时在报刊上进行连载 4 个月，每月稿酬 3 000元，试计算于某的稿酬所得的个人所得税应纳税额。

出版及加印稿酬应纳税额＝(50 000＋6 000)×(1－20%)×20%×(1－30%)＝6 272（元）

连载小说应纳税额＝3 000×4×(1－20%)×20%×（1－30%)＝1 344（元）

于某稿酬所得应纳税额合计＝6 272＋1 344＝7 616（元）

六、特许权使用费所得个人所得税的计算

特许权使用费所得个人所得税计算公式如下：

每次收入不超过 4 000 元时：

应纳税所得额＝每次收入额－800 元

每次收入在 4 000 元以上时：

应纳税所得额＝每次收入额×(1－20%)

应纳税额＝应纳税所得额×20%

特许权使用费按次计税，以每一项使用权的每次转让所取得的收入为一次，如果该次转让取得的收入是分笔支付的，则应将各笔收入合并为一次计税。

例 8－18 王某设计发明了一项专利技术，后转让给某企业使用，并得到 40 000 元的报酬，试计算王某的个人所得税应纳税额。

转让专利技术的使用权属于个人所得税中的特许权使用费转让所得税税目。

应纳税额＝40 000×(1－20%)×20%＝6 400（元）

七、财产租赁所得个人所得税的计算

财产租赁所得以个人每次取得的收入，定额或定率减除规定费用后的余额为应纳税所得额。此处规定费用特指以下内容：

（1）纳税人出租财产过程中缴纳的税金和教育费附加，持完税凭证，可以从其租赁收入中扣除。

（2）由纳税人负担的出租财产的修缮费用，提供有效、准确凭证的，也允许从租赁收入和中扣除，但以每次 800 元为限，一次扣除不完的，准予在以后各次无限期延续扣除。

（3）定额（800 元）或定率（20%）减除费用后的余额为应纳税所得额，扣除计算方法与劳务报酬所得相同。

需要注意的是，上述费用的扣除应按上述顺序依次扣除，计算公式表示如下：

每次（月）收入不超过4 000元的：

应纳税额＝[每次（月）收入－准予扣除项目－修缮费用（每次限额800元）－800]×适用税率

每次（月）收入超过4 000元的：

应纳税额＝[每次（月）收入－准予扣除项目－修缮费用（每次限额800元）]×(1－20%)×适用税率

财产租赁所得以一个月内取得的收入为一次，对居民个人按市出租居住用房取得的租金所得按10%税率计税。个人出租房屋的个人所得税应税收入不含增值税，计算个人所得税时可扣除的税费不含本次出租缴纳的增值税。个人转租房屋的，其向房屋出租方支付的租金及增值税额，在计算转租所得时予以扣除。

例8－19 张某2017年1月1日起将其位于市中心的一套单身公寓按市场价格出租，每月收取租金2 500元，同时每月缴纳其他相关税费合计145元。8月因台风发生修缮费用1 400元，已取得合法有效的支出凭证。试计算张某2017年度的个人所得税税额。

1—7月每月应纳税额＝（2 500－145－800）×10%＝155.5（元）

8月每月应纳税额＝(2 500－145－800－800)×10%＝75.5（元）

9月每月应纳税额＝(2 500－145－800－600)×10%＝95.5（元）

10—12月每月应纳税额＝(2 500－145－800)×10%＝155.5（元）

张某2017年度应纳个人所得税税额合计＝155.5×10＋75.5＋95.5＝1 726（元）

八、财产转让所得个人所得税的计算

财产转让所得以每次转让财产取得的收入额减除财产原值和合理费用后的余额为应纳税所得额。财产转让所得按20%的比例税率计算应纳税额。用公式表示为

应纳税所得额＝每次收入－财产原值－合理费用

应纳税额＝应纳税所得额×20%

其中，每次收入指一件财产的所有权一次转让取得的收入。其他规定说明如下：

（1）财产原值是指：

1）有价证券，为买入价以及买入时按照规定缴纳的有关费用。

2）建筑物，为建造费或购进价格以及其他有关费用。

3）土地使用权，为取得土地使用权所支付的金额，开发土地的费用以及其他有关费用。

4）机器设备、车船，为购进价格、运输费、安装费以及其他有关费用。

5）其他财产，参照以上方法确定。

6）纳税义务人未提供完整、准确的财产原值凭证的，不能正确计算财产原值的，由主管税务机关核定其财产原值。

（2）财产转让所得计税时允许扣除的合理费用，是指卖出财产时按规定支付的有关费用。

（3）个人转让房屋的个人所得税应税收入不含增值税，其取得房屋时所支付价款中包含的增值税计入财产原值，计算转让所得时可扣除的税款不包括本次转让缴纳的增值税。

（一）个人转让住房所得应纳税额的计算

（1）以实际成交价格为转让收入。

（2）纳税人可凭原购房合同、发票等有效凭证，经税务机关审核后，允许从其转让收入中减除房屋原值、转让住房过程中缴纳的税金及有关合理费用。

1）有关房屋原值主要规定如下：

①商品房：购置该房屋时实际支付的房价款及缴纳的相关税费。

②自建住房：实际发生的建造费用及建造和取得产权时实际缴纳的相关税费。

③经济适用房（含集资合作建房、安居工程住房）：原购房人实际支付的房价款及相关税费，以及按规定缴纳的土地出让金。

2）转让住房过程中缴纳的税金是指纳税人在转让住房时实际缴纳的城市维护建设税、教育费附加、土地增值税、印花税等税金。

3）合理费用是指纳税人按照规定实际支付的住房装修费用、住房贷款利息、手续费、公证费等费用。

（二）个人销售无偿受赠不动产应纳税额的计算

（1）受赠人取得赠予人无偿赠予的不动产后，再次转让该项不动产的。在缴纳个人所得税时，以财产转让收入减除受赠、转让住房过程中缴纳的税金及有关合理费用后的余额为应纳税所得额，按20%的适用税率计算缴纳个人所得税。

（2）个人转让住房和受赠住房涉及的其他税金，按相关的规定处理。

（三）个人取得拍卖收入应纳税额的计算

个人财产拍卖所得适用“财产转让所得”项目计算应纳税所得额时，纳税人凭合法有效凭证（税务机关监制的正式发票、相关境外交易单据或海关报关单据、完税证明等），从其转让收入额中减除相应的财产原值、拍卖财产过程中缴纳的税金及有关合理费用。

（1）财产原值是指售出方个人取得该拍卖品的价格（以合法有效凭证为准）。具体为：

1）通过商店、画廊等途径购买的，为购买该拍卖品时实际支付的价款。

2）通过拍卖行拍得的，为拍得该拍卖品实际支付的价款及缴纳的相关税费。

3）通过祖传收藏的，为其收藏该拍卖品而发生的费用。

4）通过赠送取得的，为其受赠该拍卖品时发生的相关税费。

5）通过其他形式取得的，参照以上原则确定财产原值。

（2）拍卖财产过程中缴纳的税金是指在拍卖财产时纳税人实际缴纳的相关税金及附加。

（3）有关合理费用是指拍卖财产时纳税人按照规定实际支付的拍卖费（佣金）、鉴定费、评估费、图录费、证书费等费用。

纳税人如不能提供合法、完整、准确的财产原值凭证，不能正确计算财产原值的，按转让收入额的3%征收率计算缴纳个人所得税；拍卖品为经文物部门认定是海外回流文物的，按转让收入额的2%征收率计算缴纳个人所得税。

例 8－20 张某2017年3月转让其3年前的普通住房一套（位于杭州），取得转让收入240万元，该住房原价为120万元，同时支付其他合理费用合计4 000元。

张某个人所得税应纳税额

$=(2\,400\,000-1\,200\,000-4\,000)\times 20\%=239\,200$（元）

例 8－21 张某2016年6月初购入某公司债券1 000份，每份买入价10元，支付相关税费

150 元，6 月中旬将其中 600 份债券一次卖出，每份卖出价格为 14 元，支付相关税费 110 元。试计算张某应缴纳的个人所得税税额。

卖出债券应扣除的买价及相关费用 = (1 000 × 10 + 150) ÷ 1 000 × 600 + 110 = 6 200 （元）

王某个人所得税应纳税额 = (600 × 14 − 6 200) × 20% = 440 （元）

（四）个人非货币性资产投资所得应纳税额计算

个人以非货币性资产投资，应按评估后的公允价值确认非货币性资产转让收入。非货币性资产转让收入减除该资产原值及合理税费后的余额为应纳税所得额。

非货币性资产原值为纳税人取得该项资产时实际发生的支出。纳税人无法提供完整、准确的非货币性资产原值凭证，不能正确计算非货币性资产原值的，主管税务机关可依法核定其非货币性资产原值。

合理税费是指纳税人在非货币性资产投资过程中发生的与资产转移相关的税金及合理费用。

（五）股权转让所得应纳税额计算

自然人转让所投资企业股权（份）（以下简称“股权转让”）取得所得，按照公平交易价格计算并确定计税依据。纳税人再次转让所受让的股权的，股权转让的成本为前次转让的交易价格及买方负担的相关税费。

1. 股权转让收入

股权转让收入是指转让方因股权转让而获得的现金、实物、有价证券和其他形式的经济利益。转让方取得与股权转让相关的各种款项，包括违约金、补偿金以及其他名目的款项、资产、权益等，均应当并入股权转让收入。纳税人按照合同约定，在满足约定条件后取得的后续收入，应当作为股权转让收入。

股权转让收入应当按照公平交易原则确定。符合下列情形之一的，主管税务机关可以核定股权转让收入：

（1）申报的股权转让收入明显偏低且无正当理由的。

（2）未按照规定期限办理纳税申报，经税务机关责令限期申报，逾期仍不申报的。

（3）转让方无法提供或拒不提供股权转让收入的有关资料。

（4）其他应核定股权转让收入的情形。

> 符合下列条件之一的股权转让收入明显偏低，视为有正当理由：
>
> （1）能出具有效文件，证明被投资企业因国家政策调整，生产经营受到重大影响，导致低价转让股权。
>
> （2）继承或将股权转让给其能提供具有法律效力身份关系证明的配偶、父母、子女、祖父母、外祖父母、孙子女、外孙子女、兄弟姐妹以及对转让人承担直接抚养或者赡养义务的抚养人或者赡养人。
>
> （3）相关法律、政府文件或企业章程规定，并有相关资料充分证明转让价格合理且真实的本企业员工持有的不能对外转让股权的内部转让。
>
> （4）股权转让双方能够提供有效证据证明其合理性的其他合理情形。

2. 股权原值

个人转让股权的原值依照以下方法确认：

（1）以现金出资方式取得的股权，按照实际支付的价款与取得股权直接相关的合理税费之和确认股权原值。

（2）以非货币性资产出资方式取得的股权，按照税务机关认可或核定的投资入股时非货币性资产价格与取得股权直接相关的合理税费之和确认股权原值。

（3）通过无偿让渡方式取得股权（仅指将股权转让给其能提供具有法律效力身份关系证明的配偶、父母、子女、祖父母、外祖父母、孙子女、外孙子女、兄弟姐妹以及对转让人承担直接抚养或者赡养义务的抚养人或者赡养人），按取得股权发生的合理税费与原持有人的股权原值之和确认股权原值。

（4）被投资企业以资本公积、盈余公积、未分配利润转增股本，个人股东已依法缴纳个人所得税的，以转增额和相关税费之和确认其新转增股本的股权原值。

（5）除以上情形外，由主管税务机关按照避免重复征收个人所得税的原则合理确认股权原值。

股权转让人已被主管税务机关核定股权转让收入并依法征收个人所得税的，该股权受让人的股权原值以取得股权时发生的合理税费与股权转让人被主管税务机关核定的股权转让收入之和确认。

个人转让股权未提供完整、准确的股权原值凭证，不能正确计算股权原值的，由主管税务机关核定其股权原值。

对个人多次取得同一被投资企业股权的，转让部分股权时，采用“加权平均法”确定其股权原值。

个人转让限售股，以每次限售股转让收入，减除股票原值和合理税费后的余额，为应纳税所得额。即

$$应纳税所得额 = 限售股转让收入 - (限售股原值 + 合理税费)$$

$$应纳税额 = 应纳税所得额 \times 20\%$$

这里所说的限售股转让收入，是指转让限售股股票实际取得的收入。限售股原值是指限售股买入时的买入价及按照规定缴纳的有关费用。合理税费是指转让限售股过程中发生的印花税、佣金、过户费等与交易相关的税费。

如果纳税人未能提供完整、真实的限售股原值凭证的，不能准确计算限售股原值的，主管税务机关一律按限售股转让收入的15%核定限售股原值及合理税费。

九、利息、股息、红利所得个人所得税计算

利息、股息红利所得及偶然所得个人所得税计算公式为

$$应纳税额 = 应纳税所得额\ (每次收入额) \times 适用税率$$

十、偶然所得和其他所得的个人所得税计算

个人所取得的偶然所得以每次取得该项收入为一次。应纳税额的计算公式为

$$应纳税额 = 应纳税所得额\ (每次收入额) \times 20\%$$

例8-22 2016年度钱某持有3个月的A公司股票，取得股息12 000元；购买福利彩票中奖15 000元，体育彩票中奖500元；参加商场有奖促销，获得特等奖，奖品为价值5 000元的进口液晶彩电。试计算钱某2016年度应纳个人所得税税额。

钱某持有公司股票获得的股息应按照“利息、股息、红利所得”税目计税，又因为持股期限在1个月以上至1年（含1年）的股息红利，暂减按50%计入应纳税所得额，则钱某股息所得应纳税额 = 12 000 × 50% × 20% = 1 200（元）

福利彩票中奖额度在1万元以上，需全额征收个人所得税，体育彩票中奖额度在1万元以内，免征个人所得税。另外商场有奖促销的奖品也需按偶然所得税目全额征税。则钱某偶然所得应纳个人所得税税额 = (15 000 + 5 000) × 20% = 4 000（元）

十一、特殊情况应纳税额的计算

（一）境外所得已纳税额扣除的计算

居民纳税人从境外取得所得，已在境外缴纳的个人所得税税款，准予在境内应纳税额中扣除，但扣除额不得超过该纳税人境外所得依照我国个人所得税法计算的应纳税额。这里所说的“已在境外缴纳的个人所得税”是指纳税人从中国境外取得所得，依照该所得来源国或者地区的法律应当并实际缴纳的税额，“境外所得依照我国个人所得税法计算的应纳税额”是指纳税人从境外取得所得，区别不同国家（或地区）和不同应税项目，依照我国税法规定的费用减除标准和适用税率计算的应纳税额。同一国家（或地区）内不同应税项目，依照我国税法计算的应纳税额之和，则为该国（或地区）的扣除限额。

纳税人从中国境外一国（或地区）实际已缴纳的个人所得税税额，低于依照上述办法计算的该国（或地区）扣除限额的，须在我国缴纳差额部分的税款；超过该国（或地区）扣除限额的，其超过部分不能在本纳税年度的应纳税额中扣除，但可以在以后纳税年度该国（或地区）扣除限额的余额中补扣，补扣期最长不得超过5年。纳税人按规定申请扣除在境外实际已缴纳的个人所得税税额时，须提供境外税务机关填发的完税凭证原件。

例8－23 吴某为我国个人所得税居民纳税人，2016年度在甲国取得工薪收入180 000元，转让一项专利使用权取得特许权使用费收入50 000元，两项所得在甲国已缴纳个人所得税10 000元；在乙国出版专著，获得稿酬收入30 000元，并取得红利收入54 000元，在乙国已缴纳个人所得税16 000元。试计算吴某2016年度应纳个人所得税税额。

先分别计算吴某境外两国所得按我国税法计算的应纳税额。

甲国：

工薪收入所得应纳税额＝[（180 000÷12－4 800）×25%－1 005]×12＝18 540（元）

特许权使用费所得应纳税额＝50 000×（1－20%）×20%＝8 000（元）

甲国扣除限额＝18 540＋8 000＝26 540（元）

吴某已在甲国缴纳税款10 000元，低于扣除限额，可以全部扣除。

乙国：

稿酬所得应纳税额＝30 000×（1－20%）×20%×（1－30%）＝3 360（元）

股息所得应纳税额＝54 000×20%＝10 800（元）

乙国扣除限额＝3 360＋10 800＝14 160（元）

吴某已在甲国缴纳税款16 000元，超过扣除限额，只能按限额扣除，超过部分可以结转以后年度扣除。

吴某境外所得在我国应纳税额＝（26 540－10 000）＋（14 160－14 160）＝16 540（元）

（二）两个或两个以上的纳税人共同取得同一项所得应纳税额的计算

两个或者两个以上的纳税义务人共同取得同一项目收入的，应当对每人取得的收入分别减除费用，并计算各自应纳的税款。

例8－24 张某和王某转让一项合作发明专利的使用权，共取得特许权使用费收入160 000元，其中张某分得100 000元，王某分得60 000元，试计算两人应纳个人所得税税额。

张某应纳税额＝100 000×（1－20%）×20%＝16 000（元）

王某应纳税额＝60 000×（1－20%）×20%＝9 600（元）

（三）个人发生公益、救济性捐赠个人所得税的计算

1. 基本规定——限额扣除法

对个人将其所得通过中国境内非营利的社会团体、国家机关向教育和其他社会公益事业以及遭受严重自然灾害地区、贫困地区的捐赠，捐赠额不超过应纳税所得额的30%的部分，可以从其应纳税所得额中扣除。

2. 列举项目——全额扣除法

个人通过非营利性的社会团体和国家机关进行的下列公益救济性捐赠支出，在计算缴纳个人所得税时，准予在税前的所得额中全额扣除：

（1）向教育事业、红十字事业、公益性未成年人校外活动场所和福利性、非营利性的老年服务机构捐赠的。

（2）向中国红十字会、中国福利会、慈善总会、扶贫基金会等基金会捐赠的。

（3）个人和个体工商户，资助非关联的科研机构和高等学校研究开发新产品、新技术、新工艺所发生的研究开发经费，经主管税务机关审核确定，其资助支出可以全额在当年度应纳税所得额中扣除。当年度应纳税所得额不足抵扣的，不得结转抵扣。

例8－25 倪某在某政府机关工作，每月工资、薪金收入6 600元。2016年5月份，倪某向某市红十字会捐赠2 000元，红十字会向倪某开具了捐赠专用发票。

对红十字事业的捐赠可以全额扣除，倪某所在单位财务人员根据其提供的捐赠发票在扣缴个人所得税时，予以税前扣除（为便于计算，其他扣除项目忽略不计，下同）。

倪某5月份应纳个人所得税＝(6 600－3 500－2 000)×3%－0＝33（元）

如果倪某是通过民政机构将这1 000元捐赠给敬老院，按照政策规定属于限额扣除，允许在个人所得税税前扣除的捐赠限额＝(6 600－3 500)×30%＝930（元）。倪某实际捐赠额高于捐赠限额，在计算个人所得税时，应按捐赠限额予以税前扣除，计算应纳税额。

倪某5月份应纳个人所得税＝(6 600－3 500－930)×10%－105＝112（元）

任务处理

2016年度葛岁应纳个人所得税计算如下：

（1）工资、薪金所得：

1—12月工资、薪金所得见表8－1，另葛岁6月取得的半年奖金应并入6月的其他工资、薪金所得合并计税，而12月取得的年终奖金单独按照税法规定的全年一次性奖金所得计算办法计税。具体过程如下：

1月应纳税额＝1月应纳税所得额×适用税率

＝(7 080－1 650－3 500)×10%－105＝88（元）

2月、5月、8—10月应纳税额与1月一致，均为88元。

3月应纳税额＝3月应纳税所得额×适用税率

＝(7 280－1 650－3 500)×10%－105＝108（元）

11月应纳税额与3月一致，为108元。

4月应纳税额＝4月应纳税所得额×适用税率

＝(7 180－1 650－3 500)×10%－105＝98（元）

6月应纳税额＝6月应纳税所得额×适用税率

=（7 080 + 5 000 − 1 650 − 3 500）× 20% − 555 = 831（元）

7 月应纳税额 = 7 月应纳税所得额 × 适用税率

=（6 980 − 1 650 − 3 500）× 10% − 105 = 78（元）

12 月工资收入应纳税额 = 12 月应纳税所得额 × 适用税率

=（7 380 − 1 650 − 3 500）× 10% − 105 = 118（元）

12 月年终奖所得应纳税额 = 15 000 × 3% = 450（元）

12 月应纳税额合计 = 118 + 450 = 568（元）

（2）劳务报酬所得，税法规定连续属于同一事项取得劳务报酬所得，以一个月取得的收入合计为一次：

每月应纳税额 = 3 000 × 2 ×（1 − 20%）× 20% = 960（元）

3—5 月应纳税额合计 = 960 × 3 = 2 880（元）

（3）财产租赁所得，税法规定对于个人按市场价格出租的居民住房取得的所得减按 10% 的税率计征个人所得税。

4 月应纳税额 =（2 000 − 800）× 10% = 120（元）

5—6 月及 9—12 月，每月应纳税额与 4 月一致，均为 120 元。

7 月应纳税额 =（2 000 − 800 − 800）× 10% = 40（元）

8 月应纳税额 =（2 000 − 800 − 200）× 10% = 100（元）

（4）稿酬所得，税法规定同一作品出版、发表后，因添加印数而追加的稿酬，应与以前出版、发表时取得的稿酬合并为一次计征个人所得税。

应纳税额 =（15 000 + 6 000）×（1 − 20%）× 20% ×（1 − 30%）= 2 352（元）

（5）偶然所得，葛岁向红十字会捐赠的 5 000 元可以全额税前扣除。

应纳税额 =（50 000 − 5 000）× 20% = 9 000（元）

（6）偶然所得。

应纳税额 = 8 000 × 20% = 1 600（元）

任务三　个人所得税会计处理

任务要求

依据导引案例进行个人所得税代扣代缴业务的会计处理。

知识准备

一、账户设置

对于采用自行申报个人所得税的纳税人，除实行查账征收的个体工商户外（个人独资企业法、合伙企业参照个体工商户执行），一般不涉及个人所得税的会计核算。因而个人所得税的会计处理主要指的是个体工商户和企业代扣代缴职工或其他个人的个人所得税所涉及的会计核算。实行查账征收的个体工商户，应设置“应交税费——应交个人所得税”科目，核算其应缴纳的个人所得税，一般企业涉及的代扣代缴个人所得税业务，应设置“应交税费——代扣个人所得税”科目，核算其代扣代缴个人所得税情况。

二、代扣代缴工资、薪金个人所得税的会计处理

职工工资、薪金所得应纳个人所得税，由企业每月向职工支付工资、薪金时代扣代缴。企业对扣缴的个人所得税，通过“应交税费——应交个人所得税”账户核算。企业在向职工支付工资、薪金所得的同时代扣税款，计入账户的贷方，实际解缴时计入该账户的借方，期末余额一般在贷方，表示期末已代扣尚未解缴的个人所得税。

例8-26 某公司2016年5月工资结算单有关资料见表8-7。

表8-7 工资结算单

姓　名	基本工资	……	应发工资	代扣税	实发工资
张三	2 600	……	5 600	105	5 495
李四	2 500	……	5 300	75	5 225
王五	1 400	……	4 500	30	4 470
赵六	1 000	……	2 800	0	2 800
……	……	……	……	……	……
合计	80 080		100 000	8 000	92 000

会计处理如下：

(1) 当企业向银行提现备发工资时：

借：库存现金　　92 000

　　贷：银行存款　　92 000

(2) 发放工资同时代扣税款时：

借：应付职工薪酬　　100 000

　　贷：库存现金　　92 000

　　　　应交税费——应交个人所得税　　8 000

(3) 月终分配工资费用时：

借：生产成本等账户　　100 000

　　贷：应付职工薪酬　　100 000

(4) 次月15日，实际缴纳个人所得税时：

借：应交税费——应交个人所得税　　8 000

　　贷：银行存款　　8 000

三、代扣代缴其他所得项目个人所得税的会计处理

支付承包、承租经营所得，劳务报酬所得，稿酬所得，特许权使用费用所得，利息、股息、红利所得，财产租赁所得，财产转让所得，偶然所得和其他所得的单位，代扣代缴个人所得税时，应通过“其他应付款——代扣个人所得税”科目（或“应交税费——代扣个人所得税”科目）。在支付上述各项所得的同时，按税法规定计算应代扣的个人所得税额，将代扣的个人所得税按各人姓名、支付的金额、代扣的税款登记在代扣代缴税款账簿上，在支付时告知每个领款人已扣缴的个人所得税数额，并填写扣缴报告表。然后记入“其他应付款——代扣个人所得税”科目。为正确记录、反映个人所得税的扣缴事项，扣缴义务人应通过“应交税

费——应交个人所得税”科目和“应付股利”“管理费用”“应付债券”“应付账款”“其他应付款”等有关账户进行核算。

例8－27 某公司租用某个人拥有的营业用房一幢作为办公用房，月租金20 000元，经计算该公司每月应代扣代缴个人所得税3 200元。该公司有关会计处理如下：

（1）租赁费用列支时：

借：管理费用　20 000
　　贷：其他应付款　20 000

（2）支付租赁费并代扣个人所得税时

借：其他应付款　20 000
　　贷：应交税费——应交个人所得税　3 200
　　　　银行存款（或现金）　16 800

（3）按规定缴纳扣缴的个人所得税时：

借：应交税费——应交个人所得税　3 200
　　贷：银行存款　3 200

想一想

此业务中出租房屋的个人是否缴纳增值税？

例8－28 甲企业于2016年5月向王某购入机器一台，售价100 000元，在出售过程中由王某支付交易费用5 000元，王某于2012年购入该机器时原价为80 000元，则该公司应代扣代缴个人所得税3 000元。甲企业有关会计处理如下：

（1）支付设备款项并代扣个人所得税时：

借：固定资产　100 000
　　贷：应交税费——应交个人所得税　3 000
　　　　银行存款（或现金）　97 000

（2）按规定缴纳代扣的个人所得税时：

借：应交税费——应交个人所得税　3 000
　　贷：银行存款　3 000

例8－29 某企业邀请著名大学教师王某主持企业培训讲座，向王某支付培训费8 000元，根据个人所得税法的规定，该企业应代扣代缴王某的个人所得税1 280元。该企业有关会计处理如下：

发生培训费用：

借：管理费用　8 000
　　贷：其他应付款　8 000

支付培训费用：

借：其他应付款　8 000
　　贷：应交税费——应交个人所得税　1 280
　　　　银行存款　6 720

四、个体工商户生产、经营所得应纳所得税的会计处理

根据《个体工商户会计制度》，个体工商户取得生产经营所得按规定计算应纳的所得税，

借记“留存利润”科目，贷记“应交税费——应交个人所得税”科目。实际上缴税款时，借记“应交税费——应交个人所得税”科目，贷记“银行存款”科目。

例 8-30 某加工作坊为个体工商户，2016 年全年经营收入为 500 000 元，其中生产成本为 400 000 元，试计算该个体工商户全年应纳个人所得税税额以及其会计处理。

应纳税额 = (500 000 - 400 000) × 30% - 9 750 = 20 250（元）

会计分录如下：

计算个人所得税：

借：留存利润　　20 250

　　贷：应交税费——应交个人所得税　　20 250

实际缴纳税款：

借：应交税费——应交个人所得税　　20 250

　　贷：银行存款　　20 250

任务处理

葛岁个人所得税会计处理：

(1) 浙江弄潮实业有限公司作为纳税人葛岁雇用单位，是其工资、薪金所得的个人所得税扣缴义务人，代扣代缴工资薪金所的个人所得税，以 1 月为例：

借：应付职工薪酬　　88

　　贷：应交税费——代扣个人所得税　　88

(2) 由劳务报酬的支付方绍兴禹顺公司代扣代缴葛岁的个人所得税：

借：其他应付款　　960

　　贷：应交税费——代扣个人所得税　　960

(3) 稿酬所得由出版社代扣代缴

借：其他应付款　　2 352

　　贷：应交税费——代扣个人所得税　　2 352

任务四　个人所得税纳税申报

任务要求

(1) 试根据葛岁 2016 年度的个人所得税计算结果填写个人所得税纳税申报表。

(2) 模拟个人所得税纳税申报。

知识准备

一、个人所得税代扣代缴纳税申报

(一) 扣缴义务人及其扣缴义务

《个人所得税代扣代缴暂行办法》规定：“凡支付个人应纳税所得的企业（公司）、事业单位、机关、社团组织、军队、驻华机构、个体户等单位或者个人，为个人所得税的扣缴义务人。”扣缴义务人向个人支付应纳税所得（包括现金、实物和有价证券）时，不论纳税人是否属于本单位人员，均应代扣代缴其应纳的个人所得税税款。

> 此处的驻华机构，不包括外国驻华使领馆和联合国及其他依法享有外交特权和豁免的国际组织驻华机构。
>
> 支付包括现金支付、汇拨支付、转账支付和以有价证券、实物以及其他形式的支付。

扣缴义务人必须依照法律、行政法规规定或者税务机关依照法律、行政法规确定的申报期限、申报内容如实报送代扣代缴、代收代缴税款报告表以及税务机关根据实际需要要求扣缴义务人报送的其他有关资料。

扣缴义务人每月所扣的税款，应当在次月 15 日内缴入国库，并向主管税务机关报送扣缴个人所得税报告表、代扣代收税款凭证和包括每一纳税人姓名、单位、职务、收入、税款等内容的支付个人收入明细表以及税务机关要求报送的其他有关资料。采掘业、远洋运输业、远洋捕捞业以及财政部确定的其他行业的工资、薪金所得应纳的税款，可以实行按年计算、分月预缴的方式计征，具体办法由国务院规定。上述行业职工的工资、薪金所得应纳的税款，按月预缴，自年度终了之日起 30 日内，合计其全年工资、薪金所得，再按 12 个月平均并计算实际应纳的税款，多退少补。

对扣缴义务人按照所扣缴的税款，付给 2% 的手续费，扣缴义务人可将其用于代扣代缴费用开支和奖励代扣代缴工作做得较好的办税人员。但由税务机关查出，扣缴义务人补扣的个人所得税税款，不向扣缴义务人支付手续费。

（二）代扣代缴的范围

扣缴义务人向个人支付下列所得，应代扣代缴个人所得税：

①工资、薪金所得。②对企事业单位的承包经营、承租经营所得。③劳务报酬所得。④稿酬所得。⑤特许权使用费所得。⑥利息、股息、红利所得。⑦财产租赁所得。⑧财产转让所得。⑨偶然所得。⑩经国务院财政部门确定征税的其他所得。

（三）扣缴个人所得税需报送资料（以浙江省为例）

（1）扣缴义务人办理全员全额扣缴个人所得税申报（包括向个人支付应税所得，但低于减除费用、不需扣缴税款情形的申报），以及特定行业职工工资、薪金所得个人所得税的月份申报时报送：

1）扣缴个人所得税报告表 2 份。

2）初次申报或基础信息发生变化的，同时报送个人所得税基础信息表（A 表）。

（2）扣缴义务人办理特定行业职工工资、薪金所得扣缴个人所得税年度申报时报送：

1）特定行业个人所得税年度申报表 2 份。

2）初次申报或基础信息发生变化的，同时报送个人所得税基础信息表（A 表）。

（3）证券机构办理预扣预缴或者直接代扣代缴限售股转让应缴纳的个人所得税的，报送限售股转让所得扣缴个人所得税报告表 2 份及税务机关要求报送的其他资料。

（4）上述报表申报时存在减免税个人所得税情形的，应填报个人所得税减免税事项报告表。

（四）扣缴个人所得税报告表

扣缴个人所得税报告表见表 8 - 8。

表 8－8　扣缴个人所得税报告表

税款所属期：　　年　月　日　至　年　月　日

扣缴义务人名称：　　　　　　　　　　　　扣缴义务人所属行业：□一般行业　□特定行业月份申报

扣缴义务人编码：□□□□□□□□□□□□□□□□　　　　金额单位：人民币元（列至角分）

序号	姓名	身份证件类型	身份证件号码	所得项目	所得期间	收入额	免税所得	税前扣除项目								减除费用	准予扣除的捐赠额	应纳税所得额	税率%	速算扣除数	应纳税额	减免税额	应扣缴税额	已扣缴税额	应补（退）税额	备注
								基本养老保险费	基本医疗保险费	失业保险费	住房公积金	财产原值	允许扣除的税费	其他	合计											
1	2	3	4	5	6	7	8	9	10	11	12	13	14	15	16	17	18	19	20	21	22	23	24	25	26	27
合计																										

谨声明：此扣缴报告表是根据《中华人民共和国个人所得税法》及其实施条例和国家有关税收法律法规规定填写的，是真实的、完整的、可靠的。

法定代表人（负责人）签字：　　　　年　月　日

扣缴义务人公章： 经办人：	代理机构（人）签章： 经办人： 经办人执业证件号码：	主管税务机关受理专用章： 受理人：
填表日期：　年　月　日	代理申报日期：　年　月　日	受理日期：　年　月　日

国家税务总局监制

二、个人所得税自行纳税申报

（一）自行申报

自行纳税申报是指以下两种情形：

（1）纳税人取得应纳税所得后，根据取得的应纳税所得项目、数额，计算出应纳的个人所得税额，并在税法规定的申报期限内，如实填写相应的个人所得税纳税申报表，报送税务机关，申报缴纳个人所得税。

（2）纳税人在一个纳税年度终了后，根据全年取得的应纳税所得项目、数额、应纳税额、已纳税额、应补退税额，在税法规定的申报期限内，如实填写相应的个人所得税纳税申报表，并报送税务机关、办理相应事项。

（二）自行申报的范围

凡依据个人所得税法负有纳税义务的纳税人，有下列情形之一的，应当按照本办法的规定办理纳税申报：

（1）2006 年 1 月 1 日起，年所得 12 万元以上的。

（2）从中国境内两处或者两处以上取得工资、薪金所得的。

（3）从中国境外取得所得的。

（4）取得应税所得，没有扣缴义务人的。

（5）国务院规定的其他情形。

（三）自行申报的地点

（1）年所得 12 万元以上的纳税人，纳税申报地点分别为：

1）在中国境内有任职、受雇单位的，向任职、受雇单位所在地主管税务机关申报。

2）在中国境内有两处或者两处以上任职、受雇单位的，选择并固定向其中一处单位所在地主管税务机关申报。

3）在中国境内无任职、受雇单位，年所得项目中有个体工商户的生产、经营所得或者对企事业单位的承包经营、承租经营所得（以下统称生产、经营所得）的，向其中一处实际经营所在地主管税务机关申报。

4）在中国境内无任职、受雇单位，年所得项目中无生产、经营所得的，向户籍所在地主管税务机关申报。在中国境内有户籍，但户籍所在地与中国境内经常居住地不一致的，选择并固定向其中一地主管税务机关申报。在中国境内没有户籍的，向中国境内经常居住地主管税务机关申报。

经常居住地是指纳税人离开户籍所在地最后连续居住 1 年以上的地方。

（2）从两处或者两处以上取得工资、薪金所得的，选择并固定向其中一处单位所在地主管税务机关申报。

（3）从中国境外取得所得的，向中国境内户籍所在地主管税务机关申报。在中国境内有户籍，但户籍所在地与中国境内经常居住地不一致的，选择并固定向其中一地主管税务机关申报。在中国境内没有户籍的，向中国境内经常居住地主管税务机关申报。

（4）个体工商户向实际经营所在地主管税务机关申报。个体工商户有两处或两处以上经营机构的，选择并固定向其中一处经营机构所在地主管税务机关申报缴纳个人所得税。

（5）个人独资、合伙企业投资者兴办两个或两个以上企业的，区分不同情形确定纳税申报地点：

1）兴办的企业全部是个人独资性质的，分别向各企业的实际经营管理所在地主管税务机关申报。

2）兴办的企业中含有合伙性质的，向经常居住地主管税务机关申报。

3）兴办的企业中含有合伙性质，个人投资者经常居住地与其兴办企业的经营管理所在地不一致的，选择并固定向其参与兴办的某一合伙企业的经营管理所在地主管税务机关申报。

（6）除以上情形外，纳税人应当向取得所得所在地主管税务机关申报。

（7）特殊说明：纳税人不得随意变更纳税申报地点，因特殊情况变更纳税申报地点的，须报原主管税务机关备案。个人独资、合伙企业投资者兴办两个或两个以上企业的纳税申报地点，除特殊情况外，5 年以内不得变更。

（四）自行申报期限

（1）年所得 12 万元以上的纳税人，在纳税年度终了后 3 个月内向主管税务机关办理纳税申报。

（2）个体工商户的生产、经营所得应纳的税款，按年计算，分月预缴，由纳税义务人在次月 15 日内预缴，年度终了后 3 个月内汇算清缴，多退少补。

个人独资、合伙企业投资者应纳的个人所得税税款，按年计算，分月或者分季预缴，由投资者在每月或者每季度终了后 15 日内预缴，年度终了后 3 个月内汇算清缴，多退少补。企业在年度中间合并、分立、终止时，投资者应当在停止生产经营之日起 60 日内，向主管税务机关办理当期个人所得税汇算清缴。

（3）对企事业单位的承包经营、承租经营所得应纳的税款，按年计算，由纳税义务人在年度终了后 30 日内缴入国库，并向税务机关报送纳税申报表。纳税义务人在 1 年内分次取得承包经营、承租经营所得的，应当在取得每次所得后的 15 日内预缴，年度终了后 3 个月内汇算清缴，多退少补。

（4）从中国境外取得所得的纳税人，在纳税年度终了后 30 日内向中国境内主管税务机关办理纳税申报。

（5）纳税人取得其他各项所得须申报纳税的，在取得所得的次月 15 日内向主管税务机关办理纳税申报。

纳税人按照规定的期限办理纳税申报或者报送代扣代缴、代收代缴税款报告表确有困难，需要延期的，应当在规定的期限内向主管税务机关提出书面延期申请，经税务机关核准，在核准的期限内办理。纳税人因不可抗力不能按期办理纳税申报或者报送代扣代缴、代收代缴税款报告表的，可以延期办理；但是，应当在不可抗力情形消除后立即向税务机关报告。税务机关应当查明事实，予以核准。

逾期未申报要承担的法律责任：根据规定，如果纳税人未在规定期限内办理纳税申报和报送纳税资料的，情节严重的，可以处 2 000 元以上 1 万元以下的罚款。此外，如果纳税人不进行纳税申报，因此造成不缴或者少缴税款的，由税务机关追缴其不缴或者少缴的税款、滞纳金，并处不缴或者少缴的税款 50% 以上 5 倍以下的罚款。

（五）申报方式

纳税人可以采取数据电文、邮寄等方式申报，也可以直接到主管税务机关申报，或者采取符合主管税务机关规定的其他方式申报。

（1）纳税人采取数据电文方式申报的，应当按照税务机关规定的期限和要求保存有关纸质资料。

（2）纳税人采取邮寄方式申报的，以邮政部门挂号信函收据作为申报凭据，以寄出的邮戳日期为实际申报日期。

（3）纳税人可以委托有税务代理资质的中介机构或者他人代为办理纳税申报。

（六）自行申报纳税需报送资料（以浙江省为例）

（1）从中华人民共和国境内两处或者两处以上取得工资、薪金所得的，或者取得应纳税所得没有扣缴义务人的，或者符合国务院规定的其他情形的，应报送：

1）个人所得税自行纳税申报表（A 表）2 份。

2）个人所得税基础信息表（B 表）2 份（初次申报或在信息发生变化时填报）。

3）个人有效身份证件原件及复印件。

4）其他能够证明纳税人收入、财产原值、相关税费的有关资料。

（2）年所得 12 万元以上的应报送：

1）个人所得税纳税申报表（适用于年所得 12 万元以上的纳税人申报）2 份。

2）个人所得税基础信息表（B 表）2 份（初次申报或在信息发生变化时填报）。

3）个人有效身份证件原件及复印件。

（3）生产、经营纳税人个人所得税自行纳税申报需报送资料。

1）实行查账征收个人所得税方式的个体工商户、企事业单位的承包承租经营者、个人独资企业投资人和合伙企业合伙人的预缴纳税申报，以及实行核定征收的纳税申报，应报送个人所得税生产经营所得纳税申报表（A 表）2 份（合伙企业有两个或两个以上自然人合伙人的，应分别填报本表）。

2）实行查账征收个人所得税方式的个体工商户、企事业单位的承包承租经营者、个人独资企业投资人和合伙企业合伙人的个人所得税年度申报，应报送个人所得税生产经营所得纳税申报表（B 表）2 份（合伙企业有两个或两个以上自然人合伙人的，应分别填报本表）。

3）个体工商户、企事业单位的承包承租经营者、个人独资企业投资人和合伙企业合伙人在中华人民共和国境内两处或者两处以上取得“个体工商户的生产、经营所得”和“对企事业单位的承包经营、承租经营所得”的，同项所得合并计算纳税的个人所得税年度汇总纳税申报，应报送个人所得税生产经营所得纳税申报表（C 表）2 份。

4）个人所得税减免税事项报告表（纳税人纳税申报时存在减免个人所得税情形的，填报本表）。

任务处理

纳税人葛岁 2016 年度个人所得税纳税申报表填制见表 8－9。

表 8-9　个人所得税纳税申报表

（适用于年所得 12 万元以上的纳税人申报）

所得年份：　2016 年　　**填表日期：2017 年　1 月　15 日**　　**金额单位：人民币元（列至角分）**

纳税人姓名	葛岁	国籍（地区）	中国	身份证照类型	身份证	身份证照号码	3 3 0 1 1 0 1 9 8 4 0 1 0 × × × × ×		
任职、受雇单位	浙江弄潮实业有限公司	任职受雇单位税务代码	91330621666888999A	任职受雇单位所属行业	制造业	职务	销售主管	职业	销售
在华天数	365	境内有效联系地址	浙江省绍兴市滨海新新区中心路 88-1 号			境内有效联系地址邮编	312000	联系电话	1310634××××
此行由取得经营所得的纳税人填写	经营单位纳税人识别号					经营单位纳税人名称			

所得项目	年所得额			应纳税所得额	应纳税额	已缴（扣）税额	抵扣税额	减免税额	应补税额	应退税额	备注
	境内	境外	合计								
1. 工资、薪金所得	105660.00	0	105660.00	43860.00	2319.00	2319.00					
2. 个体工商户的生产、经营所得											
3. 对企事业单位的承包经营、承租经营所得											
4. 劳务报酬所得	18000.00		18000.00	14400.00	2880.00	2880.00					
5. 稿酬所得	21000.00		21000.00	16800.00	2352.00	2352.00					
6. 特许权使用费所得											
7. 利息、股息、红利所得											
8. 财产租赁所得	18000.00		18000.00	9800.00	1960.00			980.00	980.00		
9. 财产转让所得											
其中：股票转让所得				—	—	—	—	—	—	—	
个人房屋转让所得											
10. 偶然所得	58000.00		58000.00	53000.00	11600.00	10600.00			0.00		
11. 其他所得											
合　计	200660.00		200660.00	137860.00	20131.00	28422.00		980.00	980.00		

我声明，此纳税申报表是根据《中华人民共和国个人所得税法》及有关法律、法规的规定填报的，我保证它是真实的、可靠的、完整的。
纳税人（签字）葛岁

代理人（签章）：
联系电话：

税务机关受理人（签字）：　　税务机关受理时间：　年　月　日　　受理申报税务机关名称（盖章）

知识地图

个人所得税
纳税人
居民纳税人
无限纳税义务
非居民纳税人
有限纳税义务
征税范围
工资、薪金所得
个体工商户生产经营所得
承包、承租所得
劳务报酬所得
稿酬所得
特许权使用费所得
利息、股息、红利所得
财产租赁所得
财产转让所得
偶然所得
其他所得
税率
累进税率
七级超额累进税率
五级超额累进税率
加成征收
比例税率
20%
纳税地点
自行申报：收入来源地税务机关
多处所得来源：选择并固定在其中一地税务机关
境外所得：境内户籍所在地或经营居住地税务机关
扣缴义务人：主管税务机关
个人独资、合伙企业：实际经营管理所在地税务机关
纳税期限
代扣代缴
次月15日内
自行申报
年所得12万元以上：
年度终了后3个月内
个体工商户生产经营所得：
按月预缴，年终汇算清缴
境外所得：年度终了后30日内
其他所得：取得次月15日内
税收优惠
免税项目
减税项目
暂免征税项目
其他减免税优惠
纳税申报
代扣代缴
自行申报

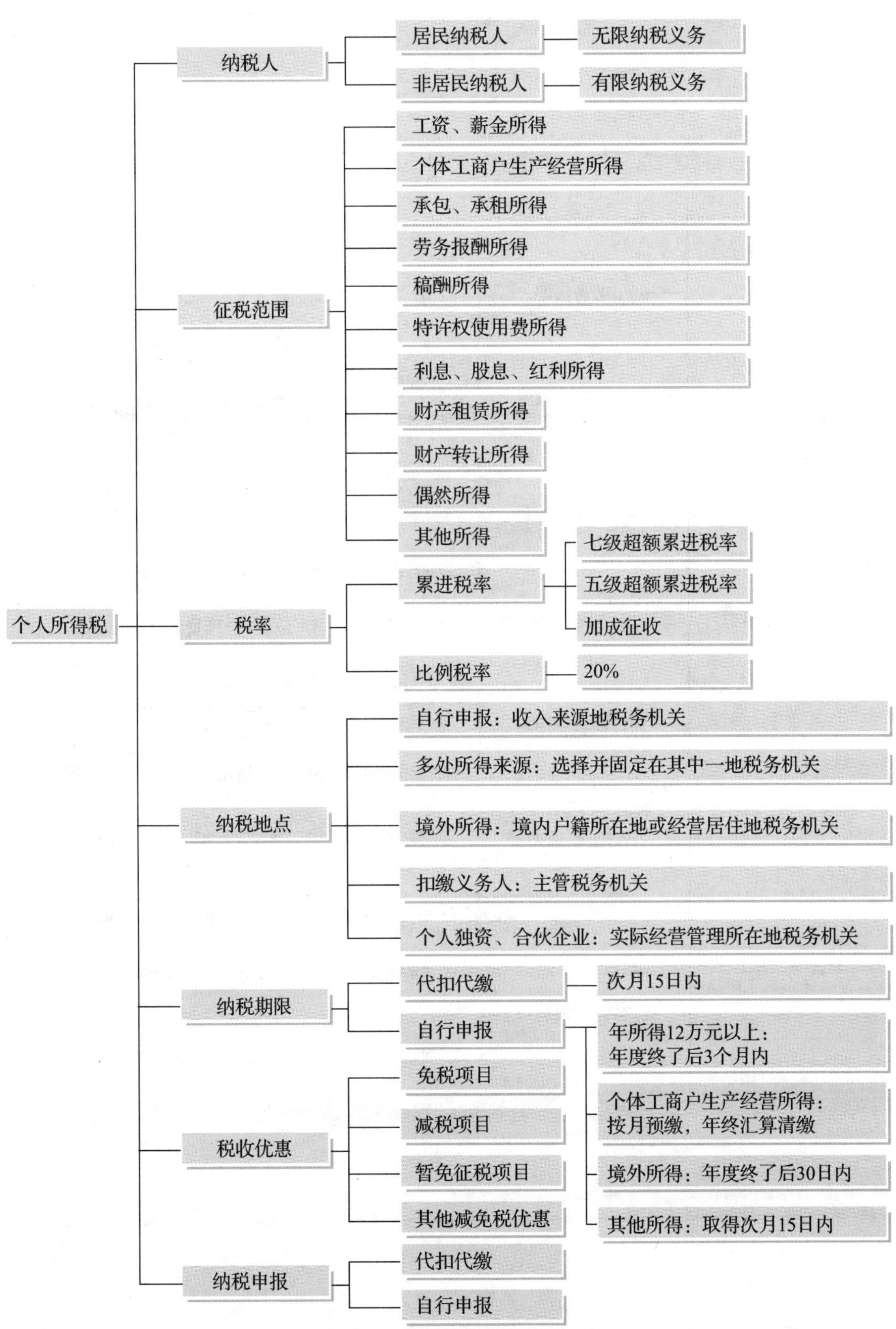

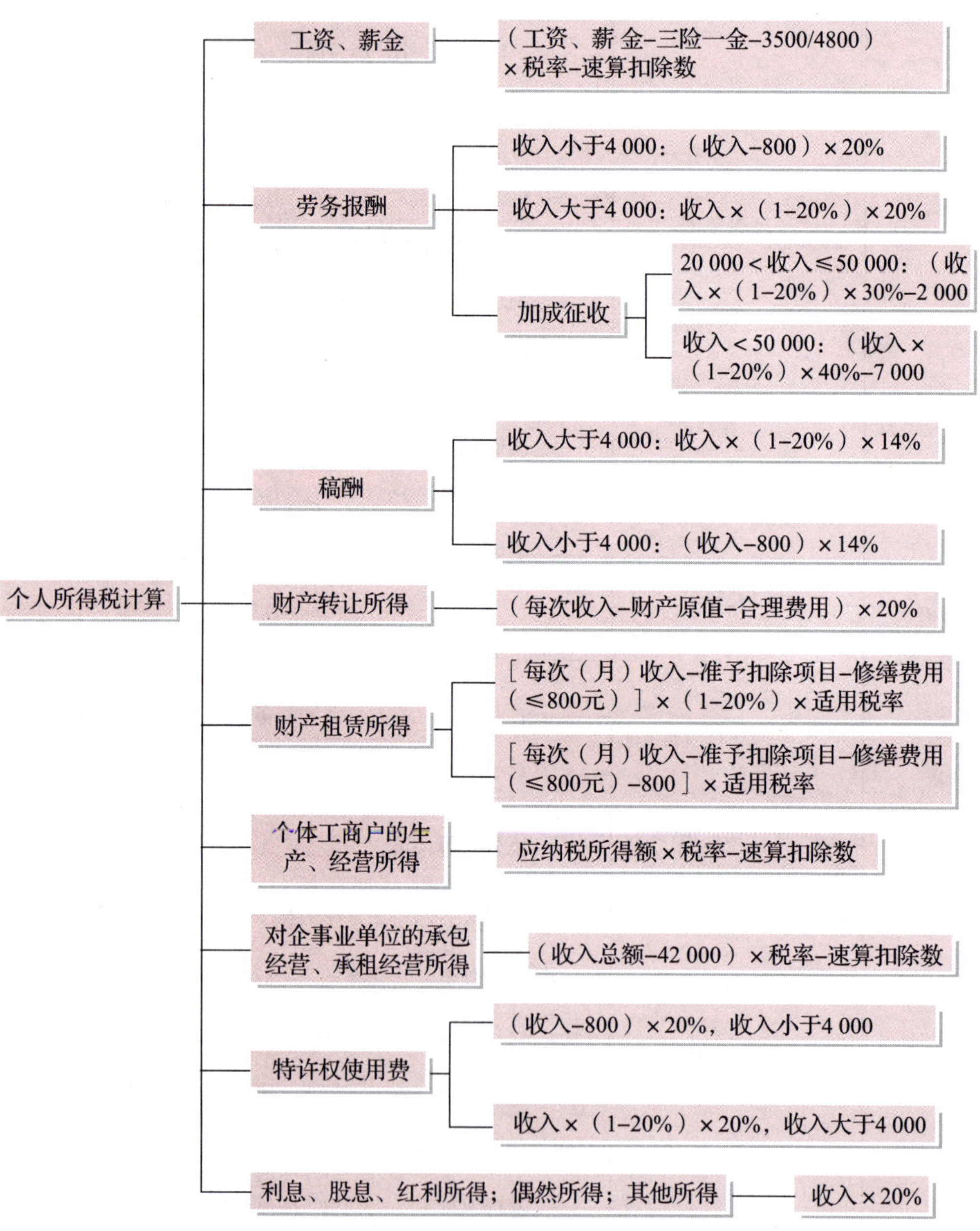
个人所得税计算
工资、薪金
（工资、薪金-三险一金-3500/4800）×税率-速算扣除数
劳务报酬
收入小于4 000：（收入-800）×20%
收入大于4 000：收入×（1-20%）×20%
加成征收
20 000＜收入≤50 000：（收入×（1-20%）×30%-2 000
收入＜50 000：（收入×（1-20%）×40%-7 000
稿酬
收入大于4 000：收入×（1-20%）×14%
收入小于4 000：（收入-800）×14%
财产转让所得
（每次收入-财产原值-合理费用）×20%
财产租赁所得
［每次（月）收入-准予扣除项目-修缮费用（≤800元）］×（1-20%）×适用税率
［每次（月）收入-准予扣除项目-修缮费用（≤800元）-800］×适用税率
个体工商户的生产、经营所得
应纳税所得额×税率-速算扣除数
对企事业单位的承包经营、承租经营所得
（收入总额-42 000）×税率-速算扣除数
特许权使用费
（收入-800）×20%，收入小于4 000
收入×（1-20%）×20%，收入大于4 000
利息、股息、红利所得；偶然所得；其他所得
收入×20%

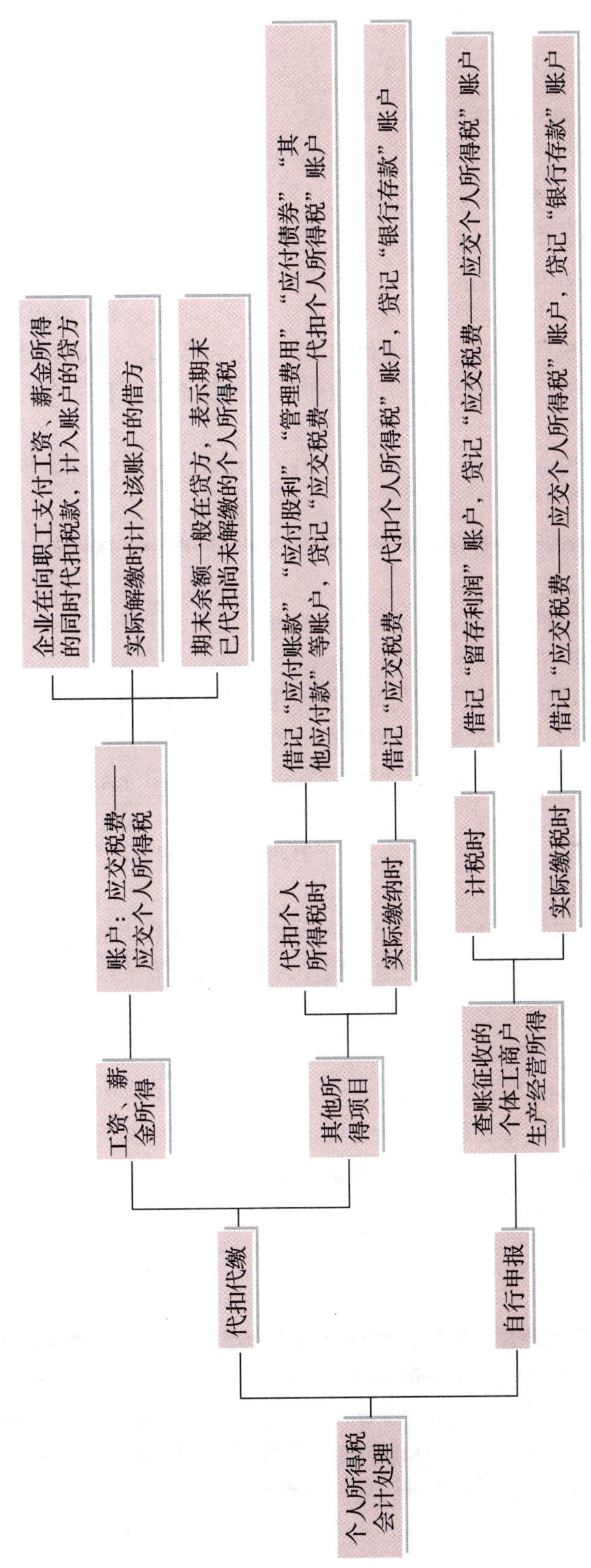
个人所得税会计处理
代扣代缴
工资、薪金所得
账户：应交税费——应交个人所得税
企业在向职工支付工资、薪金所得的同时代扣税款，计入账户的贷方
实际解缴时计入该账户的借方
期末余额一般在贷方，表示期末已代扣尚未解缴的个人所得税
其他所得项目
代扣个人所得税时
借记“应付账款”“应付股利”“管理费用”“应付债券”“其他应付款”等账户，贷记“应交税费——代扣个人所得税”账户
实际缴纳时
借记“应交税费——代扣个人所得税”账户，贷记“银行存款”账户
自行申报
查账征收的个体工商户生产经营所得
计税时
借记“留存利润”账户，贷记“应交税费——应交个人所得税”账户
实际缴税时
借记“应交税费——应交个人所得税”账户，贷记“银行存款”账户

税法导读

1. 中华人民共和国个人所得税法
2. 中华人民共和国个人所得税法实施条例
3. 国家税务总局个体工商户个人所得税计税办法
4. 国家税务总局关于发布《股权转让所得个人所得税管理办法（试行）》的公告
5. 财政部、国家税务总局关于个人非货币性资产投资有关个人所得税政策的通知
6. 国家税务总局关于发布生产经营所得及减免税事项有关个人所得税申报表的公告
7. 财政部、国家税务总局关于企业促销展业赠送礼品有关个人所得税问题的通知
8. 国家税务总局关于雇主为雇员承担全年一次性奖金部分税款有关个人所得税计算方法问题的公告
9. 财政部、国家税务总局关于基本养老保险费基本医疗保险费失业保险费、住房公积金有关个人所得税政策的通知
10. 国家税务总局关于国有企业职工因解除劳动合同取得一次性补偿收入征免个人所得税问题的通知
11. 财政部、国家税务总局印发《关于营改增后契税、房产税、土地增值税、个人所得税计税依据问题》的通知
12. 国家税务总局关于印发《个人所得税管理办法》的通知
13. 国家税务总局关于印发《个人所得税全员全额扣缴申报管理暂行办法》的通知
14. 国家税务总局关于在中国境内担任董事或高层管理职务无住所个人计算个人所得税适用公式的批复
15. 财政部、国家税务总局、保监会关于开展商业健康保险个人所得税政策试点工作的通知
16. 国家税务总局关于实施商业健康保险个人所得税政策试点的通知
17. 国家税务总局关于实施商业健康保险个人所得税政策试点有关征管问题的公告

知识拓展

初级会计资格考试中经济法基础科目对个人所得税部分考核要点在个人所得税税制基本知识要求掌握基础上，更加注重区分个人所得税不同税目下应纳税额的计算，以及个人所得税税收优惠政策和税收征管等内容的考核。考查重点较会计从业资格考试更加细，对于有关知识的理解运用要求能力有所增加。

我国个人所得税改革方向

我国政府规划在“十三五”期间，实行有利于缩小收入差距的政策，明显增加低收入劳动者收入，扩大中等收入者比重；加快建立综合和分类相结合的个人所得税制。

未来可能将部分收入项目，如工资、薪金，劳务报酬，稿酬等，实行按年汇总纳税。也会适当增加与家庭生计相关的专项开支扣除项目，如家庭的教育等支出。对于其他方面的收入项目、所得项目，如财产转让等，可能继续实行分类征收。

参考文献

[1] 宣国萍. 企业纳税实务 [M]. 北京：高等教育出版社，2015.

[2] 李建军，翟继光. 营业税改增值税操作实务与案例分析 [M]. 上海：立信会计出版社，2016.

[3] 马泽方. 营改增手册（政策·实务·风险详解）[M]. 北京：机械工业出版社，2016.

[4] 盖地. 税务会计实务 [M]. 北京：经济科学出版社，2014.

[5] 国家税务总局. 中华人民共和国税收基本法规（2015）[M]. 北京：中国税务出版社，2015.

[6] 中国注册会计师协会. 经济法规汇编 [M]. 北京：中国财政经济出版社，2015.

[7] 全国税务师职业资格考试教材编写组. 涉税服务实务 [M]. 北京：中国税务出版社，2016.

[8] 全国税务师职业资格考试教材编写组. 税法（Ⅰ）[M]. 北京：中国税务出版社，2016.

[9] 全国税务师职业资格考试教材编写组. 税法（Ⅱ）[M]. 北京：中国税务出版社，2016.